INTRODUCTION AND COMMENTARIES
ON EZRA AND NEHEMIAH

BIBLIA HEBRAICA QUINTA

20

EZRA

NEHEMIAH

תורה נביאים וכתובים

BIBLIA HEBRAICA

quinta editione
cum apparatu critico novis curis elaborato

participantibus
R. Althann, P.B. Dirksen, N. Fernández Marcos, A. Gelston, A. Gianto,
L. Greenspoon, I. Himbaza, J. Lust, D. Marcus, C. McCarthy, M. Rösel,
M. Sæbø, R. Schäfer, S. Sipilä, P. Schwagmeier, A. Tal, Z. Talshir

consultis A. Dotan pro masora,
A. Groves et Soetjianto pro impressione electronica, R. Omanson pro redactione et stylo

communiter ediderunt
A. SCHENKER (praeses), Y.A.P. GOLDMAN, A. VAN DER KOOIJ,
G.J. NORTON, S. PISANO, J. DE WAARD, R.D. WEIS

עזרא ונחמיה
EZRA and NEHEMIAH

prepared by
David Marcus

DEUTSCHE BIBELGESELLSCHAFT

ISBN-10: 3-438-05280-6
ISBN-13: 978-3-438-05280-3

Biblia Hebraica Quinta, Fascicle 20: Ezra and Nehemiah
© 2006 Deutsche Bibelgesellschaft, Stuttgart

www.scholarly-bibles.com

CONTENTS

PREFACE

This second part of the Biblia Hebraica Quinta is based on the editorial principles stated in the General Introduction which accompanies the first part already published: Biblia Hebraica Quinta, fasc. 18, General Introduction and Megilloth (Stuttgart: Deutsche Bibelgesellschaft, 2004). In this second part several lists of terms used in the edition are reproduced in order to provide readers with the indispensable keys for its proper use and understanding.

The editors expect further volumes of Biblia Hebraica Quinta to follow shortly. It is their hope that this new critical edition of the Hebrew Bible will contribute to a deeper insight into the history of its text, and thus to a better understanding of the text itself, for the benefit of all who turn to the text of the Hebrew Bible, be they students, pastors, teachers, translators or specialists in textual criticism.

1 December, 2005   THE EDITORIAL COMMITTEE

SIGLA, SYMBOLS,
AND ABBREVIATIONS

The following list gives the sigla, symbols and abbreviations specific to this edition. Where no abbreviation has been specified otherwise, the edition follows the *The SBL Handbook of Style* (Peabody, Mass.: Hendrickson Publishers, 1999) in respect to abbreviations for the biblical books, extra-biblical sources, and conventional terms used in biblical studies. Standard English abbreviations not specified in this list, or in *The SBL Handbook of Style*, are derived from the lists and rules given in chapter 14 of *The Chicago Manual of Style: Fourteenth Edition, Revised and Expanded* (Chicago: University of Chicago, 1993). Abbreviations will appear without periods when used in the critical apparatus, regardless of the source.

In addition to the manuscript and witness sigla specific to this edition, which are listed below, the edition employs other manuscript sigla based on widely accepted standards. For the Old Greek, these are the sigla of the Göttingen Septuaginta Unternehmen, except in the case of the Alpha-Text of Esther for which the edition adopts the siglum G^{AT} (see below). For the materials from Qumran and other sites around the Dead Sea, the sigla follow the system of abbreviation described in J. A. Fitzmyer, S.J., *The Dead Sea Scrolls: Major Publications and Tools for Study* (SBLRBS, 20; rev. ed.; Atlanta: Scholars, 1990), 1–8. Where such an existing abbreviation is based on a document's name, this is used in preference to the abbreviation based on the document's number. For the Vulgate, the manuscript sigla are those of the San Girolamo edition of the Vulgate, i.e., *Biblia Sacra iuxta Latinam Vulgatam Versionem* (18 vols.; Rome: Typis Polyglottis Vaticanis, 1926–1995). For the Peshitta, the manuscript sigla of the Leiden Peshitta Project are used. Specific manuscripts of the versions will be indicated by placing the correct manuscript siglum in superscript to the witness siglum in question (e.g. S^{7a1}).

SIGLA FOR TEXTUAL WITNESSES

α'	Aquila
αλ'	ὁ ἄλλος, οἱ ἄλλοι
β'	Second column of the Hexapla
γ'	the "Three"
ε'	Quinta
εβρ'	ὁ ἑβραῖος
ετ'	οἱ ἕτεροι
ς'	Sexta
ζ'	Septima
θ'	Theodotion

ιω'	Ἰώσιππος, cf. J. Ziegler, *Jeremias, Baruch, Threni, Epistula Jeremiae*, p. 106
λ'	οἱ λοιποί
ο'	οἱ ἑβδομήκοντα
π'	πάντες
σ'	Symmachus
συρ'	ὁ Σύρος
⟨ ⟩	When placed around the siglum for a Hexaplaric witness (e.g., ⟨α'⟩), these brackets indicate that the Greek reading offered for the witness has been established by retroversion.

Note that hyphenated combinations of Hexaplaric readings (e.g., α'-σ'-θ') are used when a single reading is attributed by the same witness(es) to two or more of the Hexaplaric sources together.

Akh	Akhmimic
anon	anonymous (an otherwise unidentified Greek witness, usually reported by Jerome or Chrysostom – used in superscript with a source identification [e.g., Hie[anon]])
ast	asterisk (※) Since the asterisk is used to witness to the proto-MT against the very source where the symbol is found, it is treated effectively as a witness in itself. The witness in which it is reported will be indicated in superscript (e.g., ast[Syh]).
Barb	Barberini text of Habakkuk 3 (G mss. V 62 86 147 407)
Bo	Bohairic
G	Old Greek (as defined by the collation standard identified in the introduction to each book)
G*	the Old Greek reading in the judgment of the *BHQ* book editor, where this differs from the text established by the editor of the edition used as the standard of collation and citation
G[Ms]	the reading for a single witness to the Old Greek as given in the apparatus of the relevant collation standard
G[Mss]	the reading for more than one witness to the Old Greek as given in the apparatus of the relevant collation standard
Gα	where G offers "parallel" (i.e., literarily divergent) versions of the same text (e.g., Ezra, 1 Kgs 12:24), this signals the reading of the "first" version (e.g., Esdras α', 1 Kgs 12:24a–z)
Gβ	where G offers "parallel" (i.e., literarily divergent) versions of the same text (e.g., Ezra, 1 Kgs 12:24), this signals the reading of the "second" version (e.g., 1 Kgs 11:1–12:14, Esdras β')
G[AT]	the Alpha-Text of Esther
G[L]	the Lucianic Recension of the Old Greek
G[O]	the Origenian Recension of the Old Greek
G[P967]	papyrus 967 of the Old Greek (Ezekiel, Daniel, Esther)
Ga	Gallican Psalter
Gnz	fragments from the Cairo Geniza (always given in superscript with the siglum of the witness reported in the fragments, e.g., T[Gnz].)
Hbrs	*Psalterium iuxta Hebraeos*
Hev	the Greek Minor Prophets Scroll from Naḥal Ḥever

Hex	a Hexaplaric reading referred to without specification
Hie	Hieronymus (Jerome) (Note the variations Hie^{hebr}, used to designate an instance when Jerome reports the Hebrew text, and Hie^{comm}, where he comments on it.)
Hie^{SF}	Jerome's letter to Sunnia and Fretela
La	Old Latin (as defined by the appropriate collation standard)
La^{Ambr}	quotations in the writings of Ambrosius
La^{Ep}	the lemma text in the translation by Epiphanius Scholasticus of Philo of Carpasia's commentary on Canticles
La^{169}	Salzburg, Abbey of St. Peter, Ms. IX 16
M	Masoretic Text (defined as the agreement of M^L and the other collated Tiberian MSS)
M^A	Aleppo Codex
M^B	British Library, Oriental Ms. 4445
M^C	Cairo Codex of the Prophets
M^L	the Leningrad Codex, manuscript EBP. I B 19a in the Russian National Library, St. Petersburg
M^{L*}	a first hand reading in M^L (used only when a later hand reading is also recorded)
$M^{L(qere)}$	the qarê for M^L alone
$M^{L(ket)}$	the kǝṯîḇ for M^L alone
M^{L+}	a later hand in M^L
M^{L17}	manuscript EBP. II B 17 in the Russian National Library, St. Petersburg
M^{L34}	manuscript EBP. II B 34 in the Russian National Library, St. Petersburg
M^{M1}	codex M1 in the Complutensian Library of Madrid
M^{S1}	manuscript Sassoon 1053
M^{S5}	manuscript Sassoon 507
M^Y	Cambridge University, Add. Ms. 1753
Mur	Murabbaᶜât 88
obel	obelos [÷] Since the obelos is used to witness to the proto-MT against the very source where the symbol is found, it is treated effectively as a witness in itself. The witness in which it is reported will be indicated in superscript (e.g., $obel^{Syh}$).
S	Syriac (as defined by the collation standard identified in the introduction to each book)
S*	the reading for the Syriac in the judgment of the *BHQ* book editor, where this differs from the text established in the collation standard being used for a given book
S^{Ms}	the reading for a single witness to the Syriac as given in the apparatus of the relevant collation standard
S^{Mss}	the reading for more than one witness to the Syriac as given in the apparatus of the relevant collation standard
Sa	Sahidic
Smr	Samaritan Pentateuch
Syh	Syro-Hexapla
T	Targum (In the Pentateuch this siglum signifies a reading attested by all extant Pentateuchal Targumim.)

T*	the reading for a Targum in the judgment of the *BHQ* book editor, where this differs from the text in the relevant collation standard. For the individual Pentateuchal Targumim this siglum takes the form of T^O*, T^J*, T^N*, T^F*
T^{Ms}	the reading for a single witness to a Targum as given in the apparatus of the relevant collation standard
T^{Mss}	the reading for more than one witness to a Targum as given in the apparatus of the relevant collation standard
T^{OJF}, T^{NJF}, T^{NJ}, etc.	multiple Pentateuchal Targumim witnessing the same reading
T^{Be}	the manuscript Berlin Orientalis 1213 of the Targum
T^{Br}	the Breslau manuscript of the Targum
T^F	the Fragment Targum to the Pentateuch
T^J	Targum Pseudo-Jonathan to the Pentateuch
T^N	Targum Neofiti to the Pentateuch
T^O	Targum Onqelos to the Pentateuch
T^R	Targum Rishon to Esther
T^{Sh}	Targum Sheni to Esther
T^{Smr}	Samaritan Pentateuch Targum
T^U	the manuscript Vaticanus Urbinas 1 of the Targum
T^Z	the Zamora edition of the Targum
V	Vulgate (as defined in the San Girolamo edition)
V*	the reading for the Vulgate in the judgment of the *BHQ* book editor, where this differs from the text established by the editor of the San Girolamo volume
V^{Ms}	the reading for a single witness to the Vulgate as given in the apparatus of the San Girolamo edition
V^{Mss}	the reading for more than one witness to the Vulgate as given in the apparatus of the San Girolamo edition
V^{We}	Weber, R., ed. *Biblia Sacra iuxta vulgatam versionem.* Two volumes. Stuttgart: Württembergische Bibelanstalt, 1975.

SYMBOLS USED IN THE APPARATUS

•	marks the end of a case in the apparatus
○	marks the end of a case in the apparatus when the next case also has the same lemma as the case ended by ○
‖	divides the presentation of variant readings and witnesses from final comments on a case
│	separates a reading and its witnesses from other readings and their witnesses within a case
( )	When parentheses are used around a portion of text within a variant reading, they signal that the words contained within them are not themselves part of the reading, but are the context of the words actually constituting the reading at issue in the case. When used around the siglum for a witness, they indicate that the reading in that witness agrees with the reading with which the witness is aligned on the mat-

ter at issue in the case, but varies in matters of detail that are not relevant to the case.

\>   means "is lacking"

→   indicates a point to which the reader's attention is directed

√   means "lexical root"

⁖   denotes a case receiving further discussion in the commentary

1, 2, etc.   (given in superscript) first, second, etc.

+   indicates that the lemma (or its equivalent) plus the text after the sign constitutes the reading in question. It is used where "prec" or "foll" are too precise an indication.

?   When written as a superscript ($^?$), this is used to express doubt about one of two matters:
- whether the reading represents the best form of that witness (e.g., $G^?$, $G^{*?}$);
- the assignment of a reading to a Hexaplaric witness.

These usages are to be distinguished from cases where there is doubt about the alignment of the witnesses, in which case "indet" is used.

‖   used in an apparatus entry to indicate a reference to a "parallel passage," which will be indicated for the whole page in the margin to the left of the first line of the critical apparatus

*   This sign, when appended to the siglum for a manuscript (e.g., M^{A*}), indicates the uncorrected first hand of that manuscript. The same sign, when appended to the siglum for a witness (e.g., G^*), rather than an individual manuscript, indicates the *BHQ* book editor's choice for the original reading of that witness. Such a decision will be explained in the commentary. In the case of a Hexaplaric witness (e.g., $α'^*$), this sign may also indicate the *BHQ* book editor's choice about the assignment of the Hexaplaric reading to a witness. Such a decision also will be explained in the commentary.

ABBREVIATIONS

abbr	abbreviation
abs	absolute
act	active
adj	adjective
ampl	amplification
aram	Aramaic
art	article
assim	assimilation
bibl hebr	Biblicae Hebrew
caus	causative
cf	*confer*, see also
chron	chronology
cj	conjunction
cohort	cohortative
comm	commentary

confl	conflation
conjec	conjecture
conjec-phil	philological conjecture (This is used to signal that a preferred reading falls into one of three classes: its root is attested in Hebrew [or Aramaic for Daniel and Ezra] of the biblical period, but neither its *binyan* [conjugation] nor a corresponding *binyan* is attested; its root is attested in Hebrew of the biblical period, but not with the sense indicated in the case; its root is not attested in Hebrew of the biblical period.)
cons	of the consonantal text
conv	converted (imperfect/perfect)
copt	Coptic
cp	compare
crrp	corrupt
cstr	construct state
ctext	context
cultur	cultural
dbl	double reading/translation
differ	difference, different
differ-txt	different text – the standard notation used to *describe* a reading that will not otherwise be quoted (e.g., Syriac psalm superscriptions, parallel but different passages in Tanakh)
dissim	dissimilation
ditt	dittography
div	division of the consonantal text
elus	elusive motivation or cause
em scr	emendation of the scribes (i.e., any genuine case of scribal emendation whether or not it occurs in the list of tiqqune sopherim)
emph	giving emphasis
err	error
euphem	euphemism
exeg	exegesis
explic	making explicit
f	feminine
facil	facilitation
fol/fols	folio/folios
foll	followed by (Note also the use of "prec" and the sign +.)
frag	fragmentary
geogr	geography
gk	Greek
gram	grammar
graph	graphic/graphemic
hapl	haplography
harm	harmonization
hebr	Hebrew
hist	history, historical
homarc	homoioarcton
homtel	homoioteleuton
ideol	ideologically motivated

idiom	idiom/idiomatic
ign	ignorance (always with a specification [e.g., ign-lex])
illeg	illegible
impf	imperfect
implic	making implicit
impv	imperative
indet	indeterminate
indic	indicative
inf	infinitive
insuf	insufficient data for conclusion
interp	interpretation
interpol	interpolation
interr	interrogative
irrel	irrelevant to the case at hand
Jos, *Ap*	Josephus, *Contra Apionem*
Ant	Josephus, *Antiquitates Judaicae*
BJ	Josephus, *Bellum Judaicum*
Vit	Josephus, *Vita*
ket	kə*tîb* (always superscript with M [i.e., M^{ket}]; for a single ms. of M as follows: M$^{L(ket)}$)
KR	the manuscripts described in the editions of Kennicott and de Rossi
lacun	lacuna
lat	Latin
lem	lemma
lex	lexical
lib	liberty
lit	literary
loc	locative
m	masculine
metath	metathesis
Mf	Masorah finalis
mg	margin
midr	midrash
mish hebr	Mishnaic Hebrew
Mm	Masorah magna
modern	modernization
Mp	Masorah parva
ms	manuscript
mss	manuscripts
narr	narrative
neg	negative
obj	object
om	omission
order	word order
origin	origin (This term is used to designate a preferred reading when that reading explains the extant readings, but is not itself extant.)
orth	orthographic
par	parallel text
paraphr	paraphrase

part	particle
pass	passive
pf	perfect

Philo, *Abr*   *De Abrahamo*
     Aet   *De aeternitate mundi*
     Agr   *De agricultura*
     Cher   *De cherubim*
     Conf   *De confusione linguarum*
     Congr   *De congressu quaerendae*
     Dec   *De decalogo*
     Det   *Quod deterius potiori*
     Ebr   *De ebrietate*
     Flacc   *In Flaccum*
     Fug   *De fuga et inventione*
     Gaium   *Legatio ad Gaium*
     Gig   *De gigantibus*
     Hyp   *Hypothetica [Apologia pro Iudaeis]*
     Jos   *De Iosepho*
     Leg Alleg   *Legum allegoriae*
     Mig   *De migratione Abrahami*
     Mos   *De vita Mosis*
     Mut   *De mutatione nominum*
     Op   *De opificio mundi*
     Plant   *De plantatione*
     Post   *De posteritate Caini*
     Praem   *De praemiis et poenis*
     Prov   *De providentia*
     QE   *Quaestiones et solutiones in Exodum*
     QG   *Quaestiones et solutiones in Genesin*
     Quis Rerum   *Quis rerum divinarum heres*
     Quod Deus   *Quod Deus immutabilis sit*
     Quod Omn   *Quod omnis probus liber sit*
     Sac   *De sacrificiis Abelis et Caini*
     Sob   *De sobrietate*
     Som   *De somniis*
     Spec Leg   *De specialibus legibus*
     Virt   *De virtutibus*
     Vit Cont   *De vita contemplativa*

phonol	phonological
pl	plural
prec	preceded by (Note also the use of "foll" and the sign +.)
pref	preferred reading (This indicates that this reading, from among those presented in the apparatus entry for a case, is to be preferred as the earliest attested text.)
prep	preposition
pron	pronoun
ptc	participle
qere	*qərê* (always superscript with M [i.e., M^{qere}]; for a single ms. of M as follows: M$^{\mathrm{L\,(qere)}}$)

redund	redundancy
refl	reflexive
rest	restoration
seman	semantic
sfx	suffix
sg	singular
shift	shift of meaning
spont	spontaneous
styl	stylistic
subj	subject
subst	substantive
substit	substitution
synt	syntactic
syr	Syriac
syst	systematization
theol	theologically motivated
tiq soph	tiqqun sopherim (i.e., a case included in the traditional list of emendations of the scribes, whether or not the emendation is judged to be genuine)
transcr	transcription
transf	transfer
transl	translational
translit	transliteration
transp	transposition
txt	text
unattest	unattested (This is used to signal that a preferred reading established by retroversion belongs to a *binyan* [conjugation] for which no other form is attested in Hebrew [or Aramaic in Daniel and Ezra] of the biblical period, but for which a corresponding *binyan* is attested.)
unconv	unconverted (imperfect/perfect)
usu	usual expression
v/vv	verse/verses
vb	verb
via	identifies the Hebrew root or form judged to have served as the stimulus for a reading
vocal	vocalization
vocat	vocative
vrs/vrss	version/versions

DEFINITIONS AND ABBREVIATIONS
FOR THE TERMS
USED TO CHARACTERIZE READINGS

The following lists present the abbreviated characterizations used in the critical apparatus of this edition to signal the basic element(s) of the editor's judgment of the relation between the reading characterized and the preferred (or occasionally another) reading in the case. First the characterizations are listed according to their underlying typology. Then they are listed alphabetically with their definitions.

THE TYPOLOGY UNDERLYING THE CHARACTERIZATIONS

An editor employs characterizations in the presentation of a case when such judgments can be expressed with reasonable confidence, and with sufficient clarity to aid the reader. Such confidence and clarity is aided both by a diversity of expressions and by the organization of those expressions according to typological categories so that, taken together, they constitute a coherent language.

The following typology moves through increasing levels of specificity about the relationship between a particular variant reading and the preferred reading in a case. The first division is based on the criterion of relevance. The characterizations under heading I describe readings that do not bear on the case at hand. Those under headings II–VII describe readings that do bear on the case in some way. Then characterizations that merely identify that a certain type of difference exists between two readings (heading II) are distinguished from those that indicate that the characterized reading represents a change from the preferred reading (headings III–VII). The characterizations that describe one reading as a change from another are distinguished first of all on the basis of whether the characterization proposes a motivation for the change (headings IV–VII) or simply describes the movement of text involved in the change (heading III). The characterizations that propose a motivation for the change embodied in a particular reading are further subdivided into those that suggest that the change is an accident (heading IV), those that suggest that the change is intentional (heading VII), and those that suggest that the change is the result of an impulse that might represent either a conscious or unconscious process on the part of the tradent (e.g., copyist, translator), i.e., headings V–VI. Finally, the characterizations that describe a reading as the result of an intentional change (heading VII) are subdivided according to three degrees of specificity about that intention (none at all – VII A; in terms of its result – VII B; in terms of a specific purpose – VII C).

I.   Characterizations of a Reading as Not Bearing on the Issue in the Case

illeg   illegible
insuf   insufficient
indet   indeterminate
irrel   irrelevant
lit   literary

II.   Characterizations of One Reading as Differing from Another,
Identifying Only the Point of Difference

differ   difference
                    differ-div
                    differ-gram
                    differ-graph
                    differ-orth
                    differ-phonol
                    differ-vocal

III.   Characterizations of One Reading as Representing a Type of Change from
Another Reading, But Not Commenting on the Motivation of the Change

confl   conflation
dbl   double reading/translation
gloss
metath   metathesis
om   omission
spont   spontaneous
transp   transposition

IV.   Characterizations of a Reading as Representing a Change Arising Through
Accident

ditt   dittography
hapl   haplography
homarc   homoioarcton
homtel   homoioteleuton

V.   Characterizations of a Reading as Representing a Change Arising Through
Ignorance or Error

ign   ignorance
                    ign-cultur
                    ign-geogr
                    ign-gram
                    ign-lex
err   error
                    err-chron
                    err-geogr
                    err-gram
                    err-graph

err-hist
err-lex
err-phonol
err-synt

VI. *Characterizations of a Reading as Representing a Change That Arises in Reaction to Some Textual/Linguistic Element*

    A. In Reaction to Some Difficulty in Source Texts: Hebrew and Versional Witnesses and Their Vorlagen

facil	facilitation
	facil-gram
	facil-lex
	facil-seman
	facil-styl
	facil-synt

    B. In Reaction to Some Aspect of the Receptor Language (Versions Only)

transl	translational adjustment

VII. *Characterizations of a Reading as Representing a Change Arising Through the Intention of a Tradent*

    A. Through an Intention Which Is Not Further Specified, Instead the Type of Change Is Specified

lib	liberty
	lib-seman
	lib-synt
abbr	abbreviation
ampl	amplification
emph	giving emphasis
explic	making implicit information explicit
implic	making explicit information implicit
interpol	interpolation
paraphr	paraphrase
rest	restoration
shift	shift of meaning
substit	substitution
transcr	transcription
translit	transliteration

    B. Through an Intention Which Is Further Specified In Terms of the Results of the Change

assim	assimilation
	assim-[reference]
	assim-ctext
	assim-cultur

	assim-par
	assim-styl
	assim-usu
harm	harmonization
	harm-[reference]
	harm-chron
	harm-ctext
	harm-styl
	harm-synt
modern	modernization
syst	systematization

C. *Through an Intention Which Is Further Specified In Terms of the Purpose of the Change*

exeg	exegesis
euphem	euphemism
interp	interpretation
midr	midrash
narr	narrative
theol	theologically motivated
ideol	ideologically motivated

VIII. *Miscellaneous Terms*

base	
crrp	corrupt
elus	elusive
em scr	emendation of the scribes
tiq soph	tiqqun sopherim
via	
via √	

ALPHABETICAL LIST
OF THE CHARACTERIZATIONS AND THEIR DEFINITIONS

abbr = abbreviation   This term characterizes a reading as arising from the short-ening of the text (i.e., the deletion of textual matter) through scribal activity (as opposed to a literary [i.e., redactional] abridgment). It signals an initiative on the part of the copyist or translator, but does not specify the nature of the motivation behind the initiative.

ampl = amplification   This term characterizes a reading as arising from the scri-bal activity of filling out a text (as opposed to a literary [i.e., redactional] ex-pansion). It signals an initiative on the part of the copyist or translator, but does not specify the nature of the motivation behind the initiative. "Ampl" is to be distinguished from "lit" in that the former refers to developments within the textual transmission of a single edition of a book, whereas the latter pre-supposes the survival of more than one edition of a book.

assim = assimilation   This characterization suggests that a particular force in generating the reading of a witness in the case has been an impulse to create or increase a degree of similarity with a text or contextual element with which a certain degree of similarity may already exist. The nature of the assimilation will be further specified by indicating that to which the reading is made similar (e.g., another passage, words or phrases in the context of the current passage).

assim-[reference] = assimilation to the particular passage whose reference is given (e.g., assim-Hab 1:4)

assim-ctext = assimilation to specific words or phrases in the context of the current passage

assim-cultur = assimilation to the cultural pattern prevailing at the time of the translator or copyist

assim-par = assimilation to a parallel text

assim-styl = assimilation to the prevailing style of the current passage

assim-usu = assimilation to the typical form of the expression as found in Biblical Hebrew/Aramaic

base   This term designates a text that is regarded as the basis for another extant reading. The reading designated as "base" need not be extant itself. However, in labeling something as "base" the editor is either referring to an extant reading, or is positing that such a reading actually existed at one time as a *Vorlage*. When such a degree of certainty concerning the actual existence of a reading is impossible, the term "via" (for which see below) will be used.

confl = conflation   This term characterizes a reading as arising from the merging of two otherwise attested readings.

crrp = corrupt   This term signals a judgment that the text is disturbed in some way that cannot be adequately deciphered.

dbl = double reading/translation – This term characterizes a reading as containing two forms or renderings of the same text.

differ = difference   This characterization makes no attempt to suggest anything about the origin of a witness's reading. It simply calls attention to the existence of a difference between readings. "Differ" will appear with an additional term specifying the point at which the readings differ. The following combinations will be found:

differ-div = difference in the division of the text

differ-gram = difference in grammar

differ-graph = difference in the writing of the consonantal text (other than orthographic differences)

differ-orth = difference in orthography

differ-phonol = difference in phonology

differ-vocal = difference in vocalization

ditt = dittography   This term characterizes a reading as arising from the accidental repetition of a letter or letters, or word or words.

elus = elusive   This term signals that the motivation for a reading is difficult to ascertain.

em scr = emendation of the scribes   This term identifies a case as a genuine instance of scribal emendation, whether or not it occurs in the traditional lists of the tiqqune sopherim. Note also "theol" (for which see below).

emph = giving emphasis   This term describes the effect of a change, i.e., making an expression more emphatic, judged to have been introduced by the copyist or translator.

err = error   This term communicates a judgment that the origin of a reading is to be found in a mistake on the part of the ancient copyist or translator. "Err" is further specified using one of the following combinations:

err-chron = error in chronology
err-geogr = error of geography
err-gram = error in grammar
err-graph = error in writing the consonantal text
err-hist = error in historical matters
err-lex = error in lexical matters
err-phonol = error in phonology
err-synt = error of syntax

euphem = euphemism   This term communicates a judgment that a reading arises from the desire to substitute an agreeable or inoffensive expression for one that may offend or may suggest something unpleasant.

exeg = exegesis   This characterization points to an initiative on the part of a witness to develop the meaning of the lemma. "Exeg" is thus a broad term for a class of changes, and the characterizations "euphem," "interp," "midr," "narr," "theol," and "ideol" highlight more specific phenomena within that category.

explic = making implicit information explicit   This term expresses the judgment that the witness is not really adding new information to the text, but rather is making explicit information already implicit in the text. "Explic" is to be distinguished from "interp" (for which see below).

facil = facilitation   This characterization suggests that a reading arises from an impulse to ease some difficulty or awkwardness in the way the passage containing the case reads.

This is to be distinguished from "harm" (= harmonization). Harmonization emphasizes the making consistent of something which the copyist or translator perceived (whether consciously or unconsciously) to be inconsistent. Facilitation emphasizes rather that the passage would have been perceived to be difficult, awkward, containing an unresolved tension – to be "rough" in some way, and that the reading arises as a "smoother" form of the text, relieving the reader's difficulty. "Facil" may be used alone, or the nature of the facilitation may be further specified by indicating the aspect of the text in which the ancient reader/copyist/translator is judged to have experienced difficulty.

facil-gram = facilitation of a grammatical difficulty
facil-lex = facilitation of a lexical difficulty
facil-seman = facilitation of a semantic difficulty
facil-styl = facilitation of a stylistic difficulty
facil-synt = facilitation of a syntactical difficulty

gloss   This term indicates a judgment that the reading in question may result from the interpolation into the text itself of a short comment on the text, which was originally located between the lines or in the margin of the text.

hapl = haplography   This term characterizes a reading as arising from the accidental omission of similar and contiguous letters or words.

harm = harmonization   This term suggests that a particular force in the generation of the reading of a witness appears to have been an impulse to make the text read in a way that is consistent with some external frame of reference. This does not mean that the reading is made like these other materials. The emphasis rather is on the possibility that it could have been perceived to be inconsistent with them in some way. The reading then would have been generated as a way to achieve consistency, not necessarily similarity. "Harm" may be used alone, or the nature of the harmonization may be further specified by indicating either the frame of reference for the harmonization (e.g., another text, the context of the case), or the textual aspect that is harmonized (e.g., syntax, style, chron). (See also "facil.")

harm-[reference] = harmonization with the particular passage identified by the reference (e.g., harm-Hab 2:1)

harm-chron = harmonization of chronology

harm-ctext = harmonization with the context

harm-styl = harmonization of style

harm-synt = harmonization of syntax

homarc = homoioarcton   This term characterizes the absence in a witness of a reading or elements of a reading as an accidental omission attributable to the identity of beginning between two words at the boundaries of the omitted phrase, line, or clause.

homtel = homoioteleuton   This term characterizes the absence in a witness of a reading or elements of a reading as an accidental omission attributable to the identity of ending between two words at the boundaries of the omitted phrase, line, or clause.

ideol = ideologically motivated   This term proposes that the reading has been adjusted to conform to a particular ideological perspective which is not necessarily or overtly theological.

ign = ignorance   This term communicates a judgment that the origin of a reading is to be found in the copyist's or translator's lack of data or understanding concerning their *Vorlage*. In distinction to "err," the use of the characterization "ign" emphasizes the tradents' lack of knowledge, not their mistake. "Ign" will be further specified using one of the following combinations:

ign-cultur = ignorance of cultural information

ign-geogr = ignorance of geography

ign-gram = ignorance of grammar

ign-lex = ignorance of lexical information

illeg = illegible   This characterization is reserved in this edition for use in apparatus cases generated due to damage to the main text of M^L. It is applied to the reading reported for M^L to indicate that it cannot be read with sufficient clarity and completeness to provide a reading for the base text of the edition.

implic = making explicit information implicit   This term expresses the judgment that the witness is not removing existing information from the text, but is suppressing the explicit communication of that information, leaving it implicit.

indet = indeterminate   This characterization indicates that the cited witness is unusable for resolving the particular difficulty at issue in the case (e.g., the Latin versions in the case of the presence or absence of the definite article, or the Greek and Latin versions in the case of the masculine or feminine gender of a verbal form).

insuf = insufficient   This term indicates that a manuscript other than M^L has been damaged in some way so that its reading, although present, cannot be determined with enough confidence to be cited.

This is to be distinguished from the use of "frag" (=fragmentary) as a superscript qualification of a manuscript witness, which signals that the reading in the indicated manuscript, while incomplete, is sufficiently complete to bear with some degree of confidence upon the case under discussion.

interp = interpretation   This characterization proposes that the Hebrew/Aramaic text of the lemma contained some ambiguity as to its meaning, and the ancient witness in question has made a decision concerning this ambiguity. This ambiguity is not necessarily a difficulty or awkwardness, and pertains more to obtaining a clear meaning from a text rather than to its basic intelligibility, thus distinguishing "interp" from "facil." "Interp" is also to be distinguished from "explic" (for which see above). Both terms refer to a process of making implicit information explicit. "Explic," however, presupposes that the implicit information made explicit is clear to the copyist or translator, requiring no decision. "Interp" presupposes an ambiguity concerning which the ancient copyist or translator, as reader, had to decide.

interpol = interpolation   This term characterizes the reading as having arisen from the insertion into the text of textual matter from another document, or another part of the same document.

irrel = irrelevant   This term marks the reading of a particular witness as irrelevant to the specific issue under consideration in a case.

lib = liberty   This characterization proposes that the primary force generating the reading in question is the initiative of the copyist or translator rather than phenomena in the source text, or some interaction of the source text and a broader context, or the demands of a version's receptor language. "Lib" suggests that the change may have some degree of intentionality, that this intentionality is not driven by some reference point outside of the copyist or translator, and that the intention behind the reading is not specified further. "Lib" may appear alone, or with a further specification to indicate the linguistic aspect in which liberty was exercised.

lib-seman = liberty in respect to semantic matters

lib-synt = liberty in respect to syntactic matters

lit = literary   This term indicates that a reading represents a discrete literary tradition (i.e., one of two or more surviving editions for a book) that should not itself be used to correct another text coming from a different literary tradition (i.e., another edition) represented in the reading of another witness. Samuel and Jeremiah, for example, each offer a number of such cases.

metath = metathesis   This term characterizes a reading as arising from the transposition of letters within a word. No statement is being made about the motivation for the change, but it is more likely to be regarded as accidental than intentional. "Metath," which pertains to letters within a word, is to be distinguished from "transp," which pertains to words (see "transp" below).

midr = midrash   This term proposes that the reading is inspired by an extant midrashic tradition.

modern = modernization   This term characterizes a reading as arising from assimilation to the lexical or grammatical usage prevailing at the time of the translator or copyist.

narr = narrative   This term proposes that the reading has arisen from an adjustment to conform to some narrative structure or technique.

om = omission   This term characterizes the absence in a witness of a reading, or elements of a reading, as the accidental or intentional omission of that reading or those elements by the copyist or translator.

paraphr = paraphrase   This term communicates a judgment that a reading is best characterized as a restatement in other form of the meaning of another (therefore prior) reading.

rest = restoration   This term signals the judgment that a witness attempted to restore a text (its *Vorlage*) that it thought had been corrupted in previous transmission.

shift = shift of meaning   This term signals the judgment that a version tried to give a new sense to the totality of a passage by rewriting part of the text's elements, and that the variation observed in the case in question arose from that rewriting process.

spont = spontaneous   This term proposes that a particular variant reading that seems to be supported by independent witnesses in fact arose spontaneously and independently in those witnesses in response to the same difficulty with the Hebrew text.

substit = substitution   This term signals the judgment that the word or words of the reading have been substituted for another word or words at the free initiative of the copyist or translator, but without further specification of the motivation for the substitution.

syst = systematization   This term communicates a judgment that the reading in question arises as part of a process by which the copyist or translator gives a passage (including the case in question) a more uniform literary structure.

theol = theologically motivated   This term proposes that the reading has been adjusted to conform to theological norms. Note also "tiq soph" (for which see below) and "em scr" (for which see above).

tiq soph = tiqqun sopherim   This term identifies a case as one included in the traditional lists of emendations of the scribes, whether or not the case is judged actually to be such an emendation. Note also "theol" (for which see above).

transcr = transcription   This term suggests that a versional reading arose, not from the translation of the version's *Vorlage*, but from the reproduction – according to the phonological system of the versional language – of the spoken form of the *Vorlage* (i.e., the way it sounded).

transl = translational adjustment   This characterization of a reading points to the role of the constraints and opportunities provided by the receptor language of a version, and the way those aspects necessarily shape the rendering of the particularities of the source text and language.

translit = transliteration   This term suggests that a versional reading arose, not from the translation of the version's *Vorlage*, but from the reproduction – based on some character-for-character equivalence – of the written form of the *Vorlage* (i.e., its spelling), regardless of whether the resulting versional form imitated the sound of the *Vorlage* or would have been regarded as orthographically "strange" in the versional language.

transp = transposition   This term characterizes a reading as arising from two words or groups of words having exchanged locations within the sequence of the text. No statement is being made about the motivation for the change, but it is more likely to be regarded as accidental than intentional. "Transp," which pertains to words, is to be distinguished from "metath," which pertains to letters within a word (see "metath" above).

via   This term indicates the Hebrew form that is judged to have served as the stimulus for a particular extant reading. In so marking a form, no position is taken as to whether the reading was an actual *Vorlage* (written in a manuscript) or a virtual *Vorlage* (in the mind of the translator or copyist), or even whether one could properly label the form a *Vorlage*.

via √   This term indicates the Hebrew *root* that is judged to have served as the stimulus for a particular extant reading. The root is understood as a kind of hermeneutical key that appears to have shaped the way the copyist or translator understood their *Vorlage*.

GLOSSARY OF COMMON TERMS IN THE MASORAH PARVA

Prepared by A. Schenker

word beginning with ʾ*alep̄*, the letter ʾ*alep̄*, the accent ʾ*aṯnaḥ*	א
one, once	אׄ
the alphabet, alphabetical order, Ps 119	א״ב, אלפא ביתא
the first two letters of the word follow the order of the alphabet	א׳ ב׳ ב׳ ג׳ ג׳ ד׳
the tetragrammaton	אדכׄר, אדכרה (= הזכרה)
the Pentateuch	אוׄ, אורׄ, אוריׄ, אורייתא
letter, letters	אות, אותיות
suspended letters	אותׄ תלויות
other	אחרי׳
they	אינון
there is/are	אית
there is/are in them	אית בהון
woman	איתׄ = איתתא
within, the middle, the interior (of a clause or word)	אמ׳, אמצע, אמצעא
Job, Proverbs, Psalms (the three poetical books)	אמ״ת
the whole Bible	אנ״ך
man's name	אנש, בר נש, שום בר נש, שם גברא
woman's name	אנתׄ, אנתתא, אתתׄ, אתתא
ʾ*aṯnaḥ* and *sôp̄ pasûq*	א״סף, אתנׄ וסוׄף פסוׄ
one verse is the *sîman*	אפ״ס
Aramaic	ארמׄ
letter, letters	את, אתא, אתין
ʾ*aṯnaḥ*	אתנׄ, אתנחׄ, אתנחתא
woman's name	אתתׄ, אתתא
except for one (two, . . .)	בׄ מׄ אׄ (בׄ . . .), בר מן אׄ (בׄ . . .)
in them	בהון
in it	ביה
between them	ביניהׄ, ביניהון
Genesis	בראׄ, בראשית
man	ברנש, בר נש
after	בתרׄ, בתרא,
man's name	גבר, גברא
gaʿyâ	געׄי, געיא, גיעיה
gereš	גרש, גריש
Chronicles	דבׄ הׄי, דבׄ ימׄ, ד״ה
after	דבתרׄ, (דׄ)בתריה
dāḡeš	דגש, דיגׄ, דיגשא
this one	דין
similar, like it, like them	דכׄ, דכוׄ, דכותׄ, דכותיה, דכותהון
masculine	דכר
incomplete	דלוג
similar	דמיין
fifteen (15)	הׄיׄ
these	הלין
codex Hilleli	הלליׄ
here	הכא
word with *waw* prefixed to it	וא
and another	וא׳
and one	ואׄ
waw	ואו
Numbers	וידבר
pair, pairs	זוג, זוגין
masculine	זכר
small (letter[s])	זעיר, זעירא, זעירין
zaqep̄	זקׄ, זקפׄ, זקף, זקפא
zarqâ	זרקׄ, זרקא
its companion	חבׄ, חביׄ, וחבׄ, חברו, וחברו
one, once	חד, חדה, חדא

plene	מל֯, מ״ל, מלא
twice plene	מל֯ דמל֯, מ״ל דמ״ל, מלא דמלא
mil^c*êl*, stress on the penultima	מלע֯, מלעיל
milra^c, stress on the ultima	מלר֯, מלרע
among them, from them	מנה֯, מנהון
musical meaning (of the טע׳)	מנוגן
vocalized	מנוקד, מנוקדין
Masorah finalis	מס׳ רבתא
Westerners	מע֯, מער֯, מערבאי
middle of the verse	מ״ק, מצע פסוק
mappîq, they pronounce the final *hê*	מפ֯, מפיק, מפיקין
within	מצ׳, מצעא, מיצעא, מציעא
Masorah parva	מ֯ ק֯
Deuteronomy	מ״ת, משנה תורה
different	משני֯, משנין
Kings, Isaiah, Jeremiah, the Twelve	מ׳ש׳ר׳ת׳
similar, the same	מתא֯, מתאימין, מתאמין
variant, variants	מתח֯, מתחלפ֯, מתחלפין
in the midst of the word	מ״ת, מצע תיבותא
another text	נ״א, נוסחא אחרינא, נוסח אחר
the Prophets	נב֯, נביא֯, נביי, נבי֯, נביאי
musical meaning (of the טע׳)	נגן
capital *nûn*	נון רבתי
lower case *nûn*	נון זעיר
the Prophets and the Writings	נ״ך
with, including, added	נסיב֯, נסיב, נסיבין, נסבה, נסבא
points	נקוד֯, נקודות
feminine	נקיבה
seḏer, lectionary section	ס֯
another book, other books	ס״א, ספרין אחריין
presumed reading (not to be introduced into the text)	סביר֯, סביר, סבירין
mnemonic note, reference, their mnemonic note(s), their reference(s)	סי֯, סימ֯, סימן, סימנהון
book	סיפ֯, סיפרא
end	סיפא
sum, total	סכום
one of, unique among	חד מן
ordinary (profane)	חול
the Pentateuch	חומש
without *ga*^{c}*yâ* (i.e., short)	חטף
difference, variation	חלוף, חילופ֯, חילוף
defective, defectively written	חס֯, חסי֯, חסיר֯, ח֯, חסר
doubly defective	חס֯ וחס֯
middle, half	חצי
accent, with accent	טע֯, טעם, בטע֯, בטעמא
once	יחד
unusual	יחיד֯, מיחד, מיוחד֯, יחידאין, מיחדין
the Tetragrammaton	יי, ייי, יה
Joshua, Judges, Psalms	י֯ ש֯ ת֯
superfluous	יתי֯, יתיר, יתירין
here	כה, כאן
like, similar	כות֯, כותהון
written thus, thus written	כ״כ, כתיב כן, כן כתיב
all	כל֯, כ״ל, כול
written, *kəṯîḇ*	כת֯, כתיב, כתוב, כתיבא, כתבן
the Writings	כתי֯, כתו֯, כתיב֯, כתיבין, כתוביא
unique	ל֯, לית, ליתא
ləḡarmeh	לג֯, לגר֯, לגרמ֯, לגרמיה
form, meaning, language, gender	ליש֯, לישנ֯, בליש֯, בלישנא, לשון
above	לעיל
below	לרע
changed, put behind	מאוחר
mêrəḵâ	מארכ֯, מארכא, מאריכין
the Esther scroll	מג֯, מגלה
Easterners	מדנ֯, מדנח֯, למד֯, למדנ֯, מדנחאי
correct text, corrected text	מוג֯, סיפ֯ מוג֯, ספר מוגא
doubled, repeated	מוכפ֯, מוכפל
put in front	מוקדם
variant, variants	מחליפ֯, מחל֯, מחלפ֯, מחלפין
they are mistaken	מטע֯, מטעין, דמטע֯
unusual	מיחד֯, מיוחד֯, מיחדין
word, words	מילה, מלה, מילין, מלין
number	מינין
in their midst	מיסיהון

the beginning of a word	ראש תיבותא
great, large	רבׄ, רבתׄ, רבתי
plural	רבים, לשון רבים
rêš, beginning	ריש
rap̄ê	רפׄ, רפי׳, רפי, רפה, רפין
(i.e., without *daḡeš*	
or quiescent laryngeal)	
the rest, the others	שאׄ, שארׄ, שארא
(personal) name,	שום, שם, שמא, שמו׳, שמוא׳
names	
list	שיטה, שטה
the following	שלאׄ, שלאחׄ, שלאחריו
(word, clause, etc.)	
Samuel	שמוׄ, שמואׄ
the Torah	תׄ, תוׄ, תורׄ
word	תיבׄ, תיבוׄ, תיבותׄ, תיבותא
Leviticus	ת״כ, תורת כוהנין
second	תינ׳
suspended (letter)	תלוי
Psalms	תלים, תלין
three, *səḡôl*	תלת
second	תנינא
the Bible	תנ״ך
second	תרׄ, תרי׳, תרתי, תרין, תרתין
the Twelve Prophets,	ת״ע, תרׄ עשׄ, תרי עשר
Dodekapropheton	
two meanings	תרׄ לישנׄ
targum	תרגׄ, תרגום

connected with,	סמיכׄ, סמיך, סמיכין
closely preceding,	
closely following, constructed with	
sôp̄ pasûq,	סׄ פׄ, ס״פ, סופׄ פסׄ, סופׄ פסוקׄ
the end of a verse	
the end	ס״ת, סוף תיבותא, סופי תיבותא
of a word	
context, section	עינׄ, עינינׄ, ענין, ענינא
at the end	עקב׳, עקבא
difference,	פלגׄ, פולג, פלוגׄ, פלוגתא, פלגתא
division, discordance (of opinion)	
someone	פלוני
verse	פסוׄ, פסׄ, פסוקׄ
paseq	פסׄ, פסקׄ, פסיקׄ, פסיקתא
parašâ, lectionary section	פרשׄ, פרשה
pat̠aḥ	פתׄ, פתח, פתחין
səḡôl	פתׄ קטן
qərê	קׄ, קרׄ, קרי, קריין
first	קדׄ, קדמׄ, קדמא, קדמיה
holy, Hebrew	קדש, לשון קדש
(i.e., the holy tongue)	
qameṣ	קמׄ, קמצׄ
ṣerê	קמצׄ קטן
bald (i.e., without prefixed *waw*)	קרחי
Holy Scripture	קריא, קרי׳
place name	קריה, קרתא
the beginning	רׄ, ראש
the beginning of the verse	ר״פ, ראׄ פסׄ

TABLE OF ACCENTS

ACCENTS FOR THE TWENTY-ONE PROSE BOOKS

(The horizontal lines divide the accents into grades of equivalent strength.)

Disjunctive accents

Sign	Name(s)	Example
◌ֽ	sillûq (*always at the verse end* [sôp̄ pasûq]); *or* sôp̄ pasûq	דָבָֽר׃
◌֑	ʾaṯnaḥ	דָבָ֑ר
◌֒	səḡôltâ *(postpositive)*	דָבָר֒
◌֓ ׀	šalšeleṯ	דָבָ֓ר ׀
◌֔	zaqep̄ qaṭan	דָבָ֔ר
◌֣֔	mûnaḥ-zaqep̄	וְהָאָ֣֔דָם
◌֕	zaqep̄ gaḏôl	דָבָ֕ר
◌ֽ ◌֔	məṯîḡâ-zaqep̄	וְֽכִבְּס֔וּ
◌֖	ṭip̄ḥâ (*comes before* ʾaṯnaḥ *or* sillûq)	דָבָ֖ר
◌֗	rəḇîaʿ	דָבָ֗ר
◌֮	zarqâ (*postpositive; comes before* səḡôltâ)	דָבָר֮
◌֙	pašṭâ *(postpositive)*	דָבָר֙
◌֙ ◌֙	pašṭâ	מֶ֙לֶךְ֙
◌֚	yəṯîḇ (*prepositive; a substitute for* pašṭâ)	מֶ֚לֶךְ
◌֛	təḇîr	דָבָ֛ר
◌֜	gereš *or* ṭeres	דָבָ֜ר
◌֞	geršayim	דָבָ֞ר
◌֡	pazer *or* pazer qaṭan	דָבָ֡ר
◌֟	pazer gaḏôl *or* qarnê p̄arâ	דָבָ֟ר
◌֠	təlîšâ gəḏôlâ *(prepositive)*	֠דָבָר
◌֣ ׀	ləḡarmeh (*comes before* rəḇîaʿ)	דָבָ֣ר ׀

Conjunctive accents

Sign	Name(s)	Example
◌֣	mûnaḥ *or* šôp̄ar mûnaḥ, šôp̄ar ʿillûy, *or* šôp̄ar məḵarbel	דָבָ֣ר
◌֤	mahpak *or* šôp̄ar hap̄ûḵ *or* məhuppaḵ	דָבָ֤ר
◌֥	mêrəḵâ	דָבָ֥ר
◌֦	mêrəḵâ kəp̄ûlâ	דָבָ֦ר
◌֧	dargâ	דָבָ֧ר
◌֨	ʾazlâ	דָבָ֨ר
◌֩	təlîšâ qəṭannâ *(postpositive)*	דָבָר֩
◌֪	galgal *or* yeraḥ	דָבָ֪ר
◌֖	mâyəlâ (*rare; looks like* ṭip̄ḥâ, *but always used as a secondary accent on the same phonetic unit as* ʾaṯnaḥ *or* sillûq)	וַיֵּ֖צֵא־נֹ֑חַ

Additional signs

Sign	Name(s)	Example
◌ֽ	gaʿyâ *or* meṯeḡ *(always used ahead of another accent)*	וַיְֽלַמְּדָ֫הּ
־	maqqep̄	אִמְרִי־לִי
׀	paseq	הַבּוֹגֵד ׀ בּוֹגֵד

ACCENTS FOR THE THREE POETICAL BOOKS (PSALMS, JOB AND PROVERBS)

(The horizontal lines divide the accents into grades of equivalent strength.)

Disjunctive accents

Sign	Name(s)	Example
	sillûq (*always at the verse end* [sôp̄ pasûq]); *or* sôp̄ pasûq	דָבָֽר׃
	ᶜolê wəyôreḏ	דָ֫בָ֥ר
	ᵓaṯnaḥ	דָבָ֑ר
	rəḇîaᶜ gaḏôl	דָבָ֗ר
	rəḇîaᶜ mugraš	דָבָ֝֗ר
	šalšeleṯ gəḏôlâ	דָבָ֓ר ׀
	ṣinnôr *or* zarqâ (*postpositive*)	דָבָ֮ר
	rəḇîaᶜ qaṭan	דָבָ֗ר
	dəḥî (*prepositive*)	דָ֭בָר
	pazer *or* pazer qaṭan	דָבָ֡ר
	məhuppaḵ ləḡarmeh	דָבָ֤ר ׀
	ᵓazlâ ləḡarmeh	דָבָ֨ר ׀

Conjunctive accents

Sign	Name(s)	Example
	mûnaḥ *or* šôp̄ar mûnaḥ	דָבָ֣ר
	mêrəḵâ	דָבָ֥ר
	ᶜillûy *or* šôp̄ar ᶜillûy	דָבָ֬ר
	ṭarḥâ	דָבָ֖ר
	galgal *or* yeraḥ	דָבָ֪ר
	šôp̄ar mahpaḵ *or* šôp̄ar məhuppaḵ	דָבָ֤ר
	ᵓazlâ	דָבָ֨ר
	šalšeleṯ qəṭannâ	דָבָ֓ר
	ṣinnôrîṯ	דָ֘בָר
	(*comes before* mêrəḵâ *or* šôp̄ar mahpaḵ *on an open syllable*)	דָ֘בָ֥ר

Additional signs

Sign	Name(s)	Example
	gaᶜyâ *or* meṯeḡ (*always used ahead of another accent*)	וַֽיְלַמְּדָ֥הּ
	maqqep̄	אִמְרִי־לִי
	məṯîḡâ (*used as a secondary accent on the syllable before* mêrəḵâ)	חָ֨כְמָה
	paseq	הַבּוֹגֵד ׀ בּוֹגֵד

EZRA and NEHEMIAH
עזרא ונחמיה

prepared by
David Marcus

EZRA NEHEMIAH עזרא נחמיה

1 וּבִשְׁנַ֣ת אַחַ֗ת לְכ֙וֹרֶשׁ֙ מֶ֣לֶךְ פָּרַ֔ס לִכְל֥וֹת דְּבַר־יְהוָ֖ה מִפִּ֣י יִרְמְיָ֑ה
הֵעִ֣יר יְהוָ֗ה אֶת־ר֙וּחַ֙ כֹּ֣רֶשׁ מֶֽלֶךְ־פָּרַ֔ס וַיַּֽעֲבֶר־קוֹל֙ בְּכָל־מַלְכוּת֔וֹ

2 וְגַ֖ם בְּמִכְתָּ֣ב לֵאמֹ֑ר כֹּ֣ה אָמַ֗ר כֹּ֚רֶשׁ מֶ֣לֶךְ פָּרַ֔ס כֹּ֚ל מַמְלְכ֣וֹת
הָאָ֔רֶץ נָ֣תַן לִ֔י יְהוָ֖ה אֱלֹהֵ֣י הַשָּׁמָ֑יִם וְהֽוּא־פָקַ֤ד עָלַי֙ לִבְנֽוֹת־ל֣וֹ בַ֔יִת

3 בִּירוּשָׁלַ֖͏ִם אֲשֶׁ֣ר בִּֽיהוּדָ֑ה מִֽי־בָכֶ֣ם מִכָּל־עַמּ֗וֹ יְהִ֤י אֱלֹהָיו֙ עִמּ֔וֹ
וְיַ֕עַל לִירוּשָׁלַ֖͏ִם אֲשֶׁ֣ר בִּֽיהוּדָ֑ה וְיִ֗בֶן אֶת־בֵּ֤ית יְהוָה֙ אֱלֹהֵ֣י יִשְׂרָאֵ֔ל

4 ה֥וּא הָאֱלֹהִ֖ים אֲשֶׁ֣ר בִּירוּשָׁלָ֑͏ִם וְכָל־הַנִּשְׁאָ֗ר מִֽכָּל־הַמְּקֹמוֹת֮ אֲשֶׁ֣ר
ה֣וּא גָֽר־שָׁם֒ יְנַשְּׂא֙וּהוּ֙ אַנְשֵׁ֣י מְקֹמ֔וֹ בְּכֶ֤סֶף וּבְזָהָב֙ וּבִרְכ֣וּשׁ וּבִבְהֵמָ֔ה

5 עִם־הַ֨נְּדָבָ֔ה לְבֵ֥ית הָאֱלֹהִ֖ים אֲשֶׁ֣ר בִּירוּשָׁלָ֑͏ִם וַיָּק֜וּמוּ רָאשֵׁ֣י הָאָב֗וֹת
לִֽיהוּדָה֙ וּבִנְיָמִ֔ן וְהַכֹּהֲנִ֖ים וְהַלְוִיִּ֑ם לְכֹ֨ל הֵעִ֧יר הָאֱלֹהִ֛ים אֶת־רוּח֖וֹ

6 לַעֲל֣וֹת לִבְנ֗וֹת אֶת־בֵּ֤ית יְהוָה֙ אֲשֶׁ֣ר בִּירוּשָׁלָ֑͏ִם וְכָל־סְבִיבֹֽתֵיהֶם֙

[1:1] העיר ה̇ וסימנהון ממזרח . הברו החצים . ובשנת אחת ולכורש . וחביריו .
ויקומו ס̇: [2] יהוה אלהי השמים ו̇ וסימנהו ו̇ ואמר . אשר לקחני ואשביעך . ואת יהוה . ואמר
דתהי נא . כרש . כרש ס̇: [4] כרש ס̇: לבית האלהים ב̇ וסימנהון התנדבו לבית . עם־הנדבה
לבית האלהים ס̇: [5] ויקומו ט̇ מל וסימנה בבקר . בבקר . שרי מואב קדמי בני
ישראל . זיפה . בנשף . כל איש חיל . וחביר . ראשי האבות . על עמדם ס̇:

Ezra 1:1-3a
‖2 Chr 36:22-23
Ezra 1:1-6
‖1 Esd 2:1-8

1:1 מִפִּ֣י יִרְמְיָ֑ה G V (S) | בְּפִי 2 Chr Gα (differ-graph) ÷ • יִרְמְיָ֑ה (2 Chr) G Gα V | foll τοῦ προφήτου G^L S (ampl) • כֹּ֣רֶשׁ (2 Chr) G Gα V | > S (om) • **2** כֹּל 2 Chr G V | > Gα S (implic) • יְהוָ֖ה אֱלֹהֵ֣י הַשָּׁמָ֑יִם 2 Chr G V S | ὁ κύριος τοῦ Ἰσραήλ, κύριος ὁ ὕψιστος, Gα (ampl) • הַשָּׁמָ֑יִם 2 Chr G (Gα) V S | foll *et terrae* La (assim-usu) • בִּירוּשָׁלַ֖͏ִם 2 Chr G Gα V | foll ܚܬ S (ampl) • **3** יְהִ֤י (G) Gα V | יְהוָה 2 Chr (explic) | ܐܢܐ S (lib-synt) • יְהוָה֙ אֱלֹהֵ֣י V S | θεοῦ G (abbr) | τοῦ κυρίου Gα (abbr) • אֲשֶׁ֣ר בִּירוּשָׁלָ֑͏ִם: G V S | ὁ κατασκηνώσας ἐν Ἰερουσαλήμ. Gα (explic) • **4** וְכָל־הַנִּשְׁאָ֗ר G V (S) | > Gα (facil-seman) • יְנַשְּׂא֙וּהוּ֙ Gα V S | καὶ λήμψονται αὐτόν G (facil-synt) • בְּכֶ֤סֶף וּבְזָהָב֙ G V S | ἐν χρυσίῳ καὶ ἐν ἀργυρίῳ Gα (transp) ◦ וּבְזָהָב֙ G V S | foll ἐν δόσεσιν Gα (ampl) • וּבִרְכ֣וּשׁ G V S | μεθ᾽ ἵππων Gα (via (רֶכֶשׁ) • עִם־הַ֨נְּדָבָ֔ה G V S | σὺν τοῖς ἄλλοις τοῖς κατ᾽ εὐχὰς προστεθειμένοις Gα (ampl) • **5** לִֽיהוּדָה֙ וּבִנְיָמִ֔ן G V S | τῆς Ἰουδα καὶ Βενιαμιν φυλῆς Gα (explic) • **רוּח֖וֹ** V S | 3 pl sfx G Gα (shift) • יְהוָה G (Gα) V | foll ܐܠܗܐ S (ampl) •

חִזְּק֣וּ בִֽידֵיהֶ֗ם בִּכְלֵי־כֶ֨סֶף בַּזָּהָ֤ב בָּֽרְכוּשׁ֙ וּבַבְּהֵמָ֔ה וּבַמִּגְדָּנ֑וֹת לְבַ֖ד

ל . ל . ל

עַל־כָּל־הִתְנַדֵּֽב: ס   וְהַמֶּ֣לֶךְ כּ֗וֹרֶשׁ הוֹצִ֛יא אֶת־כְּלֵ֣י בֵית־   **7**

ל . ל רא פסוק

יְהוָ֑ה אֲשֶׁ֨ר הוֹצִ֤יא נְבֽוּכַדְנֶצַּר֙ מִיר֣וּשָׁלִַ֔ם וַיִּתְּנֵ֖ם בְּבֵ֥ית אֱלֹהָֽיו:

ב

וַיּֽוֹצִיאֵ֗ם כּ֚וֹרֶשׁ מֶ֣לֶךְ פָּרַ֔ס עַל־יַ֖ד מִתְרְדָ֣ת הַגִּזְבָּ֑ר וַֽיִּסְפְּרֵם֙   **8**

ב . ל . ל

לְשֵׁשְׁבַּצַּ֔ר הַנָּשִׂ֖יא לִֽיהוּדָֽה: וְאֵ֖לֶּה מִסְפָּרָ֑ם אֲגַרְטְלֵ֣י זָהָ֗ב שְׁלֹשִׁ֜ים   **9**

ב . ל . ב

אֲגַרְטְלֵי־כֶ֨סֶף֙ אָ֔לֶף מַֽחֲלָפִ֖ים תִּשְׁעָ֥ה וְעֶשְׂרִֽים: ס   כְּפוֹרֵ֣י   **10**

ל . ל זק קמ

זָהָב֙ שְׁלֹשִׁ֔ים כְּפ֤וֹרֵי כֶ֨סֶף֙ מִשְׁנִ֔ים אַרְבַּ֥ע מֵא֖וֹת וַעֲשָׂרָ֑ה

ל

כֵּלִ֥ים אֲחֵרִ֖ים אָֽלֶף: ס   כָּל־כֵּלִים֙ לַזָּהָ֣ב וְלַכֶּ֔סֶף חֲמֵ֥שֶׁת   **11**

ל . ל

אֲלָפִ֖ים וְאַרְבַּ֣ע מֵא֑וֹת הַכֹּ֞ל הֶעֱלָ֣ה שֵׁשְׁבַּצַּ֗ר עִ֚ם הֵעָל֣וֹת הַגּוֹלָ֔ה

ב . ב

מִבָּבֶ֖ל לִירוּשָׁלָֽם: פ   וְאֵ֙לֶּה֙ ׀ בְּנֵ֣י הַמְּדִינָ֔ה הָֽעֹלִים֙ מִשְּׁבִ֣י   **2**

ז̇

הַגּוֹלָ֔ה אֲשֶׁ֣ר הֶגְלָ֗ה נְבוּכַדְנֶצַּ֛ר מֶֽלֶךְ־בָּבֶ֖ל לְבָבֶ֑ל וַיָּשׁ֛וּבוּ לִירוּשָׁלַ֥ם

צַ̇ר ק̇

---

[6] חזקו ד̇ וסימנהון אבימלך . לא חזקו הכ̇ הכהנים . פניהם . סביבתיהם חזקו
בידיהם ס̇: [2:1] קדמיה ואלה אשר הגלה לבבל וישבו לירושלם ויהודה אשר באו
שריה רעליה מספר בגוי רחום ס̇: בתר בתריה אלה אשר הגלה וישבו לירושלם
וליהודה הבאים עזריה רעליה נחמני מספרת בגוי נחום ס̇: ב̇ כת נבוכדנצור יתירין ו
וסימנהון לקדר ולממלכות חצור . ואלה בני המדינה ס̇:

---

6 בִּכְלֵי־כֶסֶף G V S | ἐν πᾶσιν, ἀργυρίῳ Ga (assim-v 4) ✣ • בָּֽרְכוּשׁ (G) V (S) | Ezra 1:7-11
ἵπποις Ga (via רֶכֶשׁ • (לְבַד G V S | ὡς πλείσταις πολλῶν, Ga (via ‖ 1 Esd 2:9-14
(לְרֹב • (עַל־כָּל־הִתְנַדֵּב: (Ga) S | τῶν ἐν ἑκουσίοις. G V (lib-seman) • **7** כְּלֵי G Ga V   Ezra 2:1
S | πάντα τὰ σκεύη G^L (dbl) • כְּלֵי בֵית G V S | τὰ ἱερὰ σκεύη Ga (lib-seman) • ‖ Neh 7:6
יְהוָה G Ga V S | *dei* La (substit) • נְבוּכַדְנֶצַּר G Ga V | foll *rex* La (assim-Dan 3- ‖ 1 Esd 5:7-8a
4) | foll ܕܚܠܐ ܚܠܒ S (ampl) ✣ • בְּבֵית אֱלֹהָיו G V S | ἐν τῷ ἑαυτοῦ εἰδωλείῳ·
Ga (exeg) • **8** מִתְרְדָת G Ga V | ܡܬܪܕܐ S (differ-graph) • הַגִּזְבָּר (Ga) S | Γαρβαρηνοῦ, G
(differ-graph) | *filii Gazabar* V (translit) • לִיהוּדָה: וְאֵלֶּה M^L M^S1 | ס
ליהודה: (Ga) S | foll ωπν G Ga V (exeg) |
וְאֵלֶּה M^Y • **9** שְׁלֹשִׁים G V S | 1,000 Ga (harm-v 11) • מַחֲלָפִים | παρηλλαγμένα
G (lib-seman) | θυΐσκαι ἀργυραῖ Ga (lib-seman) | *cultri* V (lib-seman) | ܟܠܒܐ
S (lib-seman) ✣ • **10** כְּפוֹרֵי Ga V S | χεφουρή G (transcr) • כְּפוֹרֵי זָהָב שְׁלֹשִׁים G
Ga V | prec . ܪܟܐ ܘܟܪܟܐ ܕܕܗܒܐ ܟܐܦܐ ܘܟܣܦܐ ܦܠܓܐ S (transp) • ²כְּפוֹרֵי to
וַעֲשָׂרָה (Ga) V S | καὶ ἀργυροῖ G (abbr) • מִשְׁנִים V S | 2,000 Ga (harm-v 11) |
> G (om) ✣ • **11** כָּל־כֵּלִים G V S | foll διεκομίσθη, Ga (explic) • וְאַרְבַּע מֵאוֹת G
V S | 469 Ga (harm-ctext) • הַכֹּל G V S | > Ga (implic) • עִם הֵעָלוֹת הַגּוֹלָה
(V) | ἀπὸ τῆς ἀποικίας G (Ga) (abbr) • **2:1** בְּנֵי הַמְּדִינָה Neh G V S | οἱ ἐκ τῆς
Ἰουδαίας Ga (explic) • הַגּוֹלָה Neh G | > V S (facil-styl) | τῆς παροικίας, Ga
(via √ גור) • נְבוּכַדְנֶצַּר M^ket G Ga V | נְבוּכַדְנֶצוֹר M^qere Neh S •
לְבָבֶל G Ga V | > Neh | prec ܐܒܟܒܠ S (ampl) •

וְיהוּדָה אִישׁ לְעִירוֹ׃ אֲשֶׁר־בָּאוּ עִם־זְרֻבָּבֶל יֵשׁוּעַ נְחֶמְיָה שְׂרָיָה 2

רְעֵלָיָה מׇרְדְּכַי בִּלְשָׁן מִסְפָּר בִּגְוַי רְחוּם בַּעֲנָה מִסְפַּר אַנְשֵׁי עַ֯ם   לׄ שׁם ברנשׁ . בׄ

יִשְׂרָאֵל׃   ס   בְּנֵי פַרְעֹשׁ אַלְפַּ֫יִם מֵאָה שִׁבְעִים וּשְׁנָיִם׃   ס 3

בְּנֵי שְׁפַטְיָה שְׁלֹשׁ מֵאוֹת שִׁבְעִים וּשְׁנָיִם׃   ס   בְּנֵי אָרַח 4 / 5

שֶׁבַע מֵאוֹת חֲמִשָּׁה וְשִׁבְעִים׃   ס   בְּנֵי־פַחַת מוֹאָב לִבְנֵי 6

יֵשׁוּעַ יוֹאָב אַלְפַּ֫יִם שְׁמֹנֶה מֵאוֹת וּשְׁנֵים עָשָׂר׃   ס   בְּנֵי עֵילָם   לׄ 7

אֶ֫לֶף מָאתַ֫יִם חֲמִשִּׁים וְאַרְבָּעָה׃   ס   בְּנֵי זַתּוּא תְּשַׁע מֵאוֹת   זׄ 8

וְאַרְבָּעִים וַחֲמִשָּׁה׃   ס   בְּנֵי זַכָּי שְׁבַע מֵאוֹת וְשִׁשִּׁים׃   ב̇ 9

בְּנֵי בָנִי שֵׁשׁ מֵאוֹת אַרְבָּעִים וּשְׁנָיִם׃   ס   בְּנֵי בֵבָי שֵׁשׁ מֵאוֹת   ב̇ 10 / 11

עֶשְׂרִים וּשְׁלֹשָׁה׃   ס   בְּנֵי עַזְגָּד אֶ֫לֶף מָאתַ֫יִם עֶשְׂרִים   זׄ 12

וּשְׁנָיִם׃   בְּנֵי אֲדֹנִיקָם שֵׁשׁ מֵאוֹת שִׁשִּׁים וְשִׁשָּׁה׃   ס   בְּנֵי 13 / 14

בִגְוַי אַלְפַּ֫יִם חֲמִשִּׁים וְשִׁשָּׁה׃   ס   בְּנֵי עָדִין אַרְבַּע מֵאוֹת 15

---

[12] אלף מאתים זׄ וסימנהון עילם . עזגד . פשחור בקדמיה . עילם . עילם . פשחור
בבתרׄ ‬ :סׄ

Ezra 2:2-15
|| Neh 7:7-20
|| 1 Esd 5:8b-14

1 וְיהוּדָה G V | וְלִיהוּדָה Neh S | καὶ τὴν λοιπὴν Ἰουδαίαν Gα (ampl) • אִישׁ Neh G Gα V | prec ܐܢܫܐ S (ampl) • **2** אֲשֶׁר־בָּאוּ G V S | הַבָּאִים Neh Gα • שְׂרָיָה G Gα V | prec ܣ̈ S (ampl) • רְעֵלָיָה G V S | רַעַמְיָה Neh | Ῥησαίου, Gα • מׇרְדְּכַי G V S | עֲזַרְיָה Neh (Gα) • בִּלְשָׁן Neh G V S | prec נַחֲמָנִי Neh | prec Ἐνήνιος, Gα • בִּלְשָׁן Neh G V S | Βεελσάρου, Gα • מִסְפָּר G V | מִסְפֶּרֶת Neh | Ἀσφαράσου, Gα | ܡܣܦܪ S • בִּגְוַי Neh G V S | Βορολίου, Gα • רְחוּם G V (S) | נְחוּם Neh | Ῥοΐμου, Gα • מִסְפַּר אַנְשֵׁי עַם Neh G V (S) | τῶν προηγουμένων αὐτῶν. ἀριθμὸς τῶν ἀπὸ τοῦ ἔθνους יִשְׂרָאֵל׃ Neh G V (S) | καὶ οἱ προηγούμενοι αὐτῶν· Gα (exeg) • **4** שְׁלֹשׁ מֵאוֹת שִׁבְעִים וּשְׁנָיִם Neh G V S | 472 Gα | 972 G^L | 1,472 La • **5** אָרַח Neh Gα V S | Ἄρες G • שֶׁבַע מֵאוֹת חֲמִשָּׁה וְשִׁבְעִים G V S | 652 Neh | 756 Gα | 975 G^L | 241 La ❖ • **6** פַחַת מוֹאָב Neh G Gα V | generis Moab La | ܡܘܐܒ S • אַלְפַּיִם שְׁמֹנֶה מֵאוֹת וּשְׁנֵים עָשָׂר G Gα V S | 2818 Neh • **8** זַתּוּא Neh G Gα V | ܙܛܘܐ S • תְּשַׁע מֵאוֹת G Gα V S | 845 Neh • **9** זַכָּי Neh G V S | Χορβέ Gα • שְׁבַע וְאַרְבָּעִים וַחֲמִשָּׁה G Gα V S | ❖ • **10** בָנִי Gα V S | בִנּוּי Neh G • שֵׁשׁ מֵאוֹת Neh G | 705 Gα • **11** שֵׁשׁ מֵאוֹת עֶשְׂרִים וּשְׁלֹשָׁה G V | 648 Neh Gα | 142 S • אַרְבָּעִים וּשְׁנָיִם G V | 628 Neh • **12** עַזְגָּד Neh G Gα V | ܥܙܓܕ S • אֶלֶף מָאתַיִם עֶשְׂרִים וּשְׁנָיִם G V S | 2,322 Neh | 3,322 Gα | 2,222 G^L • **13** שֵׁשׁ מֵאוֹת שִׁשִּׁים וְשִׁשָּׁה G V S | 667 Neh Gα • **14** אַלְפַּיִם חֲמִשִּׁים וְשִׁשָּׁה G V S | 2,067 Neh | 2,066 Gα | 2,057 La • **15** אַרְבַּע מֵאוֹת חֲמִשִּׁים וְאַרְבָּעָה G Gα V | 655 Neh | 464 S •

16	ל חֲמִשִּׁים וְאַרְבָּעָה׃ ס	בְּנֵי־אָטֵר לִיחִזְקִיָּה תִּשְׁעִים
17 18	וּשְׁמֹנָה׃ ס	בְּנֵי בֵצַי שְׁלֹשׁ מֵאוֹת עֶשְׂרִים וּשְׁלֹשָׁה׃ ס בְּנֵי
19	ל יוֹרָה מֵאָה וּשְׁנֵים עָשָׂר׃ ס	בְּנֵי חָשֻׁם מָאתַיִם עֶשְׂרִים
20 21	ל · בְּ וּשְׁלֹשָׁה׃ ס	בְּנֵי גִבָּר תִּשְׁעִים וַחֲמִשָּׁה׃ ס בְּנֵי בֵית־לָחֶם
22 23	כול חס מֵאָה עֶשְׂרִים וּשְׁלֹשָׁה׃ ס	אַנְשֵׁי נְטֹפָה חֲמִשִּׁים וְשִׁשָּׁה׃ אַנְשֵׁי
24	עֲנָתוֹת מֵאָה עֶשְׂרִים וּשְׁמֹנָה׃ ס	בְּנֵי עַזְמָוֶת אַרְבָּעִים
25	בְּ וּשְׁנָיִם׃ ס	בְּנֵי קִרְיַת עָרִים כְּפִירָה וּבְאֵרוֹת שְׁבַע מֵאוֹת
26	בְּ וְאַרְבָּעִים וּשְׁלֹשָׁה׃ ס	בְּנֵי הָרָמָה וָגָבַע שֵׁשׁ מֵאוֹת עֶשְׂרִים
27 28	בְּ כת ס וְאֶחָד׃ ס	אַנְשֵׁי מִכְמָס מֵאָה עֶשְׂרִים וּשְׁנָיִם׃ ס אַנְשֵׁי
29	בְּ בֵית־אֵל וְהָעַי מָאתַיִם עֶשְׂרִים וּשְׁלֹשָׁה׃ ס	בְּנֵי נְבוֹ חֲמִשִּׁים

[16] בעיני קדמי בצלות פרודא נפוסים ליחזקיה וקדמיאל הודויה אמי אדן אמר
נמצאו סיעהא בני קרית ערים בעיניני בתרי בצלית פרידא נפיסים לחזקיה לקדמיאל
להודוה אמון אדן ואמר נמצא נמצא סיעא אנשי קרית יערים :ס: [18] עיניניה קדמיה בני גבר
בני יורה בית לחם חרם ושבעה עשר בני לד עשרים וחמשה :ס: בעיניני תינינ בני גבעון
בני חריף אנשי בית לחם חרים שבעה עשר בני לד ועשרים ואחד :ס:

Ezra 2:16-29
‖ Neh 7:21-33
‖ 1 Esd 5:15-16
Ezra 2:20-29
‖ 1 Esd 5:17-21b

16 תִּשְׁעִים וּשְׁמֹנָה Neh G V S ‖ 92 Gα ○ וּשְׁמֹנָה Neh G V S ‖ תִּשְׁעִים וּשְׁמֹנָה Neh G V S ‖ foll υἱοὶ Κιλὰν καὶ Ἀζητᾶς ἑξήκοντα ἑπτά. υἱοὶ Ἀζούρου τετρακόσιοι τριάκοντα δύο. υἱοὶ Ἀννίας ἑκατὸν εἷς. υἱοὶ Ἀρόμ Gα (lit) • **17 v 17** G Gα V S ‖ prec v 19 Neh • שְׁלֹשׁ מֵאוֹת עֶשְׂרִים וּשְׁלֹשָׁה G Gα V S ‖ 324 Neh • **18** יוֹרָה G V ‖ חָרִיף Neh Gα ‖ ܐܘܪܐ S • **19 v 19** Neh G V S ‖ > Gα (lit) • מָאתַיִם עֶשְׂרִים וּשְׁלֹשָׁה G V ‖ > Gα (lit) • מָאתַיִם עֶשְׂרִים וּשְׁלֹשָׁה G V S ‖ 328 Neh • **20** גִבָּר (G) V ‖ גִּבְעוֹן Neh ‖ Βαιτηροὺς Gα ‖ ܓܒܪ S ‖ תִּשְׁעִים וַחֲמִשָּׁה Neh G V S ‖ 3,005 Gα • **21** בְּנֵי G Gα V S ‖ אַנְשֵׁי Neh ‖ v 21 בְּנֵי to v 22 וַחֲמִשָּׁה׃ Neh G V S • **22** אַנְשֵׁי נְטֹפָה Neh ‖ אַנְשֵׁי בֵית־לֶחֶם מֵאָה וּנְטֹפָה מֵאָה שְׁמֹנִים וּשְׁמֹנָה׃ G Gα V S ‖ וּנְטֹפָה Neh ‖ υἱοὶ Νετωφά G (assim-ctext) • חֲמִשִּׁים וְשִׁשָּׁה G V S ‖ 188 Neh ‖ 55 Gα • **23** עֲנָתוֹת אַנְשֵׁי Neh Gα V S ‖ υἱοὶ Ἀναθώθ G (assim-ctext) • אַנְשֵׁי Neh Gα (assim-ctext) ‖ מֵאָה עֶשְׂרִים וּשְׁמֹנָה Neh G V S ‖ 158 Gα • **24** בְּנֵי G V S ‖ עַזְמָוֶת (G) V S ‖ prec בֵית־ Neh Gα • **25** בְּנֵי → v 24 • קִרְיַת עָרִים (err) ‖ קִרְיַת יְעָרִים Neh G Gα V S ‖ pref קִרְיַת יְעָרִים see Neh G Gα V S ○ קִרְיַת עָרִים Neh G V S ‖ + 25 Gα (ampl) • כְּפִירָה G V S ‖ prec οἱ ἐκ Gα (assim-ctext) • וּשְׁלֹשָׁה׃ Neh G V S ‖ foll οἱ Χαδιάσαι καὶ Ἀμμίδιοι τετρακόσιοι εἴκοσι δύο. Gα (lit) • **26** בְּנֵי → v 24 • הָרָמָה Neh G V ‖ Κιράμας Gα ‖ ܪܡܬܐ S • שֵׁשׁ מֵאוֹת עֶשְׂרִים Neh G Gα V ‖ 721 S • **27** מִכְמָס Neh G V S ‖ Μακαλῶν Gα • מֵאָה עֶשְׂרִים וְאֶחָד׃ Neh G Gα V ‖ **28 v 28** וְהָעַי to v 29 נְבוֹ (Neh) (G) V S ‖ > Gα (lit) • וְהָעַי Neh G ‖ τῆς Γαι (G^L) V ‖ ܓܝ S • **29** בְּנֵי G V S ‖ 123 Neh ‖ 423 G • מָאתַיִם עֶשְׂרִים וּשְׁלֹשָׁה V S ‖ foll אַנְשֵׁי Neh • נְבוֹ G V S ‖ foll אַחֵר Neh •

30 בְּנֵ֣י עֵילָ֔ם ס בְּנֵ֣י מַגְבִּ֗ישׁ מֵאָ֛ה חֲמִשִּׁ֥ים וְשִׁשָּׁ֖ה ס וּשְׁנָֽיִם׃
31

32 בְּנֵ֣י חָרִ֔ם שְׁלֹ֥שׁ ס מָאתַ֖יִם חֲמִשִּׁ֥ים וְאַרְבָּעָֽה׃ ס אַחֵ֔ר אֶ֕לֶף

33 מֵא֣וֹת וְעֶשְׂרִֽים׃ ס בְּנֵי־לֹ֣ד חָדִ֔יד וְאוֹנ֔וֹ שְׁבַ֥ע מֵא֖וֹת עֶשְׂרִ֥ים

34 וַחֲמִשָּֽׁה׃ ס בְּנֵ֣י יְרֵח֔וֹ שְׁלֹ֥שׁ מֵא֖וֹת אַרְבָּעִ֥ים וַחֲמִשָּֽׁה׃ ס

ג׳ ראש פסוק 35 בְּנֵ֣י סְנָאָ֔ה שְׁלֹ֣שֶׁת אֲלָפִ֔ים וְשֵׁ֥שׁ מֵא֖וֹת וּשְׁלֹשִֽׁים׃ ס הַכֹּהֲנִ֗ים
36

37 בְּנֵ֣י
בְּנֵ֣י יְדַֽעְיָ֔ה לְבֵ֖ית יֵשׁ֑וּעַ תְּשַׁ֥ע מֵא֖וֹת שִׁבְעִ֥ים וּשְׁלֹשָֽׁה׃ ס

ז 38 אִמֵּ֔ר אֶ֕לֶף חֲמִשִּׁ֥ים וּשְׁנָֽיִם׃ ס בְּנֵ֣י פַשְׁח֔וּר אֶ֕לֶף מָאתַ֖יִם

39 אַרְבָּעִ֥ים וְשִׁבְעָֽה׃ ס בְּנֵ֣י חָרִ֔ם אֶ֕לֶף וְשִׁבְעָ֥ה עָשָֽׂר׃ ס

ג׳ ראש פסוק בסיפ 40 הַלְוִיִּ֔ם בְּנֵי־יֵשׁ֧וּעַ וְקַדְמִיאֵ֛ל לִבְנֵ֥י הֽוֹדַוְיָ֖ה שִׁבְעִ֥ים וְאַרְבָּעָֽה׃ ס

41 הַמְשֹׁרְרִ֔ים בְּנֵ֣י אָסָ֔ף מֵאָ֖ה עֶשְׂרִ֥ים וּשְׁמֹנָֽה׃ פ בְּנֵ֥י הַשֹּׁעֲרִ֖ים
42

ב׳ וחס בְּנֵי־שַׁלּ֣וּם בְּנֵי־אָטֵ֗ר בְּנֵי־טַלְמ֜וֹן בְּנֵי־עַקּ֗וּב בְּנֵ֣י חֲטִיטָ֔א בְּנֵ֣י שֹׁבָ֗י
הַכֹּ֕ל מֵאָ֖ה שְׁלֹשִׁ֥ים וְתִשְׁעָֽה׃ פ

43 הַנְּתִינִ֑ים בְּנֵי־

ג צִיחָ֖א בְּנֵי־

ג חֲשׂוּפָ֖א בְּנֵי־

ז מל 44 טַבָּעֽוֹת׃ בְּנֵי־

קֵרֹ֖ס בְּנֵי־

ל כת׳ ה סִיעֲהָ֖א בְּנֵי־

Ezra 2:30-31
‖ I Esd 5:21c-22a
Ezra 2:31-44
‖ Neh 7:34-47
Ezra 2:33-44
‖ I Esd 5:22b-29b

30 v 30 G (Gα) V (S) | > Neh → ✣ Neh 7:34 • מַגְבִּישׁ G V | Νιφὶς Gα | ܚܢܒ S • **31** עֵילָם Neh (G) V | Καλαμὼ ἄλλου Gα | ܚܠܡ S • v 31 אֶ֕לֶף **to** v 33 אַחֵר אֶ֕לֶף Neh (G) V | Καλαμὼ ἄλλου Gα | ܚܠܡ S • v 31 חָדִיד (Neh) G V S | > Gα (lit) • **33** v 33 G (Gα) V S | prec v 34 Neh • שְׁבַע שְׁלֹשֶׁת אֲלָפִים וְשֵׁשׁ מֵאוֹת וּשְׁלֹשִׁים: G Gα V S | 721 Neh • **35** מֵאוֹת עֶשְׂרִים וַחֲמִשָּׁה G V S | 3,930 Neh | 3,330 Gα • **36** לְבֵית Neh G V S | τοῦ υἱοῦ Gα (assim-ctext) יֵשׁוּעַ Neh G V S | foll εἰς τοὺς υἱοὺς Ἀνασίβ Gα (ampl) תְּשַׁע מֵאוֹת Neh G V | 972 Gα | 773 S • **37** וּשְׁנָיִם: Neh G Gα V | אֶלֶף חֲמִשִּׁים שִׁבְעִים וּשְׁלֹשָׁה: 1,252 S • **39** אֶלֶף וְשִׁבְעָה עָשָׂר: Neh Gα V S | 1,007 G • **40** וְקַדְמִיאֵל G Gα V | לִבְנֵי הֽוֹדַוְיָה G V | לִבְנֵי לְהוֹדְוָה Neh | לְקַדְמִיאֵל Neh | καὶ Βαννοῦ לִבְנֵי הֽוֹדַוְיָה S ܣܘܕܘܝܐ | καὶ Οὐδίου Gα | ܣܘܕܘܝܐ S ✣ • **41** מֵאָה עֶשְׂרִים וּשְׁמֹנָה: G V S | 148 Neh Gα • **42** הַשֹּׁעֲרִים Neh Gα הַשֹּׁעֲרִים G V S | הַכֹּל G Gα V S | > Neh • מֵאָה Gα שְׁלֹשִׁים וְתִשְׁעָה: G Gα V S | 138 Neh G^L • **43** צִיחָא (Neh) V | Σουαά, G | Ἡσαύ, Gα | ܣܝܚܐ S • חֲשׂוּפָא (Neh) G V S | Ἀσιφά, Gα • **44** סִיעֲהָא G V | σιεα Neh Gα | Σουά, Gα •

45 בְּנֵי־ פָּדוֹן׃
בְּנֵי־ לְבָנָה
בְּנֵי חֲגָבָה
46 בְּנֵי־ עַקּוּב׃
בְּנֵי־ חָגָב
בְּנֵי שַׁמְלָי ‏ שלמי ק
47 בְּנֵי־ חָנָן׃
בְּנֵי־ גִּדֵּל
בְּנֵי גַּחַר ‏ ב חד פת וחד קמ
48 בְּנֵי־ רְאָיָה׃
בְּנֵי־ רְצִין
בְּנֵי נְקוֹדָא
49 בְּנֵי־ גַזָּם׃
בְּנֵי עֻזָּא
בְּנֵי פָסֵחַ
50 בְּנֵי־ בֵסָי׃
בְּנֵי־ אַסְנָה
בְּנֵי מְעוּנִים ‏ מעונים ק
51 בְּנֵי־ נְפִיסִים׃ ‏ נפוסים ק
בְּנֵי־ בַקְבּוּק

Ezra 2:45-51
‖ Neh 7:48-53
‖ 1 Esd 5:29c-31e

45 בְּנֵי עַקּוּב׃ G V S | υἱοὶ Ἀκούδ, υἱοὶ Οὐτά, υἱοὶ Κητάβ, Gα (ampl) | > Neh → ÷ Neh 7:48 • **v 45** בְּנֵי² **to v 46** חָגָב G (Gα) V S | > Neh → ÷ Neh 7:48 • **46** בְּנֵי־¹ שַׁמְלָי | שמלי M^ket | שַׁלְמַי M^qere Neh G V S | Συβαΐ, Gα ÷ • **47 v 47** בְּנֵי־¹ **to v 48** גַזָּם Neh G V (S) | υἱοὶ Καθουά, υἱοὶ Γεδδούρ, υἱοὶ Ἰαΐρου, υἱοὶ Δαισάν, υἱοὶ Νοεβά, υἱοὶ Χασεβά, υἱοὶ Γαζηρά, Gα (lit) • גִּדֵּל Neh G V (S) | Γεδδούρ, Gα • גַּחַר Neh G V | Ἰαΐρου, Gα | ܫܟܪ S • רְאָיָה׃ Neh G V | ܪܐܝܐ S | Gα (indet) • **48** רְצִין Neh V | Ῥασών, G | Δαισάν, Gα (S) • נְקוֹדָא Neh G V | ܢܩܘܕܐ S | Gα (indet) • גַזָּם׃ Neh G V S | Γαζηρά, Gα • **49** פָסֵחַ Neh G V | Φινόε, υἱοὶ Ἀσαρά, Gα | ܦܠܚ S • בֵסָי׃ Neh G V | Βασθαι, Gα | ܒܣܝ S • **50** בְּנֵי־אַסְנָה G Gα V S | > Neh • מְעוּנִים | מעונים M^L(ket) | מְעוּנִים M^L(qere) M^S1 M^Y ○ מְעוּנִים | מעונים M^ket (differ-graph) | מְעוּנִים M^qere Neh G V | Μααví, Gα | pref מְעוּנִים see M^qere Neh G V ÷ • נְפִיסִים׃ | נפיסים M^ket (Neh^qere) ܚܛܫ S ‖ Gα | נְפוּסִים M^qere (Neh^ket) G V (S) ÷ • **51** בְּנֵי־בַקְבּוּק Neh (G) V S | > Gα (om) •

	ג	חֲקוּפָא
		חַרְחוּר: 52
	ל	בַּצְלוּת
		מְחִידָא
		חַרְשָׁא: 53
	ג	בַּרְקוֹס
		סִיסְרָא
		תָּמַח: 54
		נְצִיחַ
		חֲטִיפָא: 55
		עַבְדֵי שְׁלֹמֹה
ג חד חס		סֹטַי
	ל	הַסֹּפֶרֶת
	ל	פְּרוּדָא: 56
ג חד כת ה וחד כת א		יַעֲלָה
		דַּרְקוֹן
		גִּדֵּל: 57
		שְׁפַטְיָה
		חַטִּיל
	ל	פֹּכֶרֶת הַצְּבָיִים

Ezra 2:52-57
‖ Neh 7:54-59
‖ 1 Esd 5:31f-34

51 : חַרְחוּר Neh G V S | Ἀχιβά, υἱοὶ Ἀσούρ, υἱοὶ Φαρακίμ, Ga (ampl) • **52** בַּצְלוּת G Ga V | בַּצְלִית Neh | ܚܨܠܡܐ S • מְחִידָא Neh G V S | foll υἱοὶ Κουθά, Ga (ampl) • חַרְשָׁא Neh G V S | Χαρεά, Ga • **53** סִיסְרָא Neh G V S | Σεράρ, Ga • תָּמַח Neh G (Ga) V | Themnat La S • **55** עַבְדֵי שְׁלֹמֹה Neh Ga V | Ἀβδησελμά G הַסֹּפֶרֶת S • ܐܬܠ ܟܬ S • בְּנֵי־סֹטַי (Neh) G V | > Ga (om) | ܟܬ ܚܠܐ ܚܕܐ ܚܕ S | ܚܕܐ ܟܬ ܐܠܐ G | S סוֹפֶרֶת Neh V | Ἀσσαφιώθ, Ga •: פְּרוּדָא V S | פְּרִידָא Neh Ga | Φαδουρά, G • **56** דַּרְקוֹן Neh V (S) | Κερκών, G | Λοζών, Ga • **57** פֹּכֶרֶת הַצְּבָיִים Neh (G) Ga V | פֹּכֶרֶת הַצְּבָיִים Neh G V S | foll υἱοὶ Σαρωθιέ, υἱοὶ Μασίας, υἱοὶ Γάς, υἱοὶ Ἀδδούς, υἱοὶ Σουβάς, υἱοὶ Ἀφερρά, υἱοὶ Βαρωδίς, υἱοὶ Σαφάτ, Ga (lit) • ○ (צְבָא) ܚܕܐ . ܟܬ ܣܠܡܐ S (via)

58 אָמִי: כָּל־הַנְּתִינִים וּבְנֵי עַבְדֵי שְׁלֹמֹה שְׁלֹשׁ מֵאוֹת תִּשְׁעִים

59 לֹ וּשְׁנָיִם: ס וְאֵלֶּה הָעֹלִים מִתֵּל מֶלַח תֵּל חַרְשָׁא כְּרוּב אַדָּן‍°

ג בט״ע אִמֵּר וְלֹא יָכְלוּ לְהַגִּיד בֵּית־אֲבוֹתָם וְזַרְעָם אִם מִיִּשְׂרָאֵל

60 הֵם: בְּנֵי־דְלָיָה בְנֵי־טוֹבִיָּה בְּנֵי נְקוֹדָא שֵׁשׁ מֵאוֹת חֲמִשִּׁים יֹב בסוף פסוק

61 וּשְׁנָיִם: ס וּמִבְּנֵי הַכֹּהֲנִים בְּנֵי חֳבַיָּה בְּנֵי הַקּוֹץ בְּנֵי בַרְזִלַּי

62 הֹ אֲשֶׁר לָקַח מִבְּנוֹת בַּרְזִלַּי הַגִּלְעָדִי אִשָּׁה וַיִּקָּרֵא עַל־שְׁמָם: אֵלֶּה

63 ב וחב בִּקְשׁוּ כְתָבָם הַמִּתְיַחְשִׂים וְלֹא נִמְצָאוּ וַיְגֹאֲלוּ מִן־הַכְּהֻנָּה: וַיֹּאמֶר

הַתִּרְשָׁתָא לָהֶם אֲשֶׁר לֹא־יֹאכְלוּ מִקֹּדֶשׁ הַקֳּדָשִׁים עַד עֲמֹד כֹּהֵן

64 לֹ ה לְאוּרִים ׳וּלְתֻמִּים: כָּל־הַקָּהָל כְּאֶחָד אַרְבַּע רִבּוֹא אַלְפַּיִם שְׁלֹשׁ־

65 מֵאוֹת שִׁשִּׁים: מִלְּבַד עַבְדֵיהֶם וְאַמְהֹתֵיהֶם אֵלֶּה שִׁבְעַת אֲלָפִים

ה שְׁלֹשׁ מֵאוֹת שְׁלֹשִׁים וְשִׁבְעָה וְלָהֶם מְשֹׁרְרִים וּמְשֹׁרְרוֹת מָאתָיִם:

[59] הבמחנים אם במבצרים . האם תמנו לגוע . ואם את משפטי . אם חרוצים . אם
תכתש . אם יגעה שור . אם מישראל הם . וחבירו ס: [61] ויקרא ה׳ וסימנהון
אבשלום . אבשלום . במה . על שמם . וחבירו ס: [63] קדמיה עד עמד כהן לאורים
ולתמים ששים . תיניג הכהן לאורים ותמים ושש [64] כאחד ז קמצ וסימנ דיבא .
וכל קהלא . אידכון . קמון . טביא . בחצוצרתא ס:

57 אָמִי: | G V אָמוֹן Neh Gα | S ‮ܐ‬ • 58 עַבְדֵי שְׁלֹמֹה Neh Gα V | Ἀβδησελμά G |
Neh מִתֵּל מֶלַח Neh G V S | 372 Gα • 59 שְׁלֹשׁ מֵאוֹת תִּשְׁעִים וּשְׁנָיִם S • ‮ܗܕܐ ܘܗܠܝܢ‬
G V S | ἀπὸ Θερμελέε Gα • תֵּל חַרְשָׁא Neh G V | foll ἡγούμενος αὐτῶν Gα (lib-
seman) ‮ܘܐܠܕܒ‬ S | כְּרוּב Neh G V | Χαραάθ, Gα ‮ܘܠܚܡܬܐ‬ S | אַדָּן G Gα |
אַדּוֹן Neh V | ‮ܐܕܝܢ‬ S (via אֲדִין) • (אִמֵּר) (Neh) G (Gα) (V) | ‮ܐܡܪ‬ S (exeg) •
60 בְּנֵי־דְלָיָה Neh (Gα) V S | foll υἱοὶ Βουά, G (ampl) • נְקוֹדָא Neh G Gα V |
G V וּמִבְּנֵי הַכֹּהֲנִים G Gα V S | 642 Neh • 61 שֵׁשׁ מֵאוֹת חֲמִשִּׁים וּשְׁנָיִם: G Gα V S |
S | וּמִן־הַכֹּהֲנִים Neh Gα ○ הַכֹּהֲנִים (Neh) G V S | foll οἱ ἐμποιούμενοι
ἱερωσύνης καὶ οὐχ εὑρέθησαν· Gα (lit) • בַרְזִלַּי Neh G V S | Ἰοδδούς Gα •
לָקַח Neh G V S | foll Αὐγίαν Gα (ampl) • הַגִּלְעָדִי Neh G V S | > Gα (implic) •
שְׁמָם: Neh G V S | 3 sg sfx Gα (assim-ctext) • אֵלֶּה שְׁמָם: ס אֵלֶּה M^L | שְׁמָם: M^{S1}
M^Y • 62 כְּתָבָם הַמִּתְיַחְשִׂים Neh (G) V | τῆς γενικῆς γραφῆς ἐν τῷ καταλοχισμῷ
Gα (S) (facil-seman) • הַמִּתְיַחְשִׂים Neh Gα V S | οἱ μεθωεσίμ, G (transcr via
מתחשים) • נִמְצָאוּ G V S | sg Neh Gα • 63 וַיֹּאמֶר Neh G Gα V | pl S (shift) •
הַתִּרְשָׁתָא Neh G V | Νεεμίας καὶ Ἀθαρίας Gα (ampl) | ‮ܐܬܪܫܬܐ‬ S (lib-
seman) • מִקֹּדֶשׁ הַקֳּדָשִׁים Neh G V S | τῶν ἁγίων αὐτούς, Gα (exeg) • כֹּהֵן G
V | הַכֹּהֵן Neh | ἀρχιερεύς Gα S (explic) • לְאוּרִים וּלְתֻמִּים: (Neh) | τοῖς
φωτίζουσιν καὶ τοῖς τελείοις. G (exeg) | τὴν δήλωσιν καὶ τὴν ἀλήθειαν. Gα
(exeg) | doctus atque perfectus V (exeg) | ‮ܘܡܫܠܡܐ ܢܗܝܪܐ‬ S (exeg) • 64 כָּל־הַקָּהָל
כְּאֶחָד Neh G V S | οἱ δὲ πάντες ἦσαν Ἰσραὴλ ἀπὸ δωδεκαετοῦς χωρὶς παίδων
καὶ παιδισκῶν Gα (lit) • 65 מָאתָיִם: G V S | 245 Neh Gα •

66 סוּסֵיהֶ֗ם שְׁבַ֤ע מֵאוֹת֙ שְׁלֹשִׁ֣ים וְשִׁשָּׁ֔ה פִּרְדֵיהֶ֕ם מָאתַ֖יִם אַרְבָּעִ֥ים

67 וַחֲמִשָּֽׁה׃ גְּמַ֨לֵּיהֶ֔ם אַרְבַּ֥ע מֵא֖וֹת שְׁלֹשִׁ֣ים וַחֲמִשָּׁ֑ה חֲמֹרִ֕ים שֵׁ֣שֶׁת

ג 68 אֲלָפִ֕ים שְׁבַ֥ע מֵא֖וֹת וְעֶשְׂרִֽים׃ פ   וּמֵרָאשֵׁ֣י הָֽאָב֔וֹת בְּבוֹאָ֕ם

לְבֵ֥ית יְהוָ֖ה אֲשֶׁ֣ר בִּירוּשָׁלִָ֑ם הִֽתְנַדְּבוּ֙ לְבֵ֣ית הָֽאֱלֹהִ֔ים לְהַעֲמִיד֖וֹ

ב מל 69 עַל־מְכוֹנֽוֹ׃ כְּכֹחָ֗ם נָתְנ֤וּ לְאוֹצַ֣ר הַמְּלָאכָ֔ה זָהָ֗ב דַּרְכְּמוֹנִים֙ שֵׁשׁ־

ב חד מל רִבֹּ֣אות וָאֶ֔לֶף ס וְכֶ֕סֶף מָנִ֖ים חֲמֵ֣שֶׁת אֲלָפִ֑ים וְכָתְנֹ֥ת כֹּהֲנִ֖ים

70 מֵאָֽה׃ ס   וַיֵּשְׁב֣וּ הַכֹּהֲנִ֣ים וְהַלְוִיִּ֡ם וּמִן־הָעָם֩ וְהַמְשֹׁרְרִ֨ים

ח מל. הֹי באמצ
פסוק וְהַשּׁוֹעֲרִ֜ים וְהַנְּתִינִ֗ים בְּעָרֵיהֶ֑ם וְכָל־יִשְׂרָאֵ֖ל בְּעָרֵיהֶֽם׃ ס

3 יֹה באמצ וַיִּגַּע֙ הַחֹ֣דֶשׁ הַשְּׁבִיעִ֔י וּבְנֵ֥י יִשְׂרָאֵ֖ל בֶּעָרִ֑ים ס   וַיֵּאָסְפ֥וּ הָעָ֛ם

2 יב כְּאִ֥ישׁ אֶחָ֖ד אֶל־יְרוּשָׁלִָֽם׃ ס   וַיָּקָם֩ יֵשׁ֨וּעַ בֶּן־יֽוֹצָדָ֜ק וְאֶחָ֗יו

[70] הַשּׁוֹעֲרִים ח מל בס וסימנה וישבו . נבנתה . וישבו . הלשכות . באספי . שלום .
ויעש לו ס: [3:1] ובני ישראל הֹי ויחזק יהוה את . ישיר משה ובני . כי בא סוס . מבן
עשרים . את המקלל . אשר הכה משה . אשר הכה יהושע . ויהי ככלות יהושע . משה
עבד יהוה . אמרו ננוסה . הגישה ארון האלהים . לגבעונים . ונקבצו בני יֹה . ויגע
וחביר ס:

Ezra 2:66–3:1
‖ Neh 7:67d–8:1a
‖ 1 Esd 5:42-46
Ezra 3:2
‖ 1 Esd 5:47-48

66 מָאתַ֖יִם to סוּסֵיהֶ֗ם G Gα V S | > Neh (homtel) → ✣ Neh 7:67 • v 66 Neh G V S | prec v 67a Gα (transp) • שְׁבַ֤ע מֵאוֹת֙ וְשִׁשָּׁ֔ה G V S | 7,036 Gα • **67** גְּמַ֨לֵּיהֶ֔ם G V S | גְּמַלִים Neh Gα • חֲמֹרִ֕ים Neh Gα S | + 3 pl sfx G V (assim-ctext) • וְעֶשְׂרִֽים׃ G **68** וּמֵרָאשֵׁ֣י Neh G V S | 5,525 Gα • וּמִקְצָת רָאשֵׁי הָאָבוֹת נָתְנוּ לַמְּלָאכָה הַתִּרְשָׁתָא נָתַן לָאוֹצָר זָהָב דַּרְכְּמוֹנִים Gα | prec G v 68 to v 69 בְּבוֹאָ֕ם to Neh • אֶלֶף מִזְרָקוֹת חֲמִשִּׁים כָּתְנוֹת כֹּהֲנִים שְׁלֹשִׁים וַחֲמֵשׁ מֵאוֹת׃ כְּכֹחָם G Gα V (S) | > Neh • הִֽתְנַדְּבוּ֙ G V | ηὔξαντο Gα (via √ נדר) | ܐܬܚܫܒܘ S • ܘܦܣܩ ܘܣܡ ܠܗܘܢ S (lib-seman) • v 68 לְהַעֲמִיד֖וֹ to v 69 כְּכֹחָם G (Gα) V | ܘܣܠܡ ܗܘܐ ܘܦܩܕ S (lib-seman) • **69** דַּרְכְּמוֹנִים֙ Neh G V S | μνᾶς Gα • שֵׁשׁ־רִבֹּאות וָאֶלֶף G V S | 20,000 Neh | 1,000 Gα • וְכֶסֶף ס וָאֶלֶף M[L] | וָאֶלֶף וְכֶסֶף M[S1] M[Y] • חֲמֵשֶׁת אֲלָפִים G Gα V S | foll וַאֲשֶׁר נָתְנוּ שְׁאֵרִית הָעָם וּמָאתַיִם׃ G Gα V S | 2,200 Neh • אֲלָפִים Neh | 67 Neh • מֵאָֽה׃ G Gα V S | זָהָב דַּרְכְּמוֹנִים שְׁתֵּי רִבּוֹא וְכֶסֶף מָנִים אֲלָפִים Neh • ✣ **70** וַיֵּשְׁבוּ Neh G Gα (V) | ܘܦܚܘ S • מֵאָה׃ M[S1] • מֵאָֽה׃ M[L] M[Y] | וַיֵּשְׁבוּ׃ ס וַיֵּשְׁבוּ G (Gα) V S | וְהַמְשֹׁרְרִים וְהַשּׁוֹעֲרִים (via • וּמִן־הָעָם֩ וְהַמְשֹׁרְרִים G | הָעָם֩ Neh G V S | foll αὐτοῦ ἐν Ἰερουσαλήμ καὶ τῇ χώρᾳ, Gα (lit) • וְהַנְּתִינִים Neh G V S | > Gα (abbr) • בְּעָרֵיהֶ֑ם[1] G V | > Neh Gα | prec ܘܦܚܘ S **3:1** וּבְנֵ֥י יִשְׂרָאֵ֖ל Neh Gα V S | καὶ ὁ Ἰσραηλ G | ܘܒܢܝ ܐܝܣܪܝܠ ܝܬܒܝ ܗܘܘ S (implic) • בֶּעָרִ֑ים | + 3 pl sfx Neh G (Gα) V S • וַיֵּאָסְפ֥וּ ס בֶּעָרִים M[L] M[Y] • הָעָם G V S | כָל־הָעָם Neh | > Gα (implic) • אֶל־יְרוּשָׁלִָֽם׃ G V בֶּעָרִים וַיֵּאָסְפוּ M[S1] • הָעָם G V S | בֶּעָרִים וַיֵּאָסְפוּ Neh | > Gα (implic) • הָרְחוֹב אֲשֶׁר לִפְנֵי שַׁעַר־הַמַּיִם S | τὸ εὐρύχωρον τοῦ πρώτου πυλῶνος τοῦ πρὸς τῇ ἀνατολῇ. Gα (harm-Neh 8:1) • אֶל־יְרוּשָׁלִָֽם׃ M[S1] • וַיָּקָם ס וַיָּקָם׃ M[L] M[Y] •

הַכֹּהֲנִים וּזְרֻבָּבֶל בֶּן־שְׁאַלְתִּיאֵל וְאֶחָיו וַיִּבְנוּ אֶת־מִזְבַּח אֱלֹהֵי

יִשְׂרָאֵל לְהַעֲלוֹת עָלָיו עֹלוֹת כַּכָּתוּב בְּתוֹרַת מֹשֶׁה אִישׁ־הָאֱלֹהִים׃

וַיָּכִינוּ הַמִּזְבֵּחַ עַל־מְכוֹנֹתָיו כִּי בְּאֵימָה עֲלֵיהֶם מֵעַמֵּי הָאֲרָצוֹת 3

וַיַּעַל עָלָיו עֹלוֹת לַיהוָה עֹלוֹת לַבֹּקֶר וְלָעָרֶב׃ וַיַּעֲשׂוּ אֶת־חַג 4

הַסֻּכּוֹת כַּכָּתוּב וְעֹלַת יוֹם בְּיוֹם בְּמִסְפָּר כְּמִשְׁפַּט דְּבַר־יוֹם בְּיוֹמוֹ׃

וְאַחֲרֵי־כֵן עֹלַת תָּמִיד וְלֶחֳדָשִׁים וּלְכָל־מוֹעֲדֵי יְהוָה הַמְקֻדָּשִׁים 5

וּלְכֹל מִתְנַדֵּב נְדָבָה לַיהוָה׃ מִיּוֹם אֶחָד לַחֹדֶשׁ הַשְּׁבִיעִי הֵחֵלּוּ 6

לְהַעֲלוֹת עֹלוֹת לַיהוָה וְהֵיכַל יְהוָה לֹא יֻסָּד׃ וַיִּתְּנוּ־כֶסֶף 7

לַחֹצְבִים וְלֶחָרָשִׁים וּמַאֲכָל וּמִשְׁתֶּה וָשֶׁמֶן לַצִּדֹנִים וְלַצֹּרִים לְהָבִיא

עֲצֵי אֲרָזִים מִן־הַלְּבָנוֹן אֶל־יָם יָפוֹא כְּרִשְׁיוֹן כּוֹרֶשׁ מֶלֶךְ־פָּרַס

עֲלֵיהֶם׃ פ   וּבַשָּׁנָה הַשֵּׁנִית לְבוֹאָם אֶל־בֵּית הָאֱלֹהִים 8

לִירוּשָׁלַ͏ִם בַּחֹדֶשׁ הַשֵּׁנִי הֵחֵלּוּ זְרֻבָּבֶל בֶּן־שְׁאַלְתִּיאֵל וְיֵשׁוּעַ בֶּן־

[2] משה איש האלהים ׀ וסימנהון וזאת הברכה . ויגשו בני יהודה . ויעמדו על עמדם . בניו יקראו . תפלה למש . ויקם ישוע ׃ס [4] כמשפט ה׳ פתח וסימ׳ ואם לבנו . לישה היו יראים . ויעמד כמשפט . הסכות ככתוב ׃ס [7] ה׳ חס בליש וילכו חמשת האנשים . כי אין בנו . וילך שלמה . יען אשר עזבוני . כסף ׃ס

2 וְאֶחָיו² Gα V S ׀ 3 pl sfx G (shift) • וַיִּבְנוּ G V S ׀ ἡτοίμασαν Gα (assim-v 3) •   Ezra 3:3-8
בְּתוֹרַת G V S ׀ ἐν τῇ...βίβλῳ Gα (implic) • אִישׁ G Gα V ׀ ܢܒܫ S (substit) •   ‖ 1 Esd 5:49-56a
3 וַיָּכִינוּ G V (S) ׀ prec καὶ ἐπισυνήχθησαν αὐτοῖς ἐκ τῶν ἄλλων ἐθνῶν τῆς
γῆς. Gα (lit) • מְכוֹנֹתָיו V ׀ τὴν ἑτοιμασίαν αὐτοῦ, G (Gα) S (harm-ctext) •
מֵעַמֵּי הָאֲרָצוֹת G V ׀ ἐν ἔχθρᾳ Gα (via בְּאֵיבָה) ׀ ܕܫܠܐܠܐ ܕܫܠܐ S (ampl) •
G ׀ καὶ κατίσχυσαν αὐτοὺς πάντα τὰ ἔθνη τὰ ἐπὶ τῆς γῆς, Gα (lit) ׀ prec *per
circuitum* V (ampl) ׀ ܡܢ ܣܚܪܬܐ ܕܚܬܪ S (exeg) • וַיַּעַל ׀ ויעל Mket ׀
וַיַּעֲלוּ Mqere Gα V S ׀ G (indet) ✛ • עֹלוֹת¹ Gα ׀ sg G V S (shift) ∘ עֹלוֹת (G) (V)
(S) ׀ foll κατὰ τὸν καιρόν Gα (ampl) • עֹלוֹת² (Gα) (S) ׀ > G V (facil-styl) •
4 כַּכָּתוּב G V S ׀ ὡς ἐπιτέτακται ἐν τῷ νόμῳ Gα (explic) • וְעֹלַת V ׀ pl G Gα S
(shift) • בְּמִסְפָּר כְּמִשְׁפַּט דְּבַר־יוֹם בְּיוֹמוֹ׃ G V S ׀ ὡς προσῆκον ἦν, Gα (abbr) •
5 עֹלַת V S ׀ pl G Gα (shift) • תָּמִיד G V S ׀ foll καὶ θυσίας σαββάτων Gα
(assim-usu) • וּלְכָל־מוֹעֲדֵי יְהוָה G V S ׀ καὶ ἑορτῶν πασῶν Gα (abbr) • **6** מִיּוֹם
אֶחָד Gα V (S) ׀ ἐν ἡμέρᾳ μιᾷ G (facil-styl) • עֹלוֹת G Gα ׀ sg V S (shift) • לֹא
G ׀ οὔπω Gα V S (explic) • **7** וָשֶׁמֶן G V S ׀ καὶ κάρρα Gα (lib-seman) •
לַצִּדֹנִים M L+ MS1 MY ׀ לַצִּידֹנִים ML* ✛ • וְלַצֹּרִים G Gα V ׀ ܠܐܡܫ
ܠܡܥܪܒܐ S (transp) • הַלְּבָנוֹן G V S ׀ + διαφέρειν σχεδίας Gα (harm-1 Kgs 5:23;
2 Chr 2:15) • כְּרִשְׁיוֹן G ׀ foll τὸ γραφέν Gα (ampl) ׀ *iuxta quod praeceperat* V
(shift) ׀ ܐܝܟ ܕܦܩܕ S (shift) •

יוֹצָדָק וּשְׁאָר אֲחֵיהֶם | הַכֹּהֲנִים וְהַלְוִיִּם וְכָל־הַבָּאִים מֵהַשְּׁבִי   ג

יְרוּשָׁלִַם וַיַּעֲמִידוּ אֶת־הַלְוִיִּם מִבֶּן עֶשְׂרִים שָׁנָה וָמַעְלָה לְנַצֵּחַ עַל־   ה

9 מְלֶאכֶת בֵּית־יְהוָה: פ   וַיַּעֲמֹד יֵשׁוּעַ בָּנָיו וְאֶחָיו קַדְמִיאֵל

וּבָנָיו בְּנֵי־יְהוּדָה כְּאֶחָד לְנַצֵּחַ עַל־עֹשֵׂה הַמְּלָאכָה בְּבֵית   ז.ה.

10 הָאֱלֹהִים ס   בְּנֵי חֵנָדָד בְּנֵיהֶם וַאֲחֵיהֶם הַלְוִיִּם: וְיִסְּדוּ הַבֹּנִים   ה

אֶת־הֵיכַל יְהוָה וַיַּעֲמִידוּ הַכֹּהֲנִים מְלֻבָּשִׁים בַּחֲצֹצְרוֹת וְהַלְוִיִּם

בְּנֵי־אָסָף בַּמְצִלְתַּיִם לְהַלֵּל אֶת־יְהוָה עַל־יְדֵי דָּוִיד מֶלֶךְ־

11 יִשְׂרָאֵל: וַיַּעֲנוּ בְּהַלֵּל וּבְהוֹדֹת לַיהוָה כִּי טוֹב כִּי־לְעוֹלָם חַסְדּוֹ

עַל־יִשְׂרָאֵל וְכָל־הָעָם הֵרִיעוּ תְרוּעָה גְדוֹלָה בְהַלֵּל לַיהוָה עַל   נ במצ פסוק . ב

12 הוּסַד בֵּית־יְהוָה: ס   וְרַבִּים מֵהַכֹּהֲנִים וְהַלְוִיִּם וְרָאשֵׁי   נ.ו.ד. ב

[8] וכל הבאים ב על כן לא ידרכו כהני . מהשבי ירושלם :o [12] מהכהנים ד וסימ
ויצו מלך אשור . ויבא אחד . רק הכהנים היו למעט :o

Ezra 3:9-12
|| 1Esd 5:56b-61

8 וּשְׁאָר G V S | > Ga (om) • יְרוּשָׁלִַם (G) (V) (S) | foll καὶ ἐθεμελίωσαν τὸν ναὸν τοῦ θεοῦ τῇ νουμηνίᾳ τοῦ δευτέρου μηνὸς τοῦ δευτέρου ἔτους ἐν τῷ ἐλθεῖν εἰς τὴν Ἰουδαίαν καὶ Ἰερουσαλήμ. Ga (lit) • וָמַעְלָה G V S | > Ga (implic) • לְנַצֵּחַ עַל־ S | ἐπί G Ga (abbr) | ut urgerent V (lib-seman) • מְלֶאכֶת V | τοὺς ποιοῦντας τὰ ἔργα G (assim-v 9) | pl Ga S (shift) | בֵּית S | ἐν οἴκῳ G (ditt) | > Ga V (implic) • בָּנָיו **9** • וַיַּעֲמֹד: פ יְהוָה: M^L | וַיַּעֲמֹד: יְהוָה: M^S1 M^Y • קַדְמִיאֵל G (Ga) V | ܘܐܚܘܗܝ (G) (Ga) V | וְאֶחָיו S (transp) • ܣܒܐ، ܣܒܐ، S • וּבָנָיו בְּנֵי־יְהוּדָה G (V) (S) | ὁ ἀδελφὸς καὶ οἱ υἱοὶ Ἰησοῦ Ga (substit) • כְּאֶחָד Ga V S | > G (om) • לְנַצֵּחַ עַל־ Ga | ἐπί G (abbr) | ut instarent super V (lib-seman) | > S (om) • עֹשֵׂה V | pl G Ga V S (harm-ctext) • הַמְּלָאכָה V | pl G Ga S • הָאֱלֹהִים בְּנֵי M^S1 | הָאֱלֹהִים ס בְּנֵי M^L M^Y • בְּנֵי חֵנָדָד G V | Ἡμαδαβοὺν καὶ οἱ υἱοὶ Ἰωδὰ τοῦ Ἰλιαδοὺν Ga (lit) | ܚܢ، ܚܬ، S • בְּנֵיהֶם וַאֲחֵיהֶם G V S | before כְּאֶחָד Ga ⊹ • בְּנֵיהֶם וַאֲחֵיהֶם הַלְוִיִּם: G V (S) | σὺν τοῖς υἱοῖς καὶ ἀδελφοῖς, Ga (implic) • הַלְוִיִּם: G V S | prec πάντες Ga (ampl) • **10** וְיִסְּדוּ G S | καὶ ᾠκοδόμησαν Ga (exeg) | fundato igitur V (shift) • הַבֹּנִים Ga | τοῦ οἰκοδομῆσαι G (S) (shift) | a cementariis V (exeg) • וַיַּעֲמִידוּ Ga (assim-v 8) | καὶ ἔστησαν G Ga (V) S || pref וַיַּעֲמִדוּ see G GaV S ⊹ • בַּחֲצֹצְרוֹת G V | μετὰ μουσικῶν καὶ σαλπίγγων Ga (dbl) | ܐܫ̈ܝܐ ܘܙܓ̈ܐ ܘ S (ampl) • בַּמְצִלְתַּיִם G (Ga) V | ܒܫ̈ܦܘܪܐ S (lib-seman) • יְהוָה G (V) S | foll καὶ εὐλογοῦντες Ga (ampl) • **11** בְּהַלֵּל G | pl Ga V (S) (shift) • טוֹב G V S | ἡ χρηστότης αὐτοῦ Ga (shift) • חַסְדּוֹ G V S | καὶ ἡ δόξα Ga (shift) • יִשְׂרָאֵל G V S | prec παντί Ga (ampl) • הֵרִיעוּ G V S | ἐσάλπισαν καὶ ἐβόησαν Ga (dbl) • תְרוּעָה V (S) | φωνῇ G Ga (lib-seman) • וְרַבִּים: יְהוָה M^L | וְרַבִּים: יְהוָה M^S1 M^Y • **12** וְרַבִּים G V S | καὶ ἤλθοσαν Ga (exeg) •

ל . סֵד   הָאָבוֹת ׳הַזְּקֵנִים אֲשֶׁר רָאוּ אֶת־הַבַּיִת הָרִאשׁוֹן בְּיָסְדוֹ זֶה הַבַּיִת

ו . ל   בְּעֵינֵיהֶם בֹּכִים בְּקוֹל גָּדוֹל וְרַבִּים בִּתְרוּעָ֤ה בְּשִׂמְחָה֙ לְהָרִים קוֹל:

ל   וְאֵין הָעָם מַכִּירִים קוֹל תְּרוּעַת הַשִּׂמְחָה לְקוֹל֙ בְּכִי הָעָם כִּי   **13**

ב . ב . ח   הָעָם מְרִיעִים תְּרוּעָה גְדוֹלָה וְהַקּוֹל֙ נִשְׁמַע עַד־׳לְמֵרָחוֹק: פ

וַיִּשְׁמְעוּ צָרֵי יְהוּדָה וּבִנְיָמִן כִּי־בְנֵי הַגּוֹלָה בּוֹנִים הֵיכָל לַיהוָה **4**

עֵה   אֱלֹהֵי יִשְׂרָאֵל: וַיִּגְּשׁוּ אֶל־זְרֻבָּבֶל וְאֶל־רָאשֵׁי הָאָבוֹת וַיֹּאמְרוּ לָהֶם   **2**

ל מל . ולו ק   נִבְנֶה עִמָּכֶם כִּי כָכֶם נִדְרוֹשׁ לֵאלֹהֵיכֶם וְלֹא | אֲנַחְנוּ זֹבְחִים מִימֵי

אֵסַר חַדֹּן מֶלֶךְ אַשּׁוּר הַמַּעֲלֶה אֹתָנוּ פֹּה: וַיֹּאמֶר לָהֶם זְרֻבָּבֶל   **3**

עֵה . ג   וְיֵשׁוּעַ וּשְׁאָר רָאשֵׁי הָאָבוֹת ׳לְיִשְׂרָאֵל לֹא־לָכֶם וָלָנוּ לִבְנוֹת בַּיִת

לֵאלֹהֵינוּ כִּי אֲנַחְנוּ יַחַד נִבְנֶה לַיהוָה אֱלֹהֵי יִשְׂרָאֵל כַּאֲשֶׁר צִוָּנוּ

---

[13] וְהַקּוֹל ב וסימנהון והקול נשמע בית פרעה . והקול נשמע עד למרחוק :ס
[4:2] יָהּ כת לא וקר לו אשר לו אשר לא יעדה . כרעים ממעל לרגליו . אשר לא חמה . תרבי . חושי . אמר לא . הרבית הגוי . בכל צרתם לא . דעו . יצרו . יקטלני . אחריש . כצפור . מרעהו . זרבבל . וב פלוג וישראל לו אחים . ולו שם דדיבם :ס
[3] ראשי האבות לישראל ג זרבבל . וגם בירושלם . ויסבו ביהודה . וחד ושרי האבות לישראל דשקדו ושמרו :ס

Ezra 3:13–4:3 ‖ 1 Esd 5:62-68

12 הָאָבוֹת G V S | κατὰ τὰς πατριὰς αὐτῶν Ga (explic) • הָרִאשׁוֹן G (Ga) V | יְסֹדוֹ) S (assim-Hag 2:3) | בְּיָסְדוֹ | ἐν θεμελιώσει αὐτοῦ G (via יְסֹדוֹ) πρὸς τὴν τούτου οἰκοδομήν Ga (facil-synt) | *cum fundatum esset* V (facil-synt) | ܒܕ ܐܠܡ S (facil-synt) ✣ • בְּעֵינֵיהֶם G V | > Ga S (facil-styl) • בֹּכִים G V S | μετὰ κραυγῆς Ga (shift) • בְּקוֹל G V S | καὶ κλαυθμοῦ Ga (explic) • וְרַבִּים² Ga V S | καὶ ὁ ὄχλος G (via רֹב) • בִּתְרוּעָה G (V) | διὰ σαλπίγγων Ga S (lib-seman) • לְהָרִים קוֹל: (G) (V) | μεγάλη τῇ φωνῇ Ga (facil-styl) | ܘܗܘ ܪܒܬܐ S • מַכִּירִים G V | ἀκούειν Ga S (exeg) ✣ • **13** לְקוֹל בְּכִי G | קוֹל תְּרוּעַת הַשִּׂמְחָה G (V) | τῶν σαλπίγγων Ga (S) (assim-v 12) | V | διὰ τὸν κλαυθμόν Ga (abbr) | ܒܐܟܐ ܡܢ ܓܐܠܐ S (ampl) • מְרִיעִים תְּרוּעָה (V) | ἐκραύγασεν φωνῇ G (lib-seman) | ἦν ὁ σαλπίζων Ga (S) (assim-v 12) • וְהַקּוֹל G V | ὥστε Ga (shift) | foll ܘܒܐ S (explic) • **4:1** יְהוּדָה G V S | prec τῆς φυλῆς Ga (ampl) • וּבִנְיָמִן G V S | foll ἤλθοσαν ἐπιγνῶναι τίς ἡ φωνὴ τῶν σαλπίγγων. καὶ ἐπέγνωσαν Ga (lit) • **2** זְרֻבָּבֶל G V S | foll καὶ Ἰησοῦ Ga (assim-v 3) • נִדְרוֹשׁ G V | ἀκούομεν Ga (exeg) | ܢܒܐ S (assim-ctext) • וְלֹא | ולא Mket (theol) | וְלוֹ Mqere G Ga (V) S ‖ pref וְלוֹ see Mqere G Ga (V) S ✣ • לָכֶם G Ga V | foll ܠܬܐ S (ampl) • **3** וּשְׁאָר G V S | > Ga (assim-v 2) • וָלָנוּ Ga V S | ἡμῖν καὶ ὑμῖν G (transp) • יַחַד (G) S | μόνοι Ga V (facil-seman) • נִבְנֶה G Ga V | foll ܗܠܟܐ S (ampl) • אֱלֹהֵי יִשְׂרָאֵל S | θεῷ ἡμῶν, G V (assim-ctext) | τοῦ Ἰσραήλ Ga (abbr) •

הַמֶּלֶךְ כּוֹרֶשׁ מֶלֶךְ־פָּרָס: וַיְהִי עַם־הָאָרֶץ מְרַפִּים יְדֵי עַם־ 4

יְהוּדָה וּֽמְבַלֲהִים אוֹתָם לִבְנוֹת: וְסֹכְרִים עֲלֵיהֶם יוֹעֲצִים לְהָפֵר 5

עֲצָתָם כָּל־יְמֵי כּוֹרֶשׁ מֶלֶךְ פָּרַס וְעַד־מַלְכוּת דָּרְיָוֶשׁ מֶלֶךְ־

פָּרָס: וּבְמַלְכוּת אֲחַשְׁוֵרוֹשׁ בִּתְחִלַּת מַלְכוּתוֹ כָּתְבוּ שִׂטְנָה עַל־ 6

יֹשְׁבֵי יְהוּדָה וִירוּשָׁלָ͏ִם: ס וּבִימֵי אַרְתַּחְשַׁשְׂתָּא כָּתַב בִּשְׁלָם 7

מִתְרְדָת טָבְאֵל וּשְׁאָר כְּנָוֹתָו עַל־אַרְתַּחְשַׁשְׂתָּא מֶלֶךְ פָּרָס וּכְתָב

הַנִּשְׁתְּוָן כָּתוּב אֲרָמִית וּמְתֻרְגָּם אֲרָמִית: פ רְחוּם בְּעֵל־טְעֵם 8

וְשִׁמְשַׁי סָפְרָא כְּתַבוּ אִגְּרָה חֲדָה עַל־יְרוּשְׁלֶם לְאַרְתַּחְשַׁשְׂתָּא

מַלְכָּא כְּנֵמָא: אֱדַיִן רְחוּם בְּעֵל־טְעֵם וְשִׁמְשַׁי סָפְרָא וּשְׁאָר 9

כְּנָוָתְהוֹן דִּינָיֵא וַאֲפַרְסַתְכָיֵא טַרְפְּלָיֵא אֲפָרְסָיֵא אַרְכְּוָי בָבְלָיֵא

Masora marginal notes (right column)

וּמבהלים
ק . ל וכת כן

ל

ב ובתר לשׁׄ

ל . ב

כנותיו ֺשׁת
ק . ק

ב

כוֹל א� . כת כן
ופילג

ל . ל . ארכוי
ק

Apparatus

Ezra 4:4-5
‖ 1 Esd 5:69-70
Ezra 4:6-9
‖ 1 Esd 2:15-16

3 הַמֶּלֶךְ | > G Gα V S (facil-styl) • **4** עַם־הָאָרֶץ G V | τὰ δὲ ἔθνη τῆς γῆς Gα (S) (assim-ctext) | אֶרֶץ[4QEzra (insuf) • יְדֵי מְרַפִּים G V S | ἐπικοιμώμενα Gα (exeg) | מֹ]1 4QEzra (insuf) • וּֽמְבַלֲהִים | ומבלהים M^ket S | M^qere καὶ ἐνεπόδιζον G V | καὶ πολιορκοῦντες εἷργον Gα (dbl) ‖ pref S וُمبهلים see M^qere ❖ • אוֹתָם G V S | > Gα (om) • לִבְנוֹת: G Gα V | וֹدا بينوت S (explic) • **5** וְסֹכְרִים to עֲצָתָם 4QEzra^frag G V S | καὶ ἐπιβουλὰς καὶ δημαγωγίας καὶ ἐπισυστάσεις ποιούμενοι ἀπεκώλυσαν τοῦ ἐπιτελεσθῆναι τὴν οἰκοδομήν Gα (lit) • כָּל־יְמֵי G V S | πάντα τὸν χρόνον τῆς ζωῆς Gα (dbl) • כּוֹרֶשׁ מֶלֶךְ פָּרָס G V S | τοῦ βασιλέως Κύρου. καὶ εἴρχθησαν τῆς οἰκοδομῆς ἔτη δύο Gα (lit) • מֶלֶךְ־פָּרָס: G V S | > Gα (implic) • וּבְמַלְכוּת² M^L | פָּרָס: וּבְמַלְכוּת ס M^Y | M^S1 (indet) • **6 v 6 to v 11** 4QEzra^frag G V S | differ-txt Gα (lit) • אֲחַשְׁוֵרוֹשׁ G Gα V | foll مלכא S (ampl) • כָּתְבוּ G V | sg G^ss S (shift) | Gα (indet) • שִׂטְנָה V S | ἐπιστολήν G (implic) | Gα (indet) • **7** כָּתַב Gα V S | pl G (assim-ctext) • בִּשְׁלָם | ἐν εἰρήνη G (S) (via שָׁלוֹם) | Βέσλεμος Gα V (transcr) • מִתְרְדָת G (Gα) V | امصد S • כְּנָוֹתָו G S | συνδούλοις αὐτῶν G^L V (assim-ctext) | Gα (indet) • וּכְתָב V S | ἔγραψεν G (shift) | Gα (indet) • הַנִּשְׁתְּוָן La S | ὁ φορολόγος G (lib-seman) | accusationis V (explic) | Gα (indet) • אֲרָמִית:² V S | > G (implic) | Gα (indet) • **8** בְּעֵל־טְעֵם S | Βααλτάμ G (Gα) V (transcr) • כְּתַבוּ V | sg G S (shift) | Gα (indet) • חֲדָה G V | احدا S (emph) | Gα (indet) • מַלְכָּא כְּנֵמָא: V S | Βασιλεῖ. τάδε G (differ-div) | Gα (indet) • **9** אֱדַיִן La S | ἔκρινεν G (via √דין) | > V (om) | Gα (indet) • בְּעֵל־טְעֵם Gα S | Βααλτάμ G V (transcr) • כְּנָוָתְהוֹן 4QEzra Gα V S | σύνδουλοι ἡμῶν, G (shift) • וַאֲפַרְסַתְכָיֵא דִּינָיֵ G V | καὶ κριταὶ Gα S (via דַּיָּנַיָּא) | וְדִינָיֵא[4QEzra (insuf) • אֲפָרְסָיֵא (G) | et Apharsathaei V | افرساي S | Gα (indet) • אַרְכְּוָי M^L+ M^Y | ארخوای S | Gα (indet) • M^L* | M^S1 (indet) •

10 שׁוּשַׁנְכָיֵ֞א דֶּהָוֵ֣א עֵלְמָיֵ֑א וּשְׁאָ֣ר אֻמַיָּ֗א דִּ֤י הַגְלִי֙ אָסְנַפַּר֙ רַבָּ֔א   דהוא ק

וְיַקִּירָ֔א וְהוֹתֵ֣ב הִמּ֔וֹ בְּקִרְיָ֖ה דִּ֣י שָׁמְרָ֑יִן וּשְׁאָ֥ר עֲבַֽר־נַהֲרָ֖ה וּכְעֶֽנֶת׃   ל . כול מל

11 דְּנָה֙ פַּרְשֶׁ֣גֶן אִגַּרְתָּ֔א דִּ֚י שְׁלַ֣חוּ עֲל֔וֹהִי עַל־אַרְתַּחְשַׁ֖שְׂתְּא מַלְכָּ֑א   כול כת א יתיר א

12 עַבְדָ֣יךְ אֱנָ֔שׁ עֲבַֽר־נַהֲרָ֖ה וּכְעֶֽנֶת׃   פ   יְדִ֙יעַ֙ לֶהֱוֵ֣א לְמַלְכָּ֔א דִּ֣י

יְהוּדָיֵ֗א דִּ֤י סְלִ֙קוּ֙ מִן־לְוָתָ֔ךְ עֲלֶ֥ינָא אֲת֖וֹ לִירוּשְׁלֶ֑ם קִרְיְתָ֨א מָֽרָדְתָּ֤א   כול חס

13 וּבִֽאישְׁתָּא֙ בָּנַ֔יִן וְשׁוּרַיָּ֣א אַשְׁכְלִ֔לוּ וְאֻשַּׁיָּ֖א יַחִֽיטוּ׃ כְּעַ֗ן יְדִ֙יעַ֙ לֶהֱוֵ֣א   יתיר א ק ושוריא שכלילו ק . ל ומל

לְמַלְכָּ֔א דִּ֣י הֵ֤ן קִרְיְתָא֙ דָךְ֙ תִּתְבְּנֵ֔א וְשׁוּרַיָּ֖ה יִֽשְׁתַּכְלְל֑וּן מִנְדָּֽה־בְל֤וֹ

14 וַהֲלָךְ֙ לָ֣א יִנְתְּנ֔וּן וְאַפְתֹ֥ם מַלְכִ֖ים תְּהַנְזִֽק׃ כְּעַ֗ן כָּל־קֳבֵל֙ דִּֽי־מְלַ֣ח   ד כת . ל . ל . ל

הֵֽיכְלָ֣א מְלַ֔חְנָא וְעַרְוַ֣ת מַלְכָּ֔א לָ֣א אֲרִֽיךְ־לַ֖נָא לְמֶֽחֱזֵ֑א עַל־דְּנָ֖ה   ל

15 שְׁלַ֥חְנָא וְהוֹדַ֖עְנָא לְמַלְכָּֽא׃ דִּ֣י יְבַקַּר֮ בִּֽסְפַר־דָּֽכְרָנַיָּא֒ דִּ֣י אֲבָהָתָ֗ךְ   כול כת א . יב פסוק דמין

[15] יב דראשי פסוק מן ג ג מילין דמין וסימנה או ימים או חדש או ימים . נחל קישון גרפם . עתה אקום יאמר יהוה . הנה יהוה השמיע אל קצה הארץ . קול שאון מעיר . אף בל נטעו אף . בקשו את יהוה כל ענוי הארץ . בטרם לדת חק . מה אעידך מה אדמה לך . די יבקר בספר דכרניא . מבני פינחס גרשם . למען שכור הוא ס׃

---

9 דְּהֲוֵ֣א | דהוא Mket GMss | דֶּהָוֵ֣א Mqere G V S (assim-ctext) | Gα (indet) ‖ pref דְּהֲוֵ֣א   Ezra 4:10-11 ‖ 1 Esd 2:15-16
see Mket GMss ÷ • עֵלְמָיֵ֑א: 4QEzra GMss V S | > G (om) | Gα (indet) • **10** אָסְנַפַּר֙   Ezra 4:12-15 ‖ 1 Esd 2:17-19
G V (S) | Σαλμανασάρης GL | Gα (indet) • בְּקִרְיָ֖ה | pl G V S (shift) | Gα
(indet) • וּכְעֶֽנֶת: 4QEzra La (S) | > G (om) | in pace V (assim-cultur) | Gα
(indet) • | > G וּכְעֶֽנֶת: • **11** דְּנָה֙ ס וּכְעֶֽנֶת: ML | דְּנָה֙ MY | MS1 (indet)
(om) | salutem dicunt V (assim-cultur) | ܡܚܒܟ S (metath) | Gα (indet) • וּכְעֶֽנֶת:
יְדִ֙יעַ (G) V S | καὶ νῦν γνωστόν GL (differ-div) | Gα (indet) • **12** לְמַלְכָּ֔א G V
S | prec κυρίῳ Gα (ampl) • וְשׁוּרַיָּ֣א | ושורי Mket (differ-div) | וְשׁוּרַיָּ֣א Mqere (G)
(Gα) (V) (S) ‖ pref וְשׁוּרַיָּ֣א see Mqere (G) (Gα) (V) (S) ÷ º וְשׁוּרַיָּ֣א | καὶ τὰ τείχη
αὐτῆς G (V) S (explic) | τάς τε ἀγορὰς αὐτῆς καὶ τὰ τείχη Gα (dbl) • אַשְׁכְלִ֔לוּ
| אשכללו Mket (differ-div) | שַׁכְלִ֔לוּ Mqere (G) (Gα) V S ‖ pref שַׁכְלִ֔לוּ see Mqere
(G) (Gα) V S ÷ • וְאֻשַּׁיָּ֖א (V) | + 3 f sg sfx G S (explic) | καὶ ναόν Gα (lib-
seman) • יַחִֽיטוּ | ἀνύψωσαν. G (ign-lex) | ὑποβάλλονται. Gα (ign-lex) |
conponentes V (ign-lex) | ܐܬܬ S (ign-lex) • **13** כְּעַ֗ן יְדִ֙יעַ לֶהֱוֵ֣א לְמַלְכָּ֔א G V S | >
Gα (om) • וְשׁוּרַיָּ֖ה Gα | + 3 f sg sfx G V S (explic) • מִנְדָּֽה־בְל֤וֹ וַהֲלָךְ֙ V | φόροι
οὐκ ἔσονταί σοι G (S) (exeg) | φορολογίαν Gα (abbr) • לָ֣א יִנְתְּנ֔וּן G (Gα) V |
foll ܠܟ S (explic) • וְאַפְתֹ֥ם מַלְכִ֖ים תְּהַנְזִֽק | καὶ τοῦτο βασιλεῖς κακοποιεῖ. G S
(abbr) | ἀλλὰ καὶ βασιλεῦσιν ἀντιστήσονται. Gα (exeg) | et usque ad reges haec
noxa perveniet V (exeg) • תְּהַנְזִֽק ML | כְּעַ֗ן ס תְּהַנְזִֽק: MY | MS1 (indet) •
14 כְּעַ֗ן to מְלַ֔חְנָא (V) S | > G (om) • v 14 (G) (V) (S) | differ-txt Gα (lit) •
לְמַלְכָּֽא: G (Gα) V | > S (implic) • **15** דִּ֣י G V S | foll ἐὰν φαίνηταί σοι, Gα
(facil-styl) • יְבַקַּר | pass G Gα (shift) | 2 sg V (S) (shift) • בִּֽסְפַר־ G (Gα) (V) |
ܟܬܒܐ S (facil-synt) •

וּתְהַשְׁכַּח בִּסְפַר דָּכְרָנַיָּא וְתִנְדַּע דִּי קִרְיְתָא דָךְ קִרְיָא מָרָדָא ל . כֹת א

וּמְהַנְזְקַת מַלְכִין וּמְדִנָן וְאֶשְׁתַּדּוּר עָבְדִין בְּגַוַּהּ מִן־יוֹמָת עָלְמָא ל . ל . ב

16 עַל־דְּנָה קִרְיְתָא דָךְ הָחָרְבַת: מְהוֹדְעִין אֲנַחְנָה לְמַלְכָּא דִּי הֵן ל . ל כֹת ה

קִרְיְתָא דָךְ תִּתְבְּנֵא וְשׁוּרַיָּה יִשְׁתַּכְלְלוּן לָקֳבֵל דְּנָה חֲלָק בַּעֲבַר ב ומל

17 נַהֲרָא לָא אִיתַי לָךְ: פ פִּתְגָמָא שְׁלַח מַלְכָּא עַל־רְחוּם ל כֹת א

בְּעֵל־טְעֵם וְשִׁמְשַׁי סָפְרָא וּשְׁאָר כְּנָוָתְהוֹן דִּי יָתְבִין בְּשָׁמְרָיִן וּשְׁאָר

18 עֲבַר־נַהֲרָה שְׁלָם וּכְעֶת: ס נִשְׁתְּוָנָא דִּי שְׁלַחְתּוּן עֲלֶינָא ל . ב . יתיר י

19 מְפָרַשׁ קֱרִי קָדָמָי: וּמִנִּי שִׂים טְעֵם וּבַקַּרוּ וְהַשְׁכַּחוּ דִּי קִרְיְתָא דָךְ

מִן־יוֹמָת עָלְמָא עַל־מַלְכִין מִתְנַשְּׂאָה וּמְרַד וְאֶשְׁתַּדּוּר מִתְעֲבֶד־ ב . ל . ל

20 בַּהּ: וּמַלְכִין תַּקִּיפִין הֲווֹ עַל־יְרוּשְׁלֶם וְשַׁלִּיטִין בְּכֹל עֲבַר נַהֲרָה כול מל . ב חד / מל וחד חס

21 וּמִדָּה בְלוֹ וַהֲלָךְ מִתְיְהֵב לְהוֹן: כְּעַן שִׂימוּ טְּעֵם לְבַטָּלָא גֻּבְרַיָּא ל בתרג . יו

[20] להון ב̇ ומל̇ וסימנהון ומדה בלו והלך מתיהב להון . ועמהון נביאייא די אלהא
מסעדין להון . וכול דניאל דכותה ומל̇ ב̇ מ̇ חד ויכלה להן חסיר :o:

Ezra 4:16-21
‖ 1 Esd 2:20-24a

15 בִּסְפַר² דָּכְרָנַיָּא (Ga) (V) S | > G (implic) • קִרְיָא G V S | > Ga (implic) • וְאֶשְׁתַּדּוּר | καὶ φυγαδεῖαι G (ign-lex) | καὶ οἱ Ἰουδαῖοι ἀποστάται καὶ πολιορκίας Ga (lit) | et bella V (S) (ign-lex) • עָבְדִין (Ga) V S | δούλων γίνονται G (via עֲבְדִין) • **16** לְמַלְכָּא G V S | σοι, κύριε βασιλεῦ, Ga (shift) • וְשׁוּרַיָּה | + 3 f sg sfx G Ga V S (explic) • לָקֳבֵל דְּנָה S | > G Ga V (facil-styl) • חֲלָק | εἰρήνη. G (lib-seman) | κάθοδος Ga (lib-seman) | possessionem V (lib-seman) | ܩܢܝܢܐ S (lib-seman) • בַּעֲבַר נַהֲרָא Ga V S | > G (implic) • **17** רְחוּם G V S | foll τῷ γράφοντι τὰ προσπίπτοντα Ga (ampl) • בְּעֵל־טְעֵם S | Βααλτάμ G (Ga) V (transcr) • כְּנָוָתְהוֹן G V S | > sfx Ga (implic) • וּכְעֶת: | καὶ φάσιν G (substit) | τὰ ὑπογεγραμμένα Ga (substit) | salutem dicens V (assim-cultur) | ܚܒܪܗܘܢ S (assim-v 11) • נִשְׁתְּוָנָא ס וּכְעֶת: פ | נִשְׁתְּוָנָא ס Mˢ¹ | וּכְעֶת: Mᴸ וּכְעֶת: נִשְׁתְּוָנָא Mʸ • **18** נִשְׁתְּוָנָא Ga S | ὁ φορολόγος, G (lib-seman) | accusationem V (explic) • מְפָרַשׁ V S | > G Ga (shift) • קֱרִי (Ga) V (S) | ἐκλήθη G (shift) • **19** וּבַקַּרוּ V (S) | 1 pl G (shift) | ἐπισκέψασθαι, Ga (shift) | וְהַשְׁכַּחוּ V S | 1 pl G (shift) | καὶ εὑρέθη Ga (shift) • וְאֶשְׁתַּדּוּר | καὶ φυγαδεῖαι G (assim-v 15) | καὶ πολέμους Ga V (S) (ign-lex) • מִתְעֲבֶד G V S | καὶ οἱ ἄνθρωποι...συντελοῦντες Ga (shift) • **20** תַּקִּיפִין G V S | ἰσχυροὶ καὶ σκληροὶ Ga (dbl) • וּמִדָּה בְלוֹ וַהֲלָךְ מִתְיְהֵב לְהוֹן: (V) | καὶ φόροι πλήρεις καὶ μέρος δίδοται αὐτοῖς. G (exeg) | καὶ φορολογοῦντες Ga (exeg) | ܡܬܠܚܠܘܗ S (exeg) • **21** שִׂימוּ טְּעֵם G S | 1 sg Ga (shift) | audite sententiam V (lib-seman) •

אֱלֵךְ וְקִרְיְתָא דָךְ לָא תִתְבְּנֵא עַד־מִנִּי טַעְמָא יִתְּשָׂם׃ וּזְהִירִין הֱוֹו 22   ל ‧ ל ‧ ב

שָׁלוּ לְמֶעְבַּד עַל־דְּנָה לְמָה יִשְׂגֵּא חֲבָלָא לְהַנְזָקַת מַלְכִין׃ ס   ו ‧ ל וכת א ‧ ל

אֱדַיִן מִן־דִּי פַּרְשֶׁגֶן נִשְׁתְּוָנָא דִּי אַרְתַּחְשַׁשְׂתְּא מַלְכָּא קֱרִי קֳדָם־ 23   יח רא פס. שׁשׁת ‧ ב ‧ ק

רְחוּם וְשִׁמְשַׁי סָפְרָא וּכְנָוָתְהוֹן אֲזַלוּ בִבְהִילוּ לִירוּשְׁלֶם עַל־   ל וּמל

יְהוּדָיֵא וּבַטִּלוּ הִמּוֹ בְּאֶדְרָע וְחָיִל׃ ס   בֵּאדַיִן בְּטֵלַת עֲבִידַת 24   ג רא פס בס

בֵּית־אֱלָהָא דִּי בִּירוּשְׁלֶם וַהֲוָת בָּטְלָא עַד שְׁנַת תַּרְתֵּין לְמַלְכוּת

דָּרְיָוֶשׁ מֶלֶךְ־פָּרָס׃ פ   וְהִתְנַבִּי חַגַּי נְבִיָּאה וּזְכַרְיָה בַר־עִדּוֹא 5   נביא ‧ ק

נְבִיַּאיָּא עַל־יְהוּדָיֵא דִּי בִיהוּד וּבִירוּשְׁלֶם בְּשֻׁם אֱלָהּ יִשְׂרָאֵל   נביא ‧ ק

עֲלֵיהוֹן׃ ס   בֵּאדַיִן קָמוּ זְרֻבָּבֶל בַּר־שְׁאַלְתִּיאֵל וְיֵשׁוּעַ בַּר־ 2   ג רא פסו בסיפ

יוֹצָדָק וְשָׁרִיו לְמִבְנֵא בֵּית אֱלָהָא דִּי בִירוּשְׁלֶם וְעִמְּהוֹן נְבִיַּאיָּא   נביא ‧ ק

דִּי־אֱלָהָא מְסָעֲדִין לְהוֹן׃ פ   בֵּהּ זִמְנָא אֲתָא עֲלֵיהוֹן תַּתְּנַי 3   ב בטע

פַּחַת עֲבַר־נַהֲרָה וּשְׁתַר בּוֹזְנַי וּכְנָוָתְהוֹן וְכֵן אָמְרִין לְהֹם מַן־שָׂם   ב

---

[22] וסימן וזהירין הוו שלו ‧ רחוקין הוו מן תמה :o‧ [24] באדין ג בראש פסוק בסיפ
וסימנהון באדין בטלת ‧ באדין קמו זרבבל ‧ באדין דרי :o‧ [5:3] ושתר בוזני ב וסימנה
בה זמנא אתה עליהון ‧ פרשגן אגרתא :o‧

---

21 שָׁלוּ לְמֶעְבַּד ‧ **22** מִנִּי טַעְמָא יִתְּשָׂם V S | ἀπὸ τῆς γνώμης G (shift) | > Ga (om) •
עַל־דְּנָה G V | ὅπως μηδὲν παρὰ ταῦτα γένηται Ga (shift) | ܐܠܐ ܕܗܘ ܠܘܬ S
(abbr) • מַלְכִין: ס מַלְכִין M^L M^Y | מַלְכִין G Ga V | ܠܡܠܟܐ S (shift) • אֱדַיִן:
M^{S1} • **23** פַּרְשֶׁגֶן נִשְׁתְּוָנָא (Ga) V | ὁ φορολόγος G (lib-seman) | ܐܦܬܟܐ ܘܐܓܪܬܐ
S (explic) • קֱרִי Ga V | ἀνέγνω G (shift) | ܐܬܩܪܝ S (shift) • רְחוּם Ga
V | foll Βααλτάμ G S (assim-usu) • וּכְנָוָתְהוֹן Ga V (S) | συνδούλων ἑαυτοῦ G
(shift) • עַל־יְהוּדָיֵא V S | καὶ ἐν Ἰουδά G (shift) | > Ga (implic) • הִמּוֹ G V S |
τοὺς οἰκοδομοῦντας. Ga (explic) • בְּאֶדְרָע וְחָיִל׃ La V S | ἐν ἵπποις καὶ
δυνάμει. G Ga (exeg) • בֵּאדַיִן: ס בֵּאדַיִן M^L M^Y | וְחָיִל M^{S1} • **24** וַהֲוָת
בָּטְלָא G V S | > Ga (facil-styl) • **5:1** וְהִתְנַבִּי G S | pl G^L V (assim-ctext) | prec
Ἐν δὲ τῷ δευτέρῳ ἔτει τῆς τοῦ Δαρείου βασιλείας Ga (interpol) • נְבִיָּאה G
V S | > Ga (facil-styl) • נְבִיַּאיָּא Ga | προφητείαν G (facil-styl) | prophetantes
V (facil-styl) | sg S (facil-styl) • בִיהוּד וּבִירוּשְׁלֶם G Ga V | ܘܒܐܘܪܫܠܡ ܘܒܝܗܘܕ S
(transp) • אֱלָהּ G V S | prec κυρίου Ga (ampl) • עֲלֵיהוֹן G Ga S | > V (om) •
קָמוּ G V | sg Ga S (assim-ctext) • **2** בֵּאדַיִן: ס בֵּאדַיִן M^L M^Y | עֲלֵיהוֹן M^{S1} • עֲלֵיהוֹן:
• **3** תַּתְּנַי G V S | Σισίννης Ga • וּכְנָוָתְהוֹן G V S | > sfx Ga (implic) • וְכֵן
G V S | > Ga (om) • לְהֹם G Ga V | foll ܐܢܘܢ S (ampl) •

Ezra 4:22-24
‖ 1 Esd 2:24b-25
Ezra 5:1-3
‖ 1 Esd 6:1-4a

ב . יֹח רא פֹּ **אֱדַ֗יִן** ס לְכֹ֗ם טְעֵ֞ם בַּיְתָ֤א דְנָה֙ לִבְּנֵ֔א וְאֻשַּׁרְנָ֥א דְנָ֖ה לְשַׁכְלָלָֽה׃ 4

כְּנֵ֙מָא֙ אֲמַ֣רְנָא לְהֹ֔ם מַן־אִנּ֗וּן שְׁמָהָת֙ גֻּבְרַיָּ֔א דִּֽי־דְנָ֥ה בִנְיָנָ֖א בָּנַֽיִן׃

ח . ב וחֹ וְעֵ֣ין אֱלָהֲהֹ֗ם הֲוָת֙ עַל־שָׂבֵ֣י יְהוּדָיֵ֔א וְלָֽא־בַטִּ֣לוּ הִמּ֔וֹ עַד־טַעְמָ֖א 5

ל . ל ומל לְדָרְיָ֣וֶשׁ יְהָ֑ךְ וֶאֱדַ֛יִן יְתִיב֥וּן נִשְׁתְּוָנָ֖א עַל־דְּנָֽה׃ פ **פַּרְשֶׁ֣גֶן** 6

ל בעינ אִ֠גַּרְתָּא דִּֽי־שְׁלַ֞ח תַּתְּנַ֣י ׀ פַּחַ֧ת עֲבַֽר־נַהֲרָ֛ה וּשְׁתַ֥ר בּוֹזְנַ֖י וּכְנָוָתֵ֑הּ

אֲפַ֨רְסְכָיֵ֔א דִּ֖י בַּעֲבַ֣ר נַהֲרָ֑ה עַל־דָּרְיָ֖וֶשׁ מַלְכָּֽא׃ פִּתְגָמָ֖א שְׁלַ֥חוּ 7

ל . ג עֲל֑וֹהִי וְכִדְנָה֙ כְּתִ֣יב בְּגַוֵּ֔הּ לְדָרְיָ֥וֶשׁ מַלְכָּ֖א שְׁלָמָ֥א כֹֽלָּא׃ ס

ל . ל יְדִ֣יעַ ׀ לֶהֱוֵ֣א לְמַלְכָּ֗א דִּֽי־אֲזַ֜לְנָא לִיה֤וּד מְדִֽינְתָּא֙ לְבֵית֙ אֱלָהָ֣א 8

ביתא כול א כת ב מ ב ב להן הרגזו אבהתנא . ושיצא ביתה דנה ‹ס› [5] ועין ח וסימנהון
וזנוח ועין גנים . ורמת ועין גנים שנים בו . והנבשן ועיר המלח . וקדש ואדרעי . ועין
ימינו כהה תכהה . ועין נאף שמרה נפֹ . ועין אלההם ‹ס›

Ezra 5:4-8
‖ 1 Esd 6:4b-9

3 וְאֻשַּׁרְנָא דְנָה | καὶ τὴν χορηγίαν ταύτην G (exeg) | καὶ τὴν στέγην ταύτην καὶ τὰ ἄλλα πάντα Ga (exeg) | et muros hos (V) S (via שׁוּר) • אֱדַיִן ס : אֱדַיִן M^L | לְשַׁכְלָלָה M^S1 M^Y • **4** אֱדַיִן כְּנֵמָא אֲמַרְנָא לְהֹם V | τότε ταῦτα εἴποσαν αὐτοῖς G (S) (harm-ctext) | > Ga (om) • שְׁמָהָת גֻּבְרַיָּא G V | > Ga (facil-styl) | foll ܐܡ S (explic) • דִּי־דְנָה בִנְיָנָא בָּנַיִן׃ La V S | τῶν οἰκοδομούντων τὴν πόλιν ταύτην; G (lib-seman) | οἱ οἰκοδόμοι οἱ ταῦτα ἐπιτελοῦντες; Ga (lib-seman) • **5** וְעֵין אֱלָהֲהֹם הֲוָת עַל־שָׂבֵי יְהוּדָיֵא (G) V (S) | καὶ ἔσχοσαν χάριν ἐπισκοπῆς γενομένης ἐπὶ τὴν αἰχμαλωσίαν παρὰ τοῦ κυρίου οἱ πρεσβύτεροι τῶν Ἰουδαίων Ga (ampl) • אֱלָהֲהֹם V | > sfx G S (facil-styl) | παρὰ τοῦ κυρίου Ga (exeg) • שָׂבֵי V | τὴν αἰχμαλωσίαν G S (via שְׁבִי) | τὴν αἰχμαλωσίαν...οἱ πρεσβύτεροι Ga (dbl) • וְלָא־בַטִּלוּ הִמּוֹ G V | καὶ οὐκ ἐκωλύθησαν τῆς οἰκοδομῆς Ga (shift) | ܐܡ ܗܘܠܐ S (shift) • וֶאֱדַיִן יְתִיבוּן נִשְׁתְּוָנָא עַל־דְּנָה (V) S | καὶ τότε ἀπεστάλη τῷ φορολόγῳ ὑπὲρ τούτου. G (exeg) | περὶ αὐτῶν καὶ προσφωνηθῆναι. Ga (shift) • **6** שְׁלַח G V S | ἔγραψεν...καὶ ἀπέστειλεν Ga (explic) ⁘ • תַּתְּנַי G V S | Σισίννης Ga • וּכְנָוָתֵהּ V S | 3 pl sfx G (facil-gram) | > sfx Ga (implic) • אֲפַרְסְכָיֵא Ga | Ἀφαρσαχαῖοι G V (transcr) | > S (om) • דָּרְיָוֶשׁ מַלְכָּא׃ G V S | Δαρείῳ Ga (implic) • **7** פִּתְגָמָא to בְּגַוֵּהּ G V S | > Ga (om) • כֹלָּא׃ G Ga V | > S (om) • יְדִיעַ: כֹלָּא G V (S) | πάντα γνωστά Ga (lib-synt) • **8** לְמַלְכָּא G V (S) | prec τῷ κυρίῳ ἡμῶν Ga (ampl) • לִיהוּד מְדִינְתָּא G V S | foll καὶ ἐλθόντες εἰς Ἰερουσαλὴμ τὴν πόλιν κατελάβομεν τῆς αἰχμαλωσίας τοὺς πρεσβυτέρους τῶν Ἰουδαίων ἐν Ἰερουσαλὴμ τῇ πόλει Ga (lit) • לְבֵית אֱלָהָא רַבָּא G V | οἶκον τῷ κυρίῳ μέγαν καινόν Ga (exeg) | ܐܠܗܐ ܪܒܐ S (abbr) •

ל רַבָּא וְהוּא מִתְבְּנֵא אֶבֶן גְּלָל וְאָע מִתְּשָׂם בְּכֻתְלַיָּא וַעֲבִידְתָּא דָךְ

ל . יח רא פס אָסְפַּרְנָא מִתְעַבְדָא וּמַצְלַח בְּיֶדְהֹם: ס   אֱדַיִן שְׁאֵלְנָא לְשָׂבַיָּא 9

ל כת ה אִלֵּךְ כְּנֵמָא אֲמַרְנָא לְהֹם מַן־שָׂם לְכֹם טְעֵם בַּיְתָא דְנָה לְמִבְנְיֵה

ט רא פס וְאֻשַּׁרְנָא דְנָה לְשַׁכְלָלָה: וְאַף שְׁמָהָתְהֹם שְׁאֵלְנָא לְהֹם לְהוֹדָעוּתָךְ 10

ל דִּי נִכְתֻּב שֻׁם־גֻּבְרַיָּא דִּי בְרָאשֵׁיהֹם: ס   וּכְנֵמָא פִתְגָמָא 11

ג הֲתִיבוּנָא לְמֵמַר אֲנַחְנָא הִמּוֹ עַבְדוֹהִי דִּי־אֱלָהּ שְׁמַיָּא וְאַרְעָא

ל . ל וּבָנַיִן בַּיְתָא דִּי־הֲוָא בְנֵה מִקַּדְמַת דְּנָה שְׁנִין שַׂגִּיאָן וּמֶלֶךְ ֹלְיִשְׂרָאֵל

רַב בְּנָהִי וְשַׁכְלְלֵה: לָהֵן מִן־דִּי הַרְגִּזוּ אֲבָהֳתַנָא לֶאֱלָהּ שְׁמַיָּא יְהַב 12

כסדאה . ל כת ה הִמּוֹ בְּיַד נְבוּכַדְנֶצַּר מֶלֶךְ־בָּבֶל כַּסְדָּיָא וּבַיְתָה דְנָה סַתְרֵהּ וְעַמָּה

ק הַגְלִי לְבָבֶל: ס   בְּרַם בִּשְׁנַת חֲדָה לְכוֹרֶשׁ מַלְכָּא דִּי בָבֶל 13

[11] ג חסיר באמיר וסימנה ולעמשא תמרו . אשר ימרוך למזמה . וכנמא פתגמא
התיבונא :ס

---

8 אֶבֶן גְּלָל I λίθοις ἐκλεκτοῖς, G (lib-seman) I λίθων ξυστῶν Ga (lib-seman) I _lapide rutundo_ La (via hebr √גלל) I _lapide inpolito_ V (lib-seman) I ܟܐܦܐ ܀ S (lib-seman) • **וְאָע** G V I prec πολυτελῶν Ga (ampl) I foll ܐܪܡܘ S (ampl) • **וַעֲבִידְתָּא דָךְ** G V I pl Ga (S) (shift) I **אָסְפַּרְנָא** Ga V I > G S (om) • **וּמַצְלַח** V I ἐπιδέξιον γίνεται καὶ εὐοδοῦται G (dbl) I foll τὸ ἔργον Ga (S) (ampl) • **בְּיֶדְהֹם:** G V S I foll καὶ ἐν πάσῃ δόξῃ καὶ ἐπιμελείᾳ συντελούμενα. Ga (lit) • **בְּיֶדְהֹם: ס אֱדַיִן** M^L M^Y • **9 וְאֻשַּׁרְנָא דְנָה** I καὶ τὴν χορηγίαν ταύτην G (exeg) I καὶ τὰ ἔργα ταῦτα Ga (exeg) I _et muros_ (V) S (via שׁוּר) • **10 שְׁמָהָתְהֹם** G V S I > Ga (om) • **שְׁאֵלְנָא לְהֹם** G V S I ἐπηρωτήσαμεν...αὐτούς...ᾐτοῦμεν αὐτούς Ga (dbl) • **נִכְתֻּב** V S I foll σοι G (Ga) (explic) • **גֻּבְרַיָּא דִּי בְרָאשֵׁיהֹם:** G V S I τοὺς ἀνθρώπους τοὺς ἀφηγουμένους...τῶν προκαθηγουμένων. Ga (dbl) • **11 בְרָאשֵׁיהֹם: ס וּכְנֵמָא** M^L M^Y I **וּכְנֵמָא:** M^S1 I **שְׁמַיָּא** G V S I prec τοῦ κτίσαντος Ga (ampl) • **וּבָנַיִן בַּיְתָא דִּי־הֲוָא בְנֵה** G V S I καὶ ᾠκοδόμητο ὁ οἶκος Ga (shift) • **וּמֶלֶךְ** G V (S) I διὰ βασιλέως Ga (shift) • **רַב בְּנָהִי** G V I μεγάλου καὶ ἰσχυροῦ Ga (dbl) I ܐܬܒܢܝܬ S (differ-div) • **וְשַׁכְלְלֵה:** V (S) I foll αὐτοῖς G (ampl) I καὶ ἐπετελέσθη. Ga (shift) • **12 הַרְגִּזוּ** G V S I παραπικράναντες ἥμαρτον Ga (dbl) • **לֶאֱלָהּ** G V S I εἰς τὸν κύριον τοῦ Ἰσραήλ Ga (ampl) • **בָּבֶל** G Ga V I > S (om) • **כַּסְדָּיָא** G V S I βασιλέως τῶν Χαλδαίων· Ga (ampl) • **דְּנָה** G V S I > Ga (om) • **סַתְרֵהּ** G V S I καθελόντες ἐνεπύρισαν Ga (dbl) • **13 בָּבֶל** (Ga) V I > G (implic) I πέρσων G^Ms S (harm-ctext) •

ג. ט רא פסו 14 כּוֹרֶשׁ מַלְכָּא שָׂם טְעֵ֫ם בֵּית־אֱלָהָא דְנָה לִבְּנֵא: וְאַף מָאנַיָּא דִי־

בֵית־אֱלָהָא דִּי דַהֲבָה וְכַסְפָּא דִּי נְבוּכַדְנֶצַּר הַנְפֵּק מִן־הֵיכְלָא

דִּי בִירוּשְׁלֶם וְהֵיבֵל הִמּוֹ לְהֵיכְלָא דִּי בָבֶל הַנְפֵּק הִמּוֹ כּוֹרֶשׁ

ב. ל
ז בטע . אל
ק ג ב כת ה
וחד כת א 15 מַלְכָּא מִן־הֵיכְלָא דִּי בָבֶל וִיהִיבוּ לְשֵׁשְׁבַּצַּר שְׁמֵהּ דִּי פֶחָה שָׂמֵהּ: וַאֲמַר־לֵהּ | אֵלֶּה מָאנַיָּא שֵׂא אֱזֶל־אֲחֵת הִמּוֹ בְּהֵיכְלָא דִּי

יח ראש פס. ב 16 בִירוּשְׁלֶם וּבֵית אֱלָהָא יִתְבְּנֵא עַל־אַתְרֵהּ: ס אֱדַיִן שֵׁשְׁבַּצַּר

דֵּךְ אֲתָא יְהַב אֻשַּׁיָּא דִּי־בֵית אֱלָהָא דִּי בִירוּשְׁלֶם וּמִן־אֱדַיִן

ל. ב רא פס 17 וְעַד־כְּעַן מִתְבְּנֵא וְלָא שְׁלִם: וּכְעַן הֵן עַל־מַלְכָּא טָב יִתְבַּקַּר

ה בְּבֵית גִּנְזַיָּא דִּי־מַלְכָּא תַמָּה דִּי בְּבָבֶל הֵן אִיתַי דִּי־מִן־כּוֹרֶשׁ

מַלְכָּא שִׂים טְעֵם לְמִבְנֵא בֵית־אֱלָהָא דֵךְ בִּירוּשְׁלֶם וּרְעוּת מַלְכָּא

יתיר י. גרא
פס. ג. 6 עַל־דְּנָה יִשְׁלַח עֲלֶינָא: ס בֵּאדַיִן דָּרְיָוֶשׁ מַלְכָּא שָׂם טְעֵ֫ם

---

[15] ז בטע קשי וסימנ ויתמהמה | דלוט . ויאמר דהקרה נא . וימאן דיוסף . וישחט
דתור כהנים . ונבהלו דישעיה . ויאמר דעמוס . ואמר לה דעזרא o: אל ב לשון חול
אל נול נולדו להרפא . ואמר לה o: שה ג ב כת ה וחד כת א . שה שה כשבים . לא
הבאת לי . ואמר לה . וחד ושה עזים . ושאר בתלת נקד o: [17] בבבל ח וסימנה
וידבר אתו . וחברו . יהוה . יהוה אהבו . ולקחתי מהם . ופקדתי על בל . ומכלי בית יהוה
וכען הן על מלכא טב . באדין דריוש מלכא o:

Ezra 5:14–6:1
‖ 1 Esd 6:17–22a

13 בֵּית־אֱלָהָא דְנָה G (V) S | τὸν οἶκον τοῦτον· Gа (abbr) • וְאַף לִבְּנֵא: M^L M^{S1} |

13 בֵּית־אֱלָהָא דְנָה G (V) S | τὸν οἶκον τοῦτον· Gа (abbr) • וְאַף לִבְּנֵא: M[L] M[S1] |
לִבְּנֵא: וְאַף M[Y] • **14** מָאנַיָּא דִי־בֵית־אֱלָהָא G V S | τὰ ἱερὰ σκεύη Gа (assim-
1:7) • נְבוּכַדְנֶצַּר G Gа V | foll ܚܠܒ S (ampl) • לְהֵיכְלָא דִּי בָבֶל (S) | εἰς
ναὸν τοῦ βασιλέως, G (substit) | ἐν τῷ ἑαυτοῦ ναῷ, Gа (assim-1:7) | εἰς ναὸν
τοῦ θεοῦ αὐτοῦ G[Mss] (assim-1:7) | εἰς ναὸν τοῦ βασιλέως τὸν ἐν Βαβυλῶνι G[L]
(ampl) • דִּי בָבֶל[2] (Gа) V S | τοῦ βασιλέως G (substit) • לְשֵׁשְׁבַּצַּר G V S |
Ζοροβαβὲλ καὶ Σαναβασσάρῳ Gа (exeg) • שְׁמֵהּ דִּי פֶחָה שָׂמֵהּ: V S | τῷ
θησαυροφύλακι τῷ ἐπὶ τοῦ θησαυροῦ G (lib-seman) | τῷ ἐπάρχῳ, Gа (abbr) •
15 אֵלֶּה V S | Πάντα G (substit) | πάντα...ταῦτα Gа (ampl) • שֵׂא אֱזֶל־אֲחֵת הִמּוֹ
(G) (V) (S) | ἀποθεῖναι Gа (abbr) • וּבֵית אֱלָהָא יִתְבְּנֵא (Gа) V (S) | > G (om) •
עַל־אַתְרֵהּ: V S | εἰς τὸν τόπον αὐτῶν. G (assim-ctext) | ἐπὶ τοῦ τόπου. Gа
(implic) • **16** אֱלָהָא G Gа V | > La S (implic) • **17** בְּבֵית גִּנְזַיָּא G | ἐν τοῖς
βασιλικοῖς βιβλιοφυλακίοις Gа (facil-seman) | in bibliotheca V (facil-seman) |
ܒܝܬ ܓܢܙܐ ܕܡܠܟܐ S (facil-seman) • דִּי־מַלְכָּא G V S | τοῦ κυρίου βασιλέως
Gа (ampl) • תַמָּה | > G Gа V S (om) • הֵן אִיתַי V S | ὅπως γνῷς G (lib-
seman) | καὶ ἐὰν εὑρίσκηται Gа (lib-seman) • דֵּךְ 4QEzra G S | > Gа V
(implic) • מַלְכָּא[4] G V S | τῷ κυρίῳ βασιλεῖ ἡμῶν, Gа (ampl) •

²ה וּבַקַּ֣רוּ | בְּבֵ֣ית סִפְרַיָּ֗א דִּֽי גִנְזַיָּ֛א מְהַחֲתִ֥ין תַּמָּ֖ה בְּבָבֶ֑ל וְהִשְׁתְּכַ֣ח

ל·לוכת בְּאַחְמְתָ֣א בְּבִֽירְתָ֗א דִּ֛י בְּמָדַ֥י מְדִינְתָּ֖ה מְגִלָּ֣ה חֲדָ֑ה וְכֵן־כְּתִ֥יב

³ בְּגַוַּ֖הּ דִּכְרוֹנָֽה: פ   בִּשְׁנַ֨ת חֲדָ֜ה לְכ֣וֹרֶשׁ מַלְכָּ֗א כּ֣וֹרֶשׁ מַלְכָּא֮

ל·ג שָׂ֣ם טְעֵם֒ בֵּית־אֱלָהָ֤א בִירֽוּשְׁלֶם֙ בַּיְתָ֣א יִתְבְּנֵ֔א אֲתַר֙ דִּֽי־דָבְחִ֣ין

ב·ל·ל דִּבְחִ֔ין וְאֻשּׁ֖וֹהִי מְסֽוֹבְלִ֑ין רוּמֵהּ֙ אַמִּ֣ין שִׁתִּ֔ין פְּתָיֵ֖הּ אַמִּ֥ין שִׁתִּֽין:

⁴ל נִדְבָּכִ֞ין דִּֽי־אֶ֣בֶן גְּלָ֗ל תְּלָתָ֛א וְנִדְבָּ֖ךְ דִּי־אָ֣ע חֲדַ֑ת וְנִ֨פְקְתָ֔א מִן־

ט רא פס· בֵּ֥ית מַלְכָּ֖א תִּתְיְהִֽב: ⁵וְ֠אַף מָאנֵ֣י בֵית־אֱלָהָא֮ דִּ֣י דַהֲבָ֣ה וְכַסְפָּא֒ דִּ֗י
ג כת ה

ל נְבֽוּכַדְנֶצַּ֗ר הַנְפֵּ֛ק מִן־הֵיכְלָ֥א דִּֽי־בִירֽוּשְׁלֶ֖ם וְהֵיבֵ֣ל לְבָבֶ֑ל יַהֲתִיב֡וּן

וִ֠יהָךְ לְהֵיכְלָ֨א דִּֽי־בִירֽוּשְׁלֶ֤ם לְאַתְרֵהּ֙ וְתַחֵ֔ת בְּבֵ֥ית אֱלָהָֽא: ס

⁶ב כְּעַ֡ן תַּ֠תְּנַי פַּחַ֨ת עֲבַֽר־נַהֲרָ֜ה שְׁתַ֤ר בּוֹזְנַי֙ וּכְנָוָ֣תְה֔וֹן אֲפַרְסְכָיֵ֖א דִּ֥י

6:1 וּבַקַּ֣רוּ V | 3 m sg 4QEzra (G) (S) (shift) | בְּבֵ֣ית סִפְרַיָּ֗א דִּֽי גִנְזַיָּ֛א Gα (indet) •
4QEzra (G) | ἐν τοῖς βασιλικοῖς βιβλιοφυλακίοις Gα (lib-seman) | *in*
bibliotheca librorum V (abbr) | ܒܒܝܬ ܓܢܙܐ ܕܟܬܒܐ S (lib-seman) • מְהַחֲתִ֥ין
תַּמָּ֖ה | κεῖται G Gα V (abbr) | ܬܡܢ S (abbr) • **2** בְּבִֽירְתָ֗א (Gα) (V) | prec πόλει
G (S) • **3** בְּמָדַ֥י מְדִינְתָּ֖ה 4QEzra Gα V S | τῆς Μήδων πόλεως G (substit) • **3** שָׂ֣ם
בַּיְתָ֣א 4QEzra G | > Gα V S • טְעֵם֒ 4QEzra G Gα | סב נחמשא ܗ S (dbl) •
וְאֻשּׁ֖וֹהִי מְסֽוֹבְלִ֑ין (G) S (shift) | διὰ πυρὸς ἐνδελεχοῦς, Gα (exeg via
אֵשֶׁה) | foll *subportantia* V (ampl) • שִׁתִּֽין: 4QEzra G Gα V | 20 S (assim-1 Kgs
6:2) • **4** אֶ֣בֶן גְּלָ֗ל | λίθινοι κραταιοί G (lib-seman) | λιθίνων ξυστῶν Gα
(assim-5:8) | *lapidum rotundorum* La (assim-5:8) | *lapidibus inpolitis* V (assim-
5:8) | ܕܟܐܦܐ S (abbr) • וְנִדְבָּ֖ךְ G Gα | pl V (shift) | ܘܕܐܦܐ S (lib-seman) • אָ֣ע G
V S | foll ἐγχωρίου Gα (ampl) • חֲדַ֑ת V (S) | εἷς· G (via חַד) | καινοῦ ἑνός, Gα
(dbl) • מַלְכָּ֖א 4QEzra G V S | prec Κύρου Gα (explic) • **5** מָאנֵ֣י 4QEzra G V S |
τὰ ἱερὰ σκεύη Gα (harm-1:7) • דַהֲבָ֣ה וְכַסְפָּא֒ Gα V S | τὰ ἀργυρᾶ καὶ τὰ χρυσᾶ,
G (transp) • נְבֽוּכַדְנֶצַּ֗ר G Gα V S | foll *rex* La (assim-Dan 3–4) • וְהֵיבֵ֣ל G Gα (V)
(S) | 3 pl 4QEzra (assim-ctext) • יַהֲתִיב֡וּן (Gα) (V) | καὶ δοθήτω G (S) (via
√יהב) • וִ֠יהָךְ (G) (V) | > Gα (facil-styl) | ܘܢܟܐ S (shift) • לְאַתְרֵהּ֙ (G) (Gα) V |
ܒܕܘܟܬܗ... S (dbl) • וְתַחֵ֔ת 4QEzra | οὗ ἐτέθη G (Gα) (V) (facil-synt) |
ܣܘܡܘܗܝ S (lib-seman) • בֵּ֥ית אֱלָהָֽא: 4QEzra G V S | ἐκεῖ. Gα (implic) •
6 כְּעַ֡ן G V S | προσέταξεν δὲ ἐπιμεληθῆναι Gα (lib-seman) • תַּ֠תְּנַי V S |
δώσετε G (via √נתן) | Σισίννη Gα • פַּחַ֨ת Gα V S | pl G (assim-ctext) • וּכְנָוָ֣תְה֔וֹן
G | καὶ τοῖς συνεταίροις Gα (implic) | καὶ οἱ σύνδουλοι αὐτοῦ G^Ms S (shift) | *et*
consiliarii vestri V (shift) • אֲפַרְסְכָיֵ֖א Ἀφαρσαχαῖοι G V (transcr) | καὶ τοῖς
ἀποτεταγμένοις...ἡγεμόσιν Gα (dbl) | ܐܢܫܐ S (lib-seman) •

Ezra 6:2-6
‖ 1 Esd 6:22b-26a

ל ומל   7 בַּעֲבַר נַהֲרָה רַחִיקִין הֲווֹ מִן־תַּמָּה שְׁבֻקוּ לַעֲבִידַת בֵּית־אֱלָהָא

ל וחד ולשבי   דֵךְ פַּחַת יְהוּדָיֵא וּלְשָׂבֵי יְהוּדָיֵא בֵּית־אֱלָהָא דֵךְ יִבְנוֹן עַל־

ל כת א   8 אַתְרֵהּ: וּמִנִּי שִׂים טְעֵם לְמָא דִי־תַעַבְדוּן עִם־שָׂבֵי יְהוּדָיֵא אִלֵּךְ

לְמִבְנֵא בֵּית־אֱלָהָא דֵךְ וּמִנִּכְסֵי מַלְכָּא דִּי מִדַּת עֲבַר נַהֲרָה

ג   אָסְפַּרְנָא נִפְקְתָא תֶּהֱוֵא מִתְיַהֲבָא לְגֻבְרַיָּא אִלֵּךְ דִּי־לָא לְבַטָּלָא:

ה קמ   9 וּמָה חַשְׁחָן וּבְנֵי תוֹרִין וְדִכְרִין וְאִמְּרִין לַעֲלָוָן לֶאֱלָהּ שְׁמַיָּא

ב   חִנְטִין מְלַח חֲמַר וּמְשַׁח כְּמֵאמַר כָּהֲנַיָּא דִי־בִירוּשְׁלֶם לֶהֱוֵא

ו   10 מִתְיְהֵב לְהֹם יוֹם בְּיוֹם דִּי־לָא שָׁלוּ: דִּי־לֶהֱוֹן מְהַקְרְבִין נִיחוֹחִין

11 לֶאֱלָהּ שְׁמַיָּא וּמְצַלַּיִן לְחַיֵּי מַלְכָּא וּבְנוֹהִי: וּמִנִּי שִׂים טְעֵם דִּי כָל־

ל   אֱנָשׁ דִּי יְהַשְׁנֵא פִּתְגָמָא דְנָה יִתְנְסַח אָע מִן־בַּיְתֵהּ וּזְקִיף יִתְמְחֵא

[6:9] מָה ה קמץ דסמיכ לע ולחית וסימ חזהאל . ואמרתם . ויאמר לה . ומה
חשחן ס: פסקת דסיפ ואמרין לעלון . יום ביום . תורין דכרין . ויקבצו כל אנשי
יהודה . ואנשים מעט . אשר הם פרוצים . אמן אמן . שבתי הודיה . ועזרא הכהן .
השבים מן השבי . יום ביום . חצור . דרכים גתּוֹת בּשּׁבּת ס: שלו ו ה כת ו וחד כת ה
וסימנה כל בגדי בגד . וכל שלו ושחיתה . די יאמר שלה כת ה . ומה חשחן . היו צריה
לראש . וזהירין הוו ס:

Ezra 6:7-11
‖ 1 Esd 6:26b-31

6 תַּמָּה: G V S I τοῦ τόπου, Ga (explic) • **7** שְׁבֻקוּ לַעֲבִידַת בֵּית־אֱלָהָא דֵךְ (G) (V)
(S) I ἐᾶσαι δὲ τὸν παῖδα τοῦ κυρίου Ζοροβαβέλ, Ga (exeg) • דֵךְ¹ V I > G S
(implic) I Ga (indet) • פַּחַת Ga V I pl G (assim-ctext) I ܪܘܪܒܢܐ S (exeg) •
וּלְשָׂבֵי יְהוּדָיֵא G Ga I et a senioribus eorum V (facil-styl) I ܘܠܩܫܝܫܝܗܘܢ S
(assim-5:5) • דֵךְ² G Ga V I > S (implic) • **8** לְמָא דִי־תַעַבְדוּן G (V) I
ὁλοσχερῶς οἰκοδομῆσαι καὶ ἀτενίσαι ἵνα συμποιῶσιν τοῖς Ga (lit) I ܠܗܢܐ ܓܝܪ
S (exeg) • שָׂבֵי G V I τῆς αἰχμαλωσίας Ga S (via שְׁבִי) • אִלֵּךְ V S I > G
Ga (implic) • לְמִבְנֵא בֵּית־אֱלָהָא דֵךְ G (V) S I μέχρι τοῦ ἐπιτελεσθῆναι τὸν
οἶκον τοῦ κυρίου Ga (exeg) • דֵךְ G S I > Ga V (implic) • אָסְפַּרְנָא G Ga V I >
S (om) • דִּי־לָא לְבַטָּלָא G V I > Ga (om) I prec ܐܝܟܢܐ S (ampl) • **9** וּמָה חַשְׁחָן
G V I Ζοροβαβέλ ἐπάρχῳ, Ga (exeg) I ܘܡܕܡ ܕܡܬܒܥܐ ܠܒܢܝܢܐ
S (ampl) • וּמְשַׁח (G) V S • לֶאֱלָהּ שְׁמַיָּא G V S I τῷ κυρίῳ, Ga (substit) •
foll ἐνδελεχῶς κατ' ἐνιαυτόν, Ga (ampl) • לֶהֱוֵא מִתְיְהֵב לְהֹם G V S I
ἀναλίσκεσθαι Ga (exeg) • דִּי־לָא שָׁלוּ: I ὅ ἐὰν αἰτήσωσιν, G (via √שׁאל)
ἀναμφισβητήτως, Ga (lib-seman) I ne sit in aliquo querimonia V (lib-seman) I
ܠܒܠ ܫܠܘܐ S (lib-seman) • **11** וּמִנִּי שִׂים טְעֵם G V S I καὶ προστάξαι Ga
(shift) • יְהַשְׁנֵא פִּתְגָמָא דְנָה G V S I παραβῶσίν τι τῶν προειρημένων καὶ τῶν
προγεγραμμένων ἢ καὶ ἀκυρώσωσιν, Ga (dbl) • וּזְקִיף יִתְמְחֵא G I
καὶ ... κρεμασθῆναι Ga (exeg) I et erigatur et configatur V (S) (exeg) •

12 עֲלֹהִי וּבַיְתֵהּ נְוָלוּ יִתְעֲבֵד עַל־דְּנָה: וֵאלָהָא דִּי שַׁכִּן שְׁמֵהּ תַּמָּה   ל חס . ל . ל
וחס

יְמַגַּר כָּל־מֶלֶךְ וְעַם דִּי | יִשְׁלַח יְדֵהּ לְהַשְׁנָיָה לְחַבָּלָה בֵּית־אֱלָהָא   ל

דֵךְ דִּי בִירוּשְׁלֶם אֲנָה דָרְיָוֶשׁ שָׂמֵת טְעֵם אָסְפַּרְנָא   ל

13 יִתְעֲבִד: פ   אֱדַיִן תַּתְּנַי פַּחַת עֲבַר־נַהֲרָה שְׁתַר בּוֹזְנַי   ב . [ט] בטע . ב

וּכְנָוָתְהוֹן לָקֳבֵל דִּי־שְׁלַח דָּרְיָוֶשׁ מַלְכָּא כְּנֵמָא אָסְפַּרְנָא עֲבַדוּ:

14 וְשָׂבֵי יְהוּדָיֵא בָּנַיִן וּמַצְלְחִין בִּנְבוּאַת חַגַּי נְבִיָּאה וּזְכַרְיָה בַר־   נביה
ק

עִדּוֹא וּבְנוֹ וְשַׁכְלִלוּ מִן־טַעַם אֱלָהּ יִשְׂרָאֵל וּמִטְּעֵם כּוֹרֶשׁ וְדָרְיָוֶשׁ   ל

15 וְאַרְתַּחְשַׁשְׂתְּא מֶלֶךְ פָּרָס: וְשֵׁיצִיא בַּיְתָה דְנָה עַד יוֹם תְּלָתָה   ל ויתיר א . ב
כת ה
ל וכל שום ברנש כות

לִירַח אֲדָר דִּי־הִיא שְׁנַת־שֵׁת לְמַלְכוּת דָּרְיָוֶשׁ מַלְכָּא: פ

16 וַעֲבַדוּ בְנֵי־יִשְׂרָאֵל כָּהֲנַיָּא וְלֵוָיֵא וּשְׁאָר בְּנֵי־גָלוּתָא חֲנֻכַּת בֵּית־   ל

17 אֱלָהָא דְנָה בְּחֶדְוָה: וְהַקְרִבוּ לַחֲנֻכַּת בֵּית־אֱלָהָא דְנָה תוֹרִין   י חס בליש

[15] יֹב יתיר א . בס תיב רפוא . ההלכוא . הקליא . אבוא . רצוא . ואתיקהא .
ארעא . שלה נגוא . יפוא . ושיציא . דנא נקיא . נקיא : o נקיא . שת ב וסימנהו וחשופי שת
ערות מצרים . וכול מל . די היא שנת שת . וכול שום ברנש דכות :o

נְוָלוּ יִתְעֲבֵד עַל־דְּנָה: 11 | τὸ κατ’ ἐμὲ ποιηθήσεται. G (Gα) (V) (S) (exeg) •   Ezra 6:12-17
‖ 1 Esd 6:32–7:8
12 וֵאלָהָא G V S | prec διὰ ταῦτα Gα (facil-styl) • שַׁכִּן G V S | ἐπικέκληται Gα
(shift) • שְׁמֵהּ Gα V S | > sfx G (implic) • יְמַגַּר G Gα V | ܢܚܒܠ S (lib-seman) •
דָרְיָוֶשׁ G V S | prec βασιλεύς Gα (ampl) • אָסְפַּרְנָא G V S | ἐπιμελῶς κατὰ
ταῦτα Gα (ampl) • יִתְעֲבִד: (G) (Gα) (V) | ܢܬܥܒܕ S (via √ אבד) • 13 תַּתְּנַי G V S |
Σισίννης Gα • וּכְנָוָתְהוֹן | 3 sg sfx G V S (shift) | > sfx Gα (implic) • לָקֳבֵל to
עֲבַדוּ: G V (S) | κατακολουθήσαντες τοῖς ὑπὸ τοῦ βασιλέως Δαρείου
προσταγεῖσιν Gα (abbr) • דָּרְיָוֶשׁ מַלְכָּא G Gα V | > S (om) • 14 וְשָׂבֵי G (Gα)
V | ܘܣܒܐ S (assim-5:5) • וְשָׂבֵי יְהוּדָיֵא בָּנַיִן G V (S) | ἐπεστάτουν τῶν ἱερῶν
ἔργων ἐπιμελέστερον συνεργοῦντες τοῖς πρεσβυτέροις τῶν Ἰουδαίων καὶ
ἱεροστάταις. Gα (lit) • וּמַצְלְחִין V S | καὶ οἱ Λευῖται G (exeg) | foll τὰ ἱερὰ
ἔργα Gα (ampl) • וּזְכַרְיָה בַר־עִדּוֹא G V S | > Gα (om) • נְבִיָּאה G V S | καὶ
Ζαχαρίου τῶν προφητῶν, Gα (assim-ctext) • וּבְנוֹ וְשַׁכְלִלוּ G V S | καὶ
συνετέλεσαν ταῦτα Gα (abbr) • וְאַרְתַּחְשַׁשְׂתְּא G Gα V | prec ܘܕ S ܢܚܡܫ
(assim-ctext) • מֶלֶךְ S | pl G Gα V (assim-ctext) • פָּרָס: G V S | Περσῶν ἕως
τοῦ ἕκτου ἔτους Δαρείου τοῦ βασιλέως Περσῶν. Gα (interpol from v 15) •
15 וְשֵׁיצִיא Gα S | pl G V (assim-ctext) • בַּיְתָה דְנָה G S | ὁ οἶκος ὁ ἅγιος Gα
(exeg) | + Dei V (ampl) • תְּלָתָה G V S | 23 Gα • 16 גָלוּתָא G V | foll οἱ
προσθέντες Gα (ampl) | ܢܚܡܫ S (substit) • חֲנֻכַּת בֵּית־אֱלָהָא דְנָה בְּחֶדְוָה: (G)
V S | ἀκολούθως τοῖς ἐν τῇ Μωυσέως βίβλῳ Gα (lit) • דְנָה S | > G V
(implic) | Gα (indet) • 17 דְנָה | > G Gα V S (implic) •

לחטאה
ק

מְאָה דִּכְרִין מָאתַ֫יִן אִמְּרִין אַרְבַּע מְאָה וּצְפִירֵי עִזִּין לְחַטָּיָ֫א עַל־

18 כָּל־יִשְׂרָאֵל תְּרֵי־עֲשַׂר לְמִנְיָן שִׁבְטֵי יִשְׂרָאֵל: וַהֲקִ֫ימוּ כָהֲנַיָּא

בִּפְלֻגָּתְהֹון וְלֵוָיֵא֫ בְּמַחְלְקָתְהֹון עַל־עֲבִידַת אֱלָהָא דִּי בִירוּשְׁלֶם

19 כִּכְתָב סְפַר מֹשֶׁה׃ פ   וַיַּעֲשׂוּ בְנֵי־הַגֹּולָה אֶת־הַפֶּסַח

20 בְּאַרְבָּעָה עָשָׂר לַחֹדֶשׁ הָרִאשֹׁון׃ כִּי הִטַּהֲרוּ הַכֹּהֲנִים וְהַלְוִיִּם

כְּאֶחָד כֻּלָּם טְהֹורִים וַיִּשְׁחֲטוּ הַפֶּסַח לְכָל־בְּנֵי הַגֹּולָה וְלַאֲחֵיהֶם

21 הַכֹּהֲנִים וְלָהֶם׃ וַיֹּאכְלוּ בְנֵי־יִשְׂרָאֵל הַשָּׁבִים מֵהַגֹּולָה וְכֹל הַנִּבְדָּל

22 מִטֻּמְאַת גֹּויֵ־הָאָרֶץ אֲלֵהֶם לִדְרֹשׁ לַיהוָה אֱלֹהֵי יִשְׂרָאֵל׃ וַיַּעֲשׂוּ

חַג־מַצֹּות שִׁבְעַת יָמִים בְּשִׂמְחָה כִּי ׀ שִׂמְּחָם יְהוָה וְהֵסֵב לֵב־

מֶלֶךְ־אַשּׁוּר עֲלֵיהֶם לְחַזֵּק יְדֵיהֶם בִּמְלֶאכֶת בֵּית־הָאֱלֹהִים אֱלֹהֵי

7 יִשְׂרָאֵל׃ פ   וְאַחַר הַדְּבָרִים הָאֵלֶּה בְּמַלְכוּת אַרְתַּחְשַׁסְתְּא

2 מֶלֶךְ־פָּרָס עֶזְרָא בֶּן־שְׂרָיָה בֶּן־עֲזַרְיָה בֶּן־חִלְקִיָּה׃ בֶּן־שַׁלּוּם

3·4 בֶּן־צָדֹוק בֶּן־אֲחִיטוּב׃ בֶּן־אֲמַרְיָה בֶּן־עֲזַרְיָה בֶּן־מְרָיֹות׃ בֶּן־

[20] ולהם ח וסימנהון אמרין קח לך . וישימו לו . וטפכם אשר אמרתם . כי הם
ומקניהם ולהם . ישתחוה . כי הטהרו . מלבד עבדיהם ואמהתיהם . וחבירו o:
[22] שמחם ג וסימנהון כי שמחם יהוה מאי . כי האלהים שמחם . כי שמחם יהוה o:

Ezra 6:18-7:4
‖ 1 Esd 7:9-8:2a

17 לְחַטָּיָ֫א G Gα V ǀ pl S (assim-ctext) • יִשְׂרָאֵל² G V S ǀ foll δώδεκα· Gα (ampl) •
18 בִּפְלֻגָּתְהֹון G V S ǀ > Gα (implic) • וְלֵוָיֵא֫ G V S ǀ foll ἐστολισμένοι Gα
(ampl) • עֲבִידַת G ǀ pl Gα V (shift) ǀ foll οἴκου τοῦ G^L S (assim-ctext) • אֱלָהָא
G V (V) ǀ ἐν
דִי בִירוּשְׁלֶם G V S ǀ κυρίου θεοῦ Ἰσραήλ Gα (shift) • סְפַר מֹשֶׁה G Gα (V) ǀ ἐν
βιβλίῳ νόμῳ G^L (S) (substit) • מֹשֶׁה: G V S ǀ foll καὶ οἱ θυρωροὶ ἐφ' ἑκάστου
πυλῶνος. Gα (lit) • **19** בְּנֵי־הַגֹּולָה G V S ǀ οἱ υἱοὶ Ἰσραήλ τῶν ἐκ τῆς
αἰχμαλωσίας Gα (ampl) • בְּאַרְבָּעָה עָשָׂר G Gα S ǀ foll ἡμέρᾳ G^s V (explic) •
20 כִּי הִטַּהֲרוּ הַכֹּהֲנִים וְהַלְוִיִּם כְּאֶחָד G V S ǀ foll καὶ πάντες οἱ υἱοὶ τῆς
αἰχμαλωσίας οὐχ ἡγνίσθησαν, ὅτι οἱ Λευῖται ἅμα Gα (lit) • הַפֶּסַח G Gα V ǀ
ܦܨܚܐ ܕ S (ampl) • **21** יִשְׂרָאֵל Gα V S ǀ foll τὸ πάσχα, G (explic) •
הַשָּׁבִים V S ǀ οἱ ἀπὸ τῆς ἀποικεσίας G Gα (abbr) • אֲלֵהֶם G V ǀ > Gα S
(implic) • בְּשִׂמְחָה כִּי ׀ שִׂמְּחָם יְהוָה G V
S ǀ εὐφραινόμενοι ἔναντι τοῦ κυρίου, Gα (shift) • וְהֵסֵב Gα V S ǀ + κύριος G
(explic) • בִּמְלֶאכֶת V S ǀ pl G Gα (shift) • בֵּית־הָאֱלֹהִים אֱלֹהֵי יִשְׂרָאֵל: (V) (S) ǀ
οἴκου τοῦ θεοῦ Ἰσραήλ. G (abbr) ǀ κυρίου θεοῦ Ἰσραήλ. Gα (abbr) •
7:1 הַדְּבָרִים הָאֵלֶּה G Gα V ǀ prec ܗܠܝܢ S (ampl) • עֶזְרָא V S ǀ prec ἀνέβη G
(Gα) (facil-styl) • **2** שַׁלּוּם G V S ǀ Σαλήμου Gα • **3** עֲזַרְיָה G V S ǀ Ἐζίου Gα •
מְרָיֹות: G V S ǀ Μαρερώθ Gα •

זְרַחְיָה בֶן־עֻזִּי בֶּן־בֻּקִּי׃ בֶּן־אֲבִישׁ֫וּעַ בֶּן־פִּינְחָס בֶּן־אֶלְעָזָר בֶּן־ 5

אַהֲרֹן הַכֹּהֵן הָרֹאשׁ׃ הוּא עֶזְרָא עָלָה מִבָּבֶל וְהוּא־סֹפֵר מָהִיר 6

בְּתוֹרַת מֹשֶׁה אֲשֶׁר־נָתַן יְהוָה אֱלֹהֵי יִשְׂרָאֵל וַיִּתֶּן־לוֹ הַמֶּלֶךְ כְּיַד־

יְהוָה אֱלֹהָיו עָלָיו כֹּל בַּקָּשָׁתוֹ׃ פ   וַיַּעֲלוּ מִבְּנֵי־יִשְׂרָאֵל וּמִן־ 7

הַכֹּהֲנִים וְהַלְוִיִּם וְהַמְשֹׁרְרִים וְהַשֹּׁעֲרִים וְהַנְּתִינִים אֶל־יְרוּשָׁלָ‍ִם

בִּשְׁנַת־שֶׁבַע לְאַרְתַּחְשַׁסְתְּא הַמֶּלֶךְ׃ וַיָּבֹא יְרוּשָׁלַ‍ִם בַּחֹדֶשׁ הַחֲמִישִׁי 8

הִיא שְׁנַת הַשְּׁבִיעִית לַמֶּלֶךְ׃ כִּי בְּאֶחָד לַחֹדֶשׁ הָרִאשׁוֹן הוּא יְסֻד 9

הַמַּעֲלָה מִבָּבֶל וּבְאֶחָד לַחֹדֶשׁ הַחֲמִישִׁי בָּא אֶל־יְרוּשָׁלַ‍ִם כְּיַד־

אֱלֹהָיו הַטּוֹבָה עָלָיו׃ כִּי עֶזְרָא הֵכִין לְבָבוֹ לִדְרוֹשׁ אֶת־תּוֹרַת 10

יְהוָה וְלַעֲשֹׂת וּלְלַמֵּד בְּיִשְׂרָאֵל חֹק וּמִשְׁפָּט׃ ס וְזֶה | פַּרְשֶׁגֶן 11

הַנִּשְׁתְּוָן אֲשֶׁר נָתַן הַמֶּלֶךְ אַרְתַּחְשַׁסְתְּא לְעֶזְרָא הַכֹּהֵן הַסֹּפֵר סֹפֵר

[7:6] ה צדיקים בחד ליש וסימנהון הוא אהרן ומשה . הוא משה ואהרן . אברם הוא
אברהם . והוא יחזקיהו . הוא עזרא עלה מבבל o: [9] המעלה מעלה ג קמצ וסימ
הוא יסד המעלה . וראיתני כתור האדם . וגרה איננה o: [11] זֶה | וְזֶה | ד בטע ברא
פסוק וסימנה זה יתנו כל העבר . זה לחמנו חם . זה רע בכל אשר נעשה . וזה
פרשגן o:

Ezra 7:5-11
|| 1 Esd 8:2b-8

4 עֻזִּי G V (S) | Σαουιά Ga • **5** הָרֹאשׁ G Ga S | *ab initio* V (via מֵרֹאשׁ) • **6** כְּיַד־ V | ὅτι χείρ G (via כִּי יַד) | Ga S (indet) • כְּיַד־ **to** בַּקָּשָׁתוֹ: (G) V | δόξαν, εὑρόντος χάριν ἐναντίον αὐτοῦ ἐπὶ πάντα τὰ ἀξιώματα αὐτοῦ. Ga (lit) | ܡܛܠ ܕܐܝܕܐ ܕܐܠܗܗ ܥܠܘܗܝ ܒܟܠ ܡܕܡ ܕܒܥܐ ܡܢܗ S (exeg) • כֹּל V | ἐν πᾶσιν, G Ga (ditt) | S (indet) • **7** וּמִן־הַכֹּהֲנִים G Ga S | *et de filiis sacerdotum* V (assim-ctext) • וְהַלְוִיִּם (G) Ga S | *et de filiis levitarum* V (assim-ctext) • אֶל־יְרוּשָׁלַ‍ִם G Ga V | prec ܥܡ ܐܠܦܝܢ ܙܒܢܝܢ S (ampl) | > Ga (om) • **8** וַיָּבֹא יְרוּשָׁלַ‍ִם pl G V S (harm-v 7) | > Ga (om) • **9** הוּא יְסַד הַמַּעֲלָה G Ga V | > S (om) • בְּאֶחָד | αὐτὸς ἐθεμελίωσεν τὴν ἀνάβασιν G V (S) (shift) | ἐξελθόντες γάρ Ga (harm-ctext) • יְסַד | ἐθεμελίωσεν G V (S) (via √יסד) | Ga (indet) • הַמַּעֲלָה G V S | *qui inposuit* La (via הַמַּעֲלֶה?) | Ga (indet) • בָּא Ga V | pl G S (harm-ctext) • כְּיַד־ (Ga) V S | ὅτι χείρ G (via כִּי יַד) • כְּיַד־אֱלֹהָיו הַטּוֹבָה עָלָיו: (G) V (S) | κατὰ τὴν δοθεῖσαν αὐτοῖς εὐοδίαν παρὰ τοῦ κυρίου. Ga (lit) • עָלָיו: G V | pl Ga S (harm-ctext) • **10** v 10 (G) V (S) | differ-txt Ga (lit) • לִדְרוֹשׁ G V | ܠܡܚܘܝܘ S (lib-seman) | Ga (indet) • יְהוָה Ga V S | > G (implic) • חֹק וּמִשְׁפָּט: V | pl G Ga S (shift) • **11** הַנִּשְׁתְּוָן פַּרְשֶׁגֶן | וְזֶה G V S | Προσπεσόντος δὲ τοῦ γραφέντος προστάγματος...οὗ ἐστιν ἀντίγραφον τὸ ὑποκείμενον Ga (dbl) • הַמֶּלֶךְ Ga V S | > G (implic) • הַסֹּפֵר סֹפֵר | τῷ γραμματεῖ βιβλίου G (facil-seman) | καὶ ἀναγνώστην Ga (facil-seman) | *scribae erudito* V (facil-seman) | ܣܦܪܐ S (hapl) •

¹² דִּבְרֵי מִצְוֹת־יְהוָה וְחֻקָּיו עַל־יִשְׂרָאֵל׃   פ   אַרְתַּחְשַׁ֫סְתְּא מֶלֶךְ   תא ל ק

מַלְכַיָּא לְעֶזְרָא כָהֲנָא סָפַר דָּתָא דִּי־אֱלָהּ שְׁמַיָּא גְּמִיר וּכְעֶנֶת׃   ג . ל

¹³ מִנִּי שִׂים טְעֵם דִּי כָל־מִתְנַדַּב בְּמַלְכוּתִי מִן־עַמָּה יִשְׂרָאֵל   ב ראש פסוק

¹⁴ וְכָהֲנוֹהִי וְלֵוָיֵא לִמְהָךְ לִירוּשְׁלֶם עִמָּךְ יְהָךְ׃ כָּל־קֳבֵל דִּי מִן־קֳדָם   ל

מַלְכָּא וְשִׁבְעַת יָעֲטֹהִי שְׁלִיחַ לְבַקָּרָא עַל־יְהוּד וְלִירוּשְׁלֶם בְּדָת   ל וחס . ב / ח . ב

¹⁵ אֱלָהָךְ דִּי בִידָךְ׃ וּלְהֵיבָלָה כְּסַף וּדְהַב דִּי־מַלְכָּא וְיָעֲטוֹהִי   ל

¹⁶ הִתְנַדַּבוּ לֶאֱלָהּ יִשְׂרָאֵל דִּי בִירוּשְׁלֶם מִשְׁכְּנֵהּ׃ וְכֹל כְּסַף וּדְהַב דִּי

תְהַשְׁכַּח בְּכֹל מְדִינַת בָּבֶל עִם הִתְנַדָּבוּת עַמָּא וְכָהֲנַיָּא מִתְנַדְּבִין

Ezra 7:12-16
‖ 1 Esd 8:9-13

11 דִּבְרֵי מִצְוֹת־יְהוָה וְחֻקָּיו עַל־יִשְׂרָאֵל G V S | τοῦ νόμου κυρίου, Ga (abbr) •
יִשְׂרָאֵל׃ G V | prec ܚܠܡ S (ampl) | Ga (indet) • **12** מַלְכַיָּא G V S | > Ga (om) •
כָהֲנָא Ga V | > G (facil-styl) | foll ܟܦܣܘ S (assim-v 11) • אֱלָהּ שְׁמַיָּא V S | prec
κυρίου G (ampl) | κυρίου Ga (abbr) • גְּמִיר | τετέλεσται λόγος G (exeg) |
χαίρειν. Ga S (assim-cultur) | *doctissimo* V (assim-cultur) • וּכְעֶנֶת׃ | καὶ ἡ
ἀπόκρισις. G (via √ענה) | καὶ τὰ φιλάνθρωπα ἐγὼ κρίνας Ga (exeg) | *salutem*
V (assim-cultur) | > S (om) • **13** מִנִּי שִׂים טְעֵם G Ga V | ܢܬܚܫܒ ܐܬܪ S
(dbl) • כָל־מִתְנַדַּב G V S | τοὺς βουλομένους...αἱρετίζοντας, Ga (dbl) •
מִן־עַמָּה G V S | καὶ τῶν δὲ ἐν τῇ ἡμετέρᾳ βασιλείᾳ, Ga (ampl) •
יִשְׂרָאֵל G V S | ἐκ τοῦ ἔθνους τῶν Ἰουδαίων Ga (lib-seman) • לִירוּשְׁלֶם G Ga
V | > S (implic) • יְהָךְ G V S | ὅσοι οὖν ἐνθυμοῦνται, συνεξορμάτωσαν, Ga
(ampl) • **14** כָּל־קֳבֵל דִּי Ga V | > G S (om) • מִן־קֳדָם מַלְכָּא G V | ἐμοὶ Ga
(shift) | ܢܬܚܫܒ ܐܬܪ S (assim-v 13) • וְשִׁבְעַת יָעֲטֹהִי V | καὶ τῶν
ἑπτὰ συμβούλων G (implic) | καὶ τοῖς ἑπτὰ φίλοις συμβουλευταῖς, Ga (dbl) |
ܡܢ ܡܛ S (shift) • יָעֲטֹהִי M^{L+} M^{S1} | יָעֲטוֹהִי M^{L*} M^{Y} ❖ ܡܛ • שְׁלִיחַ G | δέδοκται
Ga (lib-seman) | *missus es* V (shift) | ܐܬܫܕܪ S (shift) • בְּדָת (G) Ga (V) | prec
ܟܐܦ ܠܡܚܫܠ S (ampl) • אֱלָהָךְ V S | θεοῦ αὐτῶν G (assim-ctext) | κυρίου Ga
(implic) • דִּי בִידָךְ׃ G V | > Ga (abbr) | pl S (shift) • **15** וּלְהֵיבָלָה Ga V (S) |
καὶ εἰς οἶκον κυρίου G (via וּלְהֵיכָל ה׳) • כְּסַף וּדְהַב G V S | δῶρα Ga
(substit) • מַלְכָּא וְיָעֲטוֹהִי (G) V | ἐγώ τε καὶ οἱ φίλοι, Ga (shift) | ܕܡܠܟܐ S
(abbr) • הִתְנַדַּבוּ G V | 1 sg Ga (shift) | ܐܬܪ ܕܢܬܚܫܒ ܡܢ S (shift) •
לֶאֱלָהּ יִשְׂרָאֵל G (Ga) V | ܠܒܝܬܐ S (substit) • מִשְׁכְּנֵהּ׃ G V S | > Ga
(implic) • **16** כְּסַף וּדְהַב G V S | χρυσίον καὶ ἀργύριον, Ga (transp) • בְּכֹל
מְדִינַת G V S | ἐν τῇ χώρᾳ Ga (abbr) • בָּבֶל G V S | foll τῷ κυρίῳ εἰς
Ἰερουσαλήμ Ga (ampl) • עִם הִתְנַדָּבוּת עַמָּא G Ga (V) | ܕܒܒܝܠ S (exeg) •
וְכָהֲנַיָּא מִתְנַדְּבִין G V | > Ga (om) |
ܘܟܗܢܐ S (exeg) •

17 לְבֵית אֱלָהֲהֹם דִּי בִירוּשְׁלֶם: כָּל־קֳבֵל דְּנָה אָסְפַּרְנָא תִקְנֵא   ב וחס׳ . ל כת א

בְּכַסְפָּא דְנָה תּוֹרִין | דִּכְרִין אִמְּרִין וּמִנְחָתְהוֹן וְנִסְכֵּיהוֹן וּתְקָרֵב   ג

18 הִמּוֹ עַל־מַדְבְּחָה דִּי בֵּית אֱלָהֲכֹם דִּי בִירוּשְׁלֶם: וּמָה דִי עֲלָיִךְ   יתיר י

וְעַל־אֶחָיִךְ יֵיטַב בִּשְׁאָר כַּסְפָּא וְדַהֲבָה לְמֶעְבַּד כִּרְעוּת אֱלָהֲכֹם   יתיר י . ג כת ה

19 תַּעַבְדוּן: וּמָאנַיָּא דִּי־מִתְיַהֲבִין לָךְ לְפָלְחָן בֵּית אֱלָהָךְ הַשְׁלֵם   חטף

20 קֳדָם אֱלָהּ יְרוּשְׁלֶם: וּשְׁאָר חַשְׁחוּת בֵּית אֱלָהָךְ דִּי יִפֶּל־לָךְ לְמִנְתַּן   ל . ל

21 תִּנְתֵּן מִן־בֵּית גִּנְזֵי מַלְכָּא: וּמִנִּי אֲנָה אַרְתַּחְשַׁסְתְּא מַלְכָּא שִׂים   ל

טְעֵם לְכֹל גִּזַּבְרַיָּא דִּי בַּעֲבַר נַהֲרָה דִּי כָל־דִּי יִשְׁאֲלֶנְכוֹן עֶזְרָא   ל ומל

22 כָהֲנָה סָפַר דָּתָא דִּי־אֱלָהּ שְׁמַיָּא אָסְפַּרְנָא יִתְעֲבִד: עַד־כְּסַף   ב וחס׳ . יח פסוק דמי

כַּכְּרִין מְאָה וְעַד־חִנְטִין כֹּרִין מְאָה וְעַד־חֲמַר בַּתִּין מְאָה וְעַד־

23 בַּתִּין מְשַׁח מְאָה וּמְלַח דִּי־לָא כְתָב: כָּל־דִּי מִן־טַעַם אֱלָהּ   ג

[17] ותקרב ב וסימנהון ותקרב המו . אשרי תבחר ותקרב :ס [22] יח פסוקי דמיין
וסימנה וירקעו את פחי . מלבד שבתות . ולקהת משפחה . והרמת מכס . לא תרצח
דמשנה תורה . ואקה את ראשי . ויהי למנשה . ויאמר חושי . תחת הנחשת . ונתתיך
ביד מבקשי נפשך . ודמות פניהם פני אדם . את הנחלות לא חזקתם . ופאת קדים .
אם זנה אתה ישראל . כה אמר יהוה צום . ולבני גרשום . ומן רבותא . עד כסף :ס

Ezra 7:17-23
|| 1 Esd 8:14-21

16 אֱלָהֲהֹם (Gα) V | θεοῦ G S (implic) • **17** דְּנָה כָּל־קֳבֵל | καὶ πᾶν
προσπορευόμενον τοῦτον G (exeg) | > Gα (om) | *libere accipe* V (exeg) |
תִקְנֵא בְּכַסְפָּא דְנָה V S | > Gα (om) • אָסְפַּרְנָא G (V) S | > Gα (om) •
ܚܡܠ S (exeg) • תִקְנֵא בְּכַסְפָּא דְנָה V S |
ἔνταξον ἐν βιβλίῳ τούτῳ, G (exeg) | συναχθῆναι τό τε χρυσίον καὶ τὸ
ἀργύριον Gα (exeg) • וּמִנְחָתְהוֹן וְנִסְכֵּיהוֹן G V S | καὶ τὰ τούτοις ἀκόλουθα Gα
(exeg) • הִמּוֹ וּתְקָרֵב G V S | ὥστε προσενεγκεῖν θυσίας τῷ κυρίῳ Gα (explic) •
בֵּית אֱלָהֲכֹם G V | τοῦ κυρίου αὐτῶν Gα (S) (abbr) • **18** בִּשְׁאָר G V S | > Gα
(abbr) • כַּסְפָּא וְדַהֲבָה G V | χρυσίῳ καὶ ἀργυρίῳ, Gα (transp) | ܐܟܡ ܟܣܦܐ S
(assim-v 17) • אֱלָהֲכֹם תַּעַבְדוּן G V S | ἐπιτέλει…τοῦ θεοῦ σου Gα (assim-
ctext) • **19** וּמָאנַיָּא G V S | καὶ τὰ ἱερὰ σκεύη τοῦ κυρίου Gα (ampl) • אֱלָהָךְ V
S | > sfx G (implic) | foll τοῦ ἐν Ἱερουσαλήμ Gα (ampl) • אֱלָהּ יְרוּשְׁלֶם (G) V
(S) | τοῦ θεοῦ σου τοῦ ἐν Ἱερουσαλήμ. Gα (explic) • **20** חַשְׁחוּת G Gα V |
ܐܬܚܫܚܘ ܐܝܟ ܕܡܬܚܫܚ ܒܝܬ ܐܠܗܟ S (ampl) • לְמִנְתַּן G (V) | > Gα S (om) • תִּנְתֵּן G
Gα V | prec ܡܢ S (ampl) • מַלְכָּא גִּנְזֵי מִן־בֵּית: (G) Gα S | *de thesauro et de
fisco regis* V (ampl) • **21** שְׁמַיָּא G V S | τοῦ ὑψίστου, Gα (exeg) • יִתְעֲבִד: V G
(S) | foll αὐτῷ Gα (ampl) • **22** וְעַד־¹ G V (S) | prec ὁμοίως δέ Gα (ampl) •
דִּי־לָא כְתָב: G V S | ἐκ πλήθους· Gα (lib-seman) • וְעַד־בַּתִּין מְשַׁח מְאָה (G) V S | > Gα (homtel) •
23 אֱלָהּ שְׁמַיָּא G V | τοῦ θεοῦ Gα (abbr) | prec ܢܬܒܠܥ ܡܕܡ
ܕ. ܢܬܒܠܥ ܐܝܟ ܕܡܬܒܠܥ ܗܘ ܠܗ S (exeg) •

שְׁמַיָּא יִתְעֲבֵד אַדְרַזְדָּא לְבֵית אֱלָהּ שְׁמַיָּא דִּי־לְמָה לֶהֱוֵא קְצַף   ל . ג כת ה

24 עַל־מַלְכוּת מַלְכָּא וּבְנוֹהִי׃ וּלְכֹם מְהוֹדְעִין דִּי כָל־כָּהֲנַיָּא וְלֵוָיֵא   ל. ג

זַמָּרַיָּא תָרָעַיָּא נְתִינַיָּא וּפָלְחֵי בֵּית אֱלָהָא דְנָה מִנְדָּה בְלוֹ וַהֲלָךְ   ל. ג

25 לָא שַׁלִּיט לְמִרְמֵא עֲלֵיהֹם׃ וְאַנְתְּ עֶזְרָא כְּחָכְמַת אֱלָהָךְ דִּי־בִידָךְ   ב וחס

מֶנִּי שָׁפְטִין וְדַיָּנִין דִּי־לֶהֱוֺן דָּאֲנִין לְכָל־עַמָּה דִּי בַּעֲבַר נַהֲרָה   ל . דאנין ק

26 לְכָל־יָדְעֵי דָּתֵי אֱלָהָךְ וְדִי לָא יָדַע תְּהוֹדְעוּן׃ וְכָל־דִּי־לָא   יד בטע

לֶהֱוֵא עָבֵד דָּתָא דִּי־אֱלָהָךְ וְדָתָא דִּי מַלְכָּא אָסְפַּרְנָא דִּינָה

לֶהֱוֵא מִתְעֲבֵד מִנֵּהּ הֵן לְמוֹת הֵן לִשְׁרֹשׁוּ הֵן־לַעֲנָשׁ נִכְסִין   לשרשי . ל ק

27 וְלֶאֱסוּרִין׃ פ   בָּרוּךְ יְהוָה אֱלֹהֵי אֲבוֹתֵינוּ אֲשֶׁר נָתַן כָּזֹאת   ל

28 בְּלֵב הַמֶּלֶךְ לְפָאֵר אֶת־בֵּית יְהוָה אֲשֶׁר בִּירוּשָׁלָ͏ִם׃ וְעָלַי הִטָּה־   ב

חֶסֶד לִפְנֵי הַמֶּלֶךְ וְיוֹעֲצָיו וּלְכָל־שָׂרֵי הַמֶּלֶךְ הַגִּבֹּרִים וַאֲנִי   ב חד חס וחד מל

הִתְחַזַּקְתִּי כְּיַד־יְהוָה אֱלֹהַי עָלַי וָאֶקְבְּצָה מִיִּשְׂרָאֵל רָאשִׁים

8 לַעֲלוֹת עִמִּי׃ פ   וְאֵלֶּה רָאשֵׁי אֲבֹתֵיהֶם וְהִתְיַחְשָׂם הָעֹלִים   יד

[28] הטה ב ב׳ כי הטה אזנו לי . ועלי הטה חסד :o:o: בן נפתלי ועלי הטה חסד בג:o:

Ezra 7:24–8:1
‖ 1 Esd 8:22-28
23 יִתְעֲבֵד G Gα V | prec ܘܒ S (ampl) • אַדְרַזְדָּא Gα V | προσέχετε μή τις ἐπιχειρήσῃ G (exeg) | > S (om) • לְבֵית אֱלָהּ שְׁמַיָּא G V | τῷ θεῷ τῷ ὑψίστῳ Gα (exeg) | > S (om) • **24** זַמָּרַיָּא G (Gα) V | ܡܥܠܝ ܘܬܪܥܐ S (lib-seman) | תָרָעַיָּא G (Gα) V | > S (om) • נְתִינַיָּא G (Gα) V | > S (om) • בֵּית אֱלָהָא דְנָה G V | τοῦ ἱεροῦ τούτου Gα (abbr) | ܐܠܗܐ ܒܒ S (abbr) • מִנְדָּה בְלוֹ וַהֲלָךְ V | φόρος μὴ ἔστω σοι, G (exeg) | μηδεμία φορολογία μηδὲ ἄλλη ἐπιβολή Gα (abbr) | > S (om) • לְמִרְמֵא Gα V | καταδουλοῦσθαι G (lib-seman) | ܠܡܪܡܐ S (metath) • עֲלֵיהֹם: | s M^L • וְאַנְתְּ: עֲלֵיהֹם M^Y | M^{S1} (indet) • **25** עֶזְרָא G Gα V | foll ܘܟܬܒ S (assim-usu) • אֱלָהָךְ V S | > sfx G Gα (implic) • דִּי־בִידָךְ G V | > Gα (om) | ܒܐ ܒ S (shift) • שָׁפְטִין Gα V | γραμματεῖς G (lib-seman) | ܘܕܝܢ̈ܐ S (lib-seman) • תְּהוֹדְעוּן | G sg Gα S (assim-ctext) | foll *libere* V (ampl) • **26** אֱלָהָךְ Gα V S | > sfx G (implic) • לִשְׁרֹשׁוּ | לשרשו M^{ket} | לְשָׁרֹשִׁי M^{qere} G Gα | *in exilium* V (via √שָׁרֵשׁ) | ܐܠܗܐ S (exeg) ÷ • **27** בָּרוּךְ G V (S) | Εὐλογητὸς μόνος Gα (ampl) • אֱלֹהֵי G V S | > Gα (abbr) | אֲבוֹתֵינוּ G V S | τὸν οἶκον αὐτοῦ Gα (assim-ctext) • בֵּית יְהוָה G V S | τὸν οἶκον αὐτοῦ Gα (assim-ctext) • **28** וְיוֹעֲצָיו G (Gα) V | > (abbr) • וּלְכָל־שָׂרֵי הַמֶּלֶךְ הַגִּבֹּרִים G V S | καὶ πάντων τῶν φίλων καὶ μεγιστάνων αὐτοῦ. Gα (lib-seman) • כְּיַד־יְהוָה אֱלֹהַי Gα V S | ὡς χεὶρ θεοῦ ἡ ἀγαθή G (lib) • וָאֶקְבְּצָה G Gα V | ܘܟܢܫܬ S (lib-seman) • רָאשִׁים G V S | ἄνδρας Gα (lib-seman) • **8:1** רָאשֵׁי G Gα V | prec ܒܢ̈ܝ S (ampl) • אֲבֹתֵיהֶם G V S | κατὰ τὰς πατριὰς αὐτῶν Gα (facil-styl) • וְהִתְיַחְשָׂם V (S) | οἱ ὁδηγοί G (Gα) (lib-seman) •

מִבְּנֵי	ס	עַמִּי בְּמַלְכוּת אַרְתַּחְשַׁסְתְּא הַמֶּלֶךְ מִבָּבֶל:	2 א ל ק . ח רא פס
מִבְּנֵי	ס	פִּינְחָס גֵּרְשֹׁם	
מִבְּנֵי	ס	אִיתָמָר דָּנִיֵּאל	
מִבְּנֵי	ס	דָּוִיד חַטּוּשׁ:	3
מִבְּנֵי	ס	שְׁכַנְיָה	
מִבְּנֵי	ס	פַּרְעֹשׁ זְכַרְיָה וְעִמּוֹ הִתְיַחֵשׂ לִזְכָרִים מֵאָה וַחֲמִשִּׁים:	4
	ס	פַּחַת מוֹאָב אֶלְיְהוֹעֵינַי בֶּן־זְרַחְיָה וְעִמּוֹ מָאתַיִם הַזְּכָרִים:	
וּמִבְּנֵי	ס	מִבְּנֵי שְׁכַנְיָה בֶּן־יַחֲזִיאֵל וְעִמּוֹ שְׁלֹשׁ מֵאוֹת הַזְּכָרִים:	5 6 ח בטע
וּמִבְּנֵי עֵילָם	ס	עָדִין עֶבֶד בֶּן־יוֹנָתָן וְעִמּוֹ חֲמִשִּׁים הַזְּכָרִים:	7
וּמִבְּנֵי שְׁפַטְיָה	ס	יְשַׁעְיָה בֶּן־עֲתַלְיָה וְעִמּוֹ שִׁבְעִים הַזְּכָרִים:	8 ב בסיפ
מִבְּנֵי יוֹאָב	ס	זְבַדְיָה בֶּן־מִיכָאֵל וְעִמּוֹ שְׁמֹנִים הַזְּכָרִים:	9 ו
	ס	עֹבַדְיָה בֶּן־יְחִיאֵל וְעִמּוֹ מָאתַיִם וּשְׁמֹנָה עָשָׂר הַזְּכָרִים:	ח בטע
	ס	וּמִבְּנֵי שְׁלוֹמִית בֶּן־יוֹסִפְיָה וְעִמּוֹ מֵאָה וְשִׁשִּׁים הַזְּכָרִים:	10
	ס	וּמִבְּנֵי בֵבַי זְכַרְיָה בֶּן־בֵּבָי וְעִמּוֹ עֶשְׂרִים וּשְׁמֹנָה הַזְּכָרִים:	11
	ס	וּמִבְּנֵי עַזְגָּד יוֹחָנָן בֶּן־הַקָּטָן וְעִמּוֹ מֵאָה וַעֲשָׂרָה הַזְּכָרִים:	12 ל . ח בטע
וּשְׁמַעְיָה		וּמִבְּנֵי אֲדֹנִיקָם אַחֲרֹנִים וְאֵלֶּה שְׁמוֹתָם אֱלִיפֶלֶט יְעִיאֵל	13
וּמִבְּנֵי בִגְוַי עוּתַי וְזַבּוּד וְעִמּוֹ	ס	וְעִמָּהֶם שִׁשִּׁים הַזְּכָרִים:	14 זכור ק

[8:2] מבני ח ראש פסוק בסיפ וסימנהון מבני פינחס . מבני שכניה . פחת מואב .
שכניה . מבני יואב . מבני חשם . מבני בני . מבני נבו :o: גרשם ד וסימנה בן . ואת
שני בניה . ויהונתן בן גרשם . מבני פינחס . וכול דברי ימ דכות ב מ b :o: [5] ועלו ח
בטע בקריה וסימנהון יעקב . ויהוידע . יהונתן . יחזיאל . יחונן . יואב . שלומית . זכריה . עזגד :o:

2 הַמֶּלֶךְ מִבָּבֶל: Gₐ V S | τοῦ βασιλέως Βαβυλῶνος· G (lib-synt) • **2** דָּנִיֵּאל G V
S | Γάμηλος· Gₐ • מִבְּנֵי שְׁכַנְיָה: חַטּוּשׁ G V S | Ἀττοὺς ὁ Σεχενίου Gₐ (differ-
div) • **3** פַּחַת (Gₐ) (V) (S) | τὸ σύστρεμμα G (lib-seman) • **4** הִתְיַחֵשׂ לִזְכָרִים
אֶלְיְהוֹעֵינַי Gₐ V | Ἐλιανά G | ܐܠܐ ܡܣܝ S | מוֹאָב V Gₐ G ܐ S
5 שְׁכַנְיָה V | prec Zαθοής G Gₐ | foll ܒܕ S ÷ • **6** עֶבֶד בֶּן V (S) | Ὠβὴθ υἱός G |
Βήν Gₐ • חֲמִשִּׁים G V S | 250 Gₐ • **7** עֲתַלְיָה G V | Γοθολίου Gₐ | ܢܐܠܘ S
• שְׁמֹנִים G V S | 70 Gₐ • **9** יְחִיאֵל G V S | Ζαραίας Gₐ | ܘܕܬܐ S • זְבַדְיָה V | Ζαθοής G Gₐ
Ἰεξήλου Gₐ • מָאתַיִם וּשְׁמֹנָה עָשָׂר G V S | 212 Gₐ • **10** וּמִבְּנֵי V S | foll Βααví G
(Gₐ) ÷ • **12** בֶּן G V | שְׁלוֹמִית V | Σελιμούθ G Gₐ S | מֵאָה G Gₐ V | 200 S
S | > Gₐ (om) | הַקָּטָן G Gₐ V | ܘܕܒ S | וַעֲשָׂרָה Mᴸ G Gₐ V S | וְעֶשְׂרִים Mʸ Gᴸ |
Mˢ¹ (indet) • **13** שִׁשִּׁים G V S | 70 Gₐ • **14** וְזַבּוּד Mᵏᵉᵗ G | וזבוד Mᵍᵉʳᵉ
Gᴸ V S | ὁ τοῦ Ἰσταλκούρου Gₐ ÷ • וְעִמּוֹ G Gₐ | pl Gᴸ V S (harm-ctext) •

Ezra 8:2-14
‖ 1 Esd 8:29-40

15 שְׁבֵעִים הַזְּכָרִים: פ   וָאֶקְבְּצֵם אֶל־הַנָּהָר הַבָּא אֶל־אַהֲוָא

וַנַּחֲנֶה שָׁם יָמִים שְׁלֹשָׁה וָאָבִינָה בָעָם וּבַכֹּהֲנִים וּמִבְּנֵי לֵוִי לֹא־   ל . ל

16 מָצָאתִי שָׁם: וָאֶשְׁלְחָה לֶאֱלִיעֶזֶר לַאֲרִיאֵל לִשְׁמַעְיָה וּלְאֶלְנָתָן   ג

וּלְיָרִיב וּלְאֶלְנָתָן וּלְנָתָן וְלִזְכַרְיָה וְלִמְשֻׁלָּם רָאשִׁים וּלְיוֹיָרִיב

17 וּלְאֶלְנָתָן מְבִינִים: וָאוֹצִאָה אוֹתָם עַל־אִדּוֹ הָרֹאשׁ בְּכָסִפְיָא   ואצוה ק . עה . ב

הַמָּקוֹם וָאָשִׂימָה בְּפִיהֶם דְּבָרִים לְדַבֵּר אֶל־אִדּוֹ אָחִיו הַנְּתוּנִים   הנתינים ק

18 בְּכָסִפְיָא הַמָּקוֹם לְהָבִיא־לָנוּ מְשָׁרְתִים לְבֵית אֱלֹהֵינוּ: וַיָּבִיאוּ לָנוּ   לֹא ב דגש

כְּיַד־אֱלֹהֵינוּ הַטּוֹבָה עָלֵינוּ אִישׁ שֶׂכֶל מִבְּנֵי מַחְלִי בֶּן־לֵוִי בֶּן־   ה בליש

19 יִשְׂרָאֵל וְשֵׁרֵבְיָה וּבָנָיו וְאֶחָיו שְׁמֹנָה עָשָׂר: וְאֶת־חֲשַׁבְיָה וְאִתּוֹ

[18] ויביאו ב דגש וסימנהון ויבא יוסף הביתה . ויביאו לנו כיד אלהינו הטובה
עלינו o: שכל ה ד כת שׁ וחד ס וסימנהון והאשה טובת שכל . יועץ בשכל . איש
שכל . ושום שכל ויבינו . נתן הסכל במרומים . אינתתא עצת ויהיבת לגברא
סיפרא o:

Ezra 8:15-19 ‖ 1 Esd 8:41-47   14 שְׁבֵעִים G Gα V | 60 S • 15 הַבָּא אֶל־אַהֲוָא (G) V S | τὸν λεγόμενον Θεράν Gα (lib-seman) • בָעָם G V S | αὐτούς. Gα (implic) • וּבַכֹּהֲנִים וּמִבְּנֵי לֵוִי G (V) (S) | καὶ ἐκ τῶν υἱῶν τῶν ἱερέων καὶ ἐκ τῶν Λευιτῶν Gα (lib) • 16 לַאֲרִיאֵל G V | καὶ Ἰδούηλον Gα | ܐܝܪܐܠ S • לִשְׁמַעְיָה G V S | καὶ Μαασμάν Gα • וּלְאֶלְנָתָן¹ V | καὶ τῷ Μαωνάμ G | καὶ Ἐλνατὰν καὶ Σαμαίαν Gα | ܐܠܢܬܢ S • וּלְאֶלְנָתָן² G (Gα) (S) | + alterum V • רָאשִׁים Gα V S | > G (om) | ἄνδρας G^Mss (lib-seman) • מְבִינִים G | וּלְיוֹיָרִיב וּלְאֶלְנָתָן G V | > Gα (om) | ܐܠܢܬܢ ܘܝܘܝܪܝܒ S • וָאוֹצִאָה ואוצאה M^L(ket) M^Y(ket) (Gα) V | ܫܠܚ ܚܠܡܬܐ S (facil-styl) • 17 וָאוֹצִאָה | ואוצאה M^S1(ket) | וָאֲצַוֶּה M^qere ◦ וָאוֹצִאָה | ואוצאה M^ket G V (metath) | וָאֲצַוֶּה M^qere (Gα) S ‖ pref וָאֲצַוֶּה see M^qere (Gα) S ✣ • עַל־אִדּוֹ V S | ἐπί G (abbr) | prec ἐλθεῖν Gα (facil-styl) • הָרֹאשׁ G Gα V | ܪܝܫ ܕܬܡܢ S (explic) • וָאָשִׂימָה בְּכָסִפְיָא הַמָּקוֹם¹ (Gα) V S | ἐν ἀργυρίῳ τοῦ τόπου G (lib-seman) • בְּפִיהֶם דְּבָרִים G V S | ἐντειλάμενος αὐτοῖς Gα (facil-styl) • אִדּוֹ Gα V S | > G (om) • אָחִיו | τοὺς ἀδελφοὺς αὐτῶν, G (Gα) (V) (shift) | ܐܚܘܗܝ S (shift) • הַנְּתוּנִים הנתונים M^ket La S | הַנְּתִינִים M^qere G V | > Gα ✣ • בְּכָסִפְיָא הַמָּקוֹם² (Gα) V S | ἐν ἀργυρίῳ τοῦ τόπου G (lib-seman) • מְשָׁרְתִים (Gα) V S | ᾄδοντας G (lib-seman) • 18 וַיָּבִיאוּ Gα V S | καὶ ἤλθοσαν G (via וַיָּבֹאוּ) • אִישׁ G V S | pl Gα (assim-ctext) • שֶׂכֶל Gα (V) S | σαχώλ G (transcr via שְׂכוּל) • וְשֵׁרֵבְיָה V | καὶ ἀρχὴν ἤλθοσαν G (exeg) | Ἀσεββηβίαν Gα | ܣܪܒܝܐ S • וּבָנָיו (G) (Gα) V | ܘܒܢܘܗܝ, ܘܒܢܘ S (harm-v 19) • שְׁמֹנָה עָשָׂר: G Gα V | 12 S • וְאֶחָיו (G) (Gα) V | ܘܐܚܘܗܝ S (harm-v 19) • 19 וְאֶת־חֲשַׁבְיָה V S | καὶ τὸν Ἰσαιά G (via וְאֶת־יְשַׁעְיָה) | וְאִתּוֹ | καὶ Ἀννοῦνον καὶ Ὡσαιαν Gα (ampl) •

ב בסיפ 20   וּמִן־הַנְּתִינִים   ס   יְשַׁעְיָה מִבְּנֵי מְרָרִי אֶחָיו וּבְנֵיהֶם עֶשְׂרִים׃

ל   שֶׁנָּתַן דָּוִיד וְהַשָּׂרִים לַעֲבֹדַת הַלְוִיִּם נְתִינִים מָאתַיִם וְעֶשְׂרִים כֻּלָּם

ל 21   נִקְּבוּ בְשֵׁמוֹת׃ וָאֶקְרָא שָׁם צוֹם עַל־הַנָּהָר אַהֲוָא לְהִתְעַנּוֹת לִפְנֵי°

ל 22   אֱלֹהֵינוּ לְבַקֵּשׁ מִמֶּנּוּ דֶּרֶךְ יְשָׁרָה לָנוּ וּלְטַפֵּנוּ וּלְכָל־רְכוּשֵׁנוּ׃ כִּי

ג וחס   בֹשְׁתִּי לִשְׁאוֹל מִן־הַמֶּלֶךְ חַיִל וּפָרָשִׁים לְעָזְרֵנוּ מֵאוֹיֵב בַּדֶּרֶךְ כִּי־

ד   אָמַרְנוּ לַמֶּלֶךְ לֵאמֹר יַד־אֱלֹהֵינוּ עַל־כָּל־מְבַקְשָׁיו לְטוֹבָה וְעֻזּוֹ

ל.ל.ה 23   וְאַפּוֹ עַל כָּל־עֹזְבָיו׃ וַנָּצוּמָה וַנְּבַקְשָׁה מֵאֱלֹהֵינוּ עַל־זֹאת וַיֵּעָתֵר

ל ומל 24   לָנוּ׃ וָאַבְדִּילָה מִשָּׂרֵי הַכֹּהֲנִים שְׁנֵים עָשָׂר לְשֵׁרֵבְיָה חֲשַׁבְיָה וְעִמָּהֶם

יתיר ו.ג 25   מֵאֲחֵיהֶם עֲשָׂרָה׃ וָאֶשְׁקוֹלָה לָהֶם אֶת־הַכֶּסֶף וְאֶת־הַזָּהָב וְאֶת־°

ל.ל.ב חד מל / לד באמ פסוק   הַכֵּלִים תְּרוּמַת בֵּית־אֱלֹהֵינוּ הַהֵרִימוּ הַמֶּלֶךְ וְיֹעֲצָיו וְשָׂרָיו וְכָל־°

ב 26   יִשְׂרָאֵל הַנִּמְצָאִים׃ וָאֶשְׁקֲלָה עַל־יָדָם כֶּסֶף כִּכָּרִים שֵׁשׁ־מֵאוֹת

Ezra 8:20-26
|| 1 Esd 8:48-56a

19 מְרָרִי G V S | Χαννουναίου Gα • אֶחָיו G V (S) | ἀδελφόν Gα (shift) | *fratres eorum* La (assim-ctext) • עֶשְׂרִים: G V S | + ἄνδρες Gα (explic) • עֶשְׂרִים: ס וּמִן־ M^L M^Y | וּמִן־ M^S1 • **20** הַנְּתִינִים G Gα V | ܐܒܕ̈ܐ S (lib-seman) • וְהַשָּׂרִים G V S | > S (om) • בְשֵׁמוֹת: G (Gα) | *suis nominibus* V S (explic) • **21** שָׁם צוֹם G Gα V | ... S | עַל־הַנָּהָר אַהֲוָא לְהִתְעַנּוֹת (via √צוה) (G) (V) S | τοῖς νεανίσκοις Gα (lib-seman) • אֱלֹהֵינוּ G (Gα) S | prec *Domino* V (assim-usu) • וּלְטַפֵּנוּ G V S | καὶ τοῖς συνοῦσιν ἡμῖν τέκνοις ἡμῶν Gα (ampl) • וּלְכָל־רְכוּשֵׁנוּ: G V S | καὶ κτήνεσιν. Gα (lib-seman) • **22** וּפָרָשִׁים G V S | καὶ ἱππεῖς καὶ προπομπὴν Gα (dbl) • לְעָזְרֵנוּ G V S | ἕνεκεν ἀσφαλείας Gα (lib-seman) • מֵאוֹיֵב בַּדָּרֶךְ G V (S) | πρὸς τοὺς ἐναντιουμένους ἡμῖν· Gα (abbr) • אֱלֹהֵינוּ G (Gα) V | ܘܐܠܗܢ S (implic) • לְטוֹבָה G V S | εἰς πᾶσαν ἐπανόρθωσιν. Gα (lib-seman) • **23** וַנָּצוּמָה G (V) S | > Gα (om) • וְעֻזּוֹ וְאַפּוֹ עַל כָּל־עֹזְבָיו: • וַנְּבַקְשָׁה G V S | καὶ πάλιν ἐδεήθημεν Gα (lib-seman) • מֵאֱלֹהֵינוּ G (Gα) V S | prec *a domino* La (assim-usu) • עַל־זֹאת G V S | κατὰ πάντα ταῦτα Gα (ampl) • וַיֵּעָתֵר לָנוּ: G S | καὶ εὐιλάτου ἐτύχομεν. Gα (facil-synt) | *et evenit nobis prospere* V (facil-synt) • **24** שְׁנֵים עָשָׂר G V S | + ἄνδρας Gα (explic) • לְשֵׁרֵבְיָה (Gα) (V) (S) | τῷ Σαραιά, G • לְשֵׁרֵבְיָה חֲשַׁבְיָה (G) V (S) | καὶ Σερεβιάν καὶ Ἀσσαμίαν Gα (facil-synt) • עֲשָׂרָה: G V S | + ἄνδρας Gα (explic) • **25** הַכֵּלִים G V S | τὰ ἱερὰ σκεύη Gα (ampl) • תְּרוּמַת G V S | > Gα (om) • וְשָׂרָיו G V | > sfx Gα (implic) • הַנִּמְצָאִים: G V | > Gα (implic) | foll ܘܗܒ S (ampl) • **26** שֵׁשׁ־מֵאוֹת G Gα V | 150 S • שֵׁשׁ־מֵאוֹת וַחֲמִשִּׁים G Gα V | 150 S •

לׄ חׁס 27 וַחֲמִשִּׁים וּכְלֵי־כֶסֶף מֵאָה לְכִכָּרִים זָהָב מֵאָה כִּכָּר וּכְפֹרֵי זָהָב

ב וחסׂ.ל.ל. כת עֶשְׂרִים לַאֲדַרְכֹנִים אֶלֶף וּכְלֵי נְחֹשֶׁת מֻצְהָב טוֹבָה שְׁנַיִם חֲמוּדֹת

טׄ בכת 28 כַּזָּהָב: וָאֹמְרָה אֲלֵהֶם אַתֶּם קֹדֶשׁ לַיהוָה וְהַכֵּלִים קֹדֶשׁ וְהַכֶּסֶף

לׄ 29 וְהַזָּהָב נְדָבָה לַיהוָה אֱלֹהֵי אֲבֹתֵיכֶם: שִׁקְדוּ וְשִׁמְרוּ עַד־תִּשְׁקְלוּ

לׄ לִפְנֵי שָׂרֵי הַכֹּהֲנִים וְהַלְוִיִּם וְשָׂרֵי־הָאָבוֹת לְיִשְׂרָאֵל בִּירוּשָׁלִָם

בׄ.בׄ 30 הַלִּשְׁכוֹת בֵּית יְהוָה: וְקִבְּלוּ הַכֹּהֲנִים וְהַלְוִיִּם מִשְׁקַל הַכֶּסֶף וְהַזָּהָב

לׄ 31 וְהַכֵּלִים לְהָבִיא לִירוּשָׁלִַם לְבֵית אֱלֹהֵינוּ: פ וַנִּסְעָה מִנְּהַר

יׄד אַהֲוָא בִּשְׁנֵים עָשָׂר לַחֹדֶשׁ הָרִאשׁוֹן לָלֶכֶת יְרוּשָׁלִָם וְיַד־אֱלֹהֵינוּ

גׄ מל 32 הָיְתָה עָלֵינוּ וַיַּצִּילֵנוּ מִכַּף אוֹיֵב וְאוֹרֵב עַל־הַדָּרֶךְ: וַנָּבוֹא יְרוּשָׁלִָם

גׄ ראׁ פסׂ 33 וַנֵּשֶׁב שָׁם יָמִים שְׁלֹשָׁה: וּבַיּוֹם הָרְבִיעִי נִשְׁקַל הַכֶּסֶף וְהַזָּהָב

וְהַכֵּלִים בְּבֵית אֱלֹהֵינוּ עַל יַד־מְרֵמוֹת בֶּן־אוּרִיָּה הַכֹּהֵן וְעִמּוֹ

---

[27] דותקח רבקה החמדת כתׄ . כי חמודות אתה מל דמלׄ . חמודות כזהב כתׄ . וכל
שאר קריה חמדות כתׄ בזהב גׄ וסימנה וזקק . בחנני . חמודות [28] אמירה להם
טׄ בכתיב וסימנהון עוד . אתם נועצים . קטני עבה . ויקבץ . הוציאה . אתם קדש .
אתם מעלתם . אתם ראים . אתם לנים :o [31] אורב גׄ מל וסימׄ ואתם . קם מהרה .
ונסעה :o [33] וביום הרביעי גׄ ראש פסוק וסימנהון פרים עשרה . נשקל הכסף .
נקהלו :o

Ezra 8:27-33
‖ 1 Esd 8:56b-62a

וּכְפֹרֵי • 27 וַחֲמִשִּׁים M^L (err) | וַחֲמִשִּׁים M^S1 M^Y • לְכִכָּרִים Gα | > G V S (implic)
(Gα) V S | καὶ χαφουρή G (transcr) • לַאֲדַרְכֹנִים אֶלֶף S | εἰς τὴν ὁδὸν δραχμῶν
χιλίων G (exeg via דֶּרֶךְ) | > Gα (om) | solidos millenos V (assim-cultur) • מֻצְהָב
טוֹבָה G V | ἀπὸ χρηστοῦ χαλκοῦ Gα (lib-seman) | ܡ̇ܢ ܢܚܫܐ ܛܒܐ S (lib-seman) •
שְׁנַיִם V | διάφορα G (via שֹׁנִים) | 12 Gα (lib-seman) | > S (om) • חֲמוּדֹת G V S |
στίλβοντα Gα (lib-seman) • כַּזָּהָב: Gα V S | ἐν χρυσίῳ. G (via בַּזָּהָב) •
28 לַיהוָה Gα V | > S (om) | foll τῷ θεῷ, G (ampl) • אֲבֹתֵיכֶם: V S | 1 pl sfx G
Gα (assim-ctext) • 29 תִּשְׁקְלוּ G V | foll αὐτά Gα (S) (explic) • לְיִשְׂרָאֵל Gα V
S | > G (om) • הַלִּשְׁכוֹת (Gα) | εἰς σκηνάς G (S) (lib-seman) | in thesaurum V
(lib-seman) • יְהוָה: G V S | τοῦ κυρίου ἡμῶν. Gα (assim-v 30) • 30 וְקִבְּלוּ G
(Gα) V | + ܟܠܗܘܢ ܕܠܘܝܐ S (exeg) • מִשְׁקַל G V (S) | > Gα (om) • וְהַכֵּלִים G
V S | καὶ τὰ σκεύη τὰ ἐν Ἰερουσαλήμ Gα (ampl) • לִירוּשָׁלִַם G V S | > Gα (om) •
אֱלֹהֵינוּ: G V S | τοῦ κυρίου. Gα (implic) • 31 אַהֲוָא G V S | Θερά Gα • וְיַד G
V S | κατὰ τὴν κραταιὰν χεῖρα Gα (ampl) • אֱלֹהֵינוּ G (Gα) V | ܐܠܗܢ S
(implic) • וַיַּצִּילֵנוּ G V S | + κύριος, Gα (explic) • מִכַּף G V S | ἀπὸ παντός Gα
(via מִכָּל) • וְאוֹרֵב G V S | > Gα (homtel) • 33 וּבַיּוֹם הָרְבִיעִי V S | καὶ ἐγενήθη
τῇ ἡμέρᾳ τῇ τετάρτῃ G (ampl) | > Gα (om) • וְהַכֵּלִים G V S | > Gα (om) •
אֱלֹהֵינוּ G Gα V | foll ܐܢܫܐ ܕܠܘܝܐ S (explic) •

אֶלְעָזָ֣ר בֶּן־פִּֽינְחָ֗ס וְעִמָּהֶ֛ם יוֹזָבָ֥ד בֶּן־יֵשׁ֖וּעַ וְנוֹעַדְיָ֥ה בֶן־בִּנּ֑וּי
ל . ל וחד וגם / לנועדיה

הַלְוִיִּֽם׃ בְּמִסְפָּ֖ר בְּמִשְׁקָ֑ל לַכֹּ֔ל וַיִּכָּתֵ֥ב כָּֽל־הַמִּשְׁקָ֖ל בָּעֵ֥ת 34
יא

הַהִֽיא׃ פ   הַבָּאִ֣ים מֵֽהַשְּׁבִ֗י בְנֵֽי־הַגּוֹלָ֛ה הִקְרִ֥יבוּ עֹל֖וֹת 35
ד ר גרא פסוק / ס

לֵאלֹהֵ֣י יִשְׂרָאֵ֗ל פָּרִ֤ים שְׁנֵֽים־עָשָׂר֙ עַל־כָּל־יִשְׂרָאֵ֔ל אֵילִ֣ים
ד . ב

תִּשְׁעִ֣ים וְשִׁשָּׁ֗ה כְּבָשִׂים֙ שִׁבְעִ֣ים וְשִׁבְעָ֔ה צְפִירֵ֥י חַטָּ֖את שְׁנֵ֣ים עָשָׂ֑ר
ל

הַכֹּ֖ל עוֹלָ֥ה לַיהוָֽה׃ פ   וַֽיִּתְּנ֣וּ ׀ אֶת־דָּתֵ֣י הַמֶּ֗לֶךְ לַאֲחַשְׁדַּרְפְּנֵי֙ 36
ל מל בס

הַמֶּ֔לֶךְ וּפַחֲו֖וֹת עֵ֣בֶר הַנָּהָ֑ר וְנִשְּׂא֥וּ אֶת־הָעָ֖ם וְאֶת־בֵּית־
ג

הָאֱלֹהִֽים׃ ס   וּכְכַלּ֣וֹת אֵ֗לֶּה נִגְּשׁ֨וּ אֵלַ֤י הַשָּׂרִים֙ לֵאמֹ֔ר לֹֽא־ 9

נִבְדְּל֞וּ הָעָ֤ם יִשְׂרָאֵל֙ וְהַכֹּהֲנִ֣ים וְהַלְוִיִּ֔ם מֵעַמֵּ֖י הָאֲרָצֹ֑ת
ג . ח

כְּֽתוֹעֲבֹֽתֵיהֶ֡ם לַכְּנַעֲנִ֡י הַֽ֠חִתִּי הַפְּרִזִּ֨י הַיְבוּסִ֜י הָֽעַמֹּנִ֗י הַמֹּאָבִי֙ הַמִּצְרִ֔י
כתף עמצא / ל חס

וְהָאֱמֹרִֽי׃ כִּֽי־נָשְׂא֣וּ מִבְּנֹֽתֵיהֶ֗ם לָהֶם֙ וְלִבְנֵיהֶ֔ם וְהִתְעָֽרְבוּ֙ זֶ֣רַע הַקֹּ֔דֶשׁ 2
ל

בְּעַמֵּ֖י הָאֲרָצ֑וֹת וְיַ֧ד הַשָּׂרִ֣ים וְהַסְּגָנִ֗ים הָֽיְתָ֛ה בַּמַּ֥עַל הַזֶּ֖ה
יד . ל

רִאשׁוֹנָֽה׃ ס   וּכְשָׁמְעִי֙ אֶת־הַדָּבָ֣ר הַזֶּ֔ה קָרַ֙עְתִּי֙ אֶת־בְּגָדַ֖י 3
ג ג מל . ב

---

[35] לאלהי ישראל ד וסימ ועשיתם צלמי . ויקרא יעבץ . גם סגרו דלתות . הבאים
מהשבי ס: [9:1] העם ישראל ג וסימנ וכל ישראל וזקניו . אז יחלק העם ישראל לחצי .
לא נבדלו העם ישראל ס:

---

33 יוֹזָבָ֥ד G Gα (S) | *Iozaded* V • וְנוֹעַדְיָ֥ה G V (S) | καὶ Μωεθ Gα • בִּנּ֑וּי V |
Βαναιά G | Σαβάννου Gα | ܒܢܝ S • **34** הַמִּשְׁקָ֖ל G V S | + sfx Gα (explic) •
35 בְנֵֽי־הַגּוֹלָ֛ה G V S | > Gα (abbr) • לֵאלֹהֵ֣י יִשְׂרָאֵ֗ל G V S | foll κυρίῳ Gα
(explic) • שִׁבְעִ֣ים וְשִׁבְעָ֔ה G V S | 72 Gα • חַטָּ֖את G V | prec ܠܚܡܐ S (ampl) |
ὑπὲρ σωτηρίου Gα (substit) • עֹל֖וֹת M[L+] M[S1] M[Y] עֹל֖וֹת M[L*] ❖ ܀ • **36** וַֽיִּתְּנ֣וּ G Gα
V | sg S (shift) • דָּתֵ֣י Gα V | sg G S (shift) • לַאֲחַשְׁדַּרְפְּנֵי֙ G Gα S | *satrapis qui*
erant de conspectu V (exeg via פְּנֵי) • וּכְכַלּ֣וֹת ס הָאֱלֹהִֽים׃ M[L] M[Y] • הָאֱלֹהִֽים׃
הַכֹּהֲנִ֣ים יִשְׂרָאֵל֙ G V S | foll καὶ
οἱ ἄρχοντες Gα (ampl) • מֵעַמֵּ֖י הָאֲרָצֹ֑ת G V S | τὰ ἀλλογενῆ ἔθνη τῆς γῆς Gα
(ampl) • כְּֽתוֹעֲבֹֽתֵיהֶ֡ם (G) Gα | *et de abominationibus eorum* V (S) (assim-ctext) •
הַפְּרִזִּ֨י הַיְבוּסִ֜י הָֽעַמֹּנִ֗י G (V) | καὶ Φερεζαίων καὶ Ἰεβουσαίων Gα (abbr) |
ܡܐܒ̈ܝܐ ܘܦܬܘ̈ܣܐ ܘܡܨܪ̈ܝܐ S (transp) • הַמֹּאָבִי֙ הַמִּצְרִ֔י (G) (Gα) (V) |
בְּעַמֵּ֖י הָאֲרָצ֑וֹת ܘܡܨܪ̈ܝܐ S (transp) • וְהָאֱמֹרִֽי׃ G V S | καὶ Ἰδουμαίων Gα • **2**
G V S | εἰς τὰ ἀλλογενῆ ἔθνη τῆς γῆς, Gα (assim-v 1) • וְהַסְּגָנִ֗ים Gα V | > G
(om) | ܡܕܒܪ̈ܐ S (substit) • רִאשׁוֹנָֽה׃ G V S | ἀπὸ τῆς ἀρχῆς τοῦ πράγματος. Gα
(ampl) • הַדָּבָ֣ר הַזֶּ֔ה G V • **3** רִאשׁוֹנָֽה׃ M[S1] M[Y] רִאשׁוֹנָֽה׃ M[L] וּכְשָׁמְעִי֙ M[L]
S | ταῦτα Gα (assim-ctext) • בְּגָדַ֖י V | pl G (Gα) S (assim-ctext) •

Ezra 8:34–9:3
‖ 1 Esd 8:62b-68

4 וּמְעִילִ֗י וָאֶמְרְטָ֤ה מִשְּׂעַר֙ רֹאשִׁ֣י וּזְקָנִ֔י וָאֵשְׁבָ֖ה מְשׁוֹמֵֽם: וְאֵלַ֣י יֵאָסְפ֗וּ

כֹּ֤ל חָרֵד֙ בְּדִבְרֵ֣י אֱלֹהֵֽי־יִשְׂרָאֵ֔ל עַ֖ל מַ֣עַל הַגּוֹלָ֑ה וַאֲנִי֙ יֹשֵׁ֣ב מְשׁוֹמֵ֔ם

5 עַ֖ד לְמִנְחַ֥ת הָעָֽרֶב: וּבְמִנְחַ֣ת הָעֶ֗רֶב קַ֚מְתִּי מִתַּֽעֲנִיתִ֔י וּבְקָרְעִ֥י בִגְדִ֖י

וּמְעִילִ֑י וָאֶכְרְעָה֙ עַל־בִּרְכַּ֔י וָאֶפְרְשָׂ֥ה כַפַּ֖י אֶל־יְהוָ֥ה אֱלֹהָֽי:

6 וָאֹמְרָ֗ה אֱלֹהַי֙ בֹּ֣שְׁתִּי וְנִכְלַ֔מְתִּי לְהָרִ֧ים אֱלֹהַ֛י פָּנַ֖י אֵלֶ֑יךָ כִּ֣י עֲוֺנֹתֵ֤ינוּ

7 רָבוּ֙ לְמַ֣עְלָה רֹּ֔אשׁ וְאַשְׁמָתֵ֥נוּ גָדְלָ֖ה עַ֣ד לַשָּׁמָ֑יִם: מִימֵ֣י אֲבֹתֵ֗ינוּ

אֲנַ֨חְנוּ֙ בְּאַשְׁמָ֣ה גְדֹלָ֔ה עַ֖ד הַיּ֣וֹם הַזֶּ֑ה וּבַעֲוֺנֹתֵ֗ינוּ נִתַּ֡נּוּ אֲנַ֣חְנוּ מְלָכֵ֣ינוּ

כֹהֲנֵ֪ינוּ בְּיַ֣ד | מַלְכֵ֣י הָאֲרָצ֡וֹת בַּחֶ֜רֶב בַּשְּׁבִ֤י וּבַבִּזָּה֙ וּבְבֹ֣שֶׁת פָּנִ֔ים

8 כְּהַיּ֣וֹם הַזֶּֽה: וְעַתָּ֞ה כִּמְעַט־רֶ֗גַע הָיְתָ֤ה תְחִנָּה֙ מֵאֵ֣ת | יְהוָ֣ה אֱלֹהֵ֗ינוּ

---

[4] וְאֵלַי ג̇ יחשבו דבר . יגנב . יאספו . [6] גדלה ג̇ כי גדלה צעקתם . והיה כאשר
גדלה . ואשמתינו גדלה :o: עד יֹא בטע בסוף פסוק דמארב וסימנ שלחך . רדתה .
אבדך . קדקדך . קדקדו . שובך . חיותם . לשמים . שתחפץ שלשה :o:

Ezra 9:4-8
‖ 1 Esd 8:69-76a

3 וּמְעִילִ֗י V (S) | καὶ ἐπαλλόμην G (lib-seman) | καὶ τὴν ἱερὰν ἐσθῆτα Gα
(ampl) • רֹאשִׁ֣י וּזְקָנִ֔י G V S | > sfx Gα (implic) • מְשׁוֹמֵֽם: G V S | σύννους καὶ
περίλυπος. Gα (dbl) • **4** בְּדִבְרֵ֣י | sg G Gα V S (shift) • עַ֖ל מַ֣עַל הַגּוֹלָ֑ה G (V)
(S) | ἐμοῦ πενθοῦντος ἐπὶ τῇ ἀνομίᾳ, Gα (exeg) • לְמִנְחַ֥ת הָעָֽרֶב: G Gα V |
וּבְמִנְחַ֣ת הָעֶ֗רֶב G V | > Gα (homtel) | ܘܒܡܢܚܬܐ ܕܪܡܫܐ S (explic) • **5** מִתַּֽעֲנִיתִ֔י G V S | > sfx Gα (implic) • בִגְדִ֖י V | pl G (Gα) S
(assim-v 3) • וּמְעִילִ֑י V | καὶ ἐπαλλόμην G (lib-seman) | καὶ τὴν ἱερὰν ἐσθῆτα
Gα (ampl) | > S (om) • בִּרְכַּ֔י G V S | > sfx Gα (implic) • כַפַּ֖י G (Gα) V | foll
ܒܨܠܘܬܐ S (explic) • אֱלֹהָֽי: V | τὸν θεόν G S (implic) | > Gα (om) • **6** אֱלֹהַי֙ V
לְהָרִ֧ים S | Κύριε, G Gα (substit) • בֹּ֣שְׁתִּי וְנִכְלַ֔מְתִּי G Gα V | ܒܗܬܢܐ S (abbr) •
רֹּ֔אשׁ V | κεφαλῆς אֱלֹהַ֛י פָּנַ֖י אֵלֶ֑יךָ G V (S) | κατὰ πρόσωπόν σου· Gα (abbr) •
בְּאַשְׁמָ֣ה G (Gα) S (assim-ctext) • וְאַשְׁמָתֵ֥נוּ | pl G Gα V (S) (shift) • **7** ἡμῶν,
גָדְלָ֖ה G Gα | *peccavimus granditer* V (S) (facil-styl) • וּבַעֲוֺנֹתֵ֗ינוּ G V | foll καὶ
τῶν πατέρων ἡμῶν Gα (ampl) | ܥܡ ܐܒܗܬܢ ܘܥܡ S (shift) • אֲנַ֨חְנוּ֙ G V | +
σὺν τοῖς ἀδελφοῖς ἡμῶν Gα (ampl) | foll *et patres nostri* La S (ampl) • כֹהֲנֵ֪ינוּ
(Gα) (V) (S) | καὶ οἱ υἱοὶ ἡμῶν G (lib-seman) • הָאֲרָצ֡וֹת (G) (Gα) V | foll
ܥܠ ܐܪܥܐ ܕܒܒܠ S (ampl) • בַּחֶ֜רֶב G Gα V | prec ܗܦܟܢ ܗܘܝܢ ܘܒܚܪܒܐ S
(ampl) • וּבְבֹ֣שֶׁת פָּנִ֔ים (G) Gα V | > S (om) • **8** כִּמְעַט־רֶ֗גַע (V) S | > G (om) |
κατὰ πόσον τι ἡμῖν Gα (lib-seman) • הָיְתָ֤ה תְחִנָּה֙ מֵאֵ֣ת | יְהוָ֣ה אֱלֹהֵ֗ינוּ (G) (Gα)
(S) | *facta est deprecatio nostra apud Dominum Deum nostrum* V (lib-seman) •

ח . ל לְהַשְׁאִיר לָנוּ פְּלֵיטָה וְלָתֶת־לָנוּ יָתֵד בִּמְקוֹם קָדְשׁוֹ לְהָאִיר עֵינֵ֫ינוּ֯

9 ל . אֱלֹהֵינוּ וּלְתִתֵּנוּ מִחְיָה מְעַט בְּעַבְדֻתֵנוּ: כִּי־עֲבָדִים אֲנַחְנוּ

ב וּבְעַבְדֻתֵנוּ לֹא עֲזָבָנוּ אֱלֹהֵינוּ וַיַּט־עָלֵינוּ חֶסֶד לִפְנֵי מַלְכֵי פָרַס

ב לָתֶת־לָנוּ מִחְיָה לְרוֹמֵם אֶת־בֵּית אֱלֹהֵינוּ וּלְהַעֲמִיד אֶת־חָרְבֹתָיו

10 ח . כֹּז בטע וְלָתֶת־לָנוּ גָדֵר בִּיהוּדָה וּבִירוּשָׁלָֽם: ס   וְעַתָּה מַה־נֹּאמַר

11 אֱלֹהֵינוּ אַחֲרֵי־זֹאת כִּי עָזַבְנוּ מִצְוֺתֶיךָ: אֲשֶׁר צִוִּ֫יתָ בְּיַד עֲבָדֶיךָ

ב הַנְּבִיאִים לֵאמֹר הָאָרֶץ אֲשֶׁר אַתֶּם בָּאִים לְרִשְׁתָּהּ אֶרֶץ נִדָּה הִיא

ב . ב בְּנִדַּת עַמֵּי הָאֲרָצוֹת בְּתוֹעֲבֹתֵיהֶם אֲשֶׁר מִלְאוּהָ מִפֶּה אֶל־פֶּה

ל מל וכול נביא בְּטֻמְאָתָם: וְעַתָּה בְּנוֹתֵיכֶם אַל־תִּתְּנוּ לִבְנֵיהֶם וּבְנֹתֵיהֶם אַל־

דכות

12 ב חד חס תִּשְׂאוּ לִבְנֵיכֶם וְלֹא־תִדְרְשׁוּ שְׁלֹמָם וְטוֹבָתָם עַד־עוֹלָם לְמַעַן

תֶּחֶזְקוּ וַאֲכַלְתֶּם אֶת־טוּב הָאָרֶץ וְהוֹרַשְׁתֶּם לִבְנֵיכֶם עַד־עוֹלָֽם:

13 וְאַחֲרֵי כָּל־הַבָּא עָלֵינוּ בְּמַעֲשֵׂינוּ הָרָעִים וּבְאַשְׁמָתֵנוּ הַגְּדֹלָה כִּי |

[9] ולהעמיד ב את חרבתיו . ולהעמיד את ירושלם :o [10] ואתה ועתה ד בטע בכת
ואתה תעלה . מה נאמר . יש מקוה . בחליים :o [11] בנדת ב וסימנה ואל אשה .
בנדת עמי :o אל פה ב וסימנ אדבר בו . מלאה :o [12] את טוב לכם ב ואתנה את
טוב . ואכלתם את טוב :o

Ezra 9:9–13
‖ 1 Esd 8:76b–84a

8 פְּלֵיטָה וְלָתֶת־לָנוּ יָתֵד (G) V (S) | ῥίζαν καὶ ὄνομα Ga (lib) • יָתֵד V | στήριγμα
G (lib-seman) | καὶ ὄνομα Ga (lib-seman) | ܗܘܒܕܗܐ S (lib-seman) • קָדְשׁוֹ G V
S | τοῦ ἁγιάσματός σου Ga (assim-ctext) • לְהָאִיר עֵינֵ֫ינוּ אֱלֹהֵינוּ V S | τοῦ
φωτίσαι ὀφθαλμοὺς ἡμῶν G (abbr) | καὶ τοῦ ἀνακαλύψαι φωστῆρα ἡμῶν ἐν τῷ
οἴκῳ τοῦ κυρίου ἡμῶν Ga (exeg) • מְעַט G V S | ἐν τῷ καιρῷ Ga (lib-seman) •
9 כִּי־עֲבָדִים אֲנַחְנוּ G V S | ἐν ᾗ παρέβημεν ἡμεῖς G^L (via √ עבר) | > Ga (om) •
לֹא עֲזָבָנוּ G Ga V S | καὶ ἐν τῇ παραβάσει ἡμῶν G^L (via √ עבר) • וּבְעַבְדֻתֵנוּ
אֱלֹהֵינוּ (G) V S | οὐκ ἐγκατελείφθημεν ὑπὸ τοῦ κυρίου ἡμῶν, Ga (shift) • מַלְכֵי
G Ga | sg G^Mss V S (assim-ctext) • מִחְיָה G Ga V | foll ܗܘܒܕܐ S (ampl) • בֵּית
אֱלֹהֵינוּ G V S | τὸ ἱερὸν ἡμῶν Ga (implic) • חָרְבֹתָיו G V S | τὴν ἔρημον Σιων
Ga (explic) • 10 וְעַתָּה Ga V S | > G (om) • אֱלֹהֵינוּ G (Ga) V | > S (implic) •
אַחֲרֵי־זֹאת G V (S) | ἔχοντες ταῦτα; Ga (exeg) • 11 צִוִּ֫יתָ (Ga) V | + 1 c pl sfx
G S (explic) • אֶרֶץ G Ga V | > S (implic) • נִדָּה and בְּנִדַּת Ga V S |
μετακινουμένη…ἐν μετακινήσει G (via √ נוד or √ נדד) • עַמֵּי הָאֲרָצוֹת (G) (V) S |
τῶν ἀλλογενῶν τῆς γῆς, Ga (harm-v 1) • מִפֶּה אֶל־פֶּה בְּטֻמְאָתָם: G V | > Ga
(om) | foll ܗܬܟ S (ampl) • 12 בְּנוֹתֵיכֶם and לִבְנֵיכֶם G V S | 3 pl sfx Ga (ign-
cultur) • וְטוֹבָתָם (G) V S | 2 pl sfx Ga (ign-cultur) • וּבְנֹתֵיהֶם לִבְנֵיהֶם G V S | >
Ga (om) • לִבְנֵיכֶם G Ga V | foll ܗܘܕܟܬ S (ampl) • 13 וְאַחֲרֵי G V S | > Ga
(om) | foll ܬ S (ampl) • וּבְאַשְׁמָתֵנוּ הַגְּדֹלָה G V | pl Ga S (assim-ctext) •

אַתָּ֣ה אֱלֹהֵ֗ינוּ חָשַׂ֤כְתָּ לְמַ֙טָּה֙ מֵֽעֲוֺנֵ֔נוּ וְנָתַ֥תָּה לָּ֛נוּ פְּלֵיטָ֖ה כָּזֹ֑את: ל

הֲנָשׁ֞וּב לְהָפֵ֤ר מִצְוֺתֶ֙יךָ֙ וּֽלְהִתְחַתֵּ֔ן בְּעַמֵּ֥י הַתֹּעֵב֖וֹת הָאֵ֑לֶּה הֲל֤וֹא   14   ל . ד כת . ט / מל בכת

תֶּֽאֱנַף־בָּ֙נוּ֙ עַד־כַּלֵּ֔ה לְאֵ֥ין שְׁאֵרִ֖ית וּפְלֵיטָֽה: פ   יְהֹוָ֞ה אֱלֹהֵ֤י   15   ח

יִשְׂרָאֵל֙ צַדִּ֣יק אַ֔תָּה כִּֽי־נִשְׁאַ֥רְנוּ פְלֵיטָ֖ה כְּהַיּ֣וֹם הַזֶּ֑ה הִנְנ֤וּ לְפָנֶ֙יךָ֙   כו . ד

בְּאַשְׁמָתֵ֔ינוּ כִּ֣י אֵ֥ין לַעֲמ֛וֹד לְפָנֶ֖יךָ עַל־זֹֽאת: פ   וּכְהִתְפַּלֵּ֤ל   10   ל מל . ג . מל . ל

עֶזְרָא֙ וּ֙כְהִ֙תְוַדֹּת֔וֹ בֹּכֶ֔ה וּמִתְנַפֵּ֕ל לִפְנֵ֖י בֵּ֣ית הָאֱלֹהִ֑ים נִקְבְּצ֣וּ אֵלָ֡יו   ל . ז . ל

מִיִּשְׂרָאֵל֩ קָהָ֨ל רַב־מְאֹ֜ד אֲנָשִׁ֧ים וְנָשִׁ֣ים וִילָדִ֗ים כִּֽי־בָכ֥וּ הָעָ֖ם   ל . ל

הַרְבֵּה־בֶֽכֶה: ס   וַיַּ֩עַן֩ שְׁכַנְיָ֨ה בֶן־יְחִיאֵ֜ל מִבְּנֵ֤י עֵילָם֙ וַיֹּ֣אמֶר   2   עילם / ק . ל

לְעֶזְרָ֔א אֲנַ֙חְנוּ֙ מָעַ֣לְנוּ בֵאלֹהֵ֔ינוּ וַנֹּ֛שֶׁב נָשִׁ֥ים נָכְרִיּ֖וֹת מֵעַמֵּ֣י הָאָ֑רֶץ   ל . ל

וְעַתָּ֛ה יֵשׁ־מִקְוֶ֥ה לְיִשְׂרָאֵ֖ל עַל־זֹֽאת: וְעַתָּ֗ה נִֽכְרָת־בְּרִ֤ית לֵֽאלֹהֵ֙ינוּ֙   3   ד בטע בכת . ב . ל

[14] לאין ח וסימנ לאין שארית . לאין נכון לו . לאין מספר . לאין כח . לאין מחיה .
לאין מרפא . לאין מרפא :o [15] הננו ד ועתה הננו בידך . לפניך באשמ . עצמך
ובשרך :o לעמוד ג מל צדיק אתה . והעת גשמים . ולא יכלו :o

Ezra 9:14–10:3
‖ 1 Esd 8:84b–90

13 אַתָּ֣ה אֱלֹהֵ֗ינוּ (Gα) V S I οὐκ ἔστιν ὡς ὁ θεὸς ἡμῶν, G (lib-seman) • חָשַׂ֤כְתָּ לְמַ֙טָּה֙
(V) I ὅτι ἐκούφισας ἡμῶν G (Gα) (lib-seman) I κατέπαυσας τὸ σκῆπτρον ἡμῶν
G^L (via מַטָּה) I ܠ ܐܪܚܩܬܒ S (via חָשַׂבְתָּ) : כָּזֹ֑את Gα I > G (om) I hodie V
(lib-seman) I ܗܠܝܢ S (lib-seman) • **14** הֲנָשׁ֞וּב (V) I ὅτι ἐπεστρέψαμεν G Gα S
(shift) • מִצְוֺתֶ֙יךָ֙ G V S I τὸν νόμον σου Gα (substit) • וּֽלְהִתְחַתֵּ֔ן Gα V I καὶ
ἐπιγαμβρεῦσαι G S (shift) • בְּעַמֵּ֥י הַתֹּעֵב֖וֹת הָאֵ֑לֶּה V S I τοῖς λαοῖς τῶν γαιων· G
(lib-seman) I τῇ ἀκαθαρσίᾳ τῶν ἐθνῶν τῆς γῆς. Gα (explic) • הֲל֤וֹא to וּפְלֵיטָֽה:
(G) (Gα) (V) I ܡܚܒܠ ܐܝܟ ܗܠܝܢ ܥܒܕܬܝܗܘܢ ܐܝܟ ܠܐ ܕܘܟ ܠܗܝܢ ܚܛܗ
ܠܦܢܝܬܐ ܕܠܐ ܢܗܘܐ ܠܗܘܢ ܐܝܟ ܕܬܣܝܦ ܐܢܬ ܠܗܘܢ ܥܡܐ ܕܠܐ ܡܢ ܦܘܫܢ
S (exeg) • עַד־כַּלֵּ֔ה G V I foll ἡμᾶς Gα (explic) • וּפְלֵיטָֽה: S ܬܒܝ ܐ S I
ῥίζαν καὶ σπέρμα καὶ ὄνομα ἡμῶν; Gα (dbl) I et salutem V (shift) • **15** יְהֹוָ֞ה
אֱלֹהֵ֤י G V S I κύριε Gα (abbr) • הִנְנ֤וּ G (Gα) V I foll ܡܨܠܝܢܢ ܩܕܡܝܟ S (ampl) •
לַעֲמ֛וֹד לְפָנֶ֖יךָ G Gα V I ܕܠܟ ܩܕܡܝܟ ܢܩܘܡ S (lib-seman) • זֹֽאת: G V S I pl Gα
(shift) • **10:1** וּמִתְנַפֵּ֕ל Gα V (S) I καὶ προσευχόμενος G (via בֵּ֣ית • (shift)
הָאֱלֹהִ֑ים G V (S) I τοῦ ἱεροῦ, Gα (abbr) • מִיִּשְׂרָאֵל֩ G V S I ἐξ Ἰερουσαλήμ Gα
(substit) • הָעָ֖ם G (Gα) V I ܐܝܟ S (substit) • **2** שְׁכַנְיָ֨ה G V S I Ἰεχονίας Gα •
עֵילָם֙ I עולם M^ket (differ-graph) I עֵילָם M^qere G V S I Ἰσραήλ Gα ‖ pref
see M^qere G V S ✢ • לְעֶזְרָ֔א G Gα V I foll ܐܦܘܗ S (assim-usu) • בֵאלֹהֵ֔ינוּ G V I
εἰς τὸν κύριον Gα (substit) I ܐܠܗܐ ܕܬܒܝ S (ampl) • מִקְוֶ֥ה G Gα S I paenitentia
V (lib-seman) • לְיִשְׂרָאֵ֖ל עַל־זֹֽאת: G V S I Ἰσραήλ. ἐν τούτῳ Gα (differ-div) •
3 וְעַתָּ֗ה G S I > Gα V (om) • לֵֽאלֹהֵ֙ינוּ֙ G V S I πρὸς τὸν κύριον, Gα (substit) •

לְהוֹצִיא כָל־נָשִׁים וְהַנּוֹלָד ֠מֵהֶם בַּעֲצַ֣ת אֲדֹנָ֗י וְהַחֲרֵדִים֙ בְּמִצְוַ֣ת

אֱלֹהֵ֔ינוּ וְכַתּוֹרָ֖ה יֵעָשֶֽׂה׃ ק֣וּם כִּֽי־עָלֶ֣יךָ הַדָּבָ֗ר וַאֲנַ֤חְנוּ עִמְּךָ֙ חֲזַ֣ק
⁴

וַעֲשֵֽׂה׃   פ   וַיָּ֣קָם עֶזְרָ֡א וַיַּשְׁבַּע֩ אֶת־שָׂרֵ֨י הַכֹּהֲנִ֜ים הַלְוִיִּ֗ם וְכָל־
⁵

יִשְׂרָאֵ֗ל לַעֲשׂ֛וֹת כַּדָּבָ֥ר הַזֶּ֖ה וַיִּשָּׁבֵֽעוּ׃ וַיָּ֣קָם עֶזְרָ֗א מִלִּפְנֵי֙ בֵּ֣ית
⁶

הָ֣אֱלֹהִ֔ים וַיֵּ֕לֶךְ אֶל־לִשְׁכַּ֖ת יְהוֹחָנָ֣ן בֶּן־אֶלְיָשִׁ֑יב וַיֵּ֣לֶךְ שָׁ֗ם לֶ֤חֶם

לֹֽא־אָכַל֙ וּמַ֣יִם לֹֽא־שָׁתָ֔ה כִּ֥י מִתְאַבֵּ֖ל עַל־מַ֥עַל הַגּוֹלָֽה׃   ס

וַיַּעֲבִ֨ירוּ ק֜וֹל בִּיהוּדָ֣ה וִירֽוּשָׁלִַ֗ם לְכֹל֙ בְּנֵ֣י הַגּוֹלָ֔ה לְהִקָּבֵ֖ץ יְרֽוּשָׁלִָֽם׃
⁷

וְכֹ֣ל אֲשֶׁ֣ר לֹֽא־יָב֜וֹא לִשְׁלֹ֣שֶׁת הַיָּמִ֗ים כַּעֲצַ֤ת הַשָּׂרִים֙ וְהַזְּקֵנִ֔ים יָחֳרַ֖ם
⁸

כָּל־רְכוּשׁ֑וֹ וְה֥וּא יִבָּדֵ֖ל מִקְּהַ֥ל הַגּוֹלָֽה׃   ס   וַיִּקָּבְצ֣וּ כָל־
⁹

אַנְשֵֽׁי־יְהוּדָ֣ה וּבִנְיָמִן֩ ׀ יְרוּשָׁלִַ֨ם לִשְׁלֹ֣שֶׁת הַיָּמִ֗ים ה֛וּא חֹ֥דֶשׁ הַתְּשִׁיעִ֖י

בְּעֶשְׂרִ֣ים בַּחֹ֑דֶשׁ וַיֵּשְׁב֣וּ כָל־הָעָ֗ם בִּרְחוֹב֙ בֵּ֣ית הָֽאֱלֹהִ֔ים מַרְעִידִ֗ים

[10:5] וישבע ד וסימנהון יוסף את . יהושע . יהוידע . יהושע . עזרא . יהושע ט וסימנה [6] יהוחנן ט וסימנה
ויקם עזרא . ומבני בבי . ויהוחנן בנו . לאמריה . ומלכיה . עילם החמישי . ועל ידו .
ובשנה השביעית לבואם . ויקומו אנשים :ס [9] בעשרים בחדש ב ויהי בשנה השנית
בחדש השני . ויקבצו כל אנשי יהודה ובנימן :ס

נָשִׁים (G) V I τὰς γυναῖκας ἡμῶν τὰς ἐκ τῶν ἀλλογενῶν Gᵃ (S) (explic) • בַּעֲצַ֣ת **3**   Ezra 10:4–9
אֲדֹנָ֗י (V) (S) I ὡς ἄν βούλῃ· G (Gᵃ) (shift) • וְהַחֲרֵדִים֙ (Gᵃ) V S I ἀνάστηθι καὶ   ‖ 1 Esd 8:91–9:6
φοβέρισον αὐτούς G (exeg) • בְּמִצְוַ֣ת אֱלֹהֵ֔ינוּ (G) V I τοῦ νόμου κυρίου. Gᵃ (S)
(substit) • וְכַתּוֹרָ֖ה יֵעָשֶֽׂה G V I > Gᵃ (om) I ܢܬܥܒܕ S (shift) • יֵעָשֶֽׂה: ק֣וּם Mᴸ I
ק֣וּם ס יֵעָשֶֽׂה Mʸ I Mˢ¹ (indet) • **4** ק֣וּם G V I foll ἐπιτέλει· Gᵃ (ampl) I ܐܬܚܝܠ
S (substit) • כִּֽי־עָלֶ֣יךָ הַדָּבָ֗ר (G) Gᵃ I tuum est decernere V (via √דבר) I ܣܥܘܪ
S (exeg) • עֶזְרָ֡א **5** G Gᵃ V I foll ܟܗܢܐ S (assim-usu) •
עֶזְרָ֗א **6** G Gᵃ V I foll ܟܗܢܐ S (assim-usu) • מִלִּפְנֵי֙ בֵּ֣ית הָ֣אֱלֹהִ֔ים G V (S) I ἀπὸ
τῆς αὐλῆς τοῦ ἱεροῦ Gᵃ (lib-seman) • וַיֵּ֕לֶךְ² G V I καὶ αὐλισθεὶς Gᵃ (S) (via
וַיֵּ֣לֶךְ) מַ֥עַל G V S I foll τῶν μεγάλων Gᵃ (ampl) • הַגּוֹלָֽה G (V) I τοῦ πλήθους.
Gᵃ (lib-seman) I ܓܠܘܬܐ S (lib-seman) • וַיַּעֲבִ֨ירוּ: ס הַגּוֹלָֽה Mᴸ I וַיַּעֲבִ֨ירוּ
Mʸ I Mˢ¹ (indet) • **7** בִּיהוּדָ֣ה G V S I ἐν ὅλῃ τῇ Ἰουδαίᾳ Gᵃ (ampl) •
יְרֽוּשָׁלִָֽם: I ἐν Ἰερουσαλήμ G Gᵃ V (facil-synt) I ܒܐܘܪܫܠܡ S (ampl) • **8** לִשְׁלֹ֣שֶׁת
G V S I ἐν δυσὶν ἢ τρισίν Gᵃ (ampl) • הַשָּׂרִים֙ וְהַזְּקֵנִ֔ים G (Gᵃ) V I ܘܣܒܐ
ܘܫܠܝܛܢܐ S (transp) • כָּל־רְכוּשׁ֑וֹ G V I τὰ κτήνη αὐτῶν, Gᵃ (harm-8:21) I
הַגּוֹלָֽה: ס • ܓܠܘܬܐ G (Gᵃ) V I ܕܡܢ ܥܡܐ ܗܘ S (exeg) • מִקְּהַ֥ל הַגּוֹלָֽה G (Gᵃ) V I ܟܢܫܐ S (abbr) •
בִּיהוּדָ֣ה **9** וַיִּקָּבְצ֣וּ: הַגּוֹלָֽה Mʸ I וַיִּקָּבְצ֣וּ פ הַגּוֹלָֽה Mˢ¹ I וַיִּקָּבְצ֣וּ Mᴸ I prec
ἐκ τῆς φυλῆς Gᵃ (ampl) • בְּעֶשְׂרִ֣ים G Gᵃ V I ܒܬܠܬܐ S (substit) • וַיֵּשְׁב֣וּ (G) Gᵃ
V I ܘܝܬܒܘ S (assim-ctext) • הָעָ֗ם G (Gᵃ) V I foll ܟܠܗ S (ampl) • בֵּ֣ית הָֽאֱלֹהִ֔ים
G V (S) I τοῦ ἱεροῦ Gᵃ (abbr) • מַרְעִידִ֗ים Gᵃ V I ἀπὸ τοῦ θορύβου αὐτῶν G
(via מֵרְעַדָם) I ܘܪܥܠܝܢ ܗܘܘ S (dbl) •

10 וַיָּ֙קָם֙ עֶזְרָ֣א הַכֹּהֵ֔ן וַיֹּ֣אמֶר אֲלֵהֶ֗ם   פ   עַל־הַדָּבָ֖ר וּמֵהַגְּשָׁמִֽים: ג . ט בכת

11 אַתֶּ֣ם מְעַלְתֶּ֗ם וַתֹּשִׁ֙יבוּ֙ נָשִׁ֣ים נָכְרִיּ֔וֹת לְהוֹסִ֖יף עַל־אַשְׁמַ֥ת יִשְׂרָאֵֽל: ל . וחס ו

12 וְעַתָּ֗ה תְּנ֥וּ תוֹדָ֛ה לַיהוָ֥ה אֱלֹהֵֽי־אֲבֹתֵיכֶ֖ם וַעֲשׂ֣וּ רְצוֹנ֑וֹ וְהִבָּֽדְלוּ֙   ל

מֵעַמֵּ֣י הָאָ֔רֶץ וּמִן־הַנָּשִׁ֖ים הַנָּכְרִיּֽוֹת: וַיַּֽעֲנ֧וּ כָל־הַקָּהָ֛ל וַיֹּאמְר֖וּ ק֥וֹל

13 גָּד֑וֹל כֵּ֛ן כִּדְבָרֶ֥יךָ עָלֵ֖ינוּ לַעֲשֽׂוֹת: אֲבָ֚ל הָעָ֣ם רָ֔ב וְהָעֵ֣ת גְּשָׁמִ֔ים וְאֵ֥ין   כדברך . לג ק

כֹּ֖חַ לַעֲמ֣וֹד בַּח֑וּץ וְהַמְּלָאכָ֗ה לֹֽא־לְי֤וֹם אֶחָד֙ וְלֹ֣א לִשְׁנַ֔יִם כִּי־

14 הִרְבִּ֥ינוּ לִפְשֹׁ֖עַ בַּדָּבָ֣ר הַזֶּֽה: יַֽעֲמְדוּ־נָ֣א שָׂרֵ֪ינוּ לְכָל־הַקָּהָל֒ וְכֹ֣ל   ב וחס ל

אֲשֶׁ֣ר בְּעָרֵ֗ינוּ הַהֹשִׁ֞יב נָשִׁ֤ים נָכְרִיּוֹת֙ יָבֹא֙ לְעִתִּ֣ים מְזֻמָּנִ֔ים וְעִמָּהֶ֛ם   ל . ב חס בס . ב

זִקְנֵי־עִ֥יר וָעִ֖יר וְשֹׁפְטֶ֑יהָ עַ֠ד לְהָשִׁ֞יב חֲר֤וֹן אַף־אֱלֹהֵ֙ינוּ֙ מִמֶּ֔נּוּ עַ֖ד   ל

15 לַדָּבָ֥ר הַזֶּֽה: פ   אַ֣ךְ יוֹנָתָ֧ן בֶּן־עֲשָׂהאֵ֛ל וְיַחְזְיָ֥ה בֶן־תִּקְוָ֖ה   ל

16 עָמְד֣וּ עַל־זֹ֑את וּמְשֻׁלָּ֛ם וְשַׁבְּתַ֥י הַלֵּוִ֖י עֲזָרֻֽם: וַיַּֽעֲשׂוּ־כֵ֜ן בְּנֵ֣י הַגּוֹלָ֗ה   ב וחס

וַיִּבָּֽדְלוּ֩ עֶזְרָ֙א הַכֹּהֵ֜ן אֲנָשִׁ֗ים רָאשֵׁ֧י הָאָב֛וֹת לְבֵ֥ית אֲבֹתָ֖ם וְכֻלָּ֑ם   ג . ב חס בס

[13] וְהַמְּלָאכָה ג וסימנה היתה דים לכל. גדולה כי לא לאדם . לא ליום אחד :o

---

Ezra 10:10-16
‖ 1 Esd 9:7-16

9 עַל־הַדָּבָ֖ר G S | > Gα (om) | *pro peccato* V (explic) • וּמֵהַגְּשָׁמִֽים: G (Gα) V | > S (om) • **10** הַכֹּהֵן G V S | > Gα (om) • מְעַלְתֶּם G Gα V | foll ܡ‍ܠܟ‍ܐ S (ampl) • אַשְׁמַת G V | pl Gα S (shift) • **11** תוֹדָה G V S | ὁμολογίαν δόξαν Gα (dbl) • אֲבֹתֵיכֶם V S | τῶν πατέρων ἡμῶν G Gα (shift) • **12** וַיֹּאמְרוּ G Gα V | foll ܠܚܕܐ S (ampl) • כֵּן G Gα V S | φωνῇ μεγάλῃ καὶ εἶπαν G (transp) • וַיֹּאמְרוּ קוֹל גָּדוֹל Gα V S | φωνῇ μεγάλῃ καὶ εἶπαν G (transp) • כִּדְבָרֶיךָ (Gα) V | Μέγα τοῦτο τὸ ῥῆμά σου G (lib-seman) | ܣܒܪ ܦܬܓܡ‍ܟ‍ܘܢ ܗܠܝ‍ S (lib-seman) • כִּדְבָרֶיךָ | כדבריך M^ket La (S) | כִּדְבָרְךָ M^qere (G) V | Gα (indet) • עָלֵינוּ לַעֲשֹׂות: G Gα V | ܘܡܚ‍ܒܠ ‍ܚ‍ܠܦ‍ܗܘܢ ܐܝ‍ܟ ܗܠܝ‍ ܕܚ‍ܒ‍ܕ ܚ‍ܘܠ‍ܬ‍ܐ S ✢ • **13** וְאֵין כֹּחַ לַעֲמוֹד בַּחוּץ G V S | καὶ οὐκ ἰσχύομεν στῆναι αἴθριοι καὶ οὐχ εὕρομεν, Gα (dbl) • וְהַמְּלָאכָה G V S | foll ἡμῖν Gα (explic) • בַּדָּבָר הַזֶּֽה: G V S | ἐν τούτοις. Gα (shift) • **14** שָׂרֵינוּ לְכָל־הַקָּהָל G V S | οἱ προηγούμενοι τοῦ πλήθους, Gα (facil-seman) • לְעִתִּים | pl G Gα V S (assim-ctext) • יָבֹא | pl G Gα V S (assim-ctext) • מְזֻמָּנִים G (Gα) V | ܕܙ‍ܒ‍ܢ‍ܐ ܕܙ‍ܕ‍ܩ S (lib-seman) • וְשֹׁפְטֶיהָ V | καὶ κριταί G Gα (implic) | καὶ κριταὶ αὐτῶν G^L S (shift) • עַד^1 Gα V S | > G (facil-synt) • עַד^2 | περὶ G Gα V S (via) • לַדָּבָר (G) (Gα) | *peccato* V (explic) | ܚ‍ܛ‍ܗ‍ܐ S (lib-seman) • **15** עֲשָׂהאֵל G Gα V | ܥܫ‍ܝ‍ܐ S • תִּקְוָה G V S | Θοκάνου Gα • עָמְדוּ Gα V S | μετ᾽ ἐμοῦ G (via) • עִמָּדִי • וּמְשֻׁלָּם וְשַׁבְּתַי הַלֵּוִי G (Gα) (V) | ܡ‍ܫ‍ܐ, S • **16** וַיִּבָּֽדְלוּ G | καὶ ἐπελέξατο ἑαυτῷ Gα (S) | (וַיִּבְדֶּל לוֹ) *et* S • ܠܗ S • *abierunt* V (lib-seman) • אֲנָשִׁים (G) Gα (V) | prec ܚܡ‍ܫ‍ܐ S (ampl) •

בְּשֶׁמֹות וַיֵּשְׁבוּ בְּיֹום ° אֶחָד ּ לַחֹדֶשׁ הָעֲשִׂירִי לְדַרְיֹושׁ הַדָּבָר: וַיְכַלּוּ   17   ג׳ ל וּמל ג׳

בְּכֹל אֲנָשִׁים הַהֹשִׁיבוּ נָשִׁים נָכְרִיֹּות עַד יֹום אֶחָד לַחֹדֶשׁ   ז

הָרִאשֹׁון: פ   וַיִּמָּצֵא מִבְּנֵי הַכֹּהֲנִים אֲשֶׁר הֹשִׁיבוּ נָשִׁים נָכְרִיֹּות   18   סֹ׃ ז

מִבְּנֵי יֵשׁוּעַ בֶּן־יֹוצָדָק וְאֶחָיו מַעֲשֵׂיָה וֶאֱלִיעֶזֶר וְיָרִיב וּגְדַלְיָה: ל

וַיִּתְּנוּ יָדָם לְהֹוצִיא נְשֵׁיהֶם וַאֲשֵׁמִים אֵיל־צֹאן עַל־   19   ל וחד אבל אשמים

אַשְׁמָתָם: ס   וּמִבְּנֵי אִמֵּר חֲנָנִי וּזְבַדְיָה: ס   וּמִבְּנֵי חָרִם   20 / 21   ו

מַעֲשֵׂיָה וְאֵלִיָּה וּשְׁמַעְיָה וִיחִיאֵל וְעֻזִּיָּה: וּמִבְּנֵי פַשְׁחוּר אֶלְיֹועֵינַי   22   ה

מַעֲשֵׂיָה יִשְׁמָעֵאל נְתַנְאֵל יֹוזָבָד וְאֶלְעָשָׂה: ס   וּמִן־הַלְוִיִּם   23   ל

יֹוזָבָד וְשִׁמְעִי וְקֵלָיָה הוּא קְלִיטָא פְּתַחְיָה יְהוּדָה   ל

וֶאֱלִיעֶזֶר: ס   וּמִן־הַמְשֹׁרְרִים אֶלְיָשִׁיב וּמִן־הַשֹּׁעֲרִים שַׁלֻּם   24   ו חס

וָטֶלֶם וְאוּרִי: ס   וּמִיִּשְׂרָאֵל מִבְּנֵי פַרְעֹשׁ רַמְיָה וְיִזִּיָּה וּמַלְכִּיָּה   25   ס

וּמִיָּמִן וְאֶלְעָזָר וּמַלְכִּיָּה וּבְנָיָה: ס   וּמִבְּנֵי עֵילָם מַתַּנְיָה זְכַרְיָה   26   ל

וִיחִיאֵל וְעַבְדִּי וִירֵמֹות וְאֵלִיָּה: ס   וּמִבְּנֵי זַתּוּא אֶלְיֹועֵנַי   27   ל חס

‫[17]‬ ויכלו ג׳ וסימנה ויכלו לנחל את הארץ . מחלק . בכל . וחד ויכלו את המים ‫:o‬
בכל ּ דגש וסימנה פרא אדם . ואברהם זקן . ואברהם ּ עֵרכה בכל ושמורה . ויתרון ארץ .
ויכלו . והע והעשר . ומלכותו ‫:o‬ ‫[22]‬ אליועיני ה׳ ד׳ מל וחד חס וסימֹ הודיוהו .
פשחור . זתוא . ובן נעריה . והכהנים ‫:o‬ ‫[25]‬ ומישראל ב׳ וסימנהון והייתם נקיים
מיי׳ . מבני פרעש רמיה ‫:o‬

---

16 בְּשֶׁמֹות G (Ga) (V) | foll ܘܐ܏ܐ S (explic) • וַיֵּשְׁבוּ Ga V S | ὅτι ἐπέστρεψαν G   Ezra 10:17-27
(via וַיָּשֻׁבוּ) • לְדַרְיֹושׁ (err) ἐκζητῆσαι G Ga V S (via לִדְרֹושׁ) ‖ pref לְדַרְיֹושׁ see G   ‖ 1 Esd 9:17-28
Ga V S ❖ • **17** וַיְכַלּוּ G (Ga) V S | et abierunt La (via וַיֵּלְכוּ) • בְּכֹל אֲנָשִׁים G (V)
(S) | τὰ κατὰ τοὺς ἄνδρας Ga (facil-synt) • **18** וַיִּמָּצֵא | pl G Ga V S (assim-
ctext) • מִבְּנֵי G V S | > Ga (om) • הַכֹּהֲנִים G V S | foll οἱ ἐπισυναχθέντες Ga
(ampl) • וְאֶחָיו G V S | > sfx Ga (implic) • וְיָרִיב G Ga V | ܘܝܘܕܢ S •
וּגְדַלְיָה: S | καὶ Ἰωάδανος· Ga • **19** וַאֲשֵׁמִים אֵיל־צֹאן (G) | καὶ εἰς ἐξιλασμὸν
κριοὺς Ga (facil-seman) | arietem de ovibus offerrent V (S) (facil-seman) • **21** v
21 G V S | καὶ Μάνης καὶ Σαμαῖος καὶ Ἱεριὴλ καὶ Ἀζαρίας. Ga • אֶלְיֹועֵינַי **22**
וְאֶלְעָשָׂה: G V S | וְאֶלְעָשָׂה G Ga V | ܐܠ܏ S • יֹוזָבָד G V S | Ὠκίδηλος Ga • אֶלְיֹועֵינַי **22**
καὶ Σάλθας. Ga • **23** וְשִׁמְעִי Ga V S | καὶ Σαμού G | הוּא קְלִיטָא G Ga V |
ܣܠ܏ S • וֶאֱלִיעֶזֶר: G V S | καὶ Ἰωανάς· Ga • **24** אֶלְיָשִׁיב G V S | foll
Βάκχουρος· Ga • וְאוּרִי: V S | καὶ Ὠδουέ. G | > Ga • **25** רַמְיָה G V S |
Ἱερμάς Ga • וּמִיָּמִן G Ga V | ܚܒ܏ܒ S • מַלְכִּיָּה² V (S) | καὶ Ἀσαβιά G (Ga) •
26 וִיחִיאֵל G V | Ἰεζρῆλος Ga | ܝ܏ܚܠ S • **27** זַתּוּא G V S | Ζαμώθ Ga •
אֶלְיֹועֵנַי G V S | Ἐλιαδᾶς, Ga •

28 אֶלְיָשִׁיב֙ מַתַּנְיָ֣ה וְיִרְמ֔וֹת וְזָבָ֖ד וַעֲזִיזָֽא׃   ס   וּמִבְּנֵ֖י בֵּבָ֣י יְהוֹחָנָ֑ן ט

29 חֲנַנְיָ֥ה זַבַּ֖י עַתְלָֽי׃   ס   וּמִבְּנֵ֣י בָנִ֗י מְשֻׁלָּ֣ם מַלּוּךְ֙ וַעֲדָיָ֖ה יָשׁ֥וּב ל

30 וּשְׁאָ֖ל יְרֵמֽוֹת׃   ס   וּמִבְּנֵ֞י פַּ֣חַת מוֹאָ֗ב עַדְנָ֤א וּכְלָל֙ בְּנָיָ֣ה מַעֲשֵׂיָ֔ה   ירמות ק . ג . ל

31 מַתַּנְיָ֥ה בְצַלְאֵ֖ל וּבִנּ֥וּי וּמְנַשֶּֽׁה׃   ס   וּבְנֵ֖י חָרִ֑ם אֱלִיעֶ֖זֶר יִשִּׁיָּ֥ה

32/33 מַלְכִּיָּ֥ה שְׁמַֽעְיָ֖ה שִׁמְעֽוֹן׃ בְּנְיָמִ֥ן מַלּ֖וּךְ שְׁמַרְיָֽה׃   ס   מִבְּנֵ֖י חָשֻׁ֑ם   ח רא פסוק בסיפ

34 מַתְּנַ֥י מַתַּתָּ֖ה זָבָֽד׃ אֱלִיפֶ֑לֶט יְרֵמַ֥י מְנַשֶּׁ֖ה שִׁמְעִֽי׃   ס   מִבְּנֵ֖י בָנִ֑י   ח רא פס

35/36 מַעֲדַ֥י עַמְרָ֖ם וְאוּאֵֽל׃   ס   בְּנָיָ֥ה בֵדְיָ֖ה כְּלֻהֽוּ׃ וַנְיָ֥ה מְרֵמ֖וֹת   ל . ל . כלהו ק

37/39 אֶלְיָשִֽׁיב׃ מַתַּנְיָ֥ה מַתְּנַ֖י וְיַעֲשָֽׂו׃ וּבָנִ֥י וּבִנּ֖וּי שִׁמְעִֽי׃ וְשֶֽׁלֶמְיָ֥ה וְנָתָ֖ן   ויעשי ק

40/42 וַעֲדָיָֽה׃ מַכְנַדְבַ֥י שָׁשַׁ֖י שָׁרָֽי׃ עֲזַרְאֵ֖ל וְשֶׁלֶמְיָ֥הוּ שְׁמַרְיָֽה׃ שַׁלּ֥וּם   ל . ל . ז

[28] למדנח כת זכי . למערב כת זבי ‹o: [29] למערב ישוב ישאל כת וכן קר . ולמדנ ישוב ושאל כת ושאל קר ‹o:

Ezra 10:28-42   27 אֶלְיָשִׁיב֙ (G) V S | Ἐλιάσιμος, Ga • מַתַּנְיָ֣ה G V S | Ὀθονίας, Ga • וְזָבָ֖ד G Ga
‖ 1 Esd 9:29-34   (S) | et Zabeth V • וַעֲזִיזָֽא G V | καὶ Ζερδαίας· Ga | ܚܘܝܙܐ S • 28 זַבַּ֖י V S |
καὶ Ζαβού, G | καὶ Ζάβδος Ga • עַתְלָֽי G V S | καὶ Ἐμαθίς· Ga • 29 בָנִ֗י G
V | Μανί Ga | foll ܚܒܪ S • מְשֻׁלָּ֣ם G V | Ὤλαμος, Ga | ܐܠܚܡܫ S • וּשְׁאָ֖ל G V
(S) | καὶ Ἀσάηλος Ga • יְרֵמֽוֹת׃ | ירמות Mket Ga S | וְרֵמוֹת Mqere G V • ✤ : •
30 פַּ֣חַת מוֹאָ֗ב ܡܘܐܒ S | ܐܕܠܐ Ga (indet) • וּבִנּ֥וּי to פַּ֣חַת (S) G V | Ἀδδὶ
Νάαθος καὶ Μοοσσίας, Λακκοῦνος καὶ Ναῖδος καὶ Ματθανίας καὶ Σεσθὴλ
καὶ Βαλνοῦος Ga (lit) • עַדְנָ֤א G V | ܐܕܠܐ S | Ga (indet) • וּבְנֵ֖י G V | filii
eius La (metath) | ܒܬ, ܘܒܬܢܐ, S (ditt) | Ga (indet) • וּמְנַשֶּֽׁה G Ga V | prec ܒܬ, S
(ampl) • 31 וּבְנֵ֖י (S) | καὶ ἀπὸ υἱῶν G Ga V (assim-ctext) • חָרִ֑ם G V S |
יִשִּׁיָּ֥ה S | ܐܝܫܐ Ga • אֱלִיעֶ֖זֶר G V S | Ἐλιωνᾶς Ga • יִשִּׁיָּ֥ה G Ga V | ܐܝܫܐ S •
מַלְכִּיָּ֥ה G Ga V | ܡܠܟܝܐ S (transp) • שְׁמַֽעְיָ֖ה G V S | καὶ Σαββαίας Ga •
שִׁמְעֽוֹן: G V S | foll Χοσαμαῖος· Ga • 32 בְּנְיָמִ֥ן | בְּנְיָמִן ML (err) | MS1
MY • :שְׁמַרְיָֽה G V | ܐܚܒܬ S | Ga • :שְׁמַרְיָֽה: | > Ga • בְּנְיָמִן מַלּ֖וּךְ G V (S) |
MY • (indet) 33 מַתְּנַ֥י G V S | Μαλταννναῖος Ga • זָבָֽד G Ga V | ܘܬܐ S • יְרֵמַ֥י G V |
> Ga | ܝܘܡܐ S • 34 בָנִ֑י G V | Βαανὶ Ἰερεμίας, Ga • מַעֲדַ֥י G Ga V |
ܡܕܘܬ S • 35 v 35 בְּנָיָ֥ה to v 43 יְאִיאֵל G V S | differ-txt Ga (lit) • בֵדְיָ֖ה G (V) |
ܡܕܘܬ S • כְּלֻהֽוּ | כלהי Mqere כליהו MS1(ket) (G) V
S | כלוהו MY(ket) | Ga (indet) • 36 וַנְיָ֥ה (G) V | ܘܢܝܐ S | Ga (indet) •
ܒܬ S | Ga (indet) • כְּלֻהֽוּ | כלהי MLket) כלוהו Mqere כליהו MS1(ket) (G) V
V | oἱ υἱοὶ Βανουί G (assim-ctext) | ܘܒܬܢܐ ܘܒܬ S (via וּבָנִ֥י) | Ga (indet) •
:שִׁמְעִֽי Ga V S | prec καὶ οἱ υἱοὶ G (assim-ctext) • 39 וַעֲדָיָֽה G V | ܘܐܕܝܐ
S | Ga (indet) • :שָׁרָֽי V S | Ἀρού,
G | Ga (indet) • 40 מַכְנַדְבַ֥י G V | ܡܟܢܕܒܝ S | Ga (indet) •
G | Ga (indet) • 41 וְשֶׁלֶמְיָ֥הוּ G V | > S | Ga (indet) •

43 אֲמַרְיָ֖ה יוֹסֵֽף׃ ס מִבְּנֵ֣י נְב֔וֹ יְעִיאֵ֤ל מַתִּתְיָה֙ זָבָ֣ד זְבִינָ֔א יַדּ֖וּ

44 וְיוֹאֵ֖ל בְּנָיָֽה׃ כָּל־אֵ֕לֶּה נָשְׂא֖וּ נָשִׁ֣ים נָכְרִיּ֑וֹת וְיֵ֣שׁ מֵהֶ֣ם נָשִׁ֔ים

וַיָּשִׂ֖ימוּ בָּנִֽים׃ פ

כסליו
ק

1 דִּבְרֵ֥י נְחֶמְיָ֖ה בֶּן־חֲכַלְיָ֑ה וַיְהִ֣י בְחֹֽדֶשׁ־כִּסְלֵ֗ו שְׁנַ֤ת עֶשְׂרִים֙ וַאֲנִ֣י

2 הָיִ֖יתִי בְּשׁוּשַׁ֣ן הַבִּירָֽה׃ וַיָּבֹ֨א חֲנָ֜נִי אֶחָ֧ד מֵאַחַ֛י ה֥וּא וַאֲנָשִׁ֖ים מִֽיהוּדָ֑ה

וָאֶשְׁאָלֵ֞ם עַל־הַיְּהוּדִ֧ים הַפְּלֵיטָ֛ה אֲשֶֽׁר־נִשְׁאֲר֥וּ מִן־הַשֶּׁ֖בִי וְעַל־

3 יְרוּשָׁלִָֽם׃ וַיֹּ֣אמְרוּ לִ֔י הַֽנִּשְׁאָרִ֞ים אֲשֶֽׁר־נִשְׁאֲר֤וּ מִן־הַשְּׁבִי֙ שָׁ֣ם

בַּמְּדִינָ֔ה בְּרָעָ֥ה גְדֹלָ֖ה וּבְחֶרְפָּ֑ה וְחוֹמַ֤ת יְרֽוּשָׁלִַ֙ם֙ מְפֹרָ֔צֶת וּשְׁעָרֶ֖יהָ

4 נִצְּת֥וּ בָאֵֽשׁ׃ וַיְהִ֞י כְּשָׁמְעִ֣י ׀ אֶת־הַדְּבָרִ֣ים הָאֵ֗לֶּה יָשַׁ֙בְתִּי֙ וָֽאֶבְכֶּ֔ה

5 וָאֶתְאַבְּלָ֖ה יָמִ֑ים וָאֱהִ֤י צָם֙ וּמִתְפַּלֵּ֔ל לִפְנֵ֖י אֱלֹהֵ֥י הַשָּׁמָֽיִם׃ וָאֹמַ֗ר

אָ֣נָּ֤א יְהוָה֙ אֱלֹהֵ֣י הַשָּׁמַ֗יִם הָאֵ֤ל הַגָּדוֹל֙ וְהַנּוֹרָ֔א שֹׁמֵ֤ר הַבְּרִית֙ וָחֶ֔סֶד

6 לְאֹהֲבָ֖יו וּלְשֹׁמְרֵ֣י מִצְוֺתָ֑יו תְּהִ֣י נָ֣א אָזְנְךָֽ־קַשֶּׁ֗בֶת וְעֵינֶ֙יךָ֙ פְתֻחֹ֔ות

[1:4] וָאֶבְכֶּה ג ויאמר בעוד הילד חי . ואבכה בצום נפשי . ויהי בשמעו ׃ ס: [5] יהוה
אלהי השמים ו ואשביעך . אשר לקחני . אני ירא . כה אמר כורש . ואמר אנה
יהוה ׃ ס: וחסד ה טבא . רדף צדקתא . ונטר . חיא . לאסתר ׃ ס:

43 זְבִינָ֔א G V (S) | זָבָ֣ד G Gα V | ‫ܘܙܒܕ‬ S | Gα (indet) • יְעִיאֵ֤ל G V | ‫ܘܥܕܠ‬ S | Gα (indet) • יַדּ֖וּ M^ket V | ‫ידו‬ M^qere G Gα | > S ✝ • **44** נָשְׂא֖וּ G (Gα) V S | ‫נשאי‬ M^ket V | יַדּ֖וּ M^qere G Gα | > S ✝ • וְיֵ֣שׁ מֵהֶ֣ם נָשִׁ֔ים V | καὶ M^L(ket)* M^S1(ket) M^Y(ket) | נָשְׂא֖וּ M^qere M^L(ket)+ • ἐγέννησαν ἐξ αὐτῶν G (abbr) | > Gα (om) | (אֲנָשִׁים) via ‫ܕܝܢ ܐܢܫܐ‬ S (via) • וַיָּשִׂ֖ימוּ בָּנִֽים׃ υἱούς G (abbr) | καὶ ἀπέλυσαν αὐτὰς σὺν τέκνοις. Gα (exeg) | quae pepererant filios V (S) (exeg) •

Neh 1:1 חֲכַלְיָ֑ה G V | ‫ܣܠܡܐ‬ S • כִּסְלֵ֗ו G V | ‫ܚܝܐ‬ S • הַבִּירָֽה׃ V S | ἀβιρά, G (transcr) • **2** מִֽיהוּדָ֑ה G V | ‫ܕܝܗܘܕ‬ S (facil-styl) • הַיְּהוּדִ֧ים הַפְּלֵיטָ֛ה (V) | τῶν σωθέντων, G S (abbr) • וְעַל־יְרוּשָׁלִָֽם׃ G V | ‫ܘܥܠ ܐܘܪܫܠܡ‬ S (ampl) • **3** לִ֔י G V | foll ‫ܐܠܘܗܘܢ‬ S (ampl) • הַֽנִּשְׁאָרִ֞ים S | Οἱ καταλειπόμενοι G (abbr) | אֲשֶֽׁר־נִשְׁאֲר֤וּ (V) | ‫ܗܢܘܢ ܐܢܫܐ ܕܦܠܛܘ‬ S (exeg) • וּבְחֶרְפָּ֑ה G V | foll ‫ܘܒܨܥܪܐ‬ S (ampl) • **4** יָמִ֑ים G V | foll ‫ܣܓܝܐܐ‬ S (ampl) • **5** הָאֵ֤ל הַגָּדוֹל֙ V | ὁ ἰσχυρὸς καὶ ὁ μέγας G (lib-seman) | ‫ܐܠܗܐ ܪܒܐ‬ S (ampl) • וָחֶ֔סֶד | καὶ τὸ ἔλεος G (assim-usu) | τὸν ἔλεον αὐτοῦ G^L (assim-ctext) | V S (indet) • לְאֹהֲבָ֖יו G S | qui te diligunt V (shift) • מִצְוֺתָ֑יו G S | mandata tua V (shift) • **6** אָזְנְךָֽ־קַשֶּׁ֗בֶת G V | τὰ ὦτά σου προσέχοντα G^L S (assim-ctext) • אָזְנְךָֽ־קַשֶּׁ֗בֶת וְעֵינֶ֙יךָ֙ פְתֻחֹ֔ות G V | ‫ܐܢܬ ܡܨܬ ܐܕܢܝܟ ܘܥܝܢܝܟ ܚܬܝܢ‬ S (transp) • פְתֻחֹ֔ות M^L M^S1 (err) | פְתֻחֹ֔ות M^Y •

Ezra 10:43-44
‖ 1 Esd 9:35-36

לִשְׁמֹעַ אֶל־תְּפִלַּת עַבְדְּךָ אֲשֶׁר אָנֹכִי מִתְפַּלֵּל לְפָנֶיךָ הַיּוֹם יוֹמָם

וָלַיְלָה עַל־בְּנֵי יִשְׂרָאֵל עֲבָדֶיךָ וּמִתְוַדֶּה עַל־חַטֹּאות בְּנֵי־יִשְׂרָאֵל   ז

7 אֲשֶׁר חָטָאנוּ לָךְ וַאֲנִי וּבֵית־אָבִי חָטָאנוּ: חֲבֹל חָבַלְנוּ לָךְ וְלֹא־   ל

שָׁמַרְנוּ אֶת־הַמִּצְוֹת וְאֶת־הַחֻקִּים וְאֶת־הַמִּשְׁפָּטִים אֲשֶׁר צִוִּיתָ   ד

8 אֶת־מֹשֶׁה עַבְדֶּךָ: זְכָר־נָא אֶת־הַדָּבָר אֲשֶׁר צִוִּיתָ אֶת־מֹשֶׁה

9 עַבְדְּךָ לֵאמֹר אַתֶּם תִּמְעָלוּ אֲנִי אָפִיץ אֶתְכֶם בָּעַמִּים: וְשַׁבְתֶּם אֵלַי   ל

וּשְׁמַרְתֶּם מִצְוֹתַי וַעֲשִׂיתֶם אֹתָם אִם־יִהְיֶה נִדַּחֲכֶם בִּקְצֵה הַשָּׁמַיִם   ל חֹס בכת

מִשָּׁם אֲקַבְּצֵם וַהֲבִיאוֹתִים אֶל־הַמָּקוֹם אֲשֶׁר בָּחַרְתִּי לְשַׁכֵּן אֶת־   והביאותים
ק

10 שְׁמִי שָׁם: וְהֵם עֲבָדֶיךָ וְעַמֶּךָ אֲשֶׁר פָּדִיתָ בְּכֹחֲךָ הַגָּדוֹל וּבְיָדְךָ   ט רא פס

11 הַחֲזָקָה: אָנָּא אֲדֹנָי תְּהִי נָא אָזְנְךָ־קַשֶּׁבֶת אֶל־תְּפִלַּת עַבְדְּךָ וְאֶל־   ג כת כן בסיפ סהֿ

תְּפִלַּת עֲבָדֶיךָ הַחֲפֵצִים לְיִרְאָה אֶת־שְׁמֶךָ וְהַצְלִיחָה־נָּא לְעַבְדְּךָ   ל . ל וחד
הצליחה נא

הַיּוֹם וּתְנֵהוּ לְרַחֲמִים לִפְנֵי הָאִישׁ הַזֶּה וַאֲנִי הָיִיתִי מַשְׁקֶה   ל וחד בכסף מלא
תנהו . ב

2 לַמֶּלֶךְ:   פ   וַיְהִי | בְּחֹדֶשׁ נִיסָן שְׁנַת עֶשְׂרִים לְאַרְתַּחְשַׁסְתְּא   ב הוא חדש

הַמֶּלֶךְ יַיִן לְפָנָיו וָאֶשָּׂא אֶת־הַיַּיִן וָאֶתְּנָה לַמֶּלֶךְ וְלֹא־הָיִיתִי רַע

2 לְפָנָיו: וַיֹּאמֶר לִי הַמֶּלֶךְ מַדּוּעַ | פָּנֶיךָ רָעִים וְאַתָּה אֵינְךָ חוֹלֶה   ל מל

---

[7] ואת החקים ד וסימנה ושמרת את המצוה . והיתה עמו וקרא בו . ואת החקים
דמלכים . חבל חבלנו לך ב ס׳: [9] והביאותים ד וס׳ אל הר קדשי . אל אדמתם . אל
הארץ הזאת . אל המקום ב ס׳: [2:2] חולה ב וס׳ ואת החולה . ואתה אינך
חולה ס׳:

---

6 הַיּוֹם G V | > S (implic) • חָטָאנוּ¹ G | 3 pl G^L V S (shift) • חָטָאנוּ:² G V | foll מדאטא S (ampl) • **7** חֲבֹל חָבַלְנוּ | διαλύσει διελύσαμεν G (exeg) | καὶ ματαιώσει ἐματαιώθημεν G^L V (via √הבל) | > S • וְאֶת־הַמִּשְׁפָּטִים G V | > S (abbr) • **8** לֵאמֹר G V | ﺣﺰ S (facil-styl) • **9** אֲקַבְּצֵם G | συνάξω ὑμᾶς G^{Mss} V S (assim-ctext) • וַהֲבִיאוֹתִים | והביאתים M^{ket} (err) | וַהֲבִיאֹתִים M^{qere} G | καὶ εἰσάξω ὑμᾶς G^{Mss} V S (assim-ctext) ‖ pref וַהֲבִיאֹתִים see M^{qere} G (G^{Mss}) (V) (S) ÷ • **11** אֲדֹנָי V S | > G (implic) • עֲבָדֶיךָ G V | > S (implic) • מַשְׁקֶה G V S | εὐνοῦχος G^{Mss} (lib-seman) • **2:1** יַיִן לְפָנָיו (V) | καὶ ἦν ὁ οἶνος ἐνώπιον ἐμοῦ, G (facil-synt) | ﻛﺤﻼ ﻣﺪﻣ ﺣﺰﺣﺰ ﺟﺰﺣﺰ ﻣﺪﺣﺰ S (facil-seman) • לְפָנָיו V | ἐνώπιον ἐμοῦ, G (assim-ctext) | ﻛﺤﻼ ﻣﺪﺣﺰ S (explic) • וְלֹא G V^{We} S | > V (om) • וְלֹא־הָיִיתִי רַע לְפָנָיו: V^{We} S | καὶ οὐκ ἦν ἕτερος ἐνώπιον αὐτοῦ· G (via רֵעַ) | καὶ οὐκ ἦν ἕτερος ἐνώπιον αὐτοῦ καὶ ἤμην σκυθρωπός G^L (dbl) | *et eram quasi languidus ante faciem eius* V (facil-seman) ÷ • **2** חוֹלֶה V S | μετριάζων; G (lib-seman) •

ג בטע דלא מפק
יח וכול חיו
יחיה כות
ג . ז . ה . ל
ג בסיפ
ל . ה
ל . ל
ל . ל
ב . ג מל
ל . ל ומל
ו . ל
ב ומל בליש
ח
ל
ל
ג

3 אֵין זֶה כִּי־אִם רֹעַ לֵב וָאִירָא הַרְבֵּה מְאֹד׃ וָאֹמַר לַמֶּלֶךְ הַמֶּלֶךְ
לְעוֹלָם יִחְיֶה מַדּוּעַ לֹא־יֵרְעוּ פָנַי אֲשֶׁר הָעִיר בֵּית־קִבְרוֹת אֲבֹתַי

4 חֲרֵבָה וּשְׁעָרֶיהָ אֻכְּלוּ בָאֵשׁ׃ ס וַיֹּאמֶר לִי הַמֶּלֶךְ עַל־מַה־

5 זֶּה אַתָּה מְבַקֵּשׁ וָאֶתְפַּלֵּל אֶל־אֱלֹהֵי הַשָּׁמָיִם׃ וָאֹמַר לַמֶּלֶךְ אִם־
עַל־הַמֶּלֶךְ טוֹב וְאִם־יִיטַב עַבְדְּךָ לְפָנֶיךָ אֲשֶׁר תִּשְׁלָחֵנִי אֶל־

6 יְהוּדָה אֶל־עִיר קִבְרוֹת אֲבֹתַי וְאֶבְנֶנָּה׃ וַיֹּאמֶר לִי הַמֶּלֶךְ וְהַשֵּׁגַל |
יוֹשֶׁבֶת אֶצְלוֹ עַד־מָתַי יִהְיֶה מַהֲלָכְךָ וּמָתַי תָּשׁוּב וַיִּיטַב לִפְנֵי־

7 הַמֶּלֶךְ וַיִּשְׁלָחֵנִי וָאֶתְּנָה לוֹ זְמָן׃ וָאוֹמַר לַמֶּלֶךְ אִם־עַל־הַמֶּלֶךְ טוֹב
אִגְּרוֹת יִתְּנוּ־לִי עַל־פַּחֲווֹת עֵבֶר הַנָּהָר אֲשֶׁר יַעֲבִירוּנִי עַד אֲשֶׁר־

8 אָבוֹא אֶל־יְהוּדָה׃ וְאִגֶּרֶת אֶל־אָסָף שֹׁמֵר הַפַּרְדֵּס אֲשֶׁר לַמֶּלֶךְ
אֲשֶׁר יִתֶּן־לִי עֵצִים לְקָרוֹת אֶת־שַׁעֲרֵי הַבִּירָה אֲשֶׁר־לַבַּיִת
וּלְחוֹמַת הָעִיר וְלַבַּיִת אֲשֶׁר־אָבוֹא אֵלָיו וַיִּתֶּן־לִי הַמֶּלֶךְ כְּיַד־

9 אֱלֹהַי הַטּוֹבָה עָלָי׃ וָאָבוֹא אֶל־פַּחֲווֹת עֵבֶר הַנָּהָר וָאֶתְּנָה לָהֶם
אֵת אִגְּרוֹת הַמֶּלֶךְ וַיִּשְׁלַח עִמִּי הַמֶּלֶךְ שָׂרֵי חַיִל וּפָרָשִׁים׃ פ

10 וַיִּשְׁמַע סַנְבַלַּט הַחֹרֹנִי וְטוֹבִיָּה הָעֶבֶד הָעַמֹּנִי וַיֵּרַע לָהֶם רָעָה

11 גְדֹלָה אֲשֶׁר־בָּא אָדָם לְבַקֵּשׁ טוֹבָה לִבְנֵי יִשְׂרָאֵל׃ וָאָבוֹא אֶל־

12 יְרוּשָׁלַ͏ִם וָאֱהִי־שָׁם יָמִים שְׁלֹשָׁה׃ וָאָקוּם | לַיְלָה | אֲנִי וַאֲנָשִׁים |
מְעַט עִמִּי וְלֹא־הִגַּדְתִּי לְאָדָם מָה אֱלֹהַי נֹתֵן אֶל־לִבִּי לַעֲשׂוֹת

כי אם ג בטע דלא מפקין וסימנה כי אם אשר יצא ממעיך . בדם שפכו ׃o ואירא ג
וסימנה כי עירם אנכי ואחבא . על כן זחלתי . ואירא הרבה מאד ׃o

2 רַע לֵב G S | *malum nescio quid in corde tuo est* V (ampl) • 3 קִבְרוֹת G V |
ܡܚܠܬܐ S (lib-sem) • וַיֹּאמֶר ס בָאֵשׁ׃ M^L | וַיֹּאמֶר בָאֵשׁ׃ M^Y | M^S1 (indet) •
5 תִּשְׁלָחֵנִי V S | πέμψαι αὐτόν G (assim-ctext) • עִיר G V | foll ܗܕܐ S
(ampl) • קִבְרוֹת G | sg V S (shift) • 6 וְהַשֵּׁגַל G | foll *eius* La (explic) | *et regina*
V (assim-Ps 45:10) | ܐܠܝ S (substit) • יוֹשֶׁבֶת אֶצְלוֹ | ἡ καθημένη ἐχόμενα
αὐτοῦ G V (facil-styl) | > S (om) | וָאֶתְּנָה לוֹ G V | ܝܗܒܬ S (shift) | *dedit* La
(shift) • 7 יִתְּנוּ (S) | δότω G V (assim-ctext) • אֲשֶׁר יַעֲבִירוּנִי V | ὥστε
παραγαγεῖν με, G (lib-seman) | ܢܥܒܪܘܢܢܝ S (via √עזר) • 8 הַבִּירָה אֲשֶׁר־לַבַּיִת
| > G (om) | *turris domus* V (lib-seman) | ܒܝܬܐ ܕܒܗ S (lib-seman) • וּלְחוֹמַת G
S | pl V (shift) • אֱלֹהַי V S | θεοῦ G (implic) • עָלָי׃ (V) S | > G (implic) •
9 פַּחֲווֹת G V | sg S (shift) • לָהֶם G V | sg S (shift) • 10 הָעֶבֶד הָעַמֹּנִי G V |
וַיֵּרַע לָהֶם רָעָה גְדֹלָה (G) V S | καὶ πονηρὸν
αὐτοῖς ἐγένετο καὶ ἐλυπήθησαν G^L (ampl) • 12 מְעַט G V | ܩܠܝܠ S (substit) •

לִירוּשָׁלִַם וּבְהֵמָה אֵין עִמִּי כִּי אִם־הַבְּהֵמָה אֲשֶׁר אֲנִי רֹכֵב בָּהּ׃

13 וָאֵצְאָה בְשַׁעַר־הַגַּיא לַיְלָה וְאֶל־פְּנֵי עֵין הַתַּנִּין וְאֶל־שַׁעַר הָאַשְׁפֹּת וָאֱהִי שֹׁבֵר בְּחוֹמֹת יְרוּשָׁלִַם אֲשֶׁר־הֵמְפְרוּצִים וּשְׁעָרֶיהָ

14 אֻכְּלוּ בָאֵשׁ׃ וָאֶעֱבֹר אֶל־שַׁעַר הָעַיִן וְאֶל־בְּרֵכַת הַמֶּלֶךְ וְאֵין־

15 מָקוֹם לַבְּהֵמָה לַעֲבֹר תַּחְתָּי׃ וָאֱהִי עֹלֶה בַנַּחַל לַיְלָה וָאֱהִי שֹׁבֵר

16 בַּחוֹמָה וָאָשׁוּב וָאָבוֹא בְּשַׁעַר הַגַּיְא וָאָשׁוּב׃ וְהַסְּגָנִים לֹא יָדְעוּ אָנָה

17 הָלַכְתִּי וּמָה אֲנִי עֹשֶׂה וְלַיְּהוּדִים וְלַכֹּהֲנִים וְלַחֹרִים וְלַסְּגָנִים וּלְיֶתֶר עֹשֵׂה הַמְּלָאכָה עַד־כֵּן לֹא הִגַּדְתִּי׃ וָאוֹמַר אֲלֵהֶם אַתֶּם רֹאִים

18 הָרָעָה אֲשֶׁר אֲנַחְנוּ בָהּ אֲשֶׁר יְרוּשָׁלִַם חֲרֵבָה וּשְׁעָרֶיהָ נִצְּתוּ בָאֵשׁ לְכוּ וְנִבְנֶה אֶת־חוֹמַת יְרוּשָׁלִַם וְלֹא־נִהְיֶה עוֹד חֶרְפָּה׃ וָאַגִּיד לָהֶם אֶת־יַד אֱלֹהַי אֲשֶׁר־הִיא טוֹבָה עָלַי וְאַף־דִּבְרֵי הַמֶּלֶךְ אֲשֶׁר אָמַר־לִי וַיֹּאמְרוּ נָקוּם וּבָנִינוּ וַיְחַזְּקוּ יְדֵיהֶם לַטּוֹבָה׃ פ

19 וַיִּשְׁמַע סַנְבַלַּט הַחֹרֹנִי וְטֹבִיָּה ׀ הָעֶבֶד הָעַמֹּנִי וְגֶשֶׁם הָעַרְבִי וַיַּלְעִגוּ לָנוּ וַיִּבְזוּ עָלֵינוּ וַיֹּאמְרוּ מָה־הַדָּבָר הַזֶּה אֲשֶׁר אַתֶּם עֹשִׂים

20 הַעַל הַמֶּלֶךְ אַתֶּם מֹרְדִים׃ וָאָשִׁיב אוֹתָם דָּבָר וָאוֹמַר לָהֶם אֱלֹהֵי

12 לִירוּשָׁלִַם (V) S | μετὰ τοῦ Ἰσραήλ, G (substit) • 13 הַגַּיא לַיְלָה V S | τοῦ γωληλὰ G (translit) | τοῦ γωληλὰ νυκτός G^L (ampl, G) • וְאֶל־פְּנֵי V S | πρὸς στόμα G (via פִּי) • הַתַּנִּין V S | τῶν συκῶν G (via תְּאֵנִים) • שֹׁבֵר V S | συντρίβων G (via √שבר) • בְּחוֹמֹת S | sg G V (shift) • הֵמְפְרוּצִים | הַמְפְרוּצִים M^ket (V) S | פְּרוּצִים הֵם M^qere (G) ÷ • 14 הָעַיִן V | τοῦ Ἄϊν G (translit) ܪ܏ܠ S (assim-v 13) • תַּחְתָּי׃ לַעֲבֹר G | cui sedebam ut transiret V (facil-synt) | שֹׁבֵר ܀ S (facil-seman) • 15 בַנַּחַל V S | prec ἐν τῷ τείχει G (explic) | שֹׁבֵר V S | συντρίβων G (via √שבר) • וָאָשׁוּב וָאָבוֹא V (S) | καὶ ἤμην G (abbr) • 16 וְהַסְּגָנִים V S | καὶ οἱ φυλάσσοντες G (substit) • וְלַחֹרִים G V S | καὶ τοῖς Λευίταις G^L (substit) • וְלַסְּגָנִים G V | ܡ̈ܠܦܐ S (substit) • הַמְּלָאכָה V | pl G S (assim-ctext) • 17 חוֹמַת G S | pl V (shift) • 18 אֱלֹהַי V S | τοῦ θεοῦ, G (implic) • וַיֹּאמְרוּ S | καὶ εἶπα G V (assim-ctext) • לַטּוֹבָה׃ G V | prec ܠܡܚܕܐ S (explic) • 19 הָעֶבֶד G V | ܥܒܕܐ S (harm-v 10) • וַיִּבְזוּ V S | καὶ ἦλθον G (via וַיָּבֹאוּ) | καὶ κατεφρόνουν ἡμῶν καὶ ἦλθον G^L (dbl) •

גׄ הַשָּׁמַ֣יִם ה֣וּא יַצְלִ֣יחַֽ לָ֗נוּ וַאֲנַ֤חְנוּ עֲבָדָיו֙ נָק֣וּם וּבָנִ֔ינוּ וְלָכֶ֗ם אֵֽין־חֵ֧לֶק

לׄ וחד ולזכרון וּצְדָקָ֛ה וְזִכָּר֖וֹן בִּירוּשָׁלָֽ͏ִם׃ וַיָּ֡קָם אֶלְיָשִׁיב֩ הַכֹּהֵ֨ן הַגָּד֜וֹל וְאֶחָ֣יו 3

בׄ ומׄל הַכֹּהֲנִ֗ים וַֽיִּבְנוּ֙ אֶת־שַׁ֣עַר הַצֹּ֔אן הֵ֣מָּה קִדְּשׁ֔וּהוּ וַֽיַּעֲמִ֖ידוּ דַּלְתֹתָ֑יו

גׄ פסוק דאית בהון ועד עד וְעַד־מִגְדַּ֤ל הַמֵּאָה֙ קִדְּשׁ֔וּהוּ עַ֖ד מִגְדַּ֥ל חֲנַנְאֵֽל׃ ס וְעַל־יָד֣וֹ 2

בָּנ֖וּ אַנְשֵׁ֣י יְרֵח֑וֹ ס וְעַל־יָד֥וֹ בָנָ֔ה זַכּ֖וּר בֶּן־אִמְרִֽי׃ ס

וְאֵת֙ שַׁ֣עַר הַדָּגִ֔ים בָּנ֖וּ בְּנֵ֣י הַסְּנָאָ֑ה הֵ֣מָּה קֵר֔וּהוּ וַֽיַּעֲמִ֖ידוּ דַּלְתֹתָ֑יו 3

לׄ מׄל . זׄ בעׄ מַנְעוּלָ֖יו וּבְרִיחָֽיו׃ ס וְעַל־יָדָ֤ם הֶחֱזִיק֙ מְרֵמ֔וֹת בֶּן־אוּרִיָּ֖ה 4

זׄ בעׄ בֶּן־הַקּ֑וֹץ ס וְעַל־יָדָ֤ם הֶחֱזִיק֙ מְשֻׁלָּ֔ם בֶּן־בֶּרֶכְיָ֖ה בֶּן־

גׄ כׄת אׄ מְשֵׁיזַבְאֵ֑ל ס וְעַל־יָדָ֤ם הֶחֱזִיק֙ צָד֖וֹק בֶּן־בַּעֲנָֽא׃ ס

זׄ בעׄ . בׄ חד מׄל וְעַל־יָדָ֤ם הֶחֱזִ֙יקוּ֙ הַתְּקוֹעִ֔ים וְאַדִּֽירֵיהֶם֙ לֹא־הֵבִ֣יאוּ צַוָּרָ֔ם 5

בַּעֲבֹדַ֖ת אֲדֹנֵיהֶֽם׃ ס וְאֵת֩ שַׁ֨עַר הַיְשָׁנָ֜ה הֶחֱזִ֗יקוּ יֽוֹיָדָע֙ בֶּן־ 6

לׄ . לׄ ומׄל פָּסֵ֔חַ וּמְשֻׁלָּ֖ם בֶּן־בְּסֽוֹדְיָ֑ה הֵ֣מָּה קֵר֔וּהוּ וַֽיַּעֲמִ֙ידוּ֙ דַּלְתֹתָ֔יו וּמַנְעֻלָ֖יו

לׄ וחד ידון רוחי וּבְרִיחָֽיו׃ ס וְעַל־יָדָ֤ם הֶחֱזִיק֙ מְלַטְיָ֣ה הַגִּבְעֹנִ֗י וְיָדוֹן֙ הַמֵּרֹ֣נֹתִ֔י 7

וׄ . גׄ בעׄ אַנְשֵׁ֤י גִבְעוֹן֙ וְהַמִּצְפָּ֔ה לְכִסֵּ֕א פַּחַ֖ת עֵ֣בֶר הַנָּהָ֑ר׃ ס עַל־יָד֣וֹ 8

[3:1] גׄ פסוק דאית בהון ועד עד וסימנהון ושתי את גבלך מים סוף . וילך למסעיו מנגב
ועד בית אל . ויקם אלישיב הכהן הגדול :ס [4] וׄ ועל ידם זׄ בסיף וסימׄ מרמות שלושה
בו . התקועים . מלטיה . רפיה . ידיה :ס :ס [5] ואדיריהם בׄ שלחו צעיריהם
למים . ואדיריהם לא הביאו צורם :ס [7] לכסא וׄ לכסא רפיין וסימ ותקעתיו יתד . לכסא
המלכים . כי עשרת צמדי כרם . נשבע יהוה . אם ישמרו בניך בריתי . מלטיה :ס
[8] על ידו גׄ בסיף וסימנהון עזיאל . חשביה . ויחזק . ושאר ועל :ס

20 עֲבָדָיו G V | حبده S (shift) • נָק֣וּם V S | καθαροί, G (via נְקִיִּם) | καθαροί
ἀναστησόμεθα G^L (dbl) • ومه مهدمدیس معلاه S | חֵ֧לֶק וּצְדָקָ֛ה וְזִכָּר֖וֹן G V | חׄלק
(transp) • בִּירוּשָׁלָֽ͏ִם M^Y • בִּירוּשָׁלָֽ͏ִם M^{S1} | ס וַיָּ֡קָם M^L | פׄ בִּירוּשָׁלָֽ͏ִם: וַיָּ֡קָם
3:1 וַֽיִּבְנוּ֙ G V | معتهم, S (metath) • הֵ֣מָּה קִדְּשׁ֔וּהוּ G V | معدزمهده S (via
S معدمه مهدهده, معدزمهده, G V | הֵ֣מָּה קִדְּשׁ֔וּהוּ וַֽיַּעֲמִ֖ידוּ דַּלְתֹתָ֑יו • (קִדְשׁ֔וּהוּ)
(transp) • הַמֵּאָה֙ G S | foll cubitorum V (explic) • קִדְּשׁ֔וּהוּ²ֹ V S | ἡγίασαν, G
(implic) • 2 וְעַל־יָד֣וֹ¹ V | καὶ ἐπὶ χεῖρας G S (implic) • בָּנ֖וּ V | υἱῶν G
(via בְּנֵי) | > S (implic) • וְעַל־יָד֥וֹ² V | καὶ ἐπὶ χεῖρας G S (implic) • בָנָ֔ה V |
υἱῶν G S (via בְּנֵי) • בֶּן G V | > S (om) • 4 מְרֵמ֔וֹת V S | ἀπὸ ʿΡαμὼθ G •
בֶּרֶכְיָ֖ה G V | حنه S 5 וְאַדִּֽירֵיהֶם֙ V S | καὶ ἀδωρηέμ G (transcr) •
בַּעֲבֹדַ֖ת V S | εἰς δουλείαν αὐτῶν. G (implic) • 6 הַיְשָׁנָ֜ה V | τοῦ Ἰασανά G
(transcr) | هۉسه S (via הַמִּשְׁנֶה) • 7 וְיָדוֹן֙ V (S) | καὶ Εὐαρών G • הַמֵּרֹ֣נֹתִ֔י G V |
(transcr) • لכִסֵּ֕א G | > V (om) | prec حبده S (exeg) • 8 עַל־יָד֣וֹ V | καὶ παρʾ
αὐτῶν G (assim-ctext) | حسهمه S (implic) •

הֶחֱזִ֗יק עֻזִּיאֵ֤ל בֶּן־חַרְהֲיָה֙ צֽוֹרְפִ֔ים ס וְעַל־יָד֣וֹ הֶחֱזִ֔יק חֲנַנְיָ֖ה ל̇ ומל
9 בֶּן־הָרַקָּחִ֑ים וַיַּֽעַזְבוּ֙ יְר֣וּשָׁלַ֔ם עַ֖ד הַחוֹמָ֥ה הָרְחָבָֽה׃ ס וְעַל֩־ ז̇ בעינ
10 יָדָ֨ם הֶחֱזִ֜יק רְפָיָ֣ה בֶן־ח֗וּר שַׂ֚ר חֲצִ֣י פֶּ֔לֶךְ יְרוּשָׁלָֽ͏ִם׃ ס וְעַל֩־ ז̇ בעינ
יָדָ֨ם הֶחֱזִ֜יק יְדָיָ֧ה בֶן־חֲרוּמַ֛ף וְנֶ֥גֶד בֵּית֑וֹ ס וְעַל־יָד֣וֹ הֶחֱזִ֔יק ל̇
11 חַטּ֖וּשׁ בֶּן־חֲשַׁבְנְיָֽה׃ מִדָּ֣ה ׀ שֵׁנִ֗ית הֶחֱזִיק֙ מַלְכִּיָּ֣ה בֶן־חָרִ֔ם וְחַשּׁ֖וּב ל̇ רא פס
12 בֶּן־פַּחַ֣ת מוֹאָ֑ב וְאֵ֖ת מִגְדַּ֥ל הַתַּנּוּרִֽים׃ ס וְעַל־יָד֣וֹ הֶחֱזִ֔יק ב̇
13 שַׁלּוּם֙ בֶּן־הַלּ֣וֹחֵ֔שׁ שַׂ֕ר חֲצִ֖י פֶּ֣לֶךְ יְרוּשָׁלָ֑͏ִם ה֖וּא וּבְנוֹתָֽיו׃ ס אֵת֩ ב̇ . ג̇ מל
שַׁ֨עַר הַגַּ֜יְא הֶחֱזִ֣יק חָנוּן֮ וְיֹשְׁבֵ֣י זָנוֹחַ֒ הֵ֣מָּה בָנ֗וּהוּ וַֽיַּעֲמִ֙ידוּ֙ דַּלְתֹתָ֔יו
14 מַנְעֻלָ֖יו וּבְרִיחָ֑יו וְאֶ֤לֶף אַמָּה֙ בַּֽחוֹמָ֔ה עַ֖ד שַׁ֥עַר הָשְׁפֽוֹת׃ וְאֵ֣ת ׀ ל̇
שַׁ֣עַר הָאַשְׁפּ֗וֹת הֶחֱזִיק֙ מַלְכִּיָּ֣ה בֶן־רֵכָ֔ב שַׂ֖ר פֶּ֣לֶךְ בֵּית־הַכָּ֑רֶם ה֣וּא
15 יִבְנֶ֔נּוּ וְיַֽעֲמִיד֙ דַּלְתֹתָ֔יו מַנְעֻלָ֖יו וּבְרִיחָֽיו׃ ס וְאֵת֩ שַׁ֨עַר הָעַ֜יִן
הֶחֱזִ֣יק שַׁלּ֣וּן בֶּן־כָּל־חֹזֶה֮ שַׂ֣ר ׀ פֶּ֣לֶךְ הַמִּצְפָּה֒ ה֣וּא יִבְנֶ֗נּוּ וִיטַֽלְלֶ֙נּוּ֙ ל̇ . ב̇ . ב̇ . וְיַטַ֫ל מחלפ
וְיַֽעֲמִ֙ידוּ֙ דַּלְתֹתָ֔יו מַנְעֻלָ֖יו וּבְרִיחָ֑יו וְאֵ֡ת חוֹמַ֞ת בְּרֵכַ֤ת הַשֶּׁ֙לַח֙ לְגַן־ ויעמיד ק̇
16 הַמֶּ֔לֶךְ וְעַד־הַֽמַּעֲל֔וֹת הַיּֽוֹרְד֖וֹת מֵעִ֥יר דָּוִֽיד׃ ס אַחֲרָ֣יו ל̇ מל

[12] ובנותיו ולבנותיו ג̇ מל̇ וישכם לבן בבקר וינשק לבן . כל נפש בניו . הוא ובנותיו :ס:

8 חַרְהֲיָה֙ V | Ἀραχίου G | ܚܢܢܝܐ S • צֽוֹרְפִ֔ים G | sg V (assim-ctext) | ܒܪ ܨܪܘܦܐ S (assim-ctext) • וְעַל־יָד֣וֹ V | καὶ ἐπὶ χεῖρα αὐτῶν G (assim-ctext) | ܘܠܘܬܗ S (implic) • הָרַקָּחִ֑ים V | Ῥωκεΐμ, G (transcr) | ܡܒܣܡܐ S • עַ֖ד הַחוֹמָ֥ה הָרְחָבָֽה׃ G (V) | ܥܕ ܫܘܪܗ̇ ܐܘܪܫܠܡ S (shift) • הָרְחָבָֽה׃ G | *plateae latioris* V (via הָרְחוֹב) | ܐܘܪܫܠܡ S (shift) • **9** וְעַל־יָדָ֨ם G | *et iuxta eum* V (shift) | ܘܠܘܬܗ S (implic) • רְפָיָ֣ה G V | ܐܪܦܝܐ S • חֲצִ֣י G | > V (abbr) | S (indet) • **10** יְדָיָ֧ה G (S) | *Ieiada* V • חֲרוּמַ֛ף G (S) | *Aromath* V • וְנֶ֥גֶד G (V) | ܘܩܕܡ S (via וְנָגִיד) • **11** מִדָּ֣ה שֵׁנִ֗ית S | καὶ δεύτερος G (abbr) | *mediam partem vici* V (explic) • פַּחַ֣ת מוֹאָ֑ב G V | ܕܟܐ ܕܬܢܘܪܐ S • וְאֵ֖ת מִגְדַּ֥ל V S | καὶ ἕως πύργου G (assim-ctext) • הַתַּנּוּרִֽים׃ V | τῶν Θαννουρίμ. G (transcr) | ܕܐܫܬܪܟܘ S (via נוֹתָרִים) • **12** הַלּ֣וֹחֵ֔שׁ G V | ܫܠܘܡ S • וּבְנוֹתָֽיו׃ G V | ܘܒܢܘܗܝ S (via וּבָנָיו) • **13** הָשְׁפֽוֹת׃ (err) | τῆς κοπρίας. G V S ‖ pref הָאַשְׁפּוֹת see G V S ✣ • **14** ה֣וּא יִבְנֶ֔נּוּ V | αὐτὸς καὶ οἱ υἱοὶ αὐτοῦ, G (via וּבָנָיו) | ܗܘ ܘܒܢܘܗܝ S (shift) • וְיַֽעֲמִיד֙ V (S) | prec καὶ ἐσκέπασαν αὐτήν G (ampl) ◦ וְיַֽעֲמִיד֙ V | pl G S (shift) • **15** שַׁלּ֣וּן | Σαλωμών G | *Sellum* V S • כָּל־חֹזֶה֮ G V | ܚܙܐ S • ה֣וּא יִבְנֶ֗נּוּ G V | ܗܘ ܘܒܢܘܗܝ S (shift) • וִיטַֽלְלֶ֙נּוּ֙ G | *et texit* V (implic) | ܘܛܠܠܘܗܝ S (shift) • וְיַֽעֲמִ֙ידוּ֙ | ויעמידו M[ket] S (shift) | וְיַֽעֲמִיד M[qere] G V ‖ pref וְיַֽעֲמִיד see M[qere] G V ✣ • מַנְעֻלָ֖יו (V) (S) | > G (abbr) • חוֹמַ֞ת G S | pl V (shift) • הַשֶּׁ֙לַח֙ | τῶν κῳδίων G (lib-seman) | τοῦ Σιλωάμ G[Ms] V (assim-Isa 8:6) | ܡܝܐ ܕܫܝܠܘܚܐ S (lib-seman) ✣ • לְגַן־ V S | τῇ κουρᾷ G (via √גזז) •

לֹ הֶחֱזִיק נְחֶמְיָה בֶן־עַזְבּוּק שַׂר חֲצִי פֶּלֶךְ בֵּית־צוּר עַד־נֶגֶד קִבְרֵי

17   בֹּ.בֹּ דָוִיד וְעַד־הַבְּרֵכָה הָעֲשׂוּיָה וְעַד בֵּית הַגִּבֹּרִים: ס   אַחֲרָיו

הֶחֱזִיקוּ הַלְוִיִּם רְחוּם בֶּן־בָּנִי עַל־יָדוֹ הֶחֱזִיק חֲשַׁבְיָה שַׂר־חֲצִי־

18   לֹ פֶלֶךְ קְעִילָה לְפִלְכּוֹ: ס   אַחֲרָיו הֶחֱזִיקוּ אֲחֵיהֶם בַּוַּי בֶּן־

19   הֹ דגֹש חֵנָדָד שַׂר חֲצִי פֶּלֶךְ קְעִילָה: ס   וַיְחַזֵּק עַל־יָדוֹ עֵזֶר בֶּן־

לֹ חסֹ.גֹ חסֹ יֵשׁוּעַ שַׂר הַמִּצְפָּה מִדָּה שֵׁנִית מִנֶּגֶד עֲלֹת הַנֶּשֶׁק הַמִּקְצֹעַ: ס

20   זְכִֹ ו סיבֹ ועד ק אַחֲרָיו הֶחֱרָה הֶחֱזִיק בָּרוּךְ בֶּן־זַבַּי מִדָּה שֵׁנִית מִן־הַמִּקְצוֹעַ עַד־

21   פֶּתַח בֵּית אֶלְיָשִׁיב הַכֹּהֵן הַגָּדוֹל: ס   אַחֲרָיו הֶחֱזִיק מְרֵמוֹת

בֶּן־אוּרִיָּה בֶּן־הַקּוֹץ מִדָּה שֵׁנִית מִפֶּתַח בֵּית אֶלְיָשִׁיב וְעַד־

22   גֹ בעינֹ תַּכְלִית בֵּית אֶלְיָשִׁיב: ס   וְאַחֲרָיו הֶחֱזִיקוּ הַכֹּהֲנִים אַנְשֵׁי

23   הַכִּכָּר: אַחֲרָיו הֶחֱזִיק בִּנְיָמִן וְחַשּׁוּב נֶגֶד בֵּיתָם: ס   אַחֲרָיו

24   בֹ הֶחֱזִיק עֲזַרְיָה בֶן־מַעֲשֵׂיָה בֶּן־עֲנָנְיָה אֵצֶל בֵּיתוֹ: ס   אַחֲרָיו

ו.ו סברי ועד הֶחֱזִיק בִּנּוּי בֶּן־חֵנָדָד מִדָּה שֵׁנִית מִבֵּית עֲזַרְיָה עַד־הַמִּקְצוֹעַ

25   לֹ.לֹ וְעַד־הַפִּנָּה: פָּלָל בֶּן־אוּזַי מִנֶּגֶד הַמִּקְצוֹעַ וְהַמִּגְדָּל הַיּוֹצֵא מִבֵּית

לֹ הַמֶּלֶךְ הָעֶלְיוֹן אֲשֶׁר לַחֲצַר הַמַּטָּרָה אַחֲרָיו פְּדָיָה בֶן־

[16] העשויה בֹ עלת תמיד העשויה בהר סיני . עד נגד קברי דוד ועד הברכה
העשויה :ס [19] ויחזק הֹ דגשין וסימנהֹ חרשה . חרש . עזר . המצרות . המלוא . וכול
דסמיך לאדכרה כות :ס [20] ו סיברין ועד וקרין עד וסימנֹ עד פתח . עד המקצוע .
עד צאת . עד מחצית . עד הים האחרון . עד גיא הנם :ס [22] ואחריו בֹ בעינֹ חד מלֹ
וחד חסֹ ויחזיקו הכהנים . החזיק שמעיה בן שכניה . ושאר עיני אחריו :ס

16 נֶגֶד V | κήπου G (lib-seman) | ܠܩܒܪܐ S (lib-seman) • קִבְרֵי | sg G V S
(assim-ctext) • הָעֲשׂוּיָה G S | prec *grandi opere* V (ampl) • בֵּית הַגִּבֹּרִים V S |
Βηθαγγαβαρίμ. G • **17** הֶחֱזִיק G | הֶחֱזִיקוּ הַלְוִיִּם G V | ܚܘ ܠܘܡ̈ܐ S (assim-ctext) • הֶחֱזִיק G
V | > S (om) • **18** בַּוַּי | Βενεΐ G | *Behui* V | ܒܘܝ S • חֵנָדָד G V | ܚܢܕܕ S •
19 מִנֶּגֶד V S | πύργου G (lib-seman) • הַנֶּשֶׁק | τῆς συναπτούσης G S (via
הַנֹּשֵׁק) | τῶν ὅπλων τῆς συναπτούσης G[L] (dbl, G) | *firmissimi* V (lib-seman) •
20 הֶחֱרָה | > G (facil-seman) | τὸ ὄρος αὐτοῦ G[L] V | ܚܡܬ S (via הֶחֱזִיק) • זַבַּי |
זבי M[ket] G | זַכַּי M[qere] V S | ✦✦ • מִן־הַמִּקְצוֹעַ G V | ܗܕܡ̈ܐ ܠܡܩܨܥܐ S (facil-styl) • זבי
21 ¹בֵּית אֶלְיָשִׁיב V S | Βηθελισούβ G • ²בֵּית אֶלְיָשִׁיב V S | Βηθελισούβ G
בֵּית אֶלְיָשִׁיב: V S | Βηθελισούβ. G • **22** הַכִּכָּר S | Ἀχχεχάρ. G | τοῦ
πρωτοτόκου G[L] (via הַבְּכוֹר) | foll *Iordanis* V (explic) • **23** נֶגֶד G V | ܬ ܠܘܬ S (via
נָגִיד) • אֵצֶל G | *contra* V (assim-ctext) | ܠܬܚܡ S (lib-seman) • **24** בִּנּוּי V (S) |
Βανί G • חֵנָדָד G (V) | ܚܢܕܕ S • מִבֵּית עֲזַרְיָה V S | ἀπὸ Βηθαζαριά G • **25** פָּלָל
G V | ܦܠܠ S • וְהַמִּגְדָּל G V | foll ܘܒܡܓܕܠܐ S (ampl) •

26 פַּרְעֹשׁ׃   ס   וְהַנְּתִינִים הָיוּ יֹשְׁבִים בָּעֹפֶל עַד נֶגֶד שַׁעַר הַמַּיִם

ב . ב חד מל   27 לַמִּזְרָח וְהַמִּגְדָּל הַיּוֹצֵא׃   ס   אַחֲרָיו הֶחֱזִיקוּ הַתְּקֹעִים מִדָּה

28 שֵׁנִית מִנֶּגֶד הַמִּגְדָּל הַגָּדוֹל הַיּוֹצֵא וְעַד חוֹמַת הָעֹפֶל׃ מֵעַל | שַׁעַר

ל   29 הַסּוּסִים הֶחֱזִיקוּ הַכֹּהֲנִים אִישׁ לְנֶגֶד בֵּיתוֹ׃   ס   אַחֲרָיו הֶחֱזִיק

צָדוֹק בֶּן־אִמֵּר נֶגֶד בֵּיתוֹ׃   ס   וְאַחֲרָיו הֶחֱזִיק שְׁמַעְיָה בֶן־

אחריו ק   30 שְׁכַנְיָה שֹׁמֵר שַׁעַר הַמִּזְרָח׃   ס   אַחֲרֵי הֶחֱזִיק חֲנַנְיָה בֶן־

שֶׁלֶמְיָה וְחָנוּן בֶּן־צָלָף הַשִּׁשִּׁי מִדָּה שֵׁנִי׃   ס   אַחֲרָיו הֶחֱזִיק

אחריו ק   31 מְשֻׁלָּם בֶּן־בֶּרֶכְיָה נֶגֶד נִשְׁכָּתוֹ׃   ס   אַחֲרָי הֶחֱזִיק מַלְכִּיָּה בֶּן־

הַצֹּרְפִי עַד־בֵּית הַנְּתִינִים וְהָרֹכְלִים נֶגֶד שַׁעַר הַמִּפְקָד וְעַד עֲלִיַּת

חצי הספ   ג.ל.ל   32 הַפִּנָּה׃ וּבֵין עֲלִיַּת הַפִּנָּה לְשַׁעַר הַצֹּאן הֶחֱזִיקוּ הַצֹּרְפִים

ל . ג בטע בסיפ   33 וְהָרֹכְלִים׃ פ וַיְהִי כַּאֲשֶׁר שָׁמַע סַנְבַלַּט כִּי־אֲנַחְנוּ בוֹנִים

ב אסא   34 אֶת־הַחוֹמָה וַיִּחַר לוֹ וַיִּכְעַס הַרְבֵּה וַיַּלְעֵג עַל־הַיְּהוּדִים׃ וַיֹּאמֶר |

נסיבו . ל   לִפְנֵי אֶחָיו וְחֵיל שֹׁמְרוֹן וַיֹּאמֶר מָה הַיְּהוּדִים הָאֲמֵלָלִים עֹשִׂים

ל.ל.ל.ל   הֲיַעַזְבוּ לָהֶם הֲיִזְבָּחוּ הַיְכַלּוּ בַיּוֹם הֲיְחַיּוּ אֶת־הָאֲבָנִים מֵעֲרֵמוֹת

---

[26] והמגדל ב פלל בן אוזי מנגד המקצוע . והנתינים היו ישבים ס׃ [30] ב דכת אחרי
וקר אחריו וסימ וסימ חניה בן שלמיה . ושל אחריו ס׃ [33] ויהי ג בטע בסיפ וסימנה
בשמעי . כאשר שמע . כאשר שמעו ס׃

---

26 נֶגֶד V | κήπου G (assim-v 16) | > S (facil-styl) • **27** הָעֹפֶל G | templi V (lib-seman) | ܥܦܠܐ S (lib-seman) • **29** אַחֲרָיו G S | μετ' αὐτούς G^L V (assim-ctext) • **30** אַחֲרֵי | אַחֲרָיו M^ket | אחרי M^qere G V S ‖ pref אַחֲרָיו see M^qere G V S ✤ • צָלָף G S | Selo V | נִשְׁכָּתוֹ S | γαζοφυλακίου αὐτοῦ. G V (lib-seman) ○ נִשְׁכָּתוֹ׃ (G) (V) | foll ܒܝܬ ܡܫ̈ܟܢܐ ܕܡܫܠܡ ܕܗܘܐ S (exeg) • **31** בֵּית הַנְּתִינִים S • וְהָרֹכְלִים G S | et scruta vendentium V (ampl) • הַמִּפְקָד V | Μαφεκάδ G (transcr) | ܕܡܦܩܕܐ S (lib-seman) • **32** עֲלִיַּת הַפִּנָּה V S | > G (om) • **34** וְחֵיל שֹׁמְרוֹן V S | Αὕτη ἡ δύναμις Σομορών, G (shift) | haec gens est virtus Sodomorum La (exeg) • וַיֹּאמֶר² | > G V S (facil-styl) • מָה הַיְּהוּדִים (V) (S) | ὅτι οἱ Ἰουδαῖοι οὗτοι οἰκοδομοῦσιν τὴν ἑαυτῶν πόλιν; G (exeg) • הָאֲמֵלָלִים | οὗτοι G (lib-seman) | inbecilli V (lib-seman) | ܡܬܚܝܠܝܢ S (lib-seman) | הֲיַעַזְבוּ לָהֶם | > G (om) | foll gentes V (ampl) | ܘܢܫ̈ܐ S (exeg) ✤ • הַיְכַלּוּ V | ἆρα δυνήσονται (via √יכל)...ἢ φάγονται (via √אכל) G | manducare La S (via √אכל) ✤ • בַיּוֹם V S | καὶ σήμερον G (shift) • הֲיְחַיּוּ אֶת־הָאֲבָנִים G | numquid aedificare poterunt lapides V (S) (interp) ✤ •

ב חד מל וחד חס
שרפות אש

35 הֶֽעָפָ֔ר וְהֵ֥מָּה שְׂרוּפֽוֹת׃ וְטוֹבִיָּ֥ה הָעַמֹּנִ֖י אֶצְל֑וֹ וַיֹּ֕אמֶר גַּ֛ם אֲשֶׁר־הֵ֥ם

ג 36 בּוֹנִ֔ים אִם־יַעֲלֶ֣ה שׁוּעָ֔ל וּפָרַ֖ץ חוֹמַ֥ת אַבְנֵיהֶֽם׃ פ שְׁמַ֣ע °

ד . ל 37 אֱלֹהֵ֙ינוּ֙ כִּֽי־הָיִ֣ינוּ בוּזָ֔ה וְהָשֵׁ֥ב חֶרְפָּתָ֖ם אֶל־רֹאשָׁ֑ם וּתְנֵ֥ם לְבִזָּ֖ה

ל . י . ב בְּאֶ֣רֶץ שִׁבְיָ֑ה וְאַל־תְּכַ֣ס עַל־עֲוֺנָ֗ם וְחַטָּאתָ֛ם מִלְּפָנֶ֖יךָ אַל־תִּמָּחֶ֑ה

ה . ל 38 כִּ֥י הִכְעִ֖יסוּ לְנֶ֥גֶד הַבּוֹנִֽים׃ וַנִּבְנֶה֙ אֶת־הַ֣חוֹמָ֔ה וַתִּקָּשֵׁ֥ר כָּל־הַחוֹמָ֖ה

סׄ

יד בטע 4 עַד־חֶצְיָ֑הּ וַיְהִ֧י לֵ֛ב לָעָ֖ם לַעֲשֽׂוֹת׃ פ וַיְהִ֞י כַּאֲשֶׁ֣ר שָׁמַ֣ע

ל ומל סַנְבַלַּ֡ט וְ֠טוֹבִיָּה וְהָעַרְבִ֨ים וְהָעַמֹּנִ֜ים וְהָאַשְׁדּוֹדִ֗ים כִּֽי־עָלְתָ֤ה

ד . ח . ל אֲרוּכָה֙ לְחֹמ֣וֹת יְרוּשָׁלִַ֔ם כִּי־הֵחֵ֥לּוּ הַפְּרֻצִ֖ים לְהִסָּתֵ֑ם וַיִּ֥חַר לָהֶ֖ם
וחס . ל

2 מְאֹֽד׃ וַיִּקְשְׁר֤וּ כֻלָּם֙ יַחְדָּ֔ו לָב֖וֹא לְהִלָּחֵ֣ם בִּירוּשָׁלִָ֑ם וְלַעֲשׂ֥וֹת ל֖וֹ

ב 3 תּוֹעָֽה׃ וַנִּתְפַּלֵּ֖ל אֶל־אֱלֹהֵ֑ינוּ וַנַּעֲמִ֨יד מִשְׁמָ֧ר עֲלֵיהֶ֛ם יוֹמָ֥ם וָלַ֖יְלָה

4 מִפְּנֵיהֶֽם׃ וַיֹּ֣אמֶר יְהוּדָ֗ה כָּשַׁל֙ כֹּ֣חַ הַסַּבָּ֔ל וְהֶעָפָ֖ר הַרְבֵּ֑ה וַאֲנַ֙חְנוּ֙ לֹ֣א

---

[37] הבונים ה וסימנה אבן מאסו . עם מלכים ויעצי . כי הכעיסו לנגד . הבונים
בחומה . ויסדו הבנים את היכל בתריה חסיר :ס. [38] יד בטע בקר וסימנ ויבא לו יין .
למה תעשה כה . אשר לא צוה אתם . הלא טוב לנו . ויקרא לה נבח . אשר לא הגיד .
וחברו . ויחנו אלה נכח אלה . אני יהוה נעניתי לו בה . הלא זה אוד . ודי לא ידע .
ויהי ריב ומדון . וינח לו אלהיו . ויהי לב לעם לעשות :ס. [4:2] תועה ב קמצ ולדבר
אל יהוה . ולעשות לו :

مفتئ (וְחוֹמוֹת) | V | καυθέντας; G (abbr) | et muri incensi La (via וְהֵ֥מָּה שְׂרוּפֽוֹת׃ 34
ﺎﺤﺳ S (shift) • 35 אֶצְל֑וֹ V | foll ἦλθεν, G (S) (ampl) • וַיֹּ֕אמֶר (V) S | καὶ εἶπαν
πρὸς ἑαυτούς G (shift) • גַּ֛ם אֲשֶׁר־הֵ֥ם בּוֹנִ֔ים (V) | Μὴ θυσιάσουσιν ἢ φάγονται
ἐπὶ τοῦ τόπου αὐτῶν; G (assim-v 34) | ﻚﺑﺳﺤ ﺪﻣﺤﺳﻤ ﻚﻣﺤ S (ampl) •
וּפָרַ֖ץ G S | transiliet V (lib-seman) • 36 שִׁבְיָ֑ה G V | ﻚﺳﻣﺤﺑﺪ S (explic) •
37 וְחַטָּאתָ֛ם V | ἀνομίαν. G (implic) | ﻚﺻﺤﺑﺳﻟ S (assim-ctext) •
ﻚﺻﺤﺳﻤ S (assim-ctext) | G (indet) • v 37 וְחַטָּאתָ֛ם to v 38 לַעֲשֽׂוֹת׃ V S |
> G (om) • תִּמָּחֶ֑ה V | ﻚﻟﺪﺴﻤ S (assim-ctext) • הַבּוֹנִֽים׃ V | ﻚﺳﺑﺪ ﺎﺳﺑﺤ S
(shift) • 38 הַחוֹמָ֖ה¹ V | foll ﻚﺳﻣﺤﺑﺪ S (ampl) • כָּל־ V | > S (implic) •
4:1 וְהָאַשְׁדּוֹדִ֗ים V S | > G (om) • כִּֽי־עָלְתָ֤ה אֲרוּכָה֙ ὅτι ἀνέβη ἡ φυὴ G (exeg) |
quod obducta esset cicatrix V (exeg) | ﺎﺳﺤﺑﻤﺪ ﻚﺳﺑﺤ...ﻚﺳﺑﺤ S (exeg) • לְחֹמ֣וֹת
G | sg V S (assim-ctext) • 2 וְלַעֲשׂ֥וֹת ל֖וֹ תּוֹעָֽה׃ | > G (om) | καὶ ποιῆσαι αὐτὴν
ἀφανῆ καὶ ποιῆσαί μοι πλάνησιν G^L (exeg) | et molirentur insidias V (exeg) |
ﻚﺳﻤﺑﻤ ﻚﻣﺣ ﺪﺑﺳﻣﻟﻣ S (exeg) • 3 אֱלֹהֵ֑ינוּ G V | prec κύριον G^L (ampl) | ﻚﻤﺑﺤ
S (implic) • וַיֹּ֣אמֶר G | super murum V (explic) | עֲלֵיהֶ֛ם G | ﺤﻠﻤ S (assim-ctext) • 4 וַיֹּ֣אמֶר
יְהוּדָ֗ה G V | ﻚﺳﺑﺤﺳ ﻚﺪﺻﺤﻤ S (assim-ctext) • הַסַּבָּ֔ל V (S) | τῶν ἐχθρῶν, G (lib-
seman) • וְהֶעָפָ֖ר G V S | ὁ ὄχλος G^Mss (lib-seman) • הַרְבֵּ֑ה G V | foll ﻟﺐ S
(ampl) •

⁵ נוּכַ֣ל לִבְנ֣וֹת בַּחוֹמָ֑ה וַיֹּאמְר֣וּ צָרֵ֗ינוּ לֹ֤א יֵדְעוּ֙ וְלֹ֣א יִרְא֔וּ עַ֣ד אֲשֶׁר־   יב

⁶ נָב֣וֹא אֶל־תּוֹכָ֗ם וַהֲרַגְנ֖וּם וְהִשְׁבַּ֣תְנוּ אֶת־הַמְּלָאכָֽה׃ וַיְהִי֙ כַּאֲשֶׁר־   ל . ל

בָּ֣אוּ הַיְּהוּדִ֔ים הַיֹּשְׁבִ֖ים אֶצְלָ֑ם וַיֹּ֤אמְרוּ לָ֙נוּ֙ עֶ֣שֶׂר פְּעָמִ֔ים מִכָּל־

⁷ הַמְּקֹמ֖וֹת אֲשֶׁר־תָּשׁ֥וּבוּ עָלֵֽינוּ׃ וָֽאַעֲמִ֞יד מִֽתַּחְתִּיּ֧וֹת לַמָּק֛וֹם מֵאַחֲרֵ֥י   ל

לַחוֹמָ֖ה בַּצְּחִיחִ֑ים וָֽאַעֲמִ֤יד אֶת־הָעָם֙ לְמִשְׁפָּח֔וֹת עִם־חַרְבֹתֵיהֶ֥ם   בצחיחים ק / ל . ב

⁸ רָמְחֵיהֶ֖ם וְקַשְּׁתֹתֵיהֶֽם׃ וָאֵ֣רֶא וָאָק֗וּם וָאֹמַ֞ר אֶל־הַחֹרִ֤ים וְאֶל־   ל

הַסְּגָנִים֙ וְאֶל־יֶ֣תֶר הָעָ֔ם אַל־תִּֽירְא֖וּ מִפְּנֵיהֶ֑ם אֶת־אֲדֹנָ֞י הַגָּד֤וֹל   ג כת כן בסיפ / ב על בית / אדניכם ל

וְהַנּוֹרָא֙ זְכֹ֔רוּ וְהִֽלָּחֲמ֗וּ עַל־אֲחֵיכֶם֙ בְּנֵיכֶ֣ם וּבְנֹתֵיכֶ֔ם נְשֵׁיכֶ֖ם

⁹ וּבָתֵּיכֶֽם׃ פ וַֽיְהִ֞י כַּֽאֲשֶׁר־שָׁמְע֤וּ אוֹיְבֵ֙ינוּ֙ כִּי־נ֣וֹדַֽע לָ֔נוּ וַיָּ֥פֶר   ג בטע בסיפ

הָאֱלֹהִ֖ים אֶת־עֲצָתָ֑ם וַנָּ֤שָׁב כֻּלָּ֙נוּ֙ אֶל־הַ֣חוֹמָ֔ה אִ֖ישׁ אֶל־מְלַאכְתּֽוֹ׃   ונשב ק / ג

¹⁰ וַיְהִ֣י ׀ מִן־הַיּ֣וֹם הַה֗וּא חֲצִ֣י נְעָרַי֮ עֹשִׂ֣ים בַּמְּלָאכָה֒ וְחֶצְיָ֗ם מַחֲזִיקִ֤ים   ל . ל . ל

וְהָֽרְמָחִים֙ הַמָּֽגִנִּ֔ים וְהַקְּשָׁת֖וֹת וְהַשִּׁרְיֹנִ֑ים וְהַשָּׂרִ֥ים אַחֲרֵ֖י כָּל־בֵּ֥ית   ד מל . ל כת / שׂ.בֵּ.כֻ.ג מנה / בסיפ

¹¹ יְהוּדָֽה׃ הַבּוֹנִ֧ים בַּחוֹמָ֛ה וְהַנֹּשְׂאִ֥ים בַּסֶּ֖בֶל עֹמְשִׂ֑ים בְּאַחַ֤ת יָדוֹ֙ עֹשֶׂ֣ה

---

[5] ידעו יב וסימנהון דרתיכם . והשתנית . ועדיהם . ממערבה . ילמדו . ואטמא . הפקדה . שיתה . למען . צרינו . כל תפלה . תשמע ס: [7] חרבתיהם ב וסימנה וכתתו חרבתיהם דתר עש . עם חרבתיהם ס: [9] כול איבינו דעזרא מל ב מ חד חס וליתר איבינו ס:

---

5 נָב֣וֹא אֶל־תּוֹכָם G V | ܢܦܠ ܚܠܝܗܘܢ S (emph) • הַמְּלָאכָה: G V | ܚܒܕܐ S (emph) • **6** עֶ֣שֶׂר פְּעָמִ֔ים V | Ἀναβαίνουσιν G (substit) | foll ܐܬܟܢܫܘ ܐܦ S (via) • אֲשֶׁר־תָּשׁ֥וּבוּ (V) | > G (om) | ܐܝܠܝ ܕܥܡܢ ܗܘܘ S (exeg) • **7** וָֽאַעֲמִ֞יד מִֽתַּחְתִּיּ֧וֹת לַמָּקוֹם G | statui in loco V (abbr) | ܘܐܩܝܡ ܒܡܩܡ S (ישׁב√) • בַּצְּחִיחִ֑ים Mqere | בצחחים Mket (err) | ἐν τοῖς σκεπεινοῖς G (exeg) | > V (om) | ܠܬܚܬܝܬܐ ܘܠܥܠܝܬܐ S (exeg) ‖ pref בַּצְּחִיחִ֑ים see Mqere ✥ • וָֽאַעֲמִ֤יד אֶת־הָעָם לְמִשְׁפָּחוֹת G | populum in ordine V (abbr) | ܘܐܩܝܡ, S • רָמְחֵיהֶם וְקַשְּׁתֹתֵיהֶם: G | et lanceis et arcis V S (shift) • **8** וָאֵ֣רֶא G V | ܘܕܚܠ S (via) | (וָֽאִרָא) • אֲדֹנָי V S | τοῦ θεοῦ ἡμῶν G (explic) • נְשֵׁיכֶם וּבָתֵּיכֶם: (G) (V) | > S (om) • **9** לָ֔נוּ G V | ܠܗܘܢ S (explic) • כֻּלָּנוּ G V | foll ܟܠܢ S (ampl) • הַחוֹמָ֔ה G S | ad muros V (shift) • אִ֖ישׁ G V | (V) • נְעָרַי (V) | prec ܚܕ ܡܢ S (ampl) • **10** הַה֗וּא G V | ܗܘ ܝܘܡܐ S (ampl) • נְעָרַי (V) | prec ܦܠܓܐ ܗܘܘ S (ampl) | τῶν ἐκτεταγμένων G (via נְעוּרִים) + | ܦܠܚܐ S (ampl) • מַחֲזִיקִ֤ים S | ἀντείχοντο, G (lib-seman) | parata erat ad bellum V (exeg) • אַחֲרֵ֖י כָּל־בֵּית to v 11 בַּחוֹמָה V (S) | Ιουδα G (V) | prec ܡܢ S (explic) • v 10 בַּחוֹמָה to v 11 יְהוּדָה: G (V) | prec ܡܢ S (explic) • v 10 τῶν οἰκοδομούντων ἐν τῷ τείχει. G (differ-div) • **11** עֹמְשִׂים (V) S | ἐν ὅπλοις G (via חֲמֻשִׁים) •

בַּמְּלָאכָה וְאַחַת מַחֲזֶקֶת הַשָּׁלַח׃ וְהַבּוֹנִים אִישׁ חַרְבּוֹ אֲסוּרִים עַל־ 12

מָתְנָיו וּבוֹנִים וְהַתּוֹקֵעַ בַּשּׁוֹפָר אֶצְלִי׃ וָאֹמַר אֶל־הַחֹרִים וְאֶל־ 13

הַסְּגָנִים וְאֶל־יֶתֶר הָעָם הַמְּלָאכָה הַרְבֵּה וּרְחָבָה וַאֲנַחְנוּ נִפְרָדִים

עַל־הַחוֹמָה רְחוֹקִים אִישׁ מֵאָחִיו׃ בִּמְקוֹם אֲשֶׁר תִּשְׁמְעוּ אֶת־קוֹל 14

הַשּׁוֹפָר שָׁמָּה תִּקָּבְצוּ אֵלֵינוּ אֱלֹהֵינוּ יִלָּחֶם לָנוּ׃ וַאֲנַחְנוּ עֹשִׂים 15

בַּמְּלָאכָה וְחֶצְיָם מַחֲזִיקִים בָּרְמָחִים מֵעֲלוֹת הַשַּׁחַר עַד צֵאת

הַכּוֹכָבִים׃ גַּם בָּעֵת הַהִיא אָמַרְתִּי לָעָם אִישׁ וְנַעֲרוֹ יָלִינוּ בְּתוֹךְ 16

יְרוּשָׁלִָם וְהָיוּ־לָנוּ הַלַּיְלָה מִשְׁמָר וְהַיּוֹם מְלָאכָה׃ וְאֵין אֲנִי וְאַחַי 17

וּנְעָרַי וְאַנְשֵׁי הַמִּשְׁמָר אֲשֶׁר אַחֲרַי אֵין־אֲנַחְנוּ פֹשְׁטִים בְּגָדֵינוּ אִישׁ

שִׁלְחוֹ הַמָּיִם׃ ס וַתְּהִי צַעֲקַת הָעָם וּנְשֵׁיהֶם גְּדוֹלָה אֶל־ 5

אֲחֵיהֶם הַיְּהוּדִים׃ וְיֵשׁ אֲשֶׁר אֹמְרִים בָּנֵינוּ וּבְנֹתֵינוּ אֲנַחְנוּ רַבִּים 2

וְנִקְחָה דָגָן וְנֹאכְלָה וְנִחְיֶה׃ וְיֵשׁ אֲשֶׁר אֹמְרִים שְׂדֹתֵינוּ וּכְרָמֵינוּ 3

וּבָתֵּינוּ אֲנַחְנוּ עֹרְבִים וְנִקְחָה דָגָן בָּרָעָב׃ וְיֵשׁ אֲשֶׁר אֹמְרִים לָוִינוּ 4

כֶּסֶף לְמִדַּת הַמֶּלֶךְ שְׂדֹתֵינוּ וּכְרָמֵינוּ׃ וְעַתָּה כִּבְשַׂר אַחֵינוּ בְּשָׂרֵנוּ 5

כִּבְנֵיהֶם בָּנֵינוּ וְהִנֵּה אֲנַחְנוּ כֹבְשִׁים אֶת־בָּנֵינוּ וְאֶת־בְּנֹתֵינוּ לַעֲבָדִים

Masora parva (margin): ל ומל · ל מל · ל · ז מל · ל · ו סיב ועד · ל · ו פסוק ואין · ואין.ל.ל · ל · ו · ל.ג.וחס.ב · ל · ו

[17] שלחו ג וסימנה מן שלחו אתם . ואיש שלחו בידו . איש שלחו המים [5:5] :o והנה
אנחנו ג וסימנהון מאלמים אלמים . בקדש . כבשים את בנינו :o

12 אֲסוּרִים עַל־מָתְנָיו ‖ וְהַבּוֹנִים G V ‖ sg S (shift) • חַרְבּוֹ G ‖ *gladio* V S (implic) • וּבוֹנִים G V ‖ ܘܒܢܐ S (abbr) • וְהַתּוֹקֵעַ G S ‖ *et clangebant* V (shift) • אֶצְלִי׃ V ‖ ἐχόμενα αὐτοῦ. G (S) (shift) • **13** עַל G V ‖ prec ܡܛܠ S (explic) • **15** עֹשִׂים G ‖ ἐποιοῦμεν G^L V S (shift) • בַּמְּלָאכָה G V ‖ ܥܒܕܝܢ S (assim-ctext) • וְחֶצְיָם G ‖ καὶ τὸ ἥμισυ ἡμῶν G^L V S (assim-ctext) • מַחֲזִיקִים G ‖ ἐκράτουν G^L V S (shift) • **16** יְרוּשָׁלִָם G V ‖ prec ܡܕܝܢܬܐ S (ampl) • לָנוּ ‖ ὑμῖν G V ‖ ܢܗܘܐ ܠܢ S (shift) ‖ וְהָיוּ־לָנוּ הַלַּיְלָה מִשְׁמָר (G) (V) ‖ ... S (indet) • וְהַיּוֹם מְלָאכָה׃ G V ‖ ܘܒܐܝܡܡܐ ܥܒܕܝܢ ܗܘܝܢ S (shift) ‖ S (indet) • **17** וְאֵין אֲנִי וְאַחַי וּנְעָרַי V S ‖ καὶ ἤμην ἐγώ G (abbr) • בְּגָדֵינוּ V S ‖ τὰ ἱμάτια αὐτοῦ. G (shift) • אִישׁ שִׁלְחוֹ הַמָּיִם׃ ‖ > G (om) ‖ καὶ ἄνδρα ὃν ἀπέστελλον ἐπὶ τὸ ὕδωρ G^L (exeg via שִׁלְחוֹ) ‖ *unusquisque tantum nudabatur ad baptismum* V (exeg) ‖ ܓܒܪ ܒܬܐܪܐ ܕܠܐ ܟܕ ... S (exeg via יָמִים) • **5:2** אֲנַחְנוּ G ‖ *multae sunt nimis* V (shift) ‖ ܐܚܝܢ S (via אַחֵינוּ) • וְנִקְחָה רַבִּים G S ‖ δότε οὖν ἡμῖν G^L (shift) ‖ foll *pro pretio eorum* V (explic) • **3** וּכְרָמֵינוּ וּבָתֵּינוּ G V ‖ ܘܒܬܝܢ S (transp) • לָוִינוּ G ‖ *mutuo sumamus* V S (shift) • בָּרָעָב׃ V ‖ καὶ φαγόμεθα. G (S) (assim-v 2) • **4** שְׂדֹתֵינוּ G ‖ prec *demusque* V (S)(explic) • וּכְרָמֵינוּ V ‖ foll καὶ οἰκίαι ἡμῶν G (assim-v 3) ‖ foll ܢܫܒܐ S (assim-v 2) • **5** וְעַתָּה G V ‖ prec ܡܛܠ ܕܐܦ S (syst) •

וְיֵשׁ מִבְּנֹתֵ֫ינוּ נִכְבָּשׁ֔וֹת וְאֵ֣ין לְאֵ֣ל יָדֵ֔נוּ וּשְׂדֹתֵ֥ינוּ וּכְרָמֵ֖ינוּ לַאֲחֵרִֽים: לֹ וּמֵל . בׁ בֵּנֵיךָ וּבְנֹתֶ֫יךָ . הׁ

6 וַיִּ֣חַר לִ֣י מְאֹ֔ד כַּאֲשֶׁ֥ר שָׁמַ֖עְתִּי אֶת־זַעֲקָתָ֑ם וְאֵ֖ת הַדְּבָרִ֥ים הָאֵֽלֶּה: וׁ בָּטֵע מִטַע

7 וַיִּמָּלֵ֨ךְ לִבִּ֜י עָלַ֗י וָאָרִ֙יבָה֙ אֶת־הַחֹרִ֣ים וְאֶת־הַסְּגָנִ֔ים וָאֹמְרָ֣ה לָהֶ֔ם   לֹ
מַשָּׁ֥א אִישׁ־בְּאָחִ֖יו אַתֶּ֣ם נֹשְׁאִ֑ים וָאֶתֵּ֥ן עֲלֵיהֶ֖ם קְהִלָּ֥ה גְדוֹלָֽה: יֵתִיר אׁ . לֹ

8 וָאֹמְרָ֣ה לָהֶ֗ם אֲנַ֩חְנוּ֩ קָנִ֨ינוּ אֶת־אַחֵ֤ינוּ הַיְּהוּדִים֙ הַנִּמְכָּרִ֣ים לַגּוֹיִ֔ם   בׁ . לֹ
כְּדֵ֣י בָ֔נוּ וְגַם־אַתֶּ֛ם תִּמְכְּר֥וּ אֶת־אֲחֵיכֶ֖ם וְנִמְכְּרוּ־לָ֑נוּ וַיַּחֲרִ֕ישׁוּ וְלֹ֥א
מָצְא֖וּ דָּבָֽר: ס   וַיֹּ֕אמֶר לֹא־ט֥וֹב הַדָּבָ֖ר אֲשֶׁ֣ר אַתֶּ֣ם עֹשִׂ֑ים   וְאוֹמֵר קׁ

10 הֲל֞וֹא בְּיִרְאַ֤ת אֱלֹהֵ֙ינוּ֙ תֵּלֵ֔כוּ מֵחֶרְפַּ֖ת הַגּוֹיִ֣ם אוֹיְבֵ֑ינוּ: וְגַם־אֲנִ֣י אַחַ֗י   טׁ מֵל בְּסֵיפׁ . לֹ

11 וּנְעָרַ֞י נֹשִׁ֤ים בָּהֶם֙ כֶּ֣סֶף וְדָגָ֔ן נַֽעַזְבָה־נָּ֖א אֶת־הַמַּשָּׁ֥א הַזֶּֽה: הָשִׁ֩יבוּ֩   גׁ . לֹ
נָ֨א לָהֶ֜ם כְּהַיּ֗וֹם שְׂדֹתֵיהֶ֤ם כַּרְמֵיהֶם֙ זֵיתֵיהֶ֣ם וּבָתֵּיהֶ֔ם וּמְאַ֨ת הַכֶּ֜סֶף   לֹ חֵסׁ . לֹ

12 וְהַדָּגָ֤ן הַתִּירוֹשׁ֙ וְהַיִּצְהָ֔ר אֲשֶׁ֥ר אַתֶּ֖ם נֹשִׁ֣ים בָּהֶֽם: וַיֹּאמְר֣וּ נָשִׁ֗יב וּמֵהֶ֛ם   וׁ . גׁ
לֹ֣א נְבַקֵּ֔שׁ כֵּ֣ן נַעֲשֶׂ֔ה כַּאֲשֶׁ֖ר אַתָּ֣ה אוֹמֵ֑ר וָאֶקְרָא֙ אֶת־הַכֹּ֣הֲנִ֔ים   בׁ מֵל

[6] וְאֵת הדברים גׁ וסימנהון ולבם שמו שמיר . ירמיה אחרי . זעקתם :oׁ [7] נשים גׁ חד
יתיר אׁ וסימנהון וימלך לבי . וגם אני אחי . אשר אתם . קדמיה מל :oׁ [12] ומהם וׁ
וסימנׁ ופליטי חרב . עוד תקח . מן בני שמעון . על כלי העבדה . ממנים . ויאמרו
נֵשׁ :oׁ

5 נִכְבָּשׁוֹת G V | foll ܐܠܗܐ S (explic) • וְאֵין לְאֵל יָדֵנוּ G | foll redimi V (explic) |
S ܘܟܪ̈ܡܝܢ ܐܚܪ̈ܢܐ ܘܕܒܢ̈ܝ ܡܢ S (exeg) • וּכְרָמֵינוּ G V | foll ܡܫܬܒܝܢ
(ampl) • לַאֲחֵרִים: V S | τοῖς ἐντίμοις. G (via) לַחֹרִים) **7** וַיִּמָּלֵךְ לִבִּי עָלַי G V |
נֹשְׁאִים (exeg) S ܐܚܝܕܝܢ ܐܢܬܘܢ 또 G V | וָאָרִיבָה G V | וַאֲרִיבָה S (exeg) •
G V | וָאֶתֵּן עֲלֵיהֶם קְהִלָּה גְדוֹלָה: G V | ܘܝܗܒܬ S (via נֹשְׁאִים) : (נֹשְׁאִים
קָנִינוּ) S (exeg) • קְהִלָּה G V | ܡܠܟ S (via קוֹל) **8** כְּדֵי בָנוּ | ἐν ἑκουσίῳ V
דָבָר: ס G V | > S (om) • בָּנִים) S (via בָּנִים) וְנִמְכְּרוּ־לָנוּ G V | > S (om) •
וָאֹמֶר Mqere וְאוֹמֵר | M^ket (shift) | ויאמר | וַיֹּאמֶר: S^S1 M^Y **9** וַיֹּאמֶר | ויאמר Mket (shift) | וָאֹמֵר
G V S ‖ pref וְאוֹמֵר see Mqere G V S ⁖ ○ וַיֹּאמֶר G | foll ad eos V S (assim-
ctext) • מֵחֶרְפַּת הַגּוֹיִם אוֹיְבֵינוּ: G | prec ne exprobretur nobis V (ampl) | ܐܠܗܢ S
(exeg) • **10** וּנְעָרַי V | καὶ οἱ ܘܪ̈ܒܢܝ ܡ̈ܠܟܐ ܘܫܠܝܛܢܐ ܪ̈ܓܡܐ ܘܣܟܠܐ S (exeg)
γνωστοί μου G (substit) | filii La S (substit) • בָּהֶם נֹשִׁים G (V) | ܢܣܒ S (lib-
seman) • נַעַזְבָה־נָא אֶת־הַמַּשָּׁא הַזֶּה: G | prec וְדָגָן G V | ܘܒܚܛܐ S (ampl) •
non repetamus in commune V (dbl) | ܘܢܚܒܘܣ S ܘܣܒ̈ܐ ܠܡܣܟ̈ܢܐ ܘܢܣܒܘ • (exeg) •
11 הָשִׁיבוּ G V | ܘܗܦܟ S (shift) • כְּהַיּוֹם G (V) | > S (om) • וּמְאַת (V) | καὶ ἀπὸ
G (via וּמֵאַת) | > S (om) • אֲשֶׁר אַתֶּם נֹשִׁים בָּהֶם: | ἐξενέγκατε ἑαυτοῖς. G
(exeg) | foll date pro illis V (ampl) | ܘܡܗܘ ܕܡܚܝܒܝܢ S (exeg) • **12** וַיֹּאמְרוּ G
V | foll ܓ S (explic) • נָשִׁיב וּמֵהֶם לֹא נְבַקֵּשׁ G V | > S (om) •

13 וָֽאַשְׁבִּיעֵ֕ם לַעֲשׂ֖וֹת כַּדָּבָ֥ר הַזֶּֽה׃ גַּם־חָצְנִ֣י נָעַ֗רְתִּי וָֽאֹמְרָ֗ה כָּ֣כָה ל̇. ל̇
יְנַעֵ֣ר הָֽאֱלֹהִ֣ים אֶת־כָּל־הָאִ֡ישׁ אֲשֶׁ֨ר לֹֽא־יָקִ֜ים אֶת־הַדָּבָ֣ר הַזֶּ֗ה יו̇ בטע
מִבֵּיתוֹ֙ וּמִ֣יגִיע֔וֹ וְכָ֥כָה יִהְיֶ֖ה נָע֣וּר וָרֵ֑ק וַיֹּ֨אמְר֜וּ כָֽל־הַקָּהָ֗ל אָמֵ֗ן ל̇. ב̇ תאכלו. ל̇. ל̇
14 וַֽיְהַלְלוּ֙ אֶת־יְהוָ֔ה וַיַּ֥עַשׂ הָעָ֖ם כַּדָּבָ֥ר הַזֶּֽה׃ גַּ֣ם מִיּ֣וֹם ׀ אֲשֶׁר־צִוָּ֣ה ד̇
אֹתִ֡י לִהְי֣וֹת פֶּחָם֩ בְּאֶ֨רֶץ יְהוּדָ֜ה מִשְּׁנַ֣ת עֶשְׂרִ֗ים וְ֠עַד שְׁנַ֨ת שְׁלֹשִׁ֤ים ל̇
וּשְׁתַּ֙יִם֙ לְאַרְתַּחְשַׁ֣סְתְּא הַמֶּ֔לֶךְ שָׁנִ֖ים שְׁתֵּ֣ים עֶשְׂרֵ֑ה אֲנִ֣י וְאַחַ֔י לֶ֥חֶם ל̇
15 הַפֶּ֖חָה לֹ֥א אָכַֽלְתִּי׃ וְהַפַּחוֹת֩ הָרִאשֹׁנִ֨ים אֲשֶׁר־לְפָנַ֜י הִכְבִּ֣ידוּ עַל־ ל̇ סוף פתח. כ̇
הָעָ֗ם וַיִּקְח֨וּ מֵהֶ֜ם בְּלֶ֣חֶם וָיַ֗יִן אַחַר֙ כֶּֽסֶף־שְׁקָלִ֣ים אַרְבָּעִ֔ים גַּ֥ם ז̇
נַעֲרֵיהֶ֖ם שָׁלְט֣וּ עַל־הָעָ֑ם וַאֲנִי֙ לֹא־עָשִׂ֣יתִי כֵ֔ן מִפְּנֵ֖י יִרְאַ֥ת אֱלֹהִֽים׃ ג̇
16 וְ֠גַם בִּמְלֶ֜אכֶת הַחוֹמָ֤ה הַזֹּאת֙ הֶחֱזַ֔קְתִּי וְשָׂדֶ֖ה לֹ֣א קָנִ֑ינוּ וְכָל־נְעָרַ֕י ב̇
17 קְבוּצִ֥ים שָׁ֖ם עַל־הַמְּלָאכָֽה׃ וְהַיְּהוּדִ֣ים וְהַסְּגָנִ֗ים מֵאָ֤ה וַחֲמִשִּׁים֙ ג̇
18 אִ֔ישׁ וְהַבָּאִ֥ים אֵלֵ֛ינוּ מִן־הַגּוֹיִ֥ם אֲשֶׁר־סְבִיבֹתֵ֖ינוּ עַל־שֻׁלְחָנִֽי׃ וַאֲשֶׁר֩ ב̇. ז̇ ראש פסוק

[13] ג̇ מילין מיחדין דמיין וסימנהון הבל וריק . מכלמות ורק . נעור ורק :o: ויהללו ד̇ וסימנהון אתה אל פרעה . ויראו אתו העם . עד לשמחה . את יהוה :o: [15] יראת אלהים ג̇ וסימנ̇ כי אמרתי רק אין יראת . צדיק מושל . ואני לא עשיתי כן :o:

12 כַּדָּבָר הַזֶּה׃ • וָאַשְׁבִּיעֵם לַעֲשׂוֹת G V | prec ܘܐܡܪܬ ܠܗܘܢ ܕܢܗܘܘܢ ܗ̇ܟܐ ܠܡܥܒܕ S (dbl) • כַּדָּבָר הַזֶּה׃ G S | *iuxta quod dixeram* V (shift) • **13** גַּם־חָצְנִי נָעַרְתִּי G V | καὶ ἐξετίναξα τὰς χεῖράς μου G^Mss (exeg) | ܘܐܦ ܠܛܠܝܬܐ ܕܡܪܒܥܐ S (exeg) • וָאֹמְרָה G V | ܘܐܡܪܬ S (shift) • וַיְהַלְלוּ G V | prec ܘܫܒܚܘ ܥܡܐ ܟܠܗ S (ampl) • הָעָם G V | prec ܟܠܗ S (ampl) • **14** פֶּחָם G | *dux* V S (facil-styl) • הַמֶּלֶךְ V S | > G (abbr) • לֶחֶם הַפֶּחָה לֹא אָכַלְתִּי׃ (V) | βίαν αὐτῶν οὐκ ἔφαγον· G (exeg) | ܗܘܝܬ ܠܗܘܢ ܪܫܐ ܘܠܐ ܣܚܪܐ ܕܥܠ ܡܢܗܘܢ ܕܒܪܬ ܘܐܦܠܐ ܐܓܪܬ ܠܐܢܫ ܡܢܗܘܢ S (assim-1 Sam 12:3) • **15** וְהַפַּחוֹת V S | καὶ τὰς βίας G (assim-v 14) • הָרִאשֹׁנִים G V | > S (implic) • עַל־הָעָם V S | ἐπ' αὐτούς G (via עֲלֵיהֶם) | κλοιὸν ἐπὶ τὸν λαόν G^L (dbl via עֹל) • בְּלֶחֶם וָיַיִן G V | ܚܡܪܐ ܘܠܚܡܐ S (transp) • אַחַר כֶּסֶף | ἔσχατον ἀργύριον, G (exeg) | *in uno argenti* La (via אֶחָד) | *et pecunia cotidie* V (exeg) | ܘܟܣܦܐ ܗ̇ܠܟܐ ܠܡܟܝܠܬܐ S (exeg) • נַעֲרֵיהֶם V S | οἱ ἐκτετιναγμένοι αὐτῶν G (assim-4:10) • שָׁלְטוּ עַל־הָעָם G V | foll ܘܐܬܚܝܠܬ ܥܠܝܗܘܢ ܘܐܬܚܪܝܘ ܒܗܘܢ S (dbl) • **16** הַזֹּאת הֶחֱזַקְתִּי (V) (S) | τούτων οὐκ ἐκράτησα, G (exeg) • קָנִינוּ | ἐκτησάμην· G V S (assim-ctext) • נְעָרַי V | > G (om) | foll ܒܢܝ ܝܗܘܕܝܐ S (ampl) • שָׁם G | > V (implic) | prec ܘܥܡܗ S (ampl) • **17** וְהַיְּהוּדִים G V | ܘܚܐܪܘܪܒܢܐ S (via וְהַחֹרִים) • וְהַסְּגָנִים V S | > G (abbr) • סְבִיבֹתֵינוּ G V | foll ܐܬܘ ܠܘܬܢ S (ampl) • עַל־שֻׁלְחָנִי׃ G V | ܐܟܠ ܒܦܬܘܪܗ S (shift) • **18** וַאֲשֶׁר הָיָה נַעֲשֶׂה לְיוֹם אֶחָד G (V) | ܘܡܬܒܪܐ ܕܝܘܡ ܗܘܐ ܠܝܘܡܐ ܡܢܬܐ ܗܘܐ ܠܒܥܝܪܐ ܕܝܘܡܝ S (exeg) •

הָיָה נַעֲשֶׂה לְיוֹם אֶחָד שׁוֹר אֶחָד צֹאן שֵׁשׁ־בְּרֻרוֹת וְצִפֳּרִים נַעֲשׂוּ־   ל

לִי וּבֵין עֲשֶׂרֶת יָמִים בְּכָל־יַיִן לְהַרְבֵּה וְעִם־זֶה לֶחֶם הַפֶּחָה לֹא   ג

בִקַּשְׁתִּי כִּי־כָבְדָה הָעֲבֹדָה עַל־הָעָם הַזֶּה: זָכְרָה־לִּי אֱלֹהַי   19

לְטוֹבָה כֹּל אֲשֶׁר־עָשִׂיתִי עַל־הָעָם הַזֶּה: פ   וַיְהִי כַאֲשֶׁר   6

נִשְׁמַע לְסַנְבַלַּט וְטוֹבִיָּה וּלְגֶשֶׁם הָעַרְבִי וּלְיֶתֶר אֹיְבֵינוּ כִּי בָנִיתִי   ל חס בסיפ

אֶת־הַחוֹמָה וְלֹא־נוֹתַר בָּהּ פָּרֶץ גַּם עַד־הָעֵת הַהִיא דְּלָתוֹת   ה . ג

לֹא־הֶעֱמַדְתִּי בַשְּׁעָרִים: וַיִּשְׁלַח סַנְבַלַּט וְגֶשֶׁם אֵלַי לֵאמֹר לְכָה   2

וְנִוָּעֲדָה יַחְדָּו בַּכְּפִירִים בְּבִקְעַת אוֹנוֹ וְהֵמָּה חֹשְׁבִים לַעֲשׂוֹת לִי   ל

רָעָה: וָאֶשְׁלְחָה עֲלֵיהֶם מַלְאָכִים לֵאמֹר מְלָאכָה גְדוֹלָה אֲנִי עֹשֶׂה   ל ואינון ד בליש . כ̇ב̇

וְלֹא אוּכַל לָרֶדֶת לָמָּה תִשְׁבַּת הַמְּלָאכָה כַּאֲשֶׁר אַרְפֶּהָ וְיָרַדְתִּי   ב הארץ . ב

אֲלֵיכֶם: וַיִּשְׁלְחוּ אֵלַי כַּדָּבָר הַזֶּה אַרְבַּע פְּעָמִים וָאָשִׁיב אוֹתָם   4

כַּדָּבָר הַזֶּה: ס   וַיִּשְׁלַח אֵלַי סַנְבַלַּט כַּדָּבָר הַזֶּה פַּעַם   5

חֲמִישִׁית אֶת־נַעֲרוֹ וְאִגֶּרֶת פְּתוּחָה בְּיָדוֹ: כָּתוּב בָּהּ בַּגּוֹיִם נִשְׁמָע   6 גמל̇ . ג̇ . ד קמ̇

וְגַשְׁמוּ אֹמֵר אַתָּה וְהַיְּהוּדִים חֹשְׁבִים לִמְרוֹד עַל־כֵּן אַתָּה בוֹנֶה   ג

---

[18] להרבה ג וסימנה ובכל עיר ועיר . הלוא הכושים והלובים . ואשר היה נעשה
ליום :o [6:1] דלתות ודלתות ג קמ̇צ וסימנהון ויהי כקרא יהודי . ודלתות לעזרה .
דלתות לא העמדתי . וכול יחזקאל דב̇ות בר מן ב̇ נשברה דלתות העמים . ועשויה
אליהם :o [3] ולא אוכל ג וסימנ̇ אהה אהה בתי הכרע חכרעתני . ונלאיתי כלכל . ולא
אוכל :o [5] פתוחה ג וסימנ̇ ויעזבו את העיר פתוחה . חרב חרב פתוחה . ואגרת
פתוחה בידו :o

---

18 בְּרֻרוֹת G V I ܬܢܝܢ̈ܐ S (lib-seman) • וְצִפֳּרִים (V) I καὶ χίμαρος G S (via
צְפִירִים) • נַעֲשׂוּ־לִי G (S) I > V (om) • בְּכָל־יַיִן לְהַרְבֵּה G (S) I vina diversa et
alia multa tribuebam V (exeg) • הַפֶּחָה S I τῆς βίας G (assim-v 14) I annonas
ducatus mei V (ampl) • כָבְדָה הָעֲבֹדָה עַל־הָעָם הַזֶּה G S I erat adtenuatus
populus V (exeg) • **6:1** בָנִיתִי G V I aedificavimus La (S) (shift) • הֶעֱמַדְתִּי G V I
בַשְּׁעָרִים: ס וַיִּשְׁלַח M^L I בַשְּׁעָרִים:וַיִּשְׁלַח S ܘܫܕܪ (shift) I ἐπέστησαν G^Mss (shift) I
M^Y I M^S1 (indet) • **2** וְנִוָּעֲדָה G V I ܢܬܟܢܫ S (lib-seman) • בַּכְּפִירִים I ἐν ταῖς
κώμαις G V (via בְכְפָרִים) • ܠܚܡܐ ܐܘ̈ܢܐ ܐܘܢܐ S (exeg) • **3** תִשְׁבַּת הַמְּלָאכָה I
כַּאֲשֶׁר אַרְפֶּהָ (V) (S) I καταπαύσῃ τὸ ἔργον· ὡς ἂν τελειώσω αὐτό, G (differ-div)
• הַמְּלָאכָה G I > V S (implic) • אַרְפֶּהָ (S) I τελειώσω αὐτό, G (lib-seman) I
venero V (lib-seman) • **4** אַרְבַּע פְּעָמִים V S I > G (om) • כַּדָּבָר הַזֶּה V S I κατὰ
ταῦτα. G (shift) • **5** כַּדָּבָר הַזֶּה פַּעַם חֲמִישִׁית V S I > G (om) • חֲמִישִׁית V S I
septimo La (substit) • פְּתוּחָה G I > V S (om) • **6** וְגַשְׁמוּ אֹמֵר V S I > G (om) •

ב . ג . מל ‏7 הַחוֹמָה וְאַתָּה הֹוֶה לָהֶם לְמֶלֶךְ כַּדְּבָרִים הָאֵלֶּה וְגַם־נְבִיאִים

י הֶעֱמַדְתָּ לִקְרֹא עָלֶיךָ בִירוּשָׁלַ͏ִם לֵאמֹר מֶלֶךְ בִּיהוּדָה וְעַתָּה יִשָּׁמַע

ל לַמֶּלֶךְ כַּדְּבָרִים הָאֵלֶּה וְעַתָּה לְכָה וְנִוָּעֲצָה יַחְדָּו׃ ס

ח . ב . מל ‏8 וָאֶשְׁלְחָה אֵלָיו לֵאמֹר לֹא נִהְיָה כַּדְּבָרִים הָאֵלֶּה אֲשֶׁר אַתָּה אוֹמֵר

ל ויתיר א . ב ‏9 כִּי מִלִּבְּךָ אַתָּה בוֹדָאם׃ כִּי כֻלָּם מְיָרְאִים אוֹתָנוּ לֵאמֹר יִרְפּוּ

ב . ז . כב .
סז ראש פסוק
ג ושם אשתו
וחבי ואני באתי
‏10 יְדֵיהֶם מִן־הַמְּלָאכָה וְלֹא תֵעָשֶׂה וְעַתָּה חַזֵּק אֶת־יָדָי׃ וַאֲנִי־בָאתִי

בֵּית שְׁמַעְיָה בֶן־דְּלָיָה בֶּן־מְהֵיטַבְאֵל וְהוּא עָצוּר וַיֹּאמֶר נִוָּעֵד

אֶל־בֵּית הָאֱלֹהִים אֶל־תּוֹךְ הַהֵיכָל וְנִסְגְּרָה דַּלְתוֹת הַהֵיכָל כִּי

ג . י . ב . חד
מל וחד חס בית
רשע
‏11 בָּאִים לְהָרְגֶךָ וְלַיְלָה בָּאִים לְהָרְגֶךָ׃ וָאֹמְרָה הַאִישׁ כָּמוֹנִי יִבְרָח

ב יקרא ‏12 וּמִי כָמוֹנִי אֲשֶׁר־יָבוֹא אֶל־הַהֵיכָל וָחָי לֹא אָבוֹא׃ וָאַכִּירָה וְהִנֵּה

ל וחד
והנבואה . ג
לֹא־אֱלֹהִים שְׁלָחוֹ כִּי הַנְּבוּאָה דִּבֶּר עָלַי וְטוֹבִיָּה וְסַנְבַלַּט שְׂכָרוֹ׃

‏13 לְמַעַן שָׂכוּר הוּא לְמַעַן־אִירָא וְאֶעֱשֶׂה־כֵּן וְחָטָאתִי וְהָיָה לָהֶם

[9] מיראים ב . אותנו . אשר היו ס: חזק ד וסימנה אתו חזק כי הוא ינחלנה . ולבלתי
חזק . צפה דרך חזק מתנים . ועתה חזק את ידי ס: [10] להרגך ג וסימנה מתנחם לך
להרגך . ואני באתי שנים בפסוק ס:

6 כַּדְּבָרִים הָאֵלֶּה (V) S | > G (om) • **7** וְגַם V (S) | καὶ πρὸς τούτοις G (ampl) •
הֶעֱמַדְתָּ V S | foll σεαυτῷ, G (ampl) • לִקְרֹא עָלֶיךָ V S | ἵνα καθίσῃς G (exeg) •
לֵאמֹר V S | > G (implic) • מֶלֶךְ (G) V | ἐβασίλευσας G^L (shift) | ܐܡܠܟ
ܗܘܐ S (exeg) • יִשָּׁמַע G V | ܐܫܬܡܥ S (shift) • כַּדְּבָרִים הָאֵלֶּה V S | οἱ λόγοι
οὗτοι G (shift) • **8** לֹא נִהְיָה G V | ܠܐ ܗܘܬ ܕܒܪ S (exeg) • בוֹדָאם G V |
ܠܡܣ S (lib-seman) • **9** יְדֵיהֶם G S | manus nostrae V (shift) • הַמְּלָאכָה V
S | foll τούτου, G (explic) • וְלֹא תֵעָשֶׂה G | et quiesceremus V (shift) | ܬܬܥܒܕ
ܕܠܐ S (exeg) • חַזֵּק S | ἐκραταίωσα G (V) (shift) | ἐκραταιώθησαν G^L
(shift) • **10** וְהוּא עָצוּר G S | secreto V (lib-seman) • אֶל־תּוֹךְ הַהֵיכָל V S | ἐν
μέσῳ αὐτοῦ G (implic) • דַּלְתוֹת הַהֵיכָל V S | τὰς θύρας αὐτοῦ G (implic) •
בָּאִים לְהָרְגֶךָ¹ V S | > G (facil-synt) • **11** וּמִי כָמוֹנִי V | ἢ τίς οἷος ἀνήρ, G
(shift) | ܐܝܟ ܕܐܢܫ ܡܢ S (exeg) • אֲשֶׁר־יָבוֹא G | ingredietur V S (shift) |
וָחָי לֹא אָבוֹא: V | καὶ ζήσεται; G (abbr) | > S (om) • **12** שְׁלָחוֹ G V | foll ܠܒ S
(explic) • כִּי הַנְּבוּאָה דִּבֶּר עָלַי (V) | ὅτι ἡ προφητεία λόγος κατ' ἐμοῦ, G (shift) |
ܕܓܠܐ ܐܡܪ ܥܠ ܢܒܝܘܬܐ ܐܠܗܐ ܡܢ ܠܒ S (exeg) • הַנְּבוּאָה G (V) | ܢܒܝܐ S (via
הַנְּבִיא) • וְסַנְבַלַּט G V | foll ܣܢܒܠܛ, S (ampl) • שְׂכָרוֹ V | ἐμισθώσαντο G S (via
שְׂכָרוּ) • **13** לְמַעַן שָׂכוּר הוּא G V | foll ܣܟܪܘܗܝ ܚܠܦ ܠܡܚܠܘ, S (ampl) •
שְׂכָרוֹ: ס | ἐπ' ἐμὲ ὄχλον, G (exeg) • וְהָיָה לָהֶם V | καὶ γένωμαι αὐτοῖς G S (shift) •

זָכְרָ֧ה אֱלֹהַ֛י לְטוֹבִיָּ֥ה וּלְסַנְבַלַּ֖ט ס לְשֶׁ֣ם רָ֔ע לְמַ֖עַן יְחָרְפֽוּנִי׃ 14

כְּמַעֲשָׂ֖יו אֵ֑לֶּה וְגַ֛ם לְנוֹעַדְיָ֥ה הַנְּבִיאָ֖ה וּלְיֶ֥תֶר הַנְּבִיאִ֖ים אֲשֶׁ֥ר הָי֖וּ

מְיָֽרְאִ֥ים אוֹתִֽי׃ וַתִּשְׁלַם֙ הַ֣חוֹמָ֔ה בְּעֶשְׂרִ֥ים וַחֲמִשָּׁ֖ה לֶאֱל֑וּל לַחֲמִשִּׁ֖ים 15

וּשְׁנַ֥יִם יֽוֹם׃ ס וַיְהִ֗י כַּאֲשֶׁ֤ר שָֽׁמְעוּ֙ כָּל־אֽוֹיְבֵ֔ינוּ וַיִּֽרְאוּ֙ כָּל־ 16

הַגּוֹיִם֙ אֲשֶׁ֣ר סְבִיבֹתֵ֔ינוּ וַיִּפְּל֥וּ מְאֹ֖ד בְּעֵֽינֵיהֶ֑ם וַיֵּ֣דְע֔וּ כִּ֚י מֵאֵ֣ת אֱלֹהֵ֔ינוּ

נֶעֶשְׂתָ֖ה הַמְּלָאכָ֥ה הַזֹּֽאת׃ גַּ֣ם ׀ בַּיָּמִ֣ים הָהֵ֗ם מַרְבִּ֞ים חֹרֵ֤י יְהוּדָה֙ 17

אִגְּרֹ֣תֵיהֶ֔ם הוֹלְכ֖וֹת עַל־טוֹבִיָּ֑ה וַאֲשֶׁ֥ר לְטוֹבִיָּ֖ה בָּא֥וֹת אֲלֵיהֶֽם׃ כִּֽי־ 18

רַבִּ֣ים בִּֽיהוּדָ֗ה בַּעֲלֵ֤י שְׁבוּעָה֙ ל֔וֹ כִּי־חָתָ֥ן ה֖וּא לִשְׁכַנְיָ֣ה בֶן־אָרַ֑ח

וִֽיהוֹחָנָ֣ן בְּנ֔וֹ לָקַ֕ח אֶת־בַּת־מְשֻׁלָּ֖ם בֶּ֣ן בֶּֽרֶכְיָֽה׃ גַּ֣ם טוֹבֹתָ֗יו הָי֤וּ 19

אֹמְרִים֙ לְפָנַ֔י וּדְבָרַ֕י הָי֥וּ מוֹצִיאִ֖ים ל֑וֹ אִגְּר֣וֹת שָׁלַ֥ח טוֹבִיָּ֖ה לְיָֽרְאֵֽנִי׃

7 וַיְהִ֗י כַּאֲשֶׁ֤ר נִבְנְתָה֙ הַ֣חוֹמָ֔ה וָאַעֲמִ֖יד הַדְּלָת֑וֹת וַיִּפָּ֣קְד֔וּ הַשּׁוֹעֲרִ֥ים

וְהַמְשֹׁרְרִ֖ים וְהַלְוִיִּֽם׃ וָאֲצַוֶּ֞ה אֶת־חֲנָ֣נִי אָחִ֗י וְאֶת־חֲנַנְיָ֛ה שַׂ֥ר הַבִּירָ֖ה 2

עַל־יְרוּשָׁלָ֑͏ִם כִּי־הוּא֙ כְּאִ֣ישׁ אֱמֶ֔ת וְיָרֵ֥א אֶת־הָאֱלֹהִ֖ים מֵרַבִּֽים׃

3 וָאֹמַ֣ר לָהֶ֗ם לֹ֣א יִפָּֽתְח֞וּ שַׁעֲרֵ֤י יְרוּשָׁלִַ֙ם֙ עַד־חֹ֣ם הַשֶּׁ֔מֶשׁ וְעַ֣ד הֵ֤ם

עֹמְדִים֙ יָגִ֣יפוּ הַדְּלָת֔וֹת וֶאֱחֹ֑זוּ וְהַעֲמֵ֗יד מִשְׁמְרוֹת֙ יֹשְׁבֵ֣י יְרוּשָׁלִַ֔ם

Masorah marginalis (right/left columns):
- ל ומל׳ ל
- ב
- ה מל בכת׳ . ל . ל
- ד חס
- ו . ל
- ד
- ל מל
- ט . ו מאדכ בטע / ב אשר שמתי . ב / ואת כל נשדך . ל
- ג . י מל
- ל
- ל . כ . ל / ואמר ק / והם עמדים
- ל . ל ומל

[14] הנביאה ב וסימנהון אל חלדה הנביאה . וגם לנועדיה ס׃ [7:1] ויפקדו ג וסימנהון מעבדי דוד . השוערים והמשוררים . ביום ההוא אנשים ס׃ [3] ד דכת ויאמר וקר ואמר וסימ׳ עמלקי . מנורת . לא טוב . יפתחו ס׃

יְחָרְפֽוּנִי: זָכְרָה֩ | G S | *malum quod* V (abbr) • זָכְרָ֧ה ↗ M^L M^Y | יְחָרְפֽוּנִי: פ יְחָרְפ֑וּנִי G S | לְשֶׁ֣ם רָ֔ע **13** M^S1 • **14** וּלְסַנְבַלַּ֖ט G V | foll ܠܣܢܒܠܛ S (assim-v 12) • כְּמַעֲשָׂ֖יו G | κατὰ τὰ ἔργα αὐτῶν G^L V (S) (assim-ctext) • הַנְּבִיאָ֖ה S ↗ τῷ προφήτῃ G V S (assim-usu) • לְנוֹעַדְיָ֥ה G V | ܠܡܥܕܝܐ S • אוֹתִֽי: G V | foll ܡܬܗ S (ampl) • **15** לֶאֱל֑וּל S | לְאֱל֑וּל foll μηνός G V (explic) • **16** וַיִּפְּל֥וּ מְאֹ֖ד בְּעֵֽינֵיהֶ֑ם | καὶ ἐπέπεσεν φόβος σφόδρα ἐν ὀφθαλμοῖς αὐτῶν, G (exeg) | *et conciderent intra semetipsos* V (exeg) | ܘܢܦܠ ܗ S (exeg) • נֶעֶשְׂתָ֖ה V S | τελειωθῆναι G (shift) • **17** מַרְבִּ֞ים S | ἀπὸ πολλῶν G (V) (via) | מֵרַבִּ֖ים **18** ל֖וֹ G V | foll ܡܢܗܘܢ S (ampl) • **19** טוֹבֹתָ֗יו לְיָֽרְאֵֽנִי: ס וַיְהִ֗י M^L | וַיְהִ֗י: לְיָֽרְאֵֽנִי V | τοὺς λόγους αὐτοῦ G (S) (lib-seman) לְיָֽרְאֵֽנִי: פ וַיְהִ֗י M^Y • **7:1** וָאַעֲמִ֖יד הַדְּלָת֑וֹת G V | ܘܐܩܝܡܬ ܬܪܥܐ S (dbl) • וַיִּפָּ֣קְד֔וּ G | *et recensui* V (assim-ctext) | ܘܐܬܒܚܢܠܗܘܢ S (lib-seman) • **2** הַבִּירָ֖ה (V) S | τῆς βιρὰ G (transcr) • מֵרַבִּֽים: G | *plus ceteris videbatur* V (exeg) | ܡܢ ܣܓܝ S (exeg) • **3** וָאֹמַ֣ר ↗ 5:9 · חֹ֣ם הַשֶּׁ֔מֶשׁ V | ܒܕ ܡ ܫܡܫܐ S (lib-seman) • ܨܡ ܗ ܫܡܫܐ S ἅμα τῷ ἡλίῳ, G S (lib-seman) · וְעַ֣ד הֵ֤ם עֹמְדִים֙ (G) V | ܡܬܒ S • יָגִ֣יפוּ הַדְּלָת֔וֹת וֶאֱחֹ֑זוּ G S | *clausae portae sunt et oppilatae* V (shift) • וְהַעֲמֵ֗יד G | *et posui* V (assim-ctext) | ܘܐܩܝܡ S (shift) •

4 אִישׁ בְּמִשְׁמָרוֹ וְאִישׁ נֶגֶד בֵּיתוֹ: וְהָעִיר רַחֲבַת יָדַיִם וּגְדוֹלָה וְהָעָם   בֹּ חד מל

5 מְעַט בְּתוֹכָהּ וְאֵין בָּתִּים בְּנוּיִם: וַיִּתֵּן אֱלֹהַי אֶל־לִבִּי וָאֶקְבְּצָה   ל

אֶת־הַחֹרִים וְאֶת־הַסְּגָנִים וְאֶת־הָעָם לְהִתְיַחֵשׂ וָאֶמְצָא סֵפֶר   יֵ

6 הַיַּחַשׂ הָעוֹלִים בָּרִאשׁוֹנָה וָאֶמְצָא כָּתוּב בּוֹ: פ אֵלֶּה ׀ בְּנֵי   בֹּ מל . ד ראש פסו בסיפ

הַמְּדִינָה הָעֹלִים מִשְּׁבִי הַגּוֹלָה אֲשֶׁר הֶגְלָה נְבוּכַדְנֶצַּר מֶלֶךְ בָּבֶל

7 וַיָּשׁוּבוּ לִירוּשָׁלִַם וְלִיהוּדָה אִישׁ לְעִירוֹ: הַבָּאִים עִם־זְרֻבָּבֶל יֵשׁוּעַ   ל

נְחֶמְיָה עֲזַרְיָה רַעַמְיָה נַחֲמָנִי מָרְדֳּכַי בִּלְשָׁן מִסְפֶּרֶת בִּגְוַי נְחוּם   ל . ל . ב׳   ל . ל

בַּעֲנָה מִסְפַּר אַנְשֵׁי עַם יִשְׂרָאֵל: ס   בְּנֵי פַרְעֹשׁ 8

אַלְפַּיִם מֵאָה וְשִׁבְעִים וּשְׁנָיִם: ס   בְּנֵי שְׁפַטְיָה 9   ל

שְׁלֹשׁ מֵאוֹת שִׁבְעִים וּשְׁנָיִם: ס   בְּנֵי אָרַח 10

שֵׁשׁ מֵאוֹת חֲמִשִּׁים וּשְׁנָיִם: ס   בְּנֵי־פַחַת מוֹאָב 11

לִבְנֵי יֵשׁוּעַ וְיוֹאָב אַלְפַּיִם וּשְׁמֹנֶה מֵאוֹת שְׁמֹנָה עָשָׂר: ס   בְּנֵי עֵילָם 12   חֹ זוגין מחלפ .   ל

אֶלֶף מָאתַיִם חֲמִשִּׁים וְאַרְבָּעָה: ס   בְּנֵי זַתּוּא 13

שְׁמֹנֶה מֵאוֹת אַרְבָּעִים וַחֲמִשָּׁה: ס   בְּנֵי זַכָּי 14

שֶׁבַע מֵאוֹת וְשִׁשִּׁים: ס   בְּנֵי בִנּוּי 15

שֵׁשׁ מֵאוֹת אַרְבָּעִים וּשְׁמֹנָה: ס   בְּנֵי בֵבָי 16   בֹּ זק

17 שֵׁשׁ מֵאוֹת עֶשְׂרִים וּשְׁמֹנָה: ס בְּנֵי עַזְגָּד אַלְפַּיִם שְׁלֹשׁ מֵאוֹת עֶשְׂרִים

---

[4] וגדלה בֹּ חד מל וחד חס וסימ׳ שבתי לירוש׳ . וגדולה היא אלי . והעיר רחבת
ידים ס: [5] העולים בֹּ מל וסימנהון ויתן אלהי אל לבי . ואלה העולים תינינ ס:
[6] שובה לירושלם הֹ וסימ׳ שבתי לירושלם ברחמים . יהושפט . יאשיה . ואלה בני
המדינה . וחביר ס: [11] דֹ זוגין קדמ׳ לא נסיב וא וֹ נסיב . ותינינ נסיב וֹ וסימנה אמרפל .
שמן . אבני . חסר לב . עשר . שלש מאות ששים . כל מפרסת . ישוע ס:

Neh 7:16-17
‖ Ezra 2:1-12

5 אֱלֹהַי La S ǀ ὁ θεός G V (implic) • לְהִתְיַחֵשׂ G ǀ foll eos V S (explic) • 6 בָּבֶל
G V S ǀ foll לְבָבֶל Ezra • וְלִיהוּדָה G V S ǀ וִיהוּדָה Ezra • 7 הַבָּאִים (Ezra) V S ǀ
> G (implic) • עֲזַרְיָה G V (S) ǀ שְׂרָיָה Ezra • רַעַמְיָה V S ǀ רְעֵלָיָה Ezra ǀ Ῥεελμά,
G • נַחֲמָנִי G V ǀ > Ezra ǀ ܢܚܡܢܝ S • בִּלְשָׁן Ezra G S ǀ Belsar V •
מִסְפֶּרֶת V • נְחוּם G V ǀ foll Ἐσδρά, G • מִסְפָּר S ǀ foll רְחוּם Ezra ǀ ܡܣܦܪ S ǀ מִסְפַּר Ezra
V S ǀ Μασφάρ, G • 10 שֵׁשׁ מֵאוֹת חֲמִשִּׁים וּשְׁנָיִם: G V S ǀ 775 Ezra • 11 פַּחַת מוֹאָב
G V S ǀ 2,812 אַלְפַּיִם וּשְׁמֹנֶה מֵאוֹת שְׁמֹנָה עָשָׂר: G V S ǀ שְׂרָיָה וּשְׁמֹנֶה מֵאוֹת
שְׁמֹנֶה מֵאוֹת G V ǀ 1,854 V • 13 אֶלֶף מָאתַיִם חֲמִשִּׁים וְאַרְבָּעָה: Ezra G S ǀ 854 S • 12
אַרְבָּעִים וַחֲמִשָּׁה: G V ǀ 945 Ezra GL ǀ 854 S • 14 זַכָּי Ezra V S ǀ Ζακχοῦ G •
15 בִּנּוּי G V ǀ בָּנִי Ezra S • שֵׁשׁ מֵאוֹת אַרְבָּעִים וּשְׁמֹנָה: G V S ǀ 642 Ezra ǀ 644 S
16: שְׁלֹשׁ מֵאוֹת עֶשְׂרִים וּשְׁמֹנָה: G V S ǀ 623 Ezra GL • 17 אַלְפַּיִם שְׁלֹשׁ מֵאוֹת עֶשְׂרִים
וּשְׁנָיִם: G V S ǀ 1,222 Ezra ǀ 2,222 GL •

18	וּשְׁנָֽיִם:	ס בְּנֵ֣י אֲדֹנִיקָ֔ם שֵׁ֥שׁ מֵא֖וֹת שִׁשִּׁ֥ים וְשִׁבְעָֽה: ס	בְּנֵ֣י בִגְוָ֔י
19			
20	אַלְפַּ֖יִם שִׁשִּׁ֥ים וְשִׁבְעָֽה:	ס	בְּנֵ֣י עָדִ֔ין
21	שֵׁ֥שׁ מֵא֖וֹת חֲמִשִּׁ֥ים וַחֲמִשָּֽׁה:	ס	בְּנֵֽי־אָטֵ֥ר
22	לְחִזְקִיָּ֖ה תִּשְׁעִ֥ים וּשְׁמֹנָֽה:	ס	בְּנֵ֣י חָשֻׁ֔ם ב
23	שְׁלֹ֥שׁ מֵא֖וֹת עֶשְׂרִ֥ים וּשְׁמֹנָֽה:	ס	בְּנֵ֣י בֵצָ֔י ב
24	שְׁלֹ֥שׁ מֵא֖וֹת עֶשְׂרִ֥ים וְאַרְבָּעָֽה:	ס	בְּנֵ֣י חָרִ֔יף
25	מֵאָ֖ה שְׁנֵ֥ים עָשָֽׂר:	ס	בְּנֵ֣י גִבְע֔וֹן
26	תִּשְׁעִ֥ים וַחֲמִשָּֽׁה:	ס	אַנְשֵׁ֥י בֵֽית־לֶ֖חֶם וּנְטֹפָ֔ה
27	מֵאָ֖ה שְׁמֹנִ֥ים וּשְׁמֹנָֽה:	ס	אַנְשֵׁ֥י עֲנָת֔וֹת
28	מֵאָ֖ה עֶשְׂרִ֥ים וּשְׁמֹנָֽה:	ס	אַנְשֵׁ֥י בֵית־עַזְמָ֔וֶת
29	אַרְבָּעִ֥ים וּשְׁנָֽיִם:	ס	אַנְשֵׁ֥י קִרְיַ֨ת יְעָרִ֜ים ב
30	כְּפִירָ֣ה וּבְאֵר֔וֹת שְׁבַ֥ע מֵא֖וֹת אַרְבָּעִ֥ים וּשְׁלֹשָֽׁה: ס אַנְשֵׁ֥י הָרָמָ֖ה וָגָ֑בַע ב		
31	שֵׁ֥שׁ מֵא֖וֹת עֶשְׂרִ֥ים וְאֶחָֽד:	ס	אַנְשֵׁ֥י מִכְמָ֔ס ב כת ס
32	מֵאָ֖ה וְעֶשְׂרִ֥ים וּשְׁנָֽיִם:	ס	אַנְשֵׁ֣י בֵֽית־אֵל֙ וְהָעָ֔י ל
33	מֵאָ֖ה עֶשְׂרִ֥ים וּשְׁלֹשָֽׁה:	ס	אַנְשֵׁ֥י נְב֖וֹ אַחֵ֑ר
34	חֲמִשִּׁ֥ים וּשְׁנָֽיִם:	ס	בְּנֵי֙ עֵילָ֣ם אַחֵ֔ר ל

[29] אנשי קרית יערים ב וסימנהון ויבאו אנשי קרית יערים . אנשי קרית יערים
בתריה ס: בני קרית ערים . אנשי קרית יערים
ס:

Neh 7:18-34
‖Ezra 2:13-31

18: אַלְפַּ֖יִם שִׁשִּׁ֥ים וְשִׁבְעָֽה G V S | 666 Ezra G^L • **19** שֵׁ֥שׁ מֵא֖וֹת שִׁשִּׁ֥ים וְשִׁבְעָֽה G V S | 2,056 Ezra | 2,057 G^ss • **20:** שֵׁ֥שׁ מֵא֖וֹת חֲמִשִּׁ֥ים וַחֲמִשָּֽׁה V S | 454 Ezra | 654 G • **22** v 22 G V S | prec vv 23-24 Ezra • **22:** שְׁלֹ֥שׁ מֵא֖וֹת עֶשְׂרִ֥ים וּשְׁמֹנָֽה G V S | 223 Ezra | 333 G^L • **23:** שְׁלֹ֥שׁ מֵא֖וֹת עֶשְׂרִ֥ים וְאַרְבָּעָֽה G V S | 323 Ezra | 112 G^L • **24** חָרִ֔יף G V | יוֹרָה Ezra | ܣܘܕܡ S | foll υἱοὶ Ασεν Ezra V S: מֵאָ֖ה שְׁנֵ֥ים עָשָֽׂר Ezra V S | foll υἱοὶ Ασεν διακόσιοι εἴκοσι τρεῖς. G (interpol via Ezra 2:19) • **25** גִבְע֔וֹן G V S | גֶּבַּר Ezra • **26** אַנְשֵׁ֥י בֵֽית־לֶ֖חֶם מֵאָ֖ה עֶשְׂרִ֥ים וּשְׁלֹשָֽׁה: אַנְשֵׁ֥י נְטֹפָ֔ה Ezra • **26** אַנְשֵׁ֥י ✣ v 26 V S • אַנְשֵׁ֥י נְטֹפָ֔ה Ezra | υἱοὶ Νετωφα G (assim-ctext) • וּנְטֹפָ֔ה V S | נְטֹפָ֔ה Ezra (G) • חֲמִשִּׁ֥ים וְשִׁשָּֽׁה: Ezra | וּשְׁמֹנָֽה V S | υἱοὶ G (assim-ctext) • **27** אַנְשֵׁ֥י Ezra V S | υἱοὶ G (assim-ctext) • **28** אַנְשֵׁ֥י → ✣ v 26 • **29** אַנְשֵׁ֥י → ✣ v 26 • קִרְיַ֨ת יְעָרִ֜ים G בֵית־עַזְמָ֔וֶת Ezra | Βηθ G • **29** אַנְשֵׁ֥י → ✣ v 26 • עַזְמָ֔וֶת (V) (S) | עַזְמָ֔וֶת Ezra | Βηθ G • **30** אַנְשֵׁ֥י → ✣ v 26 • הָרָמָ֖ה Ezra G V | קִרְיַ֨ת עָרִ֜ים Ezra | ܒܐܪ S • **30** אַנְשֵׁ֥י → ✣ v 26 • הָרָמָ֖ה Ezra G V | ܩܪܝܬ ܥܪܝܡ S • שֵׁ֥שׁ מֵא֖וֹת עֶשְׂרִ֥ים Ezra G V | הָרָמָ֖ה וָגָ֑בַע ܓܒܥ ܘܪܡܬܐ S • ܪܡܬܐ ܘܓܒܥ S (transp) • שֵׁ֥שׁ מֵא֖וֹת עֶשְׂרִ֥ים Ezra G V | 721 S • **32:** מֵאָ֖ה וְעֶשְׂרִ֥ים וּשְׁלֹשָֽׁה G V S | 223 Ezra G^L • **33** בְּנֵי֙ Ezra | ἄνδρες G V | אַנְשֵׁ֥י → ✣ v 26 • **34** בְּנֵי֙ Ezra | נְב֖וֹ Ezra S • נְב֖וֹ אַחֵ֑ר G V | נְב֖וֹ Ezra S • בְּנֵי֙ V S | prec בְּנֵ֣י מַגְבִּישׁ מֵאָ֖ה חֲמִשִּׁ֥ים וְשִׁשָּֽׁה: Ezra (assim-ctext) | ܕܚܒ S (substit) | בְּנֵי֙ G ✣ • עֵילָ֣ם אַחֵ֔ר Ezra G V | ܚܠܡ S (abbr) •

35 בְּנֵי חָרָם   ס   אֶלֶף מָאתַיִם חֲמִשִּׁים וְאַרְבָּעָה׃

36 בְּנֵי יְרֵחוֹ   ס   שְׁלֹשׁ מֵאוֹת וְעֶשְׂרִים׃

37 בְּנֵי־לֹד חָדִיד וְאֹונוֹ   ס   שְׁלֹשׁ מֵאוֹת אַרְבָּעִים וַחֲמִשָּׁה׃   [Mp: ג חס]

38 בְּנֵי סְנָאָה   ס   שְׁבַע מֵאוֹת וְעֶשְׂרִים וְאֶחָד׃

39 הַכֹּהֲנִים בְּנֵי יְדַעְיָה   פ   שְׁלֹשֶׁת אֲלָפִים תְּשַׁע מֵאוֹת וּשְׁלֹשִׁים׃   [Mp: ג רא פס]

40 בְּנֵי אִמֵּר   ס   לְבֵית יֵשׁוּעַ תְּשַׁע מֵאוֹת שִׁבְעִים וּשְׁלֹשָׁה׃

41 בְּנֵי פַשְׁחוּר   ס   אֶלֶף חֲמִשִּׁים וּשְׁנָיִם׃

42 בְּנֵי חָרִם אֶלֶף שִׁבְעָה   ס   אֶלֶף מָאתַיִם אַרְבָּעִים וְשִׁבְעָה׃

43 הַלְוִיִּם בְּנֵי־יֵשׁוּעַ לְקַדְמִיאֵל לִבְנֵי לְהוֹדְוָה שִׁבְעִים   פ   עָשָׂר׃   [Mp: ג רא פס בסיפ / ל]

44 הַמְשֹׁרְרִים בְּנֵי אָסָף   ס   וְאַרְבָּעָה׃

45 הַשֹּׁעֲרִים בְּנֵי־שַׁלּוּם   ס   מֵאָה אַרְבָּעִים וּשְׁמֹנָה׃   [Mp: ו חס]

46 בְּנֵי־אָטֵר בְּנֵי־טַלְמֹן בְּנֵי־עַקּוּב בְּנֵי חֲטִיטָא בְּנֵי שֹׁבָי מֵאָה שְׁלֹשִׁים   [Mp: ב וחס]

46
47 הַנְּתִינִים בְּנֵי־צִחָא בְּנֵי־חֲשֻׂפָא בְּנֵי טַבָּעוֹת בְּנֵי־   ס   וּשְׁמֹנָה׃   [Mp: ג ז מל]

48
49 קֵירֹס בְּנֵי־סִיעָא בְּנֵי־פָדוֹן׃ בְּנֵי־לְבָנָה בְּנֵי־חֲגָבָה בְּנֵי שַׁלְמָי׃ בְּנֵי־   [Mp: ל מל ביוד]

50
51 חָנָן בְּנֵי־גִדֵּל בְּנֵי־גָחַר׃ בְּנֵי־רְאָיָה בְּנֵי־רְצִין בְּנֵי נְקוֹדָא׃ בְּנֵי־   [Mp: ב חד פת]

52
53 גַזָּם בְּנֵי־עֻזָּא בְּנֵי פָסֵחַ׃ בְּנֵי־בֵסַי בְּנֵי־מְעוּנִים בְּנֵי נְפוּשְׁסִים בְּנֵי־   [Mp: נפישסים ק]

54 בַקְבּוּק בְּנֵי־חֲקוּפָא בְּנֵי חַרְחוּר׃ בְּנֵי־

---

[37] אנו ג חס וסימנה כי הוא ראשית אנו . יהי רעב אנו . בני לד בתרי ׃ס

[52] נפישסים . נפוסים . בוסים . הסוסים . ועמסים ׃ס

Neh 7:35-54 ‖ Ezra 2:32-52

36 v 36 G V S | prec v 37 Ezra • **37** שְׁבַע מֵאוֹת וְעֶשְׂרִים וְאֶחָד׃ G V S | 725 Ezra Gᴸ • **38** סְנָאָה Ezra V S | Σαναυά G | שְׁלֹשֶׁת אֲלָפִים תְּשַׁע מֵאוֹת וּשְׁלֹשִׁים G V S | 3,630 Ezra Gᴸ • **39** יְדַעְיָה V S | Ἰωδάε G • **43** לְקַדְמִיאֵל G S | וְקַדְמִיאֵל Ezra G V S | לְהוֹדְוָה V • הוֹדְוָה Ezra G V S | **44** מֵאָה אַרְבָּעִים וּשְׁמֹנָה G V S | 128 Ezra • **45** הַשֹּׁעֲרִים G V S | prec בְּנֵי Ezra • שֹׁבָי V | Σαβί, G | S (indet) ○ שֹׁבָי G V S | foll הַכֹּל Ezra • מֵאָה שְׁלֹשִׁים וּשְׁמֹנָה׃ G V S | 139 Ezra • **46** הַנְּתִינִים G V | (Syr.) S (substit) • צִחָא (Ezra) G (S) | Soa V • חֲשֻׂפָא (Ezra) S | Ἀσιφά, G | Asfa V • **47** קֵירֹס (Ezra) V S | Κιράς, G | סִיעָא S | סִיעֲהָא Ezra G V • **48** חֲגָבָה V S | foll בְּנֵי עַקּוּב׃ בְּנֵי־חָגָב Ezra | foll υἱοὶ Ἀκούδ, υἱοὶ Οὐτά, υἱοὶ Κητάρ, υἱοὶ Ἄγαβ, G ÷ • שַׁלְמָי Ezraqere G S | שַׂמְלַי Ezraket | Selmon V • **49** גִדֵּל Ezra V | Σαδήλ, G | (Syr.) S • גָחַר Ezra G V | (Syr.) S • **50** רְאָיָה Ezra G V | (Syr.) S • רְצִין Ezra (V) | Ῥασών, G S • נְקוֹדָא Ezra G V | (Syr.) S • **52** בֵסַי G V S | foll בְּנֵי־אַסְנָה Ezra • מְעוּנִים Ezraqere V | מעונים Ezraket | Μεινώμ, G | (Syr.) S • נְפוּשְׁסִים | נפושסים Mket G (crrp) | נְפוּשְׁסִים Mqere (crrp) | נפיסים Ezraket | נפוסים Ezraqere V S ÷ • **53** חֲקוּפָא Ezra V S | Ἀχιφά, G •

ל	בְּנֵי	בְּנֵי־מְחִידָא	בַּצְלִית
	בְּנֵי־	בְּנֵי־בַרְקוֹס	חַרְשָׁא׃ 55
	בְּנֵי	בְּנֵי־תָמַח׃	סִיסְרָא 56
	בְּנֵי	בְּנֵי חֲטִיפָא׃	נְצִיחַ 57
	בְּנֵי־		עַבְדֵי שְׁלֹמֹה
בׄ חד חס וחד מל	בְּנֵי	בְּנֵי־סוֹפֶרֶת	סוֹטַי
ל . בׄ . בׄ חד כת א	בְּנֵי־	בְּנֵי־יַעְלָא׃	פְרִידָא׃ 58
וחד כת ה			
	בְּנֵי	בְּנֵי גִדֵּל׃	דַּרְקוֹן 59
	בְּנֵי	בְּנֵי־חַטִּיל	שְׁפַטְיָה
ל	בְּנֵי °		פֹּכֶרֶת הַצְּבָיִים

60 אָמוֹן׃ כָּל־הַנְּתִינִים וּבְנֵי עַבְדֵי שְׁלֹמֹה שְׁלֹשׁ מֵאוֹת תִּשְׁעִים

61 וּשְׁנָיִם׃ פ   וְאֵלֶּה הָעוֹלִים מִתֵּל מֶלַח תֵּל חַרְשָׁא כְּרוּב אַדּוֹן (בׄ מל . ל)

וְאִמֵּר וְלֹא יָכְלוּ לְהַגִּיד בֵּית־אֲבוֹתָם וְזַרְעָם אִם מִיִּשְׂרָאֵל הֵם׃ (בׄ חס בכתׄ גׄ . בטעׄ)

62 בְּנֵי־דְלָיָה בְּנֵי־טוֹבִיָּה בְּנֵי נְקוֹדָא שֵׁשׁ מֵאוֹת וְאַרְבָּעִים (גׄ)

63 וּשְׁנָיִם׃ ס   וּמִן־הַכֹּהֲנִים בְּנֵי חֳבַיָּה בְּנֵי הַקּוֹץ בְּנֵי בַרְזִלַּי אֲשֶׁר (גׄ)

64 לָקַח מִבְּנוֹת בַּרְזִלַּי הַגִּלְעָדִי אִשָּׁה וַיִּקָּרֵא עַל־שְׁמָם׃ אֵלֶּה בִּקְשׁוּ (הׄ . דׄ ראש פסוק)

65 כְתָבָם הַמִּתְיַחְשִׂים וְלֹא נִמְצָא וַיִּגֹּאֲלוּ מִן־הַכְּהֻנָּה׃ וַיֹּאמֶר

הַתִּרְשָׁתָא לָהֶם אֲשֶׁר לֹא־יֹאכְלוּ מִקֹּדֶשׁ הַקֳּדָשִׁים עַד עֲמֹד הַכֹּהֵן

[61] אבתם הׄ חס ואמרו על . ויקנאו אתו . גם בניהם . ויבדלו דעזרא . ולא יכלו להגיד
בתר . וכל התו דכותׄ בׄ מׄ בׄ . ס: הם יׄב בסוף פסוק וסימנה וסימנה השריגים . הסלים .
ישפוטו הם . אשר כפר בהם . כל הולך על גחון . קריאי העדה . אשאלה מכם שאלה .
כסף וזהב . אלה איפה הם . בן אדם . להגיד בית אבתם . וחבירושלאור סוף פסׄ המה ס:

Neh 7:55-65
‖Ezra 2:53-63

54 בַּצְלִית | בְּצָלוּת Ezra G V S • מְחִידָא Ezra G V | ܡܚܝܕܐ S • חַרְשָׁא Ezra V : ܚܪܫܐ S • 'Αδασάν, G • **55** בַרְקוֹס Ezra G V | ܒܩܘܣ S • תָמַח׃ Ezra G V | ܬܡܚ S • **57** סוֹפֶרֶת G V S | הַסֹּפֶרֶת Ezra • פְרִידָא׃ G V | פְּרוּדָא Ezra | ܦܪܘܕܐ S • **59** הַצְּבָיִים Ezra | υἱοὶ Σαβαΐμ, G (V) (S) • פֹּכֶרֶת Ezra G V | ܦܟܪܬ S • חַטִּיל Ezra G V | ܚܛܝܠ S • **61** מִתֵּל מֶלַח Ezra V S | Ἡμίμ. G • אָמוֹן׃ V S | אָמִי Ezra | 'Ημίμ. G • תֵּל חַרְשָׁא Ezra G V | ܬܠ ܚܪܫܐ S | ἀπὸ Θερμέλεχ, G • כְּרוּב Ezra G V | ܟܪܘܒ S • אַדּוֹן V | אַדָּן Ezra | 'Ηρών, G | ܐܕܢ S • וְאִמֵּר (Ezra) (G) V | ܘܐܡܪ S (lib-seman) ✣ • **62** בְּנֵי¹ Ezra G V | ܒܬܪ ܕܠܝܗ ܛܘܒܝܗ ܒܬܪ S (ditt) • דְלָיָה Ezra V S | ܒܬܪ S (lib-seman) ܐܝܟܐ • שֵׁשׁ מֵאוֹת וְאַרְבָּעִים וּשְׁנָיִם G V | נְקוֹדָא Ezra G V | ܢܩܘܕܐ S • foll υἱοὶ Βουά, G • 652 Ezra • **63** וּמִן G V S | חֳבַיָּה Ezra G V | ܚܒܝܗ Ezra • וּמִבְּנֵי Ezra • ܣܢܗ S | ⸱ • **65** וַיֹּאמֶר הַתִּרְשָׁתָא Ezra G V | ܐܡܬܐ ܠܗܡ S • נִמְצָא Ezra V S • **65** נִמְצָאוּ Ezra V S | נִמְצָא G • הַכֹּהֵן G | כֹּהֵן Ezra | ܟܗܢܐ S (explic) | V (indet) • הַכְּהֻנָּה G | כְּהֻנָּה Ezra | ܟܗܢܘܬܐ S (exeg) •

66   לָאוּרִ֖ים וְתוּמִּֽים׃ כָּל־הַקָּהָ֖ל כְּאֶחָ֑ד אַרְבַּ֣ע רִבּ֔וֹא אַלְפַּ֖יִם שְׁלֹשׁ־

67   מֵא֥וֹת וְשִׁשִּֽׁים׃ מִ֠לְּבַד עַבְדֵיהֶ֤ם וְאַמְהֹֽתֵיהֶם֙ אֵ֔לֶּה שִׁבְעַ֥ת אֲלָפִ֖ים

   שְׁלֹ֣שׁ מֵא֑וֹת וְשִׁבְעָ֣ה וְשִׁשִּׁ֑ים וְלָהֶ֗ם מְשֹׁרְרִים֙ וּֽמְשֹׁרְר֔וֹת מָאתַ֖יִם

68   וְאַרְבָּעִ֥ים וַחֲמִשָּֽׁה׃   ס   גְּמַלִּ֕ים אַרְבַּ֥ע מֵא֖וֹת שְׁלֹשִׁ֥ים

   וַחֲמִשָּֽׁה   ס   חֲמֹרִ֕ים שֵׁ֣שֶׁת אֲלָפִ֔ים שְׁבַ֥ע מֵא֖וֹת וְעֶשְׂרִֽים׃

69   וּמִקְצָת֙ רָאשֵׁ֣י הָֽאָב֔וֹת נָתְנ֖וּ לַמְּלָאכָ֑ה הַתִּרְשָׁ֗תָא נָתַ֤ן לָאוֹצָר֙ זָהָ֣ב

   דַּרְכְּמֹנִ֣ים אֶ֔לֶף מִזְרָק֖וֹת חֲמִשִּׁ֑ים כָּתְנוֹת֙ כֹּֽהֲנִ֔ים שְׁלֹשִׁ֖ים וַחֲמֵ֥שׁ

70   מֵאֽוֹת׃ וּמֵֽרָאשֵׁ֣י הָֽאָב֗וֹת נָֽתְנוּ֙ לְאוֹצַ֣ר הַמְּלָאכָ֔ה זָהָ֕ב דַּרְכְּמוֹנִ֖ים

71   שְׁתֵּ֣י רִבּ֑וֹת וְכֶ֕סֶף מָנִ֖ים אַלְפַּ֥יִם וּמָאתָֽיִם׃ וַאֲשֶׁ֣ר נָֽתְנוּ֮ שְׁאֵרִ֣ית הָעָם֒

   זָהָ֗ב דַּרְכְּמוֹנִים֙ שְׁתֵּ֣י רִבּ֔וֹא וְכֶ֖סֶף מָנִ֣ים אַלְפָּ֑יִם וְכָתְנֹ֥ת כֹּהֲנִ֖ים

72   שִׁשִּׁ֥ים וְשִׁבְעָֽה׃   פ   וַיֵּשְׁב֧וּ הַכֹּהֲנִ֣ים וְהַלְוִיִּ֗ם וְהַשּׁוֹעֲרִים֙

Mp (marginal masora, right side):
ל   י.   (line 66)
ב מל לאדם ולאשתו   (line 69)
ג . ב . מל   (line 70)
ב חד כת א   (line 71)
ג מל   (line 71b)
י מל   (line 72)

Mm (lower masora):

[70] ומראשי ג וסימנה וגם בירושלם העמיד . ומראשי האבות . האבות . האבות ‹ס›׃

[72] שוערים השוערים י וסימנה ‹מל› וסימנה וישבו הכהנים . וחביר . ויהי כאשר נבנתה .
והשוערים עקוב ראש פסוק . ושאר העם . כי אל הלשכות . שמרים שערים . ויעש
לו . ויעמד . ועל הסבלים ‹ס›׃

65 לָאוּרִ֖ים וְתוּמִּֽים ‹Ezra› | φωτίσων. G (exeg) | *doctus et eruditus* V (exeg) | ܐܘܪ̈ܝܐ
S (exeg) • **66** אַרְבַּ֣ע רִבּ֔וֹא אַלְפַּ֖יִם שְׁלֹשׁ־מֵא֥וֹת וְשִׁשִּֽׁים Ezra G | 42,660 V |
42,470 S • **67** שִׁבְעַ֥ת אֲלָפִ֖ים שְׁלֹ֣שׁ מֵא֑וֹת וְשִׁבְעָ֣ה Ezra G V | 7,333 S •
סוּסֵיהֶ֗ם שְׁבַ֣ע מֵא֣וֹת שְׁלֹשִׁ֣ים וְשִׁשָּׁ֣ה פִּרְדֵיהֶ֔ם מָאתַ֖יִם V S (homtel) | foll מָאתַ֖יִם
Ezra see (G) | סוּסֵיהֶ֗ם שְׁבַ֣ע מֵא֣וֹת שְׁלֹשִׁ֣ים וְשִׁשָּׁ֣ה פִּרְדֵיהֶ֔ם מָאתַ֖יִם pref || (G)
• וַחֲמִשָּׁה מָאתַ֖יִם וְאַרְבָּעִ֥ים וַחֲמִשָּֽׁה G V S | 200 Ezra • גְּמַלִּ֕ים ס M^L M^Y | •+
וַחֲמִשָּׁה ס חֲמֹרִ֕ים Ezra • גְּמַלֵּיהֶ֔ם G V S | M^L • **68** גְּמַלִּ֕ים M^{S1} וַחֲמִשָּׁה ס חֲמֹרִ֕ים
Ezra וּמִקְצָת֙ to v 71 וְשִׁבְעָֽה G V S | differ-txt M^{S1} M^Y • **69** v 69 וַחֲמִשָּׁה חֲמֹרִ֕ים
• לַמְּלָאכָ֑ה G V | foll ܡܕܒܚܐ S (ampl) • הַתִּרְשָׁ֗תָא V | τῷ ᾿Αθερσαθά, G
(assim-ctext) | τῷ Νεεμία G^{Mss} (lib-seman) | ܡܢܬ ܕܢܚܡܝܐ S (assim-v 65) • נָתַ֤ן
V | ἔδωκαν G S (assim-ctext) • דַּרְכְּמֹנִ֣ים V S | > G (implic) • כָּתְנוֹת֙ V S | καὶ
χοθωνώθ G (transcr) • מֵאֽוֹת M^L | שְׁלֹשִׁ֖ים וַחֲמֵ֥שׁ מֵא֑וֹת V S | 30 G • וּמֵֽרָאשֵׁ֣י M^L |
G וּמֵֽרָאשֵׁ֣י מֵא֑וֹת ס M^{S1} M^Y • **70** דַּרְכְּמוֹנִ֖ים Ezra V S | > G (implic) • שְׁתֵּ֣י רִבּ֑וֹת
V S | 61,000 Ezra • v 70 וּמָאתָֽיִם to v 71 אַלְפַּ֥יִם וּמָאתָֽיִם G V S | 5,000 Ezra •
אַלְפַּ֑יִם G V S | > Ezra → •+ Ezra 2:69 • **71** דַּרְכְּמוֹנִים֙ V S | > G (implic) •
אַלְפָּ֑יִם V S | 2,200 G • וְכָתְנֹ֥ת V S | καὶ χοθωνώθ G (transcr) • שִׁשִּׁ֥ים וְשִׁבְעָֽה G
וְשִׁבְעָֽה ס וַיֵּשְׁב֧וּ M^{S1} | וְשִׁבְעָֽה M^L | וַיֵּשְׁב֧וּ׃ וְשִׁבְעָֽה V S | 100 Ezra •
M^Y • **72** וַיֵּשְׁב֧וּ Ezra G Gα V • (וַיֵּשְׁב֧וּ) S (via ܡܬܒ • וְהַשּׁוֹעֲרִים֙ וְהַמְשֹׁרְרִים֙ S
Ezra וּמִן־הָעָם֙ וְהַמְשֹׁרְרִים֙ וְהַשּׁוֹעֲרִים֙ וְהַנְּתִינִ֖ים G V S | וּמִן־הָעָ֛ם וְהַנְּתִינִ֖ים | > Gα
(om) •

Neh 7:66-68
|| Ezra 2:64-67
Neh 7:70-72
|| Ezra 2:68-3:1a
Neh 7:72
|| 1 Esd 9:37

לד וְהַמְשֹׁרְרִ֨ים וּמִן־הָעָ֜ם וְהַנְּתִינִ֗ים וְכָל־יִשְׂרָאֵל֙ בְּעָרֵיהֶ֔ם וַיִּגַּ֖ע הַחֹ֥דֶשׁ

8 הַשְּׁבִיעִ֑י וּבְנֵ֥י יִשְׂרָאֵ֖ל בְּעָרֵיהֶֽם׃ ס וַיֵּאָסְפ֤וּ כָל־הָעָם֙ כְּאִ֣ישׁ אֶחָ֔ד

אֶל־הָ֣רְח֔וֹב אֲשֶׁ֖ר לִפְנֵ֣י שַֽׁעַר־הַמָּ֑יִם וַיֹּֽאמְרוּ֙ לְעֶזְרָ֣א הַסֹּפֵ֔ר

לְהָבִ֗יא אֶת־סֵ֙פֶר֙ תּוֹרַ֣ת מֹשֶׁ֔ה אֲשֶׁר־צִוָּ֥ה יְהוָ֖ה אֶת־יִשְׂרָאֵֽל׃

2 וַיָּבִ֣יא עֶזְרָ֣א הַ֠כֹּהֵן אֶֽת־הַתּוֹרָ֞ה לִפְנֵ֤י הַקָּהָל֙ מֵאִ֣ישׁ וְעַד־אִשָּׁ֔ה

3 וְכֹ֖ל מֵבִ֣ין לִשְׁמֹ֑עַ בְּי֥וֹם אֶחָ֖ד לַחֹ֥דֶשׁ הַשְּׁבִיעִֽי׃ וַיִּקְרָא־בוֹ֩ לִפְנֵ֨י

הָרְח֜וֹב אֲשֶׁ֣ר ׀ לִפְנֵ֣י שַֽׁעַר־הַמַּ֗יִם מִן־הָאוֹר֙ עַד־מַחֲצִ֣ית הַיּ֔וֹם נֶ֛גֶד

הָאֲנָשִׁ֥ים וְהַנָּשִׁ֖ים וְהַמְּבִינִ֑ים וְאָזְנֵ֥י כָל־הָעָ֖ם אֶל־סֵ֥פֶר הַתּוֹרָֽה׃

4 וַֽיַּעֲמֹ֞ד עֶזְרָ֣א הַסֹּפֵ֗ר עַֽל־מִגְדַּל־עֵץ֮ אֲשֶׁ֣ר עָשׂ֣וּ לַדָּבָר֒ וַיַּעֲמֹ֣ד

ל אֶצְל֡וֹ מַתִּתְיָ֡ה וְשֶׁ֡מַע וַ֠עֲנָיָה וְאוּרִיָּ֧ה וְחִלְקִיָּ֛ה וּמַעֲשֵׂיָ֖ה עַל־יְמִינ֑וֹ

ובני ישראל ה֗ במצע פסוק וסימנֹ ויחזק יהוה . אז ישיר . כי בא סוס . מבן עשרים .
ויוציאו . הכה . הכום . ככלות . הכום . נוסה . הגישה . לגבענים . ונקבצו . ויגע
וחבירו . וכול רֹא פסוק דכות :o [8:3] ואזני ג֗ וסימנֹ ולא תשעינה עיני ראים . אז
תפקחנה עיני . ואזני כל העם :o אל ספר ג֗ וסימנהון הכתובים . כתב לך . ואזני כל
העם אל ספר התורה :o

Neh 8:1a
‖ Ezra 3:1b
Neh 8:1–4
‖ 1 Esd 9:38–44

וְכָל־יִשְׂרָאֵל֙ בְּעָרֵיהֶ֔ם Ezra G V | > Gα (om) • בְּעָרֵיהֶ֔ם Ezra | וְהַנְּתִינִ֗ים G V S | foll **72** G V S | καὶ οἱ ἐκ τοῦ Ἰσραὴλ ἐν Ἰερουσαλὴμ καὶ ἐν τῇ χώρα. Gα (ampl) • וַיִּגַּ֖ע S | τῇ νουμηνίᾳ τοῦ ἑβδόμου μηνός Gα (facil-styl) • הַחֹ֥דֶשׁ הַשְּׁבִיעִ֑י G V S | בְּעָרֵיהֶֽם׃ G (Gα) V S | עָרִים Ezra • **8:1** כָל־ G Gα V S | > Ezra G^L אֶחָ֔ד Ezra G V S | foll εἰς Ἰερουσαλήμ G^L (ampl) • הָ֣רְח֔וֹב G Gα V S | יְרוּשָׁלָ֑ם G V S | אֲשֶׁ֖ר לִפְנֵ֣י שַֽׁעַר־הַמָּ֑יִם Ezra • τοῦ πρὸς ἀνατολὰς τοῦ ἱεροῦ πυλῶνος Gα (exeg) • הַסֹּפֵ֔ר G V S | τῷ ἀρχιερεῖ καὶ ἀναγνώστῃ Gα (ampl) • סֵ֙פֶר֙ G V S | > Gα (abbr) • אֶת־יִשְׂרָאֵֽל׃ G V S | τὸν παραδοθέντα ὑπὸ τοῦ κυρίου θεοῦ Ἰσραήλ. Gα (shift) • **2** הַ֠כֹּהֵן G V S | ὁ ἀρχιερεύς Gα (assim-Ezra 2:63) | foll ὁ γραμματεύς G^L (ampl) • מֵבִ֣ין G (V) (S) | τοῖς ἱερεῦσιν Gα (lib-seman) • לִשְׁמֹ֑עַ G V S | foll τοῦ νόμου Gα (explic) • בְּי֥וֹם אֶחָ֖ד G Gα V | ܒܣܕܪ S (abbr) • **3** בוֹ֩ G Gα V | ܡܬܐ S (explic) • לִפְנֵ֣י הָרְח֜וֹב אֲשֶׁ֣ר ׀ V (S) | > G (om) | πρὸ τοῦ ἱεροῦ πυλῶνος εὐρυχώρῳ Gα (exeg) • מִן־הָאוֹר֙ Gα V S | ἀπο τῆς ὥρας τοῦ διαφωτίσαι τὸν ἥλιον G (explic) • וְהַמְּבִינִ֑ים וְאָזְנֵ֥י כָל־הָעָ֖ם (G) | καὶ ἐπέδωκαν πᾶν τὸ πλῆθος τὸν νοῦν Gα (paraphr) | foll *erant erectae* V S (ampl) • אֶל־סֵ֥פֶר הַתּוֹרָֽה׃ G (S) | εἰς τὸν νόμον. Gα (abbr) | *ad librum* V (abbr) • **4** הַסֹּפֵ֗ר G V S | ὁ ἱερεὺς καὶ ἀναγνώστης τοῦ νόμου Gα (harm-v 1) • אֲשֶׁ֣ר עָשׂ֣וּ לַדָּבָר֒ (Gα) V | > G (om) | ὁ ἐποίησεν εἰς τὸ δημηγορῆσαι ἐν τῷ λαῷ G^L (S) (via לְדַבֵּר) • וַיַּעֲמֹ֣ד S | pl G Gα V (assim-ctext) • וַ֠עֲנָיָה V S | καὶ Ἀνανίας G | Ἀνανίας, Ἀζαρίας, Gα • וְחִלְקִיָּ֛ה G V S | Ἐζεκίας, Gα • וּמַעֲשֵׂיָ֖ה G V S | Βαάλσαμος Gα • עַל־יְמִינ֑וֹ G (Gα) V | prec ܡܟܗ S (explic) •

וּמִשְׁמָאֵלֹ ֿפְּדָיָה וּמִישָׁאֵל וּמַלְכִּיָּה וְחָשֻׁם וְחַשְׁבַּדָּנָה זְכַרְיָה

5 מְשֻׁלָּם׃ פ וַיִּפְתַּח עֶזְרָא הַסֵּפֶר לְעֵינֵי כָל־הָעָם כִּי־מֵעַל

6 כָּל־הָעָם הָיָה וּכְפִתְחוֹ עָמְדוּ כָל־הָעָם׃ וַיְבָרֶךְ עֶזְרָא אֶת־יְהוָה

הָאֱלֹהִים הַגָּדוֹל וַיַּעֲנוּ כָל־הָעָם אָמֵן ׀ אָמֵן בְּמֹעַל יְדֵיהֶם וַיִּקְּדוּ

7 וַיִּשְׁתַּחֲוֻ לַיהוָה אַפַּיִם אָרְצָה׃ וְיֵשׁוּעַ וּבָנִי וְשֵׁרֵבְיָה ׀ יָמִין עַקּוּב

שַׁבְּתַי ׀ הוֹדִיָּה מַעֲשֵׂיָה קְלִיטָא עֲזַרְיָה יוֹזָבָד חָנָן פְּלָאיָה וְהַלְוִיִּם

8 מְבִינִים אֶת־הָעָם לַתּוֹרָה וְהָעָם עַל־עָמְדָם׃ וַיִּקְרְאוּ בַסֵּפֶר

9 בְּתוֹרַת הָאֱלֹהִים מְפֹרָשׁ וְשׂוֹם שֶׂכֶל וַיָּבִינוּ בַּמִּקְרָא׃ ס וַיֹּאמֶר

נְחֶמְיָה הוּא הַתִּרְשָׁתָא וְעֶזְרָא הַכֹּהֵן ׀ הַסֹּפֵר וְהַלְוִיִּם֙ הַמְּבִינִים

אֶת־הָעָם לְכָל־הָעָם הַיּוֹם קָדֹשׁ־הוּא לַיהוָה אֱלֹהֵיכֶם אַל־

Neh 8:5-9
‖ 1 Esd 9:45-50

4 וּמִשְׁמָאֵלֹ (G) (Gα) (V) | foll محه S (explic) • וְחָשֻׁם G V S | Λωθάσουβος, Gα • וְחַשְׁבַּדָּנָה G V | Ναβαρίας, Gα | ܚܫܒܢܐ S • מְשֻׁלָּם׃ G V (S) | > Gα (om) • 5 וַיִּפְתַּח G V S | καὶ ἀναλαβών Gα (lib-seman) • עֶזְרָא G Gα V | foll محه S (assim-usu) • הַסֵּפֶר G V | foll τοῦ νόμου Gα S (explic) • כָל־[1] G V S | > Gα (abbr) • כִּי־מֵעַל כָּל־הָעָם הָיָה (G) V S | προεκάθητο γὰρ ἐπιδόξως ἐνώπιον πάντων Gα (exeg) • עָמְדוּ (G) V S | foll τὸν νόμον Gα (explic) • וּכְפִתְחוֹ (G) V S | foll τὸν νόμον Gα (explic) • כָל־הָעָם׃ G V S | πάντες ὀρθοὶ ἔστησαν. Gα (ampl) • 6 הַגָּדוֹל G V S | ὑψίστῳ θεῷ σαβαωθ παντοκράτορι, Gα (lit) • אָמֵן ׀ אָמֵן V | καὶ εἶπαν Ἀμήν G (S) (explic) | Ἀμήν, Gα (abbr) • אַפַּיִם G V (S) | > Gα (implic) • 7 וּבָנִי G V | καὶ Ἀννιοῦς Gα | prec καὶ οἱ υἱοὶ αὐτοῦ G^L (S) (via וּבָנָיו) • יָמִין V (S) | > G (om) | Ἰάδινος, Gα • הוֹדִיָּה מַעֲשֵׂיָה V (S) | > G (om) | Αὐταίας, Μαιάννας Gα • פְּלָאיָה G Gα V | محه S • מְבִינִים אֶת־הָעָם | ἦσαν συνετίζοντες, … ὑπεδίδασκον τὸν λαόν G (dbl) | ἐδίδασκον Gα (abbr) | silentium faciebant in populo V (exeg) | ܡܣܟܠܝܢ ܠܥܡܐ S (exeg) • לַתּוֹרָה G S | foll κυρίου. Gα (ampl) | ad audiendam legem V (ampl) • וְהָעָם עַל־עָמְדָם׃ G V S | > Gα (om) • 8 וַיִּקְרְאוּ בַסֵּפֶר • G V S | καὶ πρὸς τὸ πλῆθος ἀνεγίνωσκον Gα (exeg) • מְפֹרָשׁ וְשׂוֹם שֶׂכֶל V | καὶ ἐδίδασκεν Ἔσδρας καὶ διέστελλεν ἐν ἐπιστήμη κυρίου, G (exeg) | > Gα (om) | ܗܘ ܦܘܫܩܐ ܕܟ S (exeg) • וַיָּבִינוּ (Gα) V S | καὶ συνῆκεν ὁ λαός G (explic) • 9 נְחֶמְיָה הוּא הַתִּרְשָׁתָא V | Νεεμίας G (abbr) | Ἀτθαράτης Gα (abbr) | ܐܬܪܫܬܐ ܘܢܚܡܝܐ S (harm-7:65) • וְעֶזְרָא הַכֹּהֵן ׀ הַסֹּפֵר וְהַלְוִיִּם֙ G V S | Ἔσδρα τῷ ἀρχιερεῖ καὶ ἀναγνώστη καὶ τοῖς Λευίταις Gα (shift) • הַכֹּהֵן G V S | τῷ ἀρχιερεῖ Gα (assim-Ezra 2:63) • הַמְּבִינִים (G) Gα V | ܡܣܟܠܝܢ S (assim-v 7) • אֶת־הָעָם G Gα S | > V (facil-seman) • לְכָל־הָעָם (Gα) V | prec καὶ εἶπαν G S (facil-seman) • אֱלֹהֵיכֶם S | θεῷ ἡμῶν G V (shift) | > Gα (abbr) • אַל־תִּתְאַבְּלוּ וְאַל־תִּבְכּוּ G V S | > Gα (om) •

תִּתְאַבָּ֑לוּ וְאַל־תִּבְכּ֔וּ כִּ֤י בוֹכִים֙ כָּל־הָעָ֔ם כְּשָׁמְעָ֖ם אֶת־דִּבְרֵ֥י

הַתּוֹרָֽה: וַיֹּ֣אמֶר לָהֶ֡ם לְכוּ֩ אִכְל֨וּ מַשְׁמַנִּ֜ים וּשְׁת֣וּ מַֽמְתַקִּ֗ים וְשִׁלְח֤וּ   10

מָנוֹת֙ לְאֵ֣ין נָכ֣וֹן ל֔וֹ כִּֽי־קָד֥וֹשׁ הַיּ֖וֹם לַֽאֲדֹנֵ֑ינוּ וְאַל־תֵּ֣עָצֵ֔בוּ כִּֽי־

חֶדְוַ֥ת יְהוָ֖ה הִ֥יא מָֽעֻזְּכֶֽם: וְהַלְוִיִּ֞ם מַחְשִׁ֤ים לְכָל־הָעָם֙ לֵאמֹ֣ר הַ֔סּוּ   11

כִּ֥י הַיּ֖וֹם קָדֹ֑שׁ וְאַל־תֵּעָצֵֽבוּ: וַיֵּלְכ֨וּ כָל־הָעָ֜ם לֶאֱכֹ֤ל וְלִשְׁתּוֹת֙   12

וּלְשַׁלַּ֣ח מָנ֔וֹת וְלַעֲשׂ֖וֹת שִׂמְחָ֣ה גְדוֹלָ֑ה כִּ֤י הֵבִ֨ינוּ֙ בַּדְּבָרִ֔ים אֲשֶׁ֥ר

הוֹדִ֖יעוּ לָהֶֽם: ס   וּבַיּ֣וֹם הַשֵּׁנִ֡י נֶאֶסְפוּ֩ רָאשֵׁ֨י הָאָב֜וֹת לְכָל־   13

הָעָ֗ם הַכֹּֽהֲנִים֙ וְהַלְוִיִּ֔ם אֶל־עֶזְרָ֖א הַסֹּפֵ֑ר וּֽלְהַשְׂכִּ֔יל אֶל־דִּבְרֵ֖י

הַתּוֹרָֽה: וַֽיִּמְצְא֖וּ כָּת֣וּב בַּתּוֹרָ֑ה אֲשֶׁ֨ר צִוָּ֤ה יְהוָה֙ בְּיַד־מֹשֶׁ֔ה אֲשֶׁר֩   14

יֵשְׁב֨וּ בְנֵֽי־יִשְׂרָאֵ֤ל בַּסֻּכּוֹת֙ בֶּחָ֔ג בַּחֹ֖דֶשׁ הַשְּׁבִיעִֽי: וַאֲשֶׁ֣ר יַשְׁמִ֗יעוּ   15

וְיַעֲבִ֨ירוּ ק֜וֹל בְּכָל־עָרֵיהֶם֮ וּבִירוּשָׁלִַ֣ם לֵאמֹר֒ צְא֣וּ הָהָ֗ר וְהָבִ֙יאוּ֙

עֲלֵי־זַ֙יִת֙ וַעֲלֵי־עֵ֣ץ שֶׁ֔מֶן וַעֲלֵ֤י הֲדַס֙ וַעֲלֵ֣י תְמָרִ֔ים וַעֲלֵ֖י עֵ֣ץ עָבֹ֑ת

לַעֲשֹׂ֥ת סֻכֹּ֖ת כַּכָּתֽוּב: פ   וַיֵּצְא֣וּ הָעָם֮ וַיָּבִיאוּ֒ וַיַּעֲשׂוּ֩ לָהֶ֨ם   16

(margin right, top to bottom)
ב ממתקים וכלו
ב מפק . ב
ל . ל . ד . ל
ג חס . ב . ל
יה
ל
ב
זרא פס . ל
ל
יב חס בכת . לו

[13] וּלְהַשְׂכִּ֔יל ב וסימנה באמתך . אֶל־דִּבְרֵ֖י הַתּוֹרָֽה :ס

Neh 8:10-13a
‖ 1Esd 9:51-55

9 כָּל־הָעָ֖ם G V S | πάντες Gα (abbr) • דִּבְרֵ֥י הַתּוֹרָֽה: G V S | τοῦ νόμου Gα (abbr) • **10** וַיֹּ֣אמֶר לָהֶ֡ם G V S | > Gα (implic) • מַשְׁמַנִּ֜ים G Gα V | > S (om) • מַֽמְתַקִּ֗ים G Gα V | > S (om) • כִּֽי־חֶדְוַ֥ת G | לַֽאֲדֹנֵ֑ינוּ G | τῷ κυρίῳ· Gα V S (implic) • מָֽעֻזְּכֶֽם: יְהוָ֖ה הִ֥יא (V) (S) | ὅτι ἐστὶν ἰσχὺς ἡμῶν. G (abbr) | ὁ γὰρ κύριος δοξάσει ὑμᾶς. Gα (exeg) • חֶדְוַ֥ת V | > G (om) | prec ܕܚܕܘܬܗ S (ampl) | Gα (indet) • מָֽעֻזְּכֶֽם: S | ἰσχὺς ἡμῶν. G V (shift) | Gα (indet) • **11** מַחְשִׁ֤ים G V S | ἐκέλευον Gα (lib-seman) • הַ֔סּוּ כִּ֥י G V S | > Gα (abbr) • **12** כָל־הָעָ֜ם G V S | πάντες Gα (implic) • וְלִשְׁתּוֹת֙ G V S | foll καὶ εὐφραίνεσθαι Gα (ampl) • מָנ֔וֹת G V (S) | ἀποστολὰς τοῖς μὴ ἔχουσιν Gα (explic) • הֵבִ֨ינוּ֙ G V | ἐνεφυσιώθησαν Gα (shift) | ܘܐܣܬܟܠܘ S (shift) • הוֹדִ֖יעוּ S | ἐγνώρισεν G V (shift) | ἐδιδάχθησαν. Gα (shift) • **13** וּבַיּ֣וֹם הַשֵּׁנִ֡י G V S | > Gα (om) • וּֽלְהַשְׂכִּ֔יל (G) (V) | ܘܐܣܬܟܠܘ S (shift) • אֶל־[2] G | eis V (explic) | ܥܠ S (shift) • דִּבְרֵ֖י V | prec πάντας G S (ampl) • **14** כָּת֣וּב G V | ܟܬܝܒ S (lib-seman) • בְּיַד־מֹשֶׁ֔ה V | τῷ Μωυσῆ, G S (facil-styl) • **15** יַשְׁמִ֗יעוּ וְיַעֲבִ֨ירוּ ק֜וֹל V | σημάνωσιν σάλπιγξιν G (exeg) | ܘܢܟܪܙܘܢ ܘܢܥܒܪܘܢ ܩܠܐ S (exeg) • לֵאמֹר֒ V S | καὶ εἶπεν Ἔσδρας G (explic) • עֲלֵ֤י G V | ܡܢ S (via (עֲצֵי)) • עֵ֣ץ שֶׁ֔מֶן וַעֲלֵ֤י I | καὶ φύλλα ξύλων κυπαρισσίνων G (lib-seman) | et frondes ligni pulcherrimi V (lib-seman) | ܘܡܢ ܣܪܘܐ S (lib-seman) • וַעֲלֵ֣י הֲדַס֙ G V | > S (om) • תְמָרִ֔ים G V | ܘܡܢ ܕܩܠܐ S (lib-seman) • עֵ֣ץ עָבֹ֑ת G V | ܕܒܬ S (lib-seman) | ܘܡܢ ܐܣܐ S (ampl) • לַעֲשֹׂ֥ת G V | ܠܡܥܒܕ S (shift) • כַּכָּתֽוּב: G V | foll ܡܛܠ ܕܗܟܢܐ ܟܬܝܒ S (explic) • פ כַּכָּתֽוּב: G V S | foll וַיֵּצְא֣וּ M^L | וַיֵּצְא֣וּ: כַּכָּתֽוּב M^{S1} M^Y •

סֻכּוֹת אִישׁ עַל־גַּגּוֹ וּבְחַצְרֹתֵיהֶם וּבְחַצְרוֹת בֵּית הָאֱלֹהִים וּבִרְחוֹב   ᴳ . ל וחס

17 שַׁעַר הַמַּיִם וּבִרְחוֹב שַׁעַר אֶפְרָיִם: וַיַּעֲשׂוּ כָל־הַקָּהָל הַשָּׁבִים מִן־

הַשְּׁבִי ׀ סֻכּוֹת וַיֵּשְׁבוּ בַסֻּכּוֹת כִּי לֹא־עָשׂוּ מִימֵי יֵשׁוּעַ בִּן־נוּן כֵּן   ל

18 בְּנֵי יִשְׂרָאֵל עַד הַיּוֹם הַהוּא וַתְּהִי שִׂמְחָה גְדוֹלָה מְאֹד: וַיִּקְרָא   ᴳ

בְּסֵפֶר תּוֹרַת הָאֱלֹהִים יוֹם ׀ בְּיוֹם מִן־הַיּוֹם הָרִאשׁוֹן עַד הַיּוֹם   ᴳ . סב

הָאַחֲרוֹן וַיַּעֲשׂוּ־חָג שִׁבְעַת יָמִים וּבַיּוֹם הַשְּׁמִינִי עֲצֶרֶת   ב באמ פסוק

9 כַּמִּשְׁפָּט: ᴾ   וּבְיוֹם עֶשְׂרִים וְאַרְבָּעָה לַחֹדֶשׁ הַזֶּה נֶאֶסְפוּ בְנֵי־

2 יִשְׂרָאֵל בְּצוֹם וּבְשַׂקִּים וַאֲדָמָה עֲלֵיהֶם: וַיִּבָּדְלוּ זֶרַע יִשְׂרָאֵל מִכֹּל   ל

3 בְּנֵי נֵכָר וַיַּעַמְדוּ וַיִּתְוַדּוּ עַל־חַטֹּאתֵיהֶם וַעֲוֹנוֹת אֲבֹתֵיהֶם: וַיָּקוּמוּ   ו חס . ו מל / ט מל

עַל־עָמְדָם וַיִּקְרְאוּ בְּסֵפֶר תּוֹרַת יְהוָה אֱלֹהֵיהֶם רְבִעִית הַיּוֹם   ᴳ

4 וּרְבִעִית מִתְוַדִּים וּמִשְׁתַּחֲוִים לַיהוָה אֱלֹהֵיהֶם: ᴾ וַיָּקָם עַל־   ל

מַעֲלֵה הַלְוִיִּם יֵשׁוּעַ וּבָנִי קַדְמִיאֵל שְׁבַנְיָה בֻּנִּי שֵׁרֵבְיָה בָּנִי כְנָנִי   ᴳ

5 וַיִּזְעֲקוּ בְּקוֹל גָּדוֹל אֶל־יְהוָה אֱלֹהֵיהֶם: וַיֹּאמְרוּ הַלְוִיִּם יֵשׁוּעַ   ל

וְקַדְמִיאֵל בָּנִי חֲשַׁבְנְיָה שֵׁרֵבְיָה הוֹדִיָּה שְׁבַנְיָה פְתַחְיָה   ᴳ

קוּמוּ בָּרֲכוּ אֶת־יְהוָה אֱלֹהֵיכֶם מִן־הָעוֹלָם עַד־הָעוֹלָם   ל . ᴳ

---

[17] כל קריה עד היום הזה ב מׄ בׄ ׃ עד היום ההוא כי לא נפלה לו . מימי ישוע בן
נון ׃ס [18] כל אמצע פסוק ביום השמיני בר מן בׄ באספכם את תבואת הארץ . ויקרא
בספר תורת האלהים . וכול ראש פסוק דכות בר מן גׄ נשיא . עצרת . שלח ׃ס
[9:2] עונות וׄ מל וסימנׄ אם עונות תשמר יה . כמה לי . כי תכתב עלי . כי חמה . כי
בחטאינו . ויעמדו ויתודו ׃ס

---

16 וּבִרְחוֹב שַׁעַר הַמַּיִם וּבִרְחוֹב שַׁעַר V S | καὶ ἐν πλατείαις τῆς πόλεως καὶ ἕως
οἴκου G (exeg) • 18 וַיִּקְרָא G V | foll Ἔζδρας G^L (explic) | pl S (assim-ctext) •
וַאֲדָמָה עֲלֵיהֶם: 9:1 (exeg) • S אׄהׄבׄתׄאׄ אׄרׄבׄתׄאׄ דׄהׄבׄתׄ ܠܗܘܢ | G V עֲצֶרֶת כַּמִּשְׁפָּט:
V | καὶ σποδῷ ἐπὶ κεφαλῆς αὐτῶν. G (exeg) | ܕܠܗܘܢ ܡܠܬܗܐ ܚܠܡܗܒ S
(explic) • 2 זֶרַע S | oἱ υἱοί G (V) (explic) • בְּנֵי נֵכָר (G) V | ܚܒܟܣ S
(substit) • 3 עַל־עָמְדָם G S | ad standum V (shift) • רְבִעִית הַיּוֹם V | > G (om) |
foll ܡܛܝ S (explic) • וּרְבִעִית V | > G (om) | foll ܗܡܣܒ S (assim-ctext) • מִתְוַדִּים
V S | foll τῷ κυρίῳ G (explic) • אֱלֹהֵיהֶם: ᴾ וַיָּקָם: אֱלֹהֵיהֶם M^L | M^Y | M^S1
(indet) • 4 עַל־מַעֲלֵה G V | ܕܣܬ ܥܠ S (exeg) • וּבָנִי V | καὶ οἱ υἱοί G S (via
 וּבְנֵי) • בָּנִי S | υἱός G (S) (via בֶּן) | Bani
V • שְׁבַנְיָה V | Σεχενιά G | ܣܒܟܝܐ ܒܬ S • בֻּנִּי S | (בֶּן) V | Bani
V • בָּנִי V | υἱοί G (S) (via בְּנֵי) • כְנָנִי G V | ܚܒܕ S • 5 בָּנִי to פְתַחְיָה V (S) |
> G (om) • בָּנִי V | ܒܬ (via בְּנֵי) | G (indet) • חֲשַׁבְנְיָה | Asebia V S | G (indet) •
אֱלֹהֵיכֶם V | θεὸν ἡμῶν G (assim-usu) | קוּמוּ בָּרֲכוּ G V | ܡܚܐ ܡܒܕܚܐ S (shift) •
ܐܠܗܡܣ S (shift) •

ב חס . ל	וַיְבָרֲכוּ שֵׁם כְּבוֹדֶ֫ךָ וּמְרוֹמַ֫ם עַל־כָּל־בְּרָכָ֫ה וּתְהִלָּ֫ה:
ג	6 אַתָּ֫ה־הוּא יְהוָה֫ לְבַדֶּ֫ךָ
אתה ק . ל . ל . ד	אַתָּ֫ עָשִׂ֫יתָ אֶת־הַשָּׁמַ֫יִם שְׁמֵי֫ הַשָּׁמַ֫יִם וְכָל־צְבָאָ֫ם
ל	הָאָ֫רֶץ וְכָל־אֲשֶׁר־עָלֶ֫יהָ הַיַּמִּ֫ים וְכָל־אֲשֶׁר בָּהֶ֫ם
ל	וְאַתָּ֫ה מְחַיֶּ֫ה אֶת־כֻּלָּ֫ם וּצְבָ֫א הַשָּׁמַ֫יִם לְךָ֫ מִשְׁתַּחֲוִ֫ים:
ו . ל . ל	7 אַתָּ֫ה־הוּא יְהוָה֫ הָאֱלֹהִ֫ים אֲשֶׁ֫ר בָּחַ֫רְתָּ בְּאַבְרָ֫ם
ל ומל . ל	וְהוֹצֵאת֫וֹ מֵא֫וּר כַּשְׂדִּ֫ים וְשַׂמְתָּ֫ שְׁמ֫וֹ אַבְרָהָ֫ם:
ל וחד כרות	8 וּמָצָ֫אתָ אֶת־לְבָבוֹ֫ נֶאֱמָ֫ן לְפָנֶ֫יךָ וְכָר֫וֹת עִמּוֹ֫ הַבְּרִ֫ית
ב	לָתֵ֫ת אֶת־אֶ֫רֶץ הַכְּנַעֲנִ֫י הַחִתִּ֫י
	הָאֱמֹרִ֫י וְהַפְּרִזִּ֫י וְהַיְבוּסִ֫י וְהַגִּרְגָּשִׁ֫י
ל	לָתֵ֫ת לְזַרְע֫וֹ וַתָּ֫קֶם אֶת־דְּבָרֶ֫יךָ כִּ֫י צַדִּ֫יק אָתָּ֫ה:
	9 וַתֵּ֫רֶא אֶת־עֳנִ֫י אֲבֹתֵ֫ינוּ בְּמִצְרָ֫יִם
ל	וְאֶת־זַעֲקָתָ֫ם שָׁמַ֫עְתָּ עַל־יַם־סֽוּף:
ה פסוק ובכל ובכל	10 וַ֫תִּתֵּן אֹתֹ֫ת וּמֹֽפְתִ֫ים בְּפַרְעֹה֫ וּבְכָל־עֲבָדָיו֫ וּבְכָל־עַ֫ם אַרְצ֫וֹ
ג	כִּ֫י יָדַ֫עְתָּ כִּ֫י הֵזִ֫ידוּ עֲלֵיהֶ֫ם וַתַּעַשׂ־לְךָ֫ שֵׁ֫ם כְּהַיּ֫וֹם הַזֶּ֫ה:
ז . ל ראש פסוק	11 וְהַיָּ֫ם בָּקַ֫עְתָּ לִפְנֵיהֶ֫ם וַיַּעַבְר֫וּ בְתוֹךְ־הַיָּ֫ם בַּיַּבָּשָׁ֫ה
ג . ז	וְאֶת־רֹדְפֵיהֶ֫ם הִשְׁלַ֫כְתָּ בִמְצוֹלֹ֫ת כְּמוֹ־אֶ֫בֶן בְּמַ֫יִם עַזִּֽים:
ל	12 וּבְעַמּ֫וּד עָנָ֫ן הִנְחִיתָ֫ם יוֹמָ֫ם וּבְעַמּ֫וּד אֵ֫שׁ לַ֫יְלָה
	לְהָאִ֫יר לָהֶ֫ם אֶת־הַדֶּ֫רֶךְ אֲשֶׁ֫ר יֵ֫לְכוּ־בָֽהּ:

[5] כבדך ב̇ חס הראני נא . ויברכו שם :o: [6] לבדך ג̇ לבדך ג̇ ויחרד אחימלך .
אתה הוא . וכול אתנח וסוף פסוק דכות :o: וכל צבאם ד̇ וסימנ ויכלו השמים
והארץ . וכל צבאם יבול . צויתי . את עשית :o: [10] ה̇ פסוק דאית בהון ובכל ובכל
נעשה אדם . ובאו ונחו כלם . חילך ואצרתיך . ובכל מדינה ומדינה . ותתן אתות :o:

5 וַיְבָרֲכוּ | V S | וְמְרוֹמַם S (shift) ● כְּבוֹדֶךָ G V | ܕܐܝܩܪܟ S (shift) ● וּמְרוֹמַם G V | S (shift) ● וַיְבָרֲכוּ | V S |
καὶ ὑψώσουσιν G (assim-ctext) ● **6** אַתָּה V S | καὶ εἶπεν Ἔσδρας Σύ G (exeg) ● לְבַדֶּךָ S | μόνος· G V (facil-styl) ● **7** מֵאוּר S | de igne V (interp) | ἐκ τῆς χώρας G (substit) ● וְשַׂמְתָּ G V | ܘܣܡܬ S (explic) ● שְׁמוֹ V S | αὐτῷ ὄνομα G (facil-styl) ● **8** לָתֵת | foll αὐτῷ G V S (explic) ● וְהַפְּרִזִּי G V | foll ܘܗܡܘܪܝܐ S (ampl) ● **10** וּמֹפְתִים G V | foll ܬܕܡܪܬܐ S (explic) ● לָתֵת V S | > G (om) ● דְּבָרֶיךָ G V | foll ܟܠܗܘܢ S (explic) ● עֲלֵיהֶם G V S | ἐν Αἰγύπτῳ G (substit) | καὶ τέρατα ἐν Αἰγύπτῳ G^L (ampl) ● V | foll ܚܕܬܐ S (ampl) ● **11** בִמְצוֹלֹת V | εἰς βυθόν G (shift) | foll ܥܫܝܢܐ S (explic) ● אֶבֶן G V | prec ܘܛܒܥ S (explic) ●

ל . יא	13 וְעַל הַר־סִינַי֮ יָרַ֒דְתָּ֒ וְדַבֵּ֖ר עִמָּהֶ֣ם מִשָּׁמָ֑יִם
	וַתִּתֵּ֣ן לָהֶ֗ם מִשְׁפָּטִ֤ים יְשָׁרִים֙
ל מל	וְתֹורֹ֣ות אֱמֶ֔ת חֻקִּ֥ים וּמִצְוֹ֖ת טֹובִֽים׃
ד פת	14 וְאֶת־שַׁבַּ֥ת קָדְשְׁךָ֖ הֹודַ֣עַתָּ לָהֶ֑ם
ל מל	וּמִצְוֹ֤ות וְחֻקִּים֙ וְתֹורָ֔ה צִוִּ֣יתָ לָהֶ֔ם בְּיַ֖ד מֹשֶׁ֥ה עַבְדֶּֽךָ׃
ד רא פסו . ל	15 וְ֠לֶחֶם מִשָּׁמַ֜יִם נָתַ֤תָּה לָהֶם֙ לִרְעָבָ֔ם
ב	וּמַ֗יִם מִסֶּ֛לַע הֹוצֵ֥אתָ לָהֶ֖ם לִצְמָאָ֑ם
	וַתֹּ֣אמֶר לָהֶ֗ם לָבֹוא֙ לָרֶ֣שֶׁת אֶת־הָאָ֔רֶץ
	אֲשֶׁר־נָשָׂ֥אתָ אֶת־יָדְךָ֖ לָתֵ֥ת לָהֶֽם׃
ט ראש פסוק . ג	16 וְהֵ֥ם וַאֲבֹתֵ֖ינוּ הֵזִ֑ידוּ
	וַיַּקְשׁוּ֙ אֶת־עָרְפָּ֔ם וְלֹ֥א שָׁמְע֖וּ אֶל־מִצְוֹתֶֽיךָ׃
ג . ג . ל חס בסיפ	17 וַיְמָאֲנ֣וּ לִשְׁמֹ֗עַ וְלֹא־זָכְר֤וּ נִפְלְאֹתֶ֨יךָ֙ אֲשֶׁ֣ר עָשִׂ֣יתָ עִמָּהֶ֔ם
ל וחס . ל	וַיַּקְשׁוּ֙ אֶת־עָרְפָּ֔ם וַיִּתְּנוּ־רֹ֛אשׁ לָשׁ֥וּב לְעַבְדֻתָ֖ם בְּמִרְיָ֑ם
ל ומל וחד הרחמ והסלי	וְאַתָּה֩ אֱלֹ֨והַּ סְלִיחֹ֜ות חַנּ֧וּן וְרַח֛וּם
יתיר ו	אֶֽרֶךְ־אַפַּ֥יִם וְרַב־וָחֶ֖סֶד וְלֹ֥א עֲזַבְתָּֽם׃
ל ראש פסו בסיפ	18 אַ֗ף כִּֽי־עָשׂ֤וּ לָהֶם֙ עֵ֣גֶל מַסֵּכָ֔ה
	וַיֹּ֣אמְר֔וּ זֶ֣ה אֱלֹהֶ֔יךָ אֲשֶׁ֥ר הֶעֶלְךָ֖ מִמִּצְרָ֑יִם
	וַֽיַּעֲשׂ֔וּ נֶאָצֹ֖ות גְּדֹלֹֽות׃
	19 וְאַתָּה֙ בְּרַחֲמֶ֣יךָ הָֽרַבִּ֔ים לֹ֥א עֲזַבְתָּ֖ם בַּמִּדְבָּ֑ר
	אֶת־עַמּ֣וּד הֶעָנָ֗ן לֹא־סָ֤ר מֵעֲלֵיהֶם֙ בְּיֹומָ֔ם
ל . ל	לְהַנְחֹתָ֖ם בְּהַדֶּ֑רֶךְ

[14] שבת ד פת וסימנ והיתה . עלת שבת . ומן בני מררי . קדשך . וכל שבת שבתון
שבת כות ס: למדינח משרין וא כת בתר ווי וסימנ כרוב . כתפת בתרי . וחמש צאן .
שתו ושכרו . נטווה גרון . ומצאנו עון . הן בעוון . עוונתיו ילכדנו . עון דדברי ימים .
ולצוות עליה . ומצוות וחקים . פחוו וחביריו ס: [15] ולחם ד ראש פס וסימ פס ראש וׁלחם
אין להם . ולחם וקלי וכרמל . ולחם מצות . ולחם משמים ס: [17] ולא זכרו ג וסימׁ
בני ישראל . ברית אחים . וימאנו ס:

17 וַיַּקְשׁוּ֙ to בְּמִרְיָ֑ם ‹٠٠٠› (G) V | ‹٠٠٠› S (exeg) • בְּמִרְיָ֑ם
ἐν Αἰγύπτῳ. G (via בְּמִצְרָיִם) | ‹٠٠٠› S (indet) ÷ • חַנּ֧וּן וְרַח֛וּם G V | ‹٠٠٠›
S (transp) • וְרַב־וָחֶ֖סֶד (err) | καὶ πολυέλεος, G V | ‹٠٠٠› S (exeg) ‖ pref
‹٠٠٠› see G V ÷ • 18 זֶ֣ה אֱלֹהֶ֔יךָ V | Οὗτοι οἱ θεοί G (shift) | foll ‹٠٠٠› S
(ampl) • הֶעֶלְךָ֖ V S | οἱ ἐξαγαγόντες ἡμᾶς G (shift) • מִמִּצְרָיִם G V | prec ‹٠٠٠›
‹٠٠٠› S (explic) •

וְאֶת־עַמּוּד הָאֵשׁ בְּלַ֫יְלָה֮ לְהָאִ֣יר לָהֶ֒ם

וְאֶת־הַדֶּ֫רֶךְ אֲשֶׁ֥ר יֵֽלְכוּ־בָֽהּ׃

20 וְרוּחֲךָ֤ הַטּוֹבָה֙ נָתַ֔תָּ לְהַשְׂכִּילָ֑ם

וּמַנְךָ֙ לֹא־מָנַ֣עְתָּ מִפִּיהֶ֔ם וּמַ֛יִם נָתַ֥תָּה לָהֶ֖ם לִצְמָאָֽם׃

21 וְאַרְבָּעִ֥ים שָׁנָ֛ה כִּלְכַּלְתָּ֥ם בַּמִּדְבָּ֖ר לֹ֣א חָסֵ֑רוּ

שַׂלְמֹֽתֵיהֶם֙ לֹ֣א בָל֔וּ וְרַגְלֵיהֶ֖ם לֹ֥א בָצֵֽקוּ׃

22 וַתִּתֵּ֨ן לָהֶ֤ם מַמְלָכוֹת֙ וַעֲמָמִ֔ים וַֽתַּחְלְקֵ֖ם לְפֵאָ֑ה

וַיִּֽירְשׁ֞וּ אֶת־אֶ֣רֶץ סִיח֗וֹן וְאֶת־אֶ֨רֶץ֙ מֶ֣לֶךְ חֶשְׁבּ֔וֹן

וְאֶת־אֶ֖רֶץ ע֥וֹג מֶֽלֶךְ־הַבָּשָֽׁן׃

23 וּבְנֵיהֶ֣ם הִרְבִּ֔יתָ כְּכֹכְבֵ֣י הַשָּׁמָ֑יִם

וַתְּבִיאֵם֙ אֶל־הָאָ֔רֶץ אֲשֶׁר־אָמַ֥רְתָּ לַאֲבֹתֵיהֶ֖ם לָב֥וֹא לָרָֽשֶׁת׃

24 וַיָּבֹ֤אוּ הַבָּנִים֙ וַיִּֽירְשׁ֣וּ אֶת־הָאָ֔רֶץ

וַתַּכְנַ֨ע לִפְנֵיהֶ֜ם אֶת־יֹשְׁבֵ֤י הָאָ֨רֶץ֙ הַכְּנַעֲנִ֔ים וַֽתִּתְּנֵ֖ם בְּיָדָ֑ם

וְאֶת־מַלְכֵיהֶם֙ וְאֶת־עַֽמְמֵ֣י הָאָ֔רֶץ לַעֲשׂ֥וֹת בָּהֶ֖ם כִּרְצוֹנָֽם׃

25 וַֽיִּלְכְּד֞וּ עָרִ֣ים בְּצֻרוֹת֮ וַאֲדָמָ֣ה שְׁמֵנָה֒

וַיִּֽירְשׁ֡וּ בָּתִּ֣ים מְלֵ֣אִים כָּל־ט֡וּב

בֹּר֣וֹת חֲצוּבִ֣ים כְּרָמִ֣ים וְזֵיתִ֣ים וְעֵ֣ץ מַאֲכָ֣ל לָרֹ֑ב

וַיֹּאכְל֤וּ וַֽיִּשְׂבְּעוּ֙ וַיַּשְׁמִ֔ינוּ וַיִּֽתְעַדְּנ֖וּ בְּטוּבְךָ֥ הַגָּדֽוֹל׃

26 וַיַּמְר֨וּ וַֽיִּמְרְד֜וּ בָּ֗ךְ וַיַּשְׁלִ֤כוּ אֶת־תּוֹרָֽתְךָ֙ אַחֲרֵ֣י גַוָּ֔ם

וְאֶת־נְבִיאֶ֣יךָ הָרָ֔גוּ אֲשֶׁר־הֵעִ֥ידוּ בָ֖ם לַהֲשִׁיבָ֣ם אֵלֶ֑יךָ

וַֽיַּעֲשׂ֔וּ נֶֽאָצ֖וֹת גְּדוֹלֹֽת׃

---

[19] בלילה ג וסימנהון ויחלמו חלום שניהם . ונחלמה חלום . ואת עמוד האש :ס

[26] ואת נביאיך ג ויאמר קנא קנאתי . וחביר . וימרו וימרדו :ס

---

20 וְרַגְלֵיהֶ֖ם V | וּמַנְךָ֙ G V | محشا S (implic) • **21** כִּלְכַּלְתָּ֥ם G V | > S (om) • καὶ ὑποδήματα αὐτῶν G S (explic) • **22** לְפֵאָ֑ה | > G (om) | εἰς πρόσωπον G^L (via לִפְנֵי) | *per singulas personas* La S (lib-seman) | *sortes* V (lib-seman) • וְאֶת־אֶ֨רֶץ֙ V (S) | > G (implic) • **23** v 23 לָב֥וֹא to v 24 הָאָ֔רֶץ V (S) | καὶ ἐκληρονόμησαν αὐτήν. G (abbr) • לָב֥וֹא לָרָֽשֶׁת׃ V | محبهلد لم لحجل S | **24** לָב֥וֹא לָרָֽשֶׁת׃ V (explic) | G (indet) • **25** וַאֲדָמָ֣ה שְׁמֵנָה֒ V S | > G (om) • **26** וַיַּמְר֨וּ | καὶ ἤλλαξαν G S (via √מור) | *provocaverunt autem te ad iracundiam* V (exeg) • גַוָּ֔ם G V | محبهةه S (lib-seman) •

27 וַתִּתְּנֵם֙ בְּיַ֣ד צָֽרֵיהֶ֔ם   וַיָּצֵ֖רוּ לָהֶ֑ם

וּבְעֵ֤ת צָֽרָתָם֙ יִצְעֲק֣וּ אֵלֶ֔יךָ   וְאַתָּה֙ מִשָּׁמַ֣יִם תִּשְׁמָ֔ע   ג . ל זק קמֹ

וּֽכְרַחֲמֶ֣יךָ הָֽרַבִּ֔ים   תִּתֵּ֥ן לָהֶ֖ם מֽוֹשִׁיעִ֑ים   בֹ חד חסֹ וחד מלֹ

וְי֣וֹשִׁיע֔וּם מִיַּ֖ד צָרֵיהֶֽם: ל ומלֹ

28 וּכְנ֣וֹחַ לָהֶ֔ם יָשׁ֕וּבוּ   לַעֲשׂ֥וֹת רַ֖ע לְפָנֶ֑יךָ

וַתַּֽעַזְבֵ֞ם בְּיַ֤ד אֹֽיְבֵיהֶם֙   וַיִּרְדּ֣וּ בָהֶ֔ם וַיָּשׁ֙וּבוּ֙ וַיִּזְעָק֔וּךָ   בֹ יסרים . ל

וְאַתָּה֙ מִשָּׁמַ֣יִם תִּשְׁמַ֔ע   וְתַצִּילֵ֧ם כְּֽרַחֲמֶ֛יךָ רַבּ֖וֹת עִתִּֽים:

29 וַתָּ֨עַד בָּהֶ֜ם   לַהֲשִׁיבָ֣ם אֶל־תּוֹרָתֶ֗ךָ   דֹ . גֹ

וְהֵ֣מָּה הֵזִ֗ידוּ   וְלֹא־שָׁמְע֣וּ לְמִצְוֺתֶ֔יךָ   בֹ

וּבְמִשְׁפָּטֶ֣יךָ חָֽטְאוּ־בָ֗ם   אֲשֶׁ֨ר־יַעֲשֶׂ֥ה אָדָ֛ם וְחָיָ֥ה בָהֶ֖ם   לֹ . לֹ . לֹ

וַיִּתְּנ֤וּ כָתֵף֙ סוֹרֶ֔רֶת   וְעָרְפָּ֥ם הִקְשׁ֖וּ וְלֹ֥א שָׁמֵֽעוּ:   גֹ

30 וַתִּמְשֹׁ֤ךְ עֲלֵיהֶם֙   שָׁנִ֣ים רַבּ֔וֹת   ל

וַתָּ֨עַד בָּ֤ם בְּרֽוּחֲךָ֙   בְּיַד־נְבִיאֶ֔יךָ

וְלֹ֣א הֶאֱזִ֔ינוּ   וַֽתִּתְּנֵ֔ם בְּיַ֖ד עַמֵּ֥י הָאֲרָצֹֽת: גֹ . ל חסֹ בנבֹ ובכתֹ

31 וּֽבְרַחֲמֶ֣יךָ הָרַבִּ֔ים   לֹֽא־עֲשִׂיתָ֥ם כָּלָ֖ה   ל וחד ועשיתם

וְלֹ֣א עֲזַבְתָּ֑ם   כִּ֛י אֵֽל־חַנּ֥וּן וְרַח֖וּם אָֽתָּה:

32 וְעַתָּ֣ה אֱלֹהֵ֡ינוּ הָאֵל֩ הַגָּד֨וֹל הַגִּבּ֜וֹר וְהַנּוֹרָא֮   בֹ . בֹ

שׁוֹמֵ֣ר הַבְּרִ֣ית וְהַחֶסֶד֒   אַל־יִמְעַ֣ט לְפָנֶ֗יךָ   יֹ מלֹ . בֹ

אֵ֣ת כָּל־הַתְּלָאָ֣ה אֲֽשֶׁר־מְ֠צָאַתְנוּ לִמְלָכֵ֨ינוּ לְשָׂרֵ֜ינוּ וּלְכֹהֲנֵ֗ינוּ   גֹ . גֹ בֹ פתֹ

---

[27] יצעקו ג והיה לאות ולעד . שם יצעקו ולא יענה . צרתם o: מושיעים בֹ חד מלֹ
וחד חסֹ ועלו מושיעים . תתן להם מושיעים o: [29] להשיבם ג וסימנהון וישלח בהם
נביאים . וימרו וימרדו o: [32] האל הגדול הגבור והנורא בֹ כי יהוה אלהיכם . ועתה
אלהינו o: מצאתנו ג בֹ פתֹ וחד קמֹ וסימנה וישלח משה מלאכים . ויאמר אליו גדעון .
ועתה אלהינו o:

---

27 מִשָּׁמַ֫יִם V S | ἐξ οὐρανοῦ σου G (explic) • וּֽכְרַחֲמֶ֣יךָ V S | καὶ ἐν οἰκτιρμοῖς
σου G (via וּבְרַחֲמֶ֣יךָ) • וְי֣וֹשִׁיע֔וּם V S | καὶ ἔσωσας αὐτούς G (assim-ctext) •
S ܐܝܟ ܚܘܒܟ ܣܓܝܐܐ | בְּרַחֲמֶ֣יךָ) | ἐν οἰκτιρμοῖς σου G V (via כְּֽרַחֲמֶ֛יךָ | 28
(ampl) • רַבּ֖וֹת עִתִּֽים: V (S) | πολλοῖς. G (abbr) • 29 וְהֵ֣מָּה הֵזִ֗ידוּ V S | > G
(om) • לְמִצְוֺתֶ֔יךָ V S | ἀλλὰ ἐν ταῖς ἐντολαῖς σου G (shift) • וּבְמִשְׁפָּטֶ֣יךָ V S |
καὶ τοῖς κρίμασιν G (implic) • 30 הָאֲרָצֹֽת: V S | sg G (shift) • 31 וּֽבְרַחֲמֶ֣יךָ V
(S) | + σύ G (emph) • אֵֽל־חַנּ֥וּן V S | ἰσχυρός...καὶ ἐλεήμων G (assim-1:5) •
32 הָאֵל֩ V S | ὁ ἰσχυρός G (assim-1:5) • וְהַחֶסֶד֒ V S | καὶ τὸ ἔλεός σου, G
(explic) •

וְלִנְבִיאֵ֖נוּ וְלַאֲבֹתֵ֑ינוּ וּלְכָל־עַמֶּ֔ךָ
מִימֵי֙ מַלְכֵ֣י אַשּׁ֔וּר עַ֖ד הַיּ֥וֹם הַזֶּֽה׃
33 וְאַתָּ֣ה צַדִּ֔יק עַ֖ל כָּל־הַבָּ֣א עָלֵ֑ינוּ
כִּֽי־אֱמֶ֥ת עָשִׂ֖יתָ וַאֲנַ֥חְנוּ הִרְשָֽׁעְנוּ׃
34 וְאֶת־מְלָכֵ֨ינוּ שָׂרֵ֜ינוּ כֹּהֲנֵ֣ינוּ וַאֲבֹתֵ֗ינוּ לֹ֤א עָשׂוּ֙ תּֽוֹרָתֶ֔ךָ ט̇
וְלֹ֤א הִקְשִׁ֙יבוּ֙ אֶל־מִצְוֺתֶ֔יךָ וּלְעֵ֣דְוֺתֶ֔יךָ אֲשֶׁ֥ר הַעִידֹ֖תָ בָּהֶֽם׃ ל̇
35 וְהֵ֨ם בְּמַלְכוּתָ֜ם וּבְטוּבְךָ֙ הָרָ֜ב אֲשֶׁר־נָתַ֣תָּ לָהֶ֗ם ט̇ בראש פסוק
וּבְאֶ֨רֶץ הָרְחָבָ֧ה וְהַשְּׁמֵנָ֛ה אֲשֶׁר־נָתַ֥תָּ לִפְנֵיהֶ֖ם כ̇ט חס̇
לֹ֣א עֲבָד֑וּךָ וְלֹא־שָׁ֔בוּ מִמַּֽעַלְלֵיהֶ֖ם הָרָעִֽים׃ ג̇
36 הִנֵּ֛ה אֲנַ֥חְנוּ הַיּ֖וֹם עֲבָדִ֑ים וְהָאָ֜רֶץ אֲשֶׁר־נָתַ֣תָּה לַאֲבֹתֵ֗ינוּ
לֶאֱכֹ֤ל אֶת־פִּרְיָהּ֙ וְאֶת־טוּבָ֔הּ הִנֵּ֛ה אֲנַ֥חְנוּ עֲבָדִ֖ים עָלֶֽיהָ׃ ל̇ וחד פריה וטובה
37 וּתְבוּאָתָ֣הּ מַרְבָּ֗ה לַמְּלָכִ֛ים אֲשֶׁר־נָתַ֥תָּה עָלֵ֖ינוּ בְּחַטֹּאותֵ֑ינוּ ל̇. ל̇. ב̇ מל̇
וְעַ֣ל גְּוִיֹּתֵ֡ינוּ מֹֽשְׁלִים֩ וּבִבְהֶמְתֵּ֨נוּ֙ כִּרְצוֹנָ֔ם ל̇. ל̇
וּבְצָרָ֥ה גְדוֹלָ֖ה אֲנָֽחְנוּ׃ פ
10 וּבְכָל־זֹ֗את אֲנַ֛חְנוּ כֹּרְתִ֥ים אֲמָנָ֖ה וְכֹתְבִ֑ים וְעַל֙ הֶֽחָת֔וּם שָׂרֵ֥ינוּ לְוִיֵּ֖נוּ ל̇. ג̇. ל̇. ל̇
2 כֹּהֲנֵֽינוּ׃ וְעַ֖ל הַחֲתוּמִ֑ים נְחֶמְיָ֧ה הַתִּרְשָׁ֛תָא בֶּן־חֲכַלְיָ֖ה וְצִדְקִיָּֽה׃
3/5 שְׂרָיָ֥ה עֲזַרְיָ֖ה יִרְמְיָֽה׃ פַּשְׁח֥וּר אֲמַרְיָ֖ה מַלְכִּיָּֽה׃ חַטּ֥וּשׁ שְׁבַנְיָ֖ה
6/8 מַלּֽוּךְ׃ חָרִ֥ם מְרֵמ֖וֹת עֹבַדְיָֽה׃ דָּנִיֵּ֥אל גִּנְּת֖וֹן בָּרֽוּךְ׃ מְשֻׁלָּ֥ם אֲבִיָּ֖ה ל̇ ראש פסוק

[35] ובארץ ה̇ וסימנה וילקט יוסף . כי את רגלים רצתה . בערי ההר . ובארץ פתרוס . ובארץ הרחבה והשמנה :o: ולא שבו ג̇ אל יהוה . יחלמו . ממעלליהם :o:

32 עַמֶּ֔ךָ G V | ܥܡܟ S (implic) • **33** כִּֽי־אֱמֶ֥ת עָשִׂ֖יתָ G V | ܡܛܠ ܕܒܩܘܫܬܐ ܐܢܬ ܥܒܕܬ S (exeg) • **35** בְּמַלְכוּתָ֜ם | ἐν βασιλείᾳ σου G (assim-ctext) | *in regnis suis bonis* V (ampl) | ܘܒܛܒܬܐ ܒܡܠܟܘܬܗܘܢ S (exeg) • הָרְחָבָ֧ה G V | ܦܬܝܬܐ S (substit) • **36 v 36** וְאֶת־ **to v 37** מַרְבָּ֗ה V (S) | > G (om) • עֲבָדִ֑ים[2] V | ܐܝܟ ܥܒܕܐ ܦܠܚܝܢ ܠܗ̇ S (explic) • **37** מַרְבָּ֗ה V | ܢܣܓܐ S (lib-seman) • **10:1** זֹ֗את V | τούτοις G S (shift) • וְכֹתְבִ֑ים G V | ܒܟܬܒܐ S (lib-seman) • וְעַל֙ הֶֽחָת֔וּם | καὶ ἐπισφραγίζουσιν G (V) (shift) | ܘܚܬܡܢܢ ܥܠ ܟܠ ܗܕܐ S (explic) • שָׂרֵ֥ינוּ V S | prec πάντες G (ampl) • לְוִיֵּ֖נוּ G V | ܘܠܘܝܐ S (implic) • **2** וְעַ֖ל הַחֲתוּמִ֑ים | καὶ ἐπὶ τῶν σφραγιζόντων G V (shift) | ܘܥܠ ܐܝܠܝܢ ܕܚܬܡܘ ܗܢܘܢ S (exeg) • נְחֶמְיָ֧ה G V | foll ܡܫܝܚܐ S (ampl) • הַתִּרְשָׁ֛תָא V | > G (om) | ܪܝܫ ܟܘܡܪܐ S (assim-8:9) • חֲכַלְיָ֖ה G V | ܚܟܠܝܐ S • וְצִדְקִיָּֽה׃ G V | ܘܨܕܩܝܐ S • **3** שְׂרָיָ֥ה V (S) | prec υἱός G (ampl) • **4** מַלְכִּיָּֽה׃ G V | foll ܘܦܫܚܘܪܐ S • **6** חָרִ֥ם G V | ܘܚܪܡ S • מְרֵמ֖וֹת G V | ܘܡܪܡܘܬ S • עֹבַדְיָֽה׃ G V | ܥܒܕܝܐ S • **7** גִּנְּת֖וֹן G V | ܓܢܬܘܢ S •

9 10 ב֗ . ל֗ מִיָּמִֽן׃ מַעַזְיָ֥ה בִלְגַּ֖י שְׁמַעְיָ֑ה אֵ֖לֶּה הַכֹּהֲנִֽים׃ ס וְהַלְוִיִּ֑ם וְיֵשׁ֙וּעַ֙
11 בֶּן־אֲזַנְיָ֔ה בִּנּ֕וּי מִבְּנֵ֥י חֵנָדָ֖ד קַדְמִיאֵֽל׃ וַאֲחֵיהֶ֗ם שְׁבַנְיָ֧ה הֽוֹדִיָּ֛ה
12 13 ל֗ שם אנשׁ קְלִיטָ֥א פְּלָאיָ֖ה חָנָֽן׃ מִיכָ֥א רְח֖וֹב חֲשַׁבְיָֽה׃ זַכּ֥וּר שֵׁרֵֽבְיָ֖ה שְׁבַנְיָֽה׃
14 15 ל֗ . ע֗ה הוֹדִיָּ֥ה בָנִ֖י בְּנִֽינוּ׃ ס רָאשֵׁ֖י הָעָ֑ם פַּרְעֹ֞שׁ פַּחַ֤ת מוֹאָב֙ עֵילָ֣ם
16 18 זַתּ֔וּא בָּנִֽי׃ בֻּנִּ֥י עַזְגָּ֖ד בֵּבָֽי׃ אֲדֹנִיָּ֥ה בִגְוַ֖י עָדִֽין׃ אָטֵ֥ר חִזְקִיָּ֖ה עַזּֽוּר׃
19 21 נ֗יבי ק֗ הוֹדִיָּ֥ה חָשֻׁ֖ם בֵּצָֽי׃ חָרִ֥יף עֲנָת֖וֹת נֵובָֽי׃ מַגְפִּיעָ֥שׁ מְשֻׁלָּ֖ם חֵזִֽיר׃
22 24 ג֗ מְשֵׁיזַבְאֵ֥ל צָד֖וֹק יַדּֽוּעַ׃ פְּלַטְיָ֥ה חָנָ֖ן עֲנָיָֽה׃ הוֹשֵׁ֥עַ חֲנַנְיָ֖ה חַשּֽׁוּב׃
25 27 ב֗ . ל֗ ומל֗ . ל֗ שם אנשׁ הַלּוֹחֵ֥שׁ פִּלְחָ֖א שׁוֹבֵֽק׃ רְח֥וּם חֲשַׁבְנָ֖ה מַעֲשֵׂיָֽה׃ וַאֲחִיָּ֥ה חָנָ֖ן עָנָֽן׃
28 29 ג֗ . י֗ מל֗ . ד֗ מַלּ֥וּךְ חָרִ֖ם בַּעֲנָֽה׃ וּשְׁאָ֣ר הָעָ֡ם הַכֹּהֲנִ֣ים ֩הַלְוִיִּ֡ם הַשּׁוֹעֲרִ֣ים ֩
ל֗ הַמְשֹׁרְרִ֡ים הַנְּתִינִ֜ים וְֽכָל־הַנִּבְדָּ֞ל מֵעַמֵּ֤י הָאֲרָצוֹת֙ אֶל־ת֣וֹרַת
30 הָאֱלֹהִ֔ים נְשֵׁיהֶ֥ם בְּנֵיהֶ֖ם וּבְנֹתֵיהֶ֑ם כֹּ֖ל יוֹדֵ֥עַ מֵבִֽין׃ מַחֲזִיקִ֣ים עַל־
ל֗ וב֗ ואדיריהם אֲחֵיהֶם֮ אַדִּירֵיהֶם֒ וּבָאִ֞ים בְּאָלָ֣ה וּבִשְׁבוּעָ֗ה לָלֶ֙כֶת֙ בְּתוֹרַ֣ת
ד֗ . ד֗ מל֗ . ה֗י הָֽאֱלֹהִ֔ים אֲשֶׁ֣ר נִתְּנָ֔ה בְּיַ֖ד מֹשֶׁ֣ה ֽעֶבֶד־הָאֱלֹהִ֑ים וְלִשְׁמ֣וֹר וְלַעֲשׂ֗וֹת
31 ג֗ . ג֗ . ח֗ . ו֗ אֶת־כָּל־מִצְוֺת֙ יְהוָ֣ה ֽאֲדֹנֵ֔ינוּ וּמִשְׁפָּטָ֖יו וְחֻקָּֽיו׃ וַאֲשֶׁ֛ר לֹא־נִתֵּ֥ן

[10:18] חזקיה ג֗ וסימנהון דבר יהוה אשר היה . גם אלה משלי שלמה . אטר חזקיה :o:
[29] השוערים והמשררים ד֗ וסימנה֗ ויהי כאשר נבנתה החומה . וישבו הכהנים בתריה .
ושאר העם . כי אל הלשכות . ושאר המשררים והשערים :o: [31] ואשר לא ח֗ וסימנה֗
צדה והאלהים . לא שם . אשר לא ידעו . כן יזה גוים רבים . אביו כי עשק עשק .
הנשכים בשניהם וקראו שלום . ואת הנסוגים . ואשר לא נתן :o:

8 מִיָּמִֽן׃ G V | ܒܢܝܡܝܢ S • **9** הַכֹּהֲנִֽים׃ ס וְהַלְוִיִּ֑ם M^L | הַכֹּהֲנִֽים׃ וְהַלְוִיִּ֑ם M^Y | M^{S1} (indet) • **10** בִּנּ֕וּי G V | ܒܢܝ S (via בְּנֵי) • מִבְּנֵ֥י חֵנָדָ֖ד (V) | prec ἀπὸ υἱῶν Βαναιού G (ampl) | ܡܢ ܒܢܝ ܚܢܕܕ S • קַדְמִיאֵֽל׃ G V | ܩܕܡܝܐܝܠ S • **11** שְׁבַנְיָ֧ה G | *Sechenia* V S • הֽוֹדִיָּ֛ה V | ʽΩδουιά, G | ܗܘܕܘܝܐ S • פְּלָאיָ֖ה G V | ܦܠܝܐ S • **14** הוֹדִיָּ֥ה V S | ʽΩδουά, G • בָנִ֖י V | υἱοί G S (via בְּנֵי) • בְּנִֽינוּ׃ V | Βανουναί· G | ܒܢܝ S • **15** פַּחַ֤ת מוֹאָב֙ G V | ܦܚܬ ܡܘܐܒ S • **v 15** בָּנִֽי׃ **to v 16** בֻּנִּ֥י V | υἱοὶ Βανί, G (via בְּנֵי) | ܒܢܝ S (hapl) • **16** **v 16** בֵּבָֽי׃ **to v 17** אֲדֹנִיָּ֥ה G V | ܘܒܢܝ ܐܕܘܢܝܐ S (via וּבְנֵי) • **19** הוֹדִיָּ֥ה (V) | ʽΟδουιά, G | ܐܘܕܘܝܐ S • **20** חָרִ֥יף G | *Ares* V | ܚܪܝܦ S • נֵובָֽי׃ | נובי M^{ket} G | נֵיבָי M^{qere} V S ✣ • **21** מַגְפִּיעָ֥שׁ G | *Mecphia* V | ܡܓܦܝܫ S • חֵזִֽיר׃ G V | ܚܙܝܪ S • **22** יַדּֽוּעַ׃ G V | ܝܕܘܥ S • **24** חַשּֽׁוּב׃ G V | ܚܫܘܒ S • **25** הַלּוֹחֵ֥שׁ G V | ܗܠܘܚܫ S • **26** מַעֲשֵׂיָֽה׃ G S | *Madsia* V • **29** הַנְּתִינִ֜ים G V | ܘܢܬܝܢܐ S (lib-seman) • מֵעַמֵּ֤י הָאֲרָצוֹת֙ V S | ἀπὸ τοῦ λαοῦ τῆς γῆς G (shift) • אֶל־ G V | prec ܢܡܘܣܐ S (explic) • נְשֵׁיהֶ֥ם G V | prec ܘ ܢܫܝܗܘܢ S (ampl) • **30** אַדִּירֵיהֶם֒ V | καὶ κατηράσαντο αὐτούς G (via √ארר) | ܘܥܠ ܡܪܝܡܢܝܗܘܢ S (lib-seman) • אֲשֶׁ֣ר נִתְּנָ֔ה G | *quam dederat* V S (shift) • אֲדֹנֵ֔ינוּ V S | > G (om) • וְחֻקָּֽיו׃ V S | > G (om) •

32 בְּנֹתֵ֙ינוּ֙ לְעַמֵּ֣י הָאָ֔רֶץ וְאֶת־בְּנֹתֵיהֶ֖ם לֹ֥א נִקַּ֖ח לְבָנֵֽינוּ׃ וְעַמֵּ֣י הָאָ֡רֶץ
הַֽמְבִיאִ֣ים אֶת־הַמַּקָּח֩וֹת וְכָל־שֶׁ֨בֶר בְּי֤וֹם הַשַּׁבָּת֙ לִמְכּ֔וֹר לֹא־נִקַּ֥ח ל̇. ל̇ מל
מֵהֶ֛ם בַּשַּׁבָּ֖ת וּבְי֣וֹם קֹ֑דֶשׁ וְנִטֹּ֛שׁ אֶת־הַשָּׁנָ֥ה הַשְּׁבִיעִ֖ית וּמַשָּׁ֥א כָל־ ל̇. ל̇
33 יָֽד׃ וְהֶעֱמַ֤דְנוּ עָלֵ֙ינוּ֙ מִצְוֺ֔ת לָתֵ֣ת עָלֵ֔ינוּ שְׁלִשִׁ֥ית הַשֶּׁ֖קֶל בַּשָּׁנָ֑ה ג̇. ט̇ מל
34 לַעֲבֹדַ֖ת בֵּ֥ית אֱלֹהֵֽינוּ׃ לְלֶ֣חֶם הַֽמַּעֲרֶ֡כֶת וּמִנְחַ֣ת הַתָּמִיד֩ וּלְעוֹלַ֨ת ל̇. ג̇ מל
הַתָּמִ֜יד הַשַּׁבָּת֗וֹת הֶחֳדָשִׁים֙ לַמּֽוֹעֲדִ֔ים וְלַקֳּדָשִׁ֗ים וְלַֽחַטָּאוֹת֙ לְכַפֵּ֔ר ל̇. ג̇
35 עַל־יִשְׂרָאֵ֑ל וְכֹ֖ל מְלֶ֥אכֶת בֵּית־אֱלֹהֵֽינוּ׃ ס וְהַגּוֹרָל֩וֹת הִפַּ֨לְנוּ ל̇. ל̇. ל̇
עַל־קֻרְבַּ֣ן הָעֵצִ֗ים הַכֹּהֲנִ֣ים הַלְוִיִּם֮ וְהָעָם֒ לְהָבִיא֙ לְבֵ֣ית אֱלֹהֵ֔ינוּ ל̇ וחד ולקרבן . י̇ג̇
לְבֵית־אֲבֹתֵ֛ינוּ לְעִתִּ֥ים מְזֻמָּנִ֖ים שָׁנָ֣ה בְשָׁנָ֑ה לְבַעֵר֙ עַל־מִזְבַּח֙ יְהוָ֣ה ב̇. ל̇
36 אֱלֹהֵ֔ינוּ כַּכָּת֖וּב בַּתּוֹרָֽה׃ וּלְהָבִ֗יא אֶת־בִּכּוּרֵ֤י אַדְמָתֵ֙נוּ֙ וּבִכּוּרֵ֗י ב̇ עלמים
37 כָּל־פְּרִ֣י כָל־עֵ֔ץ שָׁנָ֖ה בְשָׁנָ֑ה לְבֵ֖ית יְהוָֽה׃ וְאֶת־בְּכֹר֤וֹת בָּנֵ֙ינוּ֙ ל̇. ב̇ וכת
וּבְהֶמְתֵּ֔ינוּ כַּכָּת֖וּב בַּתּוֹרָ֑ה וְאֶת־בְּכוֹרֵ֨י בְקָרֵ֜ינוּ וְצֹאנֵ֗ינוּ לְהָבִיא֙
38 לְבֵ֣ית אֱלֹהֵ֔ינוּ לַכֹּ֣הֲנִ֔ים הַמְשָׁרְתִ֖ים בְּבֵ֥ית אֱלֹהֵֽינוּ׃ וְאֶת־רֵאשִׁ֣ית כ̇ח̇
עֲרִיסֹתֵ֣ינוּ וּתְרוּמֹתֵ֡ינוּ וּפְרִ֨י כָל־עֵ֜ץ תִּיר֣וֹשׁ וְיִצְהָ֗ר נָבִ֤יא לַכֹּהֲנִים֙ ל̇
אֶל־לִשְׁכ֣וֹת בֵּית־אֱלֹהֵ֔ינוּ וּמַעְשַׂ֥ר אַדְמָתֵ֖נוּ לַלְוִיִּ֑ם וְהֵם֙ הַלְוִיִּ֔ם ל̇
39 הַֽמְעַשְּׂרִ֔ים בְּכֹ֖ל עָרֵ֥י עֲבֹדָתֵֽנוּ׃ וְהָיָ֨ה הַכֹּהֵ֧ן בֶּֽן־אַהֲרֹ֛ן עִם־הַלְוִיִּ֖ם ל̇
בַּעְשֵׂ֣ר הַלְוִיִּ֑ם וְהַלְוִיִּ֞ם יַעֲל֣וּ אֶת־מַעֲשַׂ֣ר הַֽמַּעֲשֵׂ֗ר לְבֵ֣ית אֱלֹהֵ֔ינוּ ב̇
40 אֶל־הַלְּשָׁכ֖וֹת לְבֵ֥ית הָאוֹצָֽר׃ כִּ֣י אֶל־הַ֠לְּשָׁכוֹת יָבִ֨יאוּ בְנֵֽי־יִשְׂרָאֵ֜ל ב̇. ט̇

[39] לעשר בעשר ב̇ בליש̇ וסימנה̇ כי תכלה לעשר את̇ . בעשר הלוים והלוים :ο:
[40] יביאו ט̇ וסימנה̇ והיה ביום הששי והכינו . ושפטו את העם בכל עת . שוק התרומה וחזה . למען אשר יביאו בני ישראל . בכורי כל אשר בארצם . והשערים והתבן לסוס̇י̇ם̇ . והביאו את כל אחיכם . יביאו לבוש . כי אל הלשכות :ο:

32 אֶת־[1] to יָד׃ G V | ܠܐ ܢܣܒܗܘܢ. ܘܟܠ ܕܡܝܬܝܢ ܒܙܒܢܐ ܒܝܘܡܐ ܕܫܒܬܐ. ܐܦܢ ܠܐ ܢܣܒ. ܘܠܐܢܫ ܒܝܘܡܐ ܕܫܒܬܐ ܠܐ ܢܣܒ. ܡܛܠ ܕܫܒܝܥܝܐ ܗܝ. ܘܢܫܒܘܩ ܟܠ ܡܕܡ ܕܝܫܝܢ ܠܢ. ܘܚܘܒ ܒܫܢܬܐ ܕܫܒܥ ܢܫܒܘܩ. S (exeg) • **33** בַּשָּׁנָֽה G V | ܒܫܢܬܐ S (substit) • **35** אֱלֹהֵ֔ינוּ[1] to מִזְבַּח֙ G V | > S (om) • בַּתּוֹרָֽה׃ G | foll *Mosi* V (explic) | prec ܒܟܬܒܐ S (explic) • **36** כָּל־[1] V S | > G (facil-styl) • כָל־[2] G V | > S (om) • לְבֵ֖ית G V | prec ܘܠܒܝܬܗ S (explic) • **37** בַּתּוֹרָ֑ה G V | foll ܕܡܘܫܐ S (explic) • **38** וּתְרוּמֹתֵ֡ינוּ V | > G (om) | ܘܢܕܪܝܢ S (lib-seman) • לַכֹּהֲנִים֙ G V | ܠܟܗܢܐ ܕܡܫܡܫܝܢ ܩܕܡ ܐܠܗܢ S (ampl) • אֶל־לִשְׁכ֣וֹת בֵּית־אֱלֹהֵ֔ינוּ (G) V | > S (om) • אֱלֹהֵ֔ינוּ V S | τοῦ θεοῦ. G (implic) • בְּכֹ֖ל G | *ex omnibus* V (S) (facil-styl) • **39** הַלְוִיִּ֖ם[1] V S | sg G (shift) • בַּעְשֵׂ֣ר הַלְוִיִּ֑ם (G) V | ܒܡܥܣܪܘܬܗܘܢ S (implic) • הַֽמַּעֲשֵׂ֗ר G S | *decimae suae* V (explic) • הָאוֹצָֽר׃ V S | τοῦ θεοῦ. G (lib-seman) •

וּבְנֵי הַלֵּוִי אֶת־תְּרוּמַת הַדָּגָן הַתִּירוֹשׁ וְהַיִּצְהָר וְשָׁם כְּלֵי הַמִּקְדָּשׁ

וְהַכֹּהֲנִים הַמְשָׁרְתִים וְהַשּׁוֹעֲרִים וְהַמְשֹׁרְרִים וְלֹא נַעֲזֹב אֶת־בֵּית

‏11 אֱלֹהֵינוּ:   וַיֵּשְׁבוּ שָׂרֵי־הָעָם בִּירוּשָׁלָ͏ִם וּשְׁאָר הָעָם הִפִּילוּ גוֹרָלוֹת

ב לְהָבִיא | אֶחָד מִן־הָעֲשָׂרָה לָשֶׁבֶת בִּירוּשָׁלַ͏ִם עִיר הַקֹּדֶשׁ וְתֵשַׁע

ב הַיָּדוֹת בֶּעָרִים: וַיְבָרֲכוּ הָעָם לְכֹל הָאֲנָשִׁים הַמִּתְנַדְּבִים לָשֶׁבֶת ‏2

עה בִּירוּשָׁלָ͏ִם: פ   וְאֵלֶּה רָאשֵׁי הַמְּדִינָה אֲשֶׁר יָשְׁבוּ בִּירוּשָׁלָ͏ִם ‏3

וּבְעָרֵי יְהוּדָה יָשְׁבוּ אִישׁ בַּאֲחֻזָּתוֹ בְּעָרֵיהֶם יִשְׂרָאֵל הַכֹּהֲנִים

ל וְהַלְוִיִּם וְהַנְּתִינִים וּבְנֵי עַבְדֵי שְׁלֹמֹה: וּבִירוּשָׁלַ͏ִם יָשְׁבוּ מִבְּנֵי יְהוּדָה ‏4

וּמִבְּנֵי בִנְיָמִן מִבְּנֵי יְהוּדָה עֲתָיָה בֶן־עֻזִּיָּה בֶּן־זְכַרְיָה בֶּן־אֲמַרְיָה

ב שם אנש בֶּן־שְׁפַטְיָה בֶּן־מַהֲלַלְאֵל מִבְּנֵי־פָרֶץ: וּמַעֲשֵׂיָה בֶן־בָּרוּךְ בֶּן־ ‏5

כָּל־חֹזֶה בֶן־חֲזָיָה בֶן־עֲדָיָה בֶן־יוֹיָרִיב בֶּן־זְכַרְיָה בֶּן־הַשִּׁלֹנִי:

כָּל־בְּנֵי־פֶרֶץ הַיֹּשְׁבִים בִּירוּשָׁלָ͏ִם אַרְבַּע מֵאוֹת שִׁשִּׁים וּשְׁמֹנָה ‏6

יג אַנְשֵׁי־חָיִל: ס   וְאֵלֶּה בְּנֵי בִנְיָמִן סַלֻּא בֶּן־מְשֻׁלָּם בֶּן־יוֹעֵד ‏7

בֶּן־פְּדָיָה בֶן־קוֹלָיָה בֶן־מַעֲשֵׂיָה בֶּן־אִיתִיאֵל בֶּן־יְשַׁעְיָה: וְאַחֲרָיו ‏8

ל ל גַּבַּי סַלָּי תְּשַׁע מֵאוֹת עֶשְׂרִים וּשְׁמֹנָה: וְיוֹאֵל בֶּן־זִכְרִי פָּקִיד עֲלֵיהֶם ‏9

וִיהוּדָה בֶן־הַסְּנוּאָה עַל־הָעִיר מִשְׁנֶה: פ   מִן־הַכֹּהֲנִים ‏10

יַדַעְיָה בֶן־יוֹיָרִיב יָכִין: שְׂרָיָה בֶן־חִלְקִיָּה בֶּן־מְשֻׁלָּם בֶּן־צָדוֹק ‏11

יז וכול וגנותי
דכות ב מ א. ב.

[11:7] ואלה בני יג ואלה בני רעואל . ואלה בני אהליבמה . ואלה בני רעואל . ואלה
בני שובל . ואלה בני ענה . צבעון . ואלה בני דישן קדמיה . ואלה בני שׁוֹתָלח . ואלה בני
בתיה . ואלה בני אחוד . ואלה בני אהרן . ואלה בני המדינה קדמֹיה . ואלה בני בנימן :ס
[9] על העיר יז ויהי ביום השלישי . ובנית מצור . תשכים ופשטת . ועתה אסף .
בסכות . ויבאו לילה . והאמנים . נבוכדנאצר . ותבקע העיר . וחביר . ועברו גוים .
ובאו הכשדים . ושבו הכשדים . וגם איש היה מתנבא . ומלא חפניך . וכל וגנותי דכות ב
מ א וגנותי אל קדמֹ דמלך :ס [10] מן הכהנים ב אשר בענתות . ידעיה בן יויריב :ס

• (הַקֹּדֶשׁ) | תְּרוּמַת 40 pl G V S (assim-ctext) • הַמִּקְדָּשׁ | τὰ ἄγια G V S (via
הַמְשָׁרְתִים | ᠘ᠥ S (substit) • וְהַמְשֹׁרְרִים | G V | ᠘ᠥ᠘ S (substit)
נַעֲזֹב | G V ᠘ᠥᠣᠥ S (shift) • 11:1 וַיֵּשְׁבוּ | G V ᠘ᠥᠥ S (shift) • הִפִּילוּ G V |
בְּעָרֵיהֶם יִשְׂרָאֵל | G V | 3 הָעֲשָׂרָה G V | foll ᠘ᠥᠥ S (explic) • ᠘ᠥᠥ S (shift) •
וְהַנְּתִינִים | G V ᠘ᠥᠥ S (lib-seman) • 4 יָשְׁבוּ S < | G V ᠘ᠥᠥ᠘
S ᠘ᠥᠥ | G V יְהוּדָה | S ᠘ᠥᠥ • 5 עֲדָיָה | G V ᠘ᠥᠥ S | עֲתָיָה G V | S ᠘ᠥᠥ (om)
וְאַחֲרָיו • 8 S ᠘ᠥᠥ | G V יוֹעֵד 7 ✠ ✠ S | G V הַשִּׁלֹנִי | S •: | G V יוֹיָרִיב
G V S | foll οἱ ἀδελφοὶ αὐτοῦ Gᴹˢˢ (ampl) • 9 גַּבַּי סַלָּי G V S > | (om) • הַסְּנוּאָה
V 'Ασανά G | ᠘ᠥᠥ S • עַל | V ἀπό G (substit) | prec ᠘ᠥᠥ S (explic) •
10 יַדַעְיָה G V | ᠘ᠥᠥ S • :יָכִין G V | S > (om) • יוֹיָרִיב V 'Ιωαρίμ, G | ᠘ᠥᠥ S • :שְׂרָיָה V | ᠘ᠥᠥ S

בֶּן־מְרָיֹות בֶּן־אֲחִיטוּב נְגִד בֵּית הָאֱלֹהִים: וַאֲחֵיהֶם עֹשֵׂי   ל חס ⁱ²

הַמְּלָאכָה לַבַּיִת שְׁמֹנֶה מֵאֹות עֶשְׂרִים וּשְׁנָיִם וַעֲדָיָ֩ה בֶן־יְרֹחָם בֶּן־

פְּלַלְיָה בֶן־אַמְצִי בֶן־זְכַרְיָה בֶּן־פַּשְׁחוּר בֶּן־מַלְכִּיָּה: וְאֶחָיו   ל . ב ¹³

רָאשִׁים לְאָבֹות מָאתַ֙יִם אַרְבָּעִים וּשְׁנָיִם וַעֲמַשְׁסַי בֶּן־עֲזַרְאֵל בֶּן־   כ . ל . ג

אַחְזַי בֶּן־מְשִׁלֵּמֹות בֶּן־אִמֵּר: וַאֲחֵיהֶם גִּבֹּורֵי חַיִל מֵאָה עֶשְׂרִים   ל . ל ¹⁴

וּשְׁמֹנָה וּפָקִיד עֲלֵיהֶם זַבְדִּיאֵל בֶּן־הַגְּדֹולִים: ס   וּמִן־הַלְוִיִּם   ו מל ¹⁵

שְׁמַעְיָה בֶן־חַשּׁוּב בֶּן־עַזְרִיקָם בֶּן־חֲשַׁבְיָה בֶּן־בּוּנִּי: וְשַׁבְּתַי   ל מל ¹⁶

וְיֹוזָבָד עַל־הַמְּלָאכָה הַחִיצֹנָה לְבֵית הָאֱלֹהִים מֵרָאשֵׁי הַלְוִיִּם: ב כת כן

וּמַתַּנְיָה בֶן־מִיכָה בֶּן־זַבְדִּי בֶן־אָסָף רֹאשׁ הַתְּחִלָּה יְהֹודֶה   קג . ל ¹⁷

לַתְּפִלָּה וּבַקְבֻּקְיָה מִשְׁנֶה מֵאֶחָיו וְעַבְדָּא בֶּן־שַׁמּוּעַ בֶּן־גָּלָל בֶּן־   ב כת א

                       ידותון ק

יְדִיתוּן כָּל־הַלְוִיִּם בְּעִיר הַקֹּדֶשׁ מָאתַיִם שְׁמֹנִים וְאַרְבָּעָה: פ   ¹⁸

וְהַשֹּׁועֲרִים עַקּוּב טַלְמֹון וַאֲחֵיהֶם הַשֹּׁמְרִים בַּשְּׁעָרִים מֵאָה שִׁבְעִים   ﬞ מל ¹⁹

וּשְׁנָיִם: וּשְׁאָר יִשְׂרָאֵל הַכֹּהֲנִים הַלְוִיִּם בְּכָל־עָרֵי יְהוּדָה אִישׁ   ⁱⁱ ²⁰

בְּנַחֲלָתֹו: וְהַנְּתִינִים יֹשְׁבִים בָּעֹפֶל וְצִיחָא וְגִשְׁפָּא עַל־   ג ²¹

הַנְּתִינִים: פ   וּפְקִיד הַלְוִיִּם בִּירוּשָׁלַ֙ם עֻזִּי בֶן־בָּנִי בֶּן־חֲשַׁבְיָה   ב ²²

---

[16] החיצנה ב וֹסֹימֹנֹהֹ וקול כנפי . ושבתי ויוזבד ⁚ [17] עבדא ועבדא ב וכת א

וסימנהון ואדנירם בן עבדא . ועבדא בן שמוע ⁚

‖ מְרָיֹות G V ‖ נֶגֶד V S ‖ ἀπέναντι G (via גֶּגֶד) • 12 וַאֲחֵיהֶם G V ‖ נֶגֶד S ⲙⲧⲭ • נֶגֶד V S ‖

ⲁⲩⲥⲱⲁⲙ S (assim-v 13) • לַבַּיִת G V ‖ ⲗⲱⲉ S (implic) • שְׁמֹנֶה to בֶּן³ V S ‖ > G

• ⲁⲥⲧⲱⲁ S ‖ וַעֲדָיָה V ‖ ⲙⲧⲭⲟⲩⲁ S ‖ פְּלַלְיָה V ‖ ⲡⲗⲟⲩⲁ S ‖ אַמְצִי G V ‖ ⲁⲩⲥⲱ S •

(om) ‖ וְאֶחָיו G V ‖ ⲁⲩⲥⲧⲱⲁ S (assim-v 12) • 13 לְאָבֹות G V ‖ ⲗⲉⲃⲁ ⲭⲧⲃⲥ S

S ‖ 'Εσδριήλ, G • בֶּן² to אָמֵר V S ‖ > G (om) • עֲזַרְאֵל V (S) ‖ (explic)

‖ זַבְדִּיאֵל V (S) • 14 וַאֲחֵיהֶם V (S) ‖ καὶ ἀδελφοὶ αὐτοῦ G (assim-v 13) •

Ζεχριήλ G • 15 חַשּׁוּב G V ‖ ⲥⲙⲃ S ‖ עַזְרִיקָם V (S) ‖ 'Εζρὶ G • v 15 בֶּן³ to v

16 הַלְוִיִּם V S ‖ > G (om) • בּוּנִּי V ‖ ⲃⲧⲣ S • 16 וְשַׁבְּתַי V ‖ prec ⲕⲃ S (ampl)

הַמְּלָאכָה הַחִיצֹנָה ‖ opera quae erant forinsecus V S (facil-styl) • 17 בֶּן² to

מֵאֶחָיו V S ‖ > G (om) • הַתְּחִלָּה S ‖ τοῦ αἴνου Gᴹˢˢ V (via הַתְּהִלָּה) ‖ יְהֹודֶה V ‖

τοῦ Ἰουδά Gˢˢ (S) (via יְהוּדָה) • וְעַבְדָּא V ‖ καὶ Ἰωβήβ G ‖ ⲟⲩⲃⲙⲁ S • v 17

‖ יְדֻתוּן Mᴸ Mʸ ‖ יְדִיתוּן ‖ יְדִיתוּן Mᵏᵉᵗ V ‖ יְדֵיתוּן Mqᵉʳᵉ ‖ הַקֹּדֶשׁ to v 18 בֶּן־גָּלָל

V S ‖ > G (om) • 19 וְהַשֹּׁועֲרִים G V ‖ ⲟⲩⲥⲙⲁ S (lib-seman) • בַּשְּׁעָרִים הַשֹּׁמְרִים V S ‖

‖ ⲥⲁⲁⲙ S ✙ • 20 v 20 to v 21 V (S) ‖ > G (om) • וְהַנְּתִינִים Mᴸ Mʸ > G (om) • 21 v 21 V ‖ ⲡⲟⲗⲥⲟⲩ ⲭ ⲗ ⲃⲥⲙⲕ S • בְּנַחֲלָתֹו: Mˢ¹ ‖

וְהַנְּתִינִים ‖ ס בְּנַחֲלָתֹו: ⲙⲧⲣⲟ ⲁⲁⲟⲙ ⲃⲥⲙⲕ S (exeg) • 22 בִּירוּשָׁלַם V S ‖ > G (om) • עֻזִּי בֶן־בָּנִי V ‖ υἱὸς

Βανί, 'Οζὶ G (transp) ‖ ⲃ ⲧⲣ, ⲃⲣ S •

בֶּן־מַתַּנְיָ֧ה בֶן־מִיכָ֣א מִבְּנֵ֣י אָסָ֗ף הַמְשֹׁרְרִים֙ לְנֶ֙גֶד֙ מְלֶ֣אכֶת בֵּית־

23 הָאֱלֹהִֽים: כִּֽי־מִצְוַ֥ת הַמֶּ֖לֶךְ עֲלֵיהֶ֑ם וַאֲמָנָ֥ה עַל־הַמְשֹׁרְרִ֖ים דְּבַר־

24 י֥וֹם בְּיוֹמֽוֹ: וּפְתַחְיָ֨ה בֶּן־מְשֵׁיזַבְאֵ֜ל מִבְּנֵי־זֶ֤רַח בֶּן־יְהוּדָה֙ לְיַ֣ד

25 הַמֶּ֔לֶךְ לְכָל־דָּבָ֖ר לָעָֽם: וְאֶל־הַחֲצֵרִ֖ים בִּשְׂדֹתָ֑ם מִבְּנֵ֣י יְהוּדָ֗ה

יָשְׁב֞וּ בְּקִרְיַ֤ת הָֽאַרְבַּע֙ וּבְנֹתֶ֔יהָ וּבְדִיבֹן֙ וּבְנֹתֶ֔יהָ וּבִֽיקַּבְצְאֵ֖ל

26/27 וַחֲצֵרֶֽיהָ: וּבְיֵשׁ֥וּעַ וּבְמוֹלָדָ֖ה וּבְבֵ֥ית פָּֽלֶט: וּבַחֲצַ֥ר שׁוּעָ֖ל וּבִבְאֵ֥ר

28/29 שֶׁ֣בַע וּבְנֹתֶֽיהָ: וּבְצִֽקְלַ֥ג וּבִמְכֹנָ֖ה וּבִבְנֹתֶֽיהָ: וּבְעֵ֥ין רִמּ֖וֹן וּבְצָרְעָ֥ה

30 וּבְיַרְמֽוּת: זָנֹ֤חַ עֲדֻלָּם֙ וְחַצְרֵיהֶ֔ם לָכִ֥ישׁ וּשְׂדֹתֶ֖יהָ עֲזֵקָ֣ה וּבְנֹתֶ֑יהָ

31 וַיַּחֲנ֥וּ מִבְּאֵֽר־שֶׁ֖בַע עַד־גֵּֽיא־הִנֹּֽם: וּבְנֵ֣י בִנְיָמִ֗ן מִגֶּ֙בַע֙ מִכְמָ֣שׂ וְעַיָּ֔ה

32/34 וּבֵֽית־אֵ֖ל וּבְנֹתֶֽיהָ: עֲנָת֥וֹת נֹ֖ב עֲנָֽנְיָֽה: חָצ֣וֹר ׀ רָמָ֥ה גִּתָּ֖יִם: חָדִ֥יד

35/36 צְבֹעִ֖ים נְבַלָּ֑ט: לֹ֥ד וְאוֹנ֖וֹ גֵּ֥י הַחֲרָשִֽׁים: וּמִן־הַלְוִיִּ֗ם מַחְלְק֥וֹת יְהוּדָ֖ה

12 לְבִנְיָמִֽין: פ   וְאֵ֙לֶּה֙ הַכֹּהֲנִ֣ים וְהַלְוִיִּ֔ם אֲשֶׁ֥ר עָל֖וּ עִם־זְרֻבָּבֶ֥ל

2 בֶּן־שְׁאַלְתִּיאֵ֖ל וְיֵשׁ֑וּעַ שְׂרָיָ֤ה יִרְמְיָה֙ עֶזְרָ֔א: אֲמַרְיָ֥ה מַלּ֖וּךְ חַטּֽוּשׁ:

3/5 שְׁכַנְיָ֥ה רְחֻ֖ם מְרֵמֹֽת: עִדּ֥וֹא גִנְּת֖וֹי אֲבִיָּֽה: מִיָּמִ֥ין מַֽעַדְיָ֖ה בִּלְגָּֽה:

ל

ל

ל וחס

ד חס • ד

ל וחס • ל

ט כת י • ל

יז מל

ל חס

[35] גי ט כת י וסימנה כל יהושע . על גי הצבעים . הוא הכה . וטמא את התפת . כי
יום מהומה . גי העברים . כי יגיע גי הרים . והוא העביר . לד ואונו :o: גא מאד אלף
כת . גה גבול הי כת . ושאר כת גיא :o: [36] בנימין יז מל ואביו קרא לו בנימין . אחי
יוסף . ואל שדי . וירא יוסף אתם . וישא עיניו . והנה עיניכם . זאב יטרף . וממטה
בנימן דיהושע . אחריך בנימן . ויעברו בני עמון . ויהי איש . ואלף היו . וידבר גם
אבנר . אמר אל רחבעם דמל . קנה נא . תקעו שופר . ומן הלוים :o:

22 בֶּן־מַתַּנְיָ֧ה G (om) >\| VS בְּיוֹמֽוֹ:to VS \|>G (om) • 23 וַאֲמָנָה to VS \|>G (om) • 24 מְשֵׁיזַבְאֵ֜ל V \|
Βασηζα G \| ܡܫܝܙܒܐܠ S • מִבְּנֵי־זֶרַח בֶּן־יְהוּדָה VS \| > G (om) • לְיַ֣ד הַמֶּ֖לֶךְ
G V ܐ̈ܠܨܝ ܗ̄ܝ ܡܠܟܐ S (paraphr) • 25 וְאֶל־הַחֲצֵרִים
G (V) \| ܗܠ ܕܐ̈ܨܪܝܐ S (explic) • בִּשְׂדֹתָם (G) (S) \| per omnes regiones eorum V
(ampl) \| VS \|>G (om) וַחֲצֵרֶֽיהָ:to וּבְנֹתֶיהָ • 26 v 26 וּבְמוֹלָדָה to v 27 שׁוּעָל VS \|
> G (om) • 27 v 27 וּבְנֹתֶיהָ to v 30 עֲדֻלָּם VS \| > G (om) • 28 וּבְצִקְלַג V \|
ܕܘܒܠܩ S • 30 זָנֹחַ עֲדֻלָּם V \| ܘܢܘܚ ܘܥܕܘܠܡ S • וְחַצְרֵיהֶם G V \| ܨܪ̈ܝܗܘܢ S (assim-ctext) •
ܠܟܝܫ ܘܒܝܬ̈ܗ S לָכִישׁ וּשְׂדֹתֶיהָ G V \| ܕ (assim-ctext) •
(assim-ctext) • עֲזֵקָה וּבְנֹתֶיהָ V \| > G (om) ܘܒܪ̈ܝܗ S (assim-ctext) •
וְעַיָּה to v 35 V S \|>G (om) • 31 מִגֶּבַע G V \| ܡܢ ܓܒܥ S • עַד־גֵּֽיא־הִנֹּֽם:
:הַחֲרָשִׁים VS \|>G (om) • 32 נֹב V \| ܢܘܒ S • 35 גֵּי הַחֲרָשִׁים \| valle artificum
V (interp) \| ܪܢ̈ܓܪ̈ܐ S • 36 לְבִנְיָמִֽין:G (V) (S) \| ἐν τῷ Ιουδὰ καὶ τῷ
Βενιαμίν GMss (facil-styl) • 12:1 יִרְמְיָה G V \| ܐܪܡܝܐ S • 2 חַטּֽוּשׁ: VS \|>G (om) •
3 v 3 רְחֻם to v 7 יְדַֽעְיָה VS \| > G (om) • 4 גִּנְּתוֹי \| Genthon V \| ܓܢܬ S •
S • מַעַדְיָה V \| ܡܥܕܝ S • 5 מִיָּמִין V

שְׁמַֽעְיָ֣ה וְיֽוֹיָרִ֔יב יְדַֽעְיָֽה׃ סַלּ֣וּ עָמ֔וֹק חִלְקִיָּ֖ה יְדַֽעְיָ֑ה אֵ֥לֶּה רָאשֵׁ֛י   ב מל . עה

הַכֹּהֲנִ֥ים וַאֲחֵיהֶ֖ם בִּימֵ֥י יֵשֽׁוּעַ׃ פ   וְהַלְוִיִּ֗ם יֵשׁ֧וּעַ בִּנֻּ֣וי קַדְמִיאֵ֗ל

שֵׁרֵֽבְיָ֧ה יְהוּדָ֛ה מַתַּנְיָ֖ה עַל־הֻיְּד֑וֹת ה֥וּא וְאֶחָֽיו׃ וּבַקְבֻּקְיָ֨ה וְעֻנִּ֧וֹ   וענו ק

אֲחֵיהֶ֛ם לְנֶגְדָּ֖ם לְמִשְׁמָרֽוֹת׃ וְיֵשׁ֖וּעַ הוֹלִ֣יד אֶת־יֽוֹיָקִ֑ים וְיֽוֹיָקִ֗ים

הוֹלִיד֙ אֶת־אֶלְיָשִׁ֔יב וְאֶלְיָשִׁ֖יב אֶת־יֽוֹיָדָֽע׃ וְיֽוֹיָדָ֣ע הוֹלִ֗יד אֶת־   ל

יֽוֹנָתָ֔ן וְיֽוֹנָתָ֖ן הוֹלִ֥יד אֶת־יַדּֽוּעַ׃ וּבִימֵי֙ יֽוֹיָקִ֔ים הָי֥וּ כֹהֲנִ֖ים רָאשֵׁ֣י

הָֽאָב֑וֹת לִשְׂרָיָ֣ה מְרָיָ֔ה לְיִרְמְיָ֖ה חֲנַנְיָֽה׃ לְעֶזְרָ֣א מְשֻׁלָּ֔ם לַֽאֲמַרְיָ֖ה

יְהֽוֹחָנָֽן׃ לִמְלוּכִי֙ יֽוֹנָתָ֔ן לִשְׁבַנְיָ֖ה יוֹסֵֽף׃ לְחָרִם֙ עַדְנָ֔א לִמְרָי֖וֹת   למליכו ק

חֶלְקָֽי׃ לְעִדִּיא֙ זְכַרְיָ֔ה לְגִנְּת֖וֹן מְשֻׁלָּֽם׃ לַאֲבִיָּה֙ זִכְרִ֔י לְמִנְיָמִ֖ין   ל . יא . ג   ק בכת

לְמֽוֹעַדְיָ֖ה פִּלְטָֽי׃ לְבִלְגָּה֙ שַׁמּ֔וּעַ לִֽשְׁמַֽעְיָ֖ה יְהֽוֹנָתָֽן׃ וּלְיֽוֹיָרִיב֙ מַתְּנַ֔י   ל . ל . ל . ל

לִֽידַֽעְיָ֖ה עֻזִּֽי׃ לְסַלַּ֣י קַלָּ֔י לְעָמ֖וֹק עֵֽבֶר׃ לְחִלְקִיָּה֙ חֲשַׁבְיָ֔ה לִֽידַֽעְיָ֖ה   ב מל

נְתַנְאֵֽל׃ הַלְוִיִּם֩ בִּימֵ֨י אֶלְיָשִׁ֜יב יֽוֹיָדָ֤ע וְיֽוֹחָנָן֙ וְיַדּ֔וּעַ כְּתוּבִ֖ים רָאשֵׁ֣י   ג ראפס . בסיפ

אָב֑וֹת וְהַכֹּ֣הֲנִ֔ים עַל־מַלְכ֖וּת דָּרְיָ֥וֶשׁ הַפָּֽרְסִֽי׃ פ   בְּנֵ֣י לֵוִי֩   ל

רָאשֵׁ֨י הָֽאָב֜וֹת כְּתוּבִ֗ים עַל־סֵ֙פֶר֙ דִּבְרֵ֣י הַיָּמִ֔ים וְעַד־יְמֵ֖י יֽוֹחָנָ֣ן בֶּן־   ג בסיפ

[12:7] עמוק לעמוק ב מל וסימנהון סלו עמוק . לסלי קלי לעמוק :o [22] יוחנן ג בסיפ
ומבני עזגד . הלוים בימי . בני לוי . וכול דברי ימי דכות ב מ ל :o

יֵשֽׁוּעַ׃ וְהַלְוִיִּֽם׃ פ וְהַלְוִיִּ֗ם M^Y | יֵשֽׁוּעַ M^L | וְהַלְוִיִּ֗ם Sellum V | (S) • 7 סַלּ֣וּ S גבּהٮ | וְיֽוֹיָרִיב V נ 6

M^{S1} (indet) • 8 בִּנֻּ֣וי G V | καὶ οἱ υἱοὶ αὐτοῦ G^{Mss} S (via וּבְנֵ֣י) • קַדְמִיאֵל G V |

מٮٮ Sمٮرٮ • שֵׁרֵֽבְיָ֧ה G V | מٮٮ S • יְהוּדָה V S | Ιωδαε, G • עַל־הֻיְּד֑וֹת V (S) |

ἐπὶ τῶν χειρῶν G (via הֻיְּדֹות) | וְאֶחָֽיו׃ S | καὶ οἱ ἀδελφοὶ αὐτῶν G V (shift) •

וְעֻנִּ֧וֹ M^{ket} (differ-graph) | וְעֻנּוֹ | וענו S וּבַקְבֻּקְיָ֨ה to אֲחֵיהֶ֛ם (V) (S) | > G (om) • וְעֻנּ֧וֹ 9

M^{qere} (G^{Mss}) (V) | resistebant La (lib-seman) | محل S ‖ pref וְעֻנּ֧וֹ see M^{qere} (G^{Mss})

(V) ✛ • לְמִשְׁמָרֽוֹת׃ S | εἰς τὰς ἐφημερίας. G (abbr) | unusquisque in officio

suo V (exeg) • 10 וְאֶלְיָשִׁיב֙ G | foll ἐγέννησεν G^{Mss} V S (assim-ctext) • 12 הָי֥וּ V S |

ἀδελφοὶ αὐτοῦ G (lib-seman) • מְרָיָ֔ה | Ἀμαριά, G V S • 14 לִמְלוּכִי֙ |

למלוכי M^{ket} (G) | לִמְלוּכִי M^{qere} V | حلحٮٮ S ✛ • לִשְׁבַנְיָ֖ה V | τῷ Σεχενιά G

(S) • 15 עַדְנָ֔א V | Ἀννάς, G | حٮٮ S • 16 חֶלְקָֽי׃ G V | ٮسٮٮ S • לְעִדִּיא֙ |

לעדיא M^{ket} G V | לְעִדּוֹא M^{qere} S ✛ • لحٮﻞﻩ S • לְגִנְּת֖וֹן | τῷ Γαναθώθ G | לְגִנּתוֹן V

(מֹועֲדִים) • לְמֽוֹעַדְיָ֖ה V (S) | ἐν καιροῖς G (via לְמִנְיָמִ֖ין V | τῷ Βενιαμίν G (S) 17

V | ﻩٮﺭٮٮ S • 20 לְעָמ֖וֹק V S | τῷ Ἀμεκ G • 19 וּלְיֽוֹיָרִיב V | τῷ Ιαρίμ G ﻩٮﺭٮٮ S • עֵֽבֶר V |

Ἀβεδ, G | ﻩٮﺭ, S • 21 לִֽידַֽעְיָ֖ה G V | ﻩٮٮﺩ S • 22 יֽוֹיָדָ֤ע (V) (S) | foll καὶ

Ἰωά G | וְיַדּֽוּעַ G V | ﻩٮٮﺩﻩ S • עַל־ S | ἐν G V (facil-gram) ✛ •

ֿ אֶלְיָשִׁיב: וְרָאשֵׁי הַלְוִיִּם חֲשַׁבְיָה שֵׁרֵבְיָה וְיֵשׁוּעַ בֶּן־קַדְמִיאֵל 24

ג ד מל . ד וַאֲחֵיהֶם לְנֶגְדָּם לְהַלֵּל לְהוֹדוֹת בְּמִצְוַת דָּוִיד אִישׁ־הָאֱלֹהִים

ב מל מִשְׁמָר לְעֻמַּת מִשְׁמָר: מַתַּנְיָה וּבַקְבֻּקְיָה עֹבַדְיָה מְשֻׁלָּם טַלְמוֹן 25

ל . ל וחס עַקּוּב שֹׁמְרִים שׁוֹעֲרִים מִשְׁמָר בַּאֲסֻפֵּי הַשְּׁעָרִים: אֵלֶּה בִּימֵי יוֹיָקִים 26 **ס**

ג בֶּן־יֵשׁוּעַ בֶּן־יוֹצָדָק וּבִימֵי נְחֶמְיָה הַפֶּחָה וְעֶזְרָא הַכֹּהֵן

ג מל בסיפ הַסּוֹפֵר: פ   וּבַחֲנֻכַּת חוֹמַת יְרוּשָׁלַ͏ִם בִּקְשׁוּ אֶת־הַלְוִיִּם מִכָּל־ 27

ב חד חס וחד מל . יב חס מְקוֹמֹתָם לַהֲבִיאָם לִירוּשָׁלָ͏ִם לַעֲשֹׂת חֲנֻכָּה וְשִׂמְחָה וּבְתוֹדוֹת

ב וּבְשִׁיר מְצִלְתַּיִם נְבָלִים וּבְכִנֹּרוֹת: וַיֵּאָסְפוּ בְּנֵי הַמְשֹׁרְרִים וּמִן־ 28

ל חס . ל הַכִּכָּר סְבִיבוֹת יְרוּשָׁלַ͏ִם וּמִן־חַצְרֵי נְטֹפָתִי: וּמִבֵּית הַגִּלְגָּל 29

ל מל בסיפ וּמִשְּׂדוֹת גֶּבַע וְעַזְמָוֶת כִּי חֲצֵרִים בָּנוּ לָהֶם הַמְשֹׁרֲרִים סְבִיבוֹת

ב יְרוּשָׁלָ͏ִם: וַיִּטַּהֲרוּ הַכֹּהֲנִים וְהַלְוִיִּם וַיְטַהֲרוּ אֶת־הָעָם אֶת־ 30

ל . ב הַשְּׁעָרִים וְאֶת־הַחוֹמָה: וָאַעֲלֶה אֶת־שָׂרֵי יְהוּדָה מֵעַל לַחוֹמָה 31

ב כת כן . ל וחס וָאַעֲמִידָה שְׁתֵּי תוֹדֹת גְּדוֹלֹת וְתַהֲלֻכֹת לַיָּמִין מֵעַל לַחוֹמָה לְשַׁעַר

ג הָאַשְׁפֹּת: וַיֵּלֶךְ אַחֲרֵיהֶם הוֹשַׁעְיָה וַחֲצִי שָׂרֵי יְהוּדָה: וַעֲזַרְיָה עֶזְרָא 32 / 33

[24] דויד איש האלהים ג וסימנהון ויעמד כמשפט . וראשי . ואחיו שמעיה ס: [27] נבלים וכנרות ב אסף הראש . ובחנכת חומת [30] ויטהרו ב את העם ואמרה . וחד וַיְטַהֲרו ס: [31] ואעלה ג וסימנהון ואתאפק ואעלה . באש מחניכם ובאבכם . את שרי יהודה ס: [32] הושעיה ג וסימנהון ויגשו כל שרי . ויאמר עזריה וילך אחריהם ס:

23: אֶלְיָשִׁיב V S | Ἐλισοῦε. G • **24** חֲשַׁבְיָה G V | ܚܒܠ S • בֶּן V | καὶ υἱοὶ G (G) (assim-ctext) | καὶ οἱ υἱοὶ αὐτοῦ G^L (libseman) • בֶּן־קַדְמִיאֵל וַאֲחֵיהֶם G V | ܘܐܚܘ̈ܗ̄ܝ S (shift) • וַאֲחֵיהֶם G V | ܘܐܚ̈ܐ, ܒܬ ܡܕܒܚܐ S (transp) • בְּמִצְוַת G | ܒ V | iuxta praeceptum V (S) (facil-gram) • אִישׁ־ G V | ܢܒ̈ܐ S (substit) • **25** מַתַּנְיָה to שׁוֹמְרִים S • מְשֻׁלָּם V | ܡܫܠܡ S • וּבַקְבֻּקְיָה V | ܘܒܩ S • וּבַקְבֻּקְיָה V | ܘܒ S • שׁוֹעֲרִים V S | > G (om) • שֹׁמְרִים V | sg S (shift) • מִשְׁמָר | > G V S (om) • בַּאֲסֻפֵּי הַשְּׁעָרִים: | ἐν τῷ συναγαγεῖν με τοὺς πυλωρούς G (via בְּאָסֹף הַשּׁוֹעֲרִים) | et vestibulorum ante portas V (exeg) | > S (om) • **26** אֵלֶּה V S | > G (om) • הַפֶּחָה V S | > G (om) • נְחֶמְיָה G V | ܢܚܡܝܐ S • > G (implic) • **27** בִּקְשׁוּ G V | ܒܥܐ S (lib-seman) • מִכָּל־מְקוֹמֹתָם V (S) | ἐν τοῖς τόποις αὐτῶν G (abbr) • חֲנֻכָּה G V | ܚܘܕܬܐ S (lib-seman) • נְבָלִים G V | > S (om) • **28** הַמְשֹׁרְרִים G V (S) | Λευί G^L (substit) • נְטֹפָתִי: V (S) | > G (om) • **29** וּמִשְּׂדוֹת גֶּבַע וְעַזְמָוֶת V (S) | καὶ ἀπὸ ἀγρῶν· G (abbr) • וּמִבֵּית הַגִּלְגָּל V S | > G (om) • סְבִיבוֹת V S | ἐν G (lib-synt) • **30** הַשְּׁעָרִים V S | καὶ τοὺς πυλωρούς G (via הַשּׁוֹעֲרִים) • **31** וָאַעֲלֶה V | καὶ ἀνήνεγκαν G S (shift) • וָאַעֲמִידָה V | καὶ ἔστησαν G V S (shift) • לְשַׁעַר הָאַשְׁפֹּת: (הַשּׁוֹעֲרִים) V | καὶ διῆλθον G V S (via הָלְכוּ) • וְתַהֲלֻכֹת | τῆς κοπρίας, G (abbr) | ܘܐܬܪ ܠܬܪ S (exeg) • **33** וַעֲזַרְיָה G V | ܠ S • ܡܪܘܫܠ S •

34 35 וּמְשֻׁלָּֽם׃ יְהוּדָה֙ וּבִנְיָמִ֔ן וּֽשְׁמַעְיָ֖ה וְיִרְמְיָֽה׃ ס וּמִבְּנֵ֥י הַכֹּהֲנִ֖ים ד̇ ראש פסו̇
בַּחֲצֹצְר֑וֹת זְכַרְיָ֡ה בֶּן־יֽוֹנָתָ֡ן בֶּן־שְׁמַעְיָ֡ה בֶּן־מַתַּנְיָה֩ בֶּן־מִֽיכָיָ֨ה ה̇
36 בֶּן־זַכּ֜וּר בֶּן־אָסָֽף׃ וְ֠אֶחָיו שְֽׁמַעְיָ֨ה וַעֲזַרְאֵ֜ל מִֽלְלַ֨י גִּֽלְלַ֜י מָעַ֨י נְתַנְאֵ֤ל ל̇ . ל̇
וִֽיהוּדָה֙ חֲנָ֔נִי בִּכְלֵי־שִׁ֥יר דָּוִ֖יד אִ֣ישׁ הָאֱלֹהִ֑ים וְעֶזְרָ֥א הַסּוֹפֵ֖ר ג̇ . ג̇ מל̇ בסיפ̇
37 לִפְנֵיהֶֽם׃ וְעַל֩ שַׁ֨עַר הָעַ֜יִן וְנֶגְדָּ֗ם עָל֞וּ עַֽל־מַעֲלוֹת֙ עִ֣יר דָּוִ֔יד
38 בַּֽמַּעֲלֶ֖ה לַחוֹמָ֑ה מֵעַל֙ לְבֵ֣ית דָּוִ֔יד וְעַ֛ד שַׁ֥עַר הַמַּ֖יִם מִזְרָֽח׃ וְהַתּוֹדָ֥ה ל̇ . ב̇
הַשֵּׁנִ֛ית הַהוֹלֶ֥כֶת לְמ֖וֹאל וַאֲנִ֣י אַחֲרֶ֑יהָ וַחֲצִ֤י הָעָם֙ מֵעַ֣ל לְהַחוֹמָ֔ה ל̇ כת̇ כן̇ . ל̇ . ל̇
39 מֵעַל֙ לְמִגְדַּ֣ל הַתַּנּוּרִ֔ים וְעַ֖ד הַחוֹמָ֥ה הָרְחָבָֽה׃ וּמֵעַ֣ל לְשַֽׁעַר־ ל̇
אֶ֠פְרַיִם וְעַל־שַׁ֨עַר הַיְשָׁנָ֜ה וְעַל־שַׁ֣עַר הַדָּגִ֗ים וּמִגְדַּ֤ל חֲנַנְאֵל֙ וּמִגְדַּ֣ל ז̇
40 הַמֵּאָ֔ה וְעַ֖ד שַׁ֣עַר הַצֹּ֑אן וְעָ֣מְד֔וּ בְּשַׁ֖עַר הַמַּטָּרָֽה׃ וַֽתַּעֲמֹ֛דְנָה שְׁתֵּ֥י ב̇ . ל̇ . ב̇ רא̇ פסוק
41 הַתּוֹדֹ֖ת בְּבֵ֣ית הָאֱלֹהִ֑ים וַאֲנִ֕י וַחֲצִ֥י הַסְּגָנִ֖ים עִמִּֽי׃ וְהַכֹּהֲנִ֡ים אֶלְיָקִ֡ים ז̇
42 מַעֲשֵׂיָ֡ה מִ֠נְיָמִין מִיכָיָ֧ה אֶלְיוֹעֵינַ֛י זְכַרְיָ֥ה חֲנַנְיָ֖ה בַּחֲצֹצְרֽוֹת׃ וּמַעֲשֵׂיָ֨ה ג̇ . ה̇
וּֽשְׁמַעְיָ֜ה וְאֶלְעָזָ֗ר וְעֻזִּ֛י וִֽיהוֹחָנָ֥ן וּמַלְכִּיָּ֖ה וְעֵילָ֣ם וָעָ֑זֶר וַיַּשְׁמִ֙יעוּ֙ ל̇
43 הַמְשֹׁ֣רְרִ֔ים וְיִֽזְרַחְיָ֖ה הַפָּקִֽיד׃ וַיִּזְבְּח֣וּ בַיּוֹם־הַ֠הוּא זְבָחִ֨ים גְּדוֹלִ֜ים ג̇ . ו̇ מל̇

[34] יהודה ד̇ ראש פסוק יהודה וארץ ישראל . רבים . יהודה ובנימן . יהודה אתה יודוך אחיך :ס: [38] ההלכת ג̇ במנחה ההלכת לפני . בכל החיה ההלכת על ארבע . והתודה השנית בתר̇ מל̇ :ס: [43] גדולים ו̇ מל̇ וסימנהון חקרי לב . כי עבדו בם . כשם הגדולים . כי מרפא יניח חטאים . זבדיאל בן הגדולים . ויזבחו ביום ההוא :ס:

34 וּמִבְּנֵי ס וְיִרְמְיָה׃ M^L | וּמִבְּנֵי וְיִרְמְיָה׃ M^S1 M^Y • **35** מִיכָיָה G V | ܡܝܟܐ S • **36** וַעֲזַרְאֵל V S | καὶ Ὀζιήλ, G • מִלְלַי V S | > G (om) • מָעַי G V | ܡܥܝ S • וִיהוּדָה חֲנָנִי G V | ܘܝܗܘܕܐ ܚܢܢ S (transp) • בִּכְלֵי־שִׁיר V S | τοῦ αἰνεῖν ἐν ᾠδαῖς G (paraphr) • אִישׁ G V | ܢܒܝܐ ܕܐܠܗܐ S (substit) • **37** הַמַּיִם G V | ܕܡܐ S (substit) • **38** וְהַתּוֹדָה הַשֵּׁנִית הַהוֹלֶכֶת לְמוֹאל (G) V | ܘܬܘܕܝܬܐ ܬܢܝܢܝܬܐ ܗܘܬ ܡܢ ܠܥܠ S (exeg) • מֵעַל[1] G V | prec ܗܠܟܐ S (via מֵעַל) ✣ • לְמוֹאל V | foll αὐτοῖς, G (explic) | ܡܢ ܠܥܠ S (via מֵעַל) (explic) • מֵעַל[2] G (V) | ܘܗܘܬ ܠܥܠ S (explic) • הַתַּנּוּרִים V | τῶν Θεννουρίμ G (transcr) | ܕܡܢ ܠܥܠ ܫܘܪܐ ܪܒܐ ܕܬܪܥܐ S (exeg) • וְעַד G V | ܠܥܠ S (via וְעַל) • **39** וְעַל־[1] G V | ܘܥܕܡܐ S (via וְעַד) → ✣ 12:22 • הַיְשָׁנָה V S | τὴν Εἰσιανά G (transcr) • וְעַל־[2] G V | ܘܥܕܡܐ S (via וְעַד) → ✣ 12:22 • וּמִגְדַּל[1] G V | ܘܡܢ ܡܓܕܠܐ S (facil-synt) • וּמִגְדַּל[2] V | καὶ ἀπὸ πύργου G (facil-synt) | ܘܥܕܡܐ ܠܡܓܕܠܐ S (facil-synt) • הַמֵּאָה | τοῦ Μεά G | *Ema* V | ܕܡܐ S (substit) • הַמַּטָּרָה׃ G V | ܕܡܐ S (substit) • **40** וַתַּעֲמֹדְנָה G V | ܘܩܡܘ S (lib-seman) • **41** מִנְיָמִין V | Βενιαμίν, G | ܒܢܝܡܝܢ S • אֶלְיוֹעֵינַי V | Ἐλιωναί, G | ܘܐܠܝܘܥܝܢܝ S • בַּחֲצֹצְרוֹת׃ V S | > G (om) • **42** וּמַעֲשֵׂיָה V (S) | > G (om) • וָעָזֶר V | καὶ Ἐζούρ, G S • וַיַּשְׁמִיעוּ G (V) | ܘܡܫܡܥܝܢ S • וְיִזְרַחְיָה V S | > G (om) • הַפָּקִיד׃ V S | καὶ ἐπεσκέπησαν. G (via וַיִּפָּקְדוּ)

וַיִּשְׂמְחוּ כִּי הָאֱלֹהִים שִׂמְּחָם שִׂמְחָה גְדוֹלָה וְגַם הַנָּשִׁים וְהַיְלָדִים ‏ ג ‏

44 שָׂמֵחוּ וַתִּשָּׁמַע שִׂמְחַת יְרוּשָׁלַ͏ִם מֵרָחוֹק: וַיִּפָּקְדוּ בַיּוֹם הַהוּא אֲנָשִׁים ‏ ל ‏

עַל־הַנְּשָׁכוֹת לָאוֹצָרוֹת לַתְּרוּמוֹת לָרֵאשִׁית וְלַמַּעַשְׂרוֹת לִכְנוֹס ‏ ב ‏ לָאוֹצָ מחלפ ‏ מל ‏

בָּהֶם לִשְׂדֵי הֶעָרִים מְנָאוֹת הַתּוֹרָה לַכֹּהֲנִים וְלַלְוִיִּם כִּי שִׂמְחַת ‏ ל ‏ ו כת כן ‏

45 יְהוּדָה עַל־הַכֹּהֲנִים וְעַל־הַלְוִיִּם הָעֹמְדִים: וַיִּשְׁמְרוּ מִשְׁמֶרֶת ‏ ג ‏ ב ‏

אֱלֹהֵיהֶם וּמִשְׁמֶרֶת הַטָּהֳרָה וְהַמְשֹׁרְרִים וְהַשֹּׁעֲרִים כְּמִצְוַת דָּוִיד ‏ ל ‏

46 שְׁלֹמֹה בְנוֹ: כִּי־בִימֵי דָוִיד וְאָסָף מִקֶּדֶם רֹאשׁ הַמְשֹׁרְרִים וְשִׁיר־ ‏ ראש ק ‏

47 תְּהִלָּה וְהֹדוֹת לֵאלֹהִים: וְכָל־יִשְׂרָאֵל בִּימֵי זְרֻבָּבֶל וּבִימֵי נְחֶמְיָה ‏ ל ‏

נֹתְנִים מְנָיוֹת הַמְשֹׁרְרִים וְהַשֹּׁעֲרִים דְּבַר־יוֹם בְּיוֹמוֹ וּמַקְדִּשִׁים ‏

13 בַּיּוֹם הַהוּא נִקְרָא ‏ פ ‏ בְּסֵפֶר מֹשֶׁה בְּאָזְנֵי הָעָם וְנִמְצָא כָּתוּב בּוֹ אֲשֶׁר לֹא־יָבוֹא עַמֹּנִי ‏ ג ‏ לז ‏ ב וחס ‏ לַלְוִיִּם וְהַלְוִיִּם מַקְדִּשִׁים לִבְנֵי אַהֲרֹן:

2 וּמֹאָבִי בִּקְהַל הָאֱלֹהִים עַד־עוֹלָם: כִּי לֹא קִדְּמוּ אֶת־בְּנֵי יִשְׂרָאֵל ‏ ל ‏ ה ‏

בַּלֶּחֶם וּבַמָּיִם וַיִּשְׂכֹּר עָלָיו אֶת־בִּלְעָם לְקַלְלוֹ וַיַּהֲפֹךְ אֱלֹהֵינוּ ‏ ל ‏ ז ‏

3 הַקְּלָלָה לִבְרָכָה: וַיְהִי כְּשָׁמְעָם אֶת־הַתּוֹרָה וַיַּבְדִּילוּ כָל־עֵרֶב ‏ ב ‏

---

[44] עַל הכהנים ג ולא סרו מצות . וידרש יחזקיהו . ויפקדו ביום ההוא [13:2] ‏ o: בלחם
ז וסימנה וינהלם בלחם בכל מקניהם . ונפשנו קצה . שבעים בלחם נשכרו . על דבר
אשר לא קדמו אתכם . כי לא קדמו . למה נמות לעיניך . והנותר בבשר ובלחם ‏ :o
[3] עֵרֶב ב וסימנהון וגם ערב רב . ויבדילו כל ערב מישראל . וכול דסמיך לשתי כות ‏ :o

---

44 עַל־הַנְּשָׁכוֹת לָאוֹצָרוֹת G V I וַיִּפָּקְדוּ I Kαὶ κατέστησαν G V S (shift) •
לָתְּרוּמוֹת V I > G S (abbr) • אֶלֹאܠ ܕܢܣܒ ܗܘܘ ܡܢ ܐܘܪܝܬܐ ܠܟܠܗܘܢ ܬܠܬ S (exeg) •
לִשְׂדֵי I ἄρχουσιν G (V) (S) • לִכְנוֹס V S I καὶ τοῖς συνηγμένοις G (shift) •
מְנָאוֹת הַתּוֹרָה I μερίδας G(abbr) I in decore gratiarum actionis V (via לִשְׂדֵי) •
יְהוּדָה G V I ܘܝܗܘܕܐ S (exeg) • הַתּוֹדָה (via) I ܢܩܫ ܕܗܒ ܟܐܒܐ ܕܢܬܚܫܒܘܢ ܐ S (via) V
G V I וּמִשְׁמֶרֶת הַטָּהֳרָה I S (explic) • **45** אֱלֹהֵיהֶם V I prec οἴκου G S (explic) •
שְׁלֹמֹה I prec cj G V S (facil-synt) • **46** וְאָסָף (G) ܐ ܗܘܘ ܡܩܕܡܝܢ، ܘܐܣ ܕܢܬܚܫܒ S (exeg)
מִקֶּדֶם רֹאשׁ G I ab exordio erant principes V (shift) I ܐܡ ܩܕܡ S (shift) • V
רֹאשׁ M^ket G S I רָאשֵׁי M^qere V ÷‧÷ • וְהֹדוֹת תְּהִלָּה־וְשִׁיר I S (shift) •ܐܘ ܐܣܦ ܗܘܐ ܪܫ S (shift) I
καὶ ὕμνον καὶ αἴνεσιν G (abbr) I in carmine laudantium et confitentium V S
(shift) • לֵאלֹהִים: G V I ܠܐܠܗܐ S (ampl) • **47** וּבִימֵי נְחֶמְיָה V S I > G
(om) • בְּסֵפֶר G V I **13:1** דְּבַר־יוֹם בְּיוֹמוֹ G V I prec ܘܩܐܡ ܘܡܩܡ S (explic) •
foll νόμου G^L S (explic) • **2** וַיִּשְׂכֹּר I καὶ ἐμισθώσαντο G V S (assim-ctext) •
עָלָיו G I adversum eum V (assim-ctext) I ܠܗ S (shift) • לְקַלְלוֹ V I καταρά-
σασθαι, G (implic) I ܢܠܘܛ S (assim-ctext) • הַקְּלָלָה G V I foll αὐτοῦ G^L
(S) (explic) • **3** הַתּוֹרָה G V I prec ܕܐܠ S (explic) • וַיַּבְדִּילוּ V I καὶ ἐχωρίσθησαν
G S (shift) •

4 מִיִּשְׂרָאֵל׃ וְלִפְנֵי מִזֶּה אֶלְיָשִׁיב הַכֹּהֵן נָתוּן בְּלִשְׁכַּת בֵּית־אֱלֹהֵינוּ ג

5 קָרוֹב לְטוֹבִיָּה׃ וַיַּעַשׂ לוֹ לִשְׁכָּה גְדוֹלָה וְשָׁם הָיוּ לְפָנִים נֹתְנִים אֶת־ י בטע
הַמִּנְחָה הַלְּבוֹנָה וְהַכֵּלִים וּמַעְשַׂר הַדָּגָן הַתִּירוֹשׁ וְהַיִּצְהָר מִצְוַת

6 הַלְוִיִּם וְהַמְשֹׁרְרִים וְהַשֹּׁעֲרִים וּתְרוּמַת הַכֹּהֲנִים׃ וּבְכָל־זֶה לֹא ג מל
הָיִיתִי בִּירוּשָׁלִָם כִּי בִּשְׁנַת שְׁלֹשִׁים וּשְׁתַּיִם לְאַרְתַּחְשַׁסְתְּא מֶלֶךְ־ יא

7 בָּבֶל בָּאתִי אֶל־הַמֶּלֶךְ וּלְקֵץ יָמִים נִשְׁאַלְתִּי מִן־הַמֶּלֶךְ׃ וָאָבוֹא ג . ב
לִירוּשָׁלִַם וָאָבִינָה בָרָעָה אֲשֶׁר עָשָׂה אֶלְיָשִׁיב לְטוֹבִיָּה לַעֲשׂוֹת לוֹ ב

8 נִשְׁכָּה בְּחַצְרֵי בֵּית הָאֱלֹהִים׃ וַיֵּרַע לִי מְאֹד וָאַשְׁלִיכָה אֶת־כָּל־ ל . ל

9 כְּלֵי בֵית־טוֹבִיָּה הַחוּץ מִן־הַלִּשְׁכָּה׃ וָאֹמְרָה וַיְטַהֲרוּ הַלְּשָׁכוֹת ל
וָאָשִׁיבָה שָּׁם כְּלֵי בֵּית הָאֱלֹהִים אֶת־הַמִּנְחָה וְהַלְּבוֹנָה׃ פ ב . ה . ב ומהם
ממנים

10 וָאֵדְעָה כִּי־מְנָיוֹת הַלְוִיִּם לֹא נִתָּנָה וַיִּבְרְחוּ אִישׁ־לְשָׂדֵהוּ הַלְוִיִּם ב

11 וְהַמְשֹׁרְרִים עֹשֵׂי הַמְּלָאכָה׃ וָאָרִיבָה אֶת־הַסְּגָנִים וָאֹמְרָה מַדּוּעַ י כת יוד

12 נֶעֱזַב בֵּית־הָאֱלֹהִים וָאֶקְבְּצֵם וָאַעֲמִדֵם עַל־עָמְדָם׃ וְכָל־יְהוּדָה ל חס

13 הֵבִיאוּ מַעְשַׂר הַדָּגָן וְהַתִּירוֹשׁ וְהַיִּצְהָר לָאוֹצָרוֹת׃ וָאוֹצְרָה עַל־ ג גמל . ד מל
אוֹצָרוֹת שֶׁלֶמְיָה הַכֹּהֵן וְצָדוֹק הַסּוֹפֵר וּפְדָיָה מִן־הַלְוִיִּם וְעַל־ ל
יָדָם חָנָן בֶּן־זַכּוּר בֶּן־מַתַּנְיָה כִּי נֶאֱמָנִים נֶחְשָׁבוּ וַעֲלֵיהֶם לַחֲלֹק

14 לַאֲחֵיהֶם׃ פ זָכְרָה־לִּי אֱלֹהַי עַל־זֹאת וְאַל־תֶּמַח חֲסָדַי ל . ל

15 אֲשֶׁר עָשִׂיתִי בְּבֵית אֱלֹהַי וּבְמִשְׁמָרָיו׃ בַּיָּמִים הָהֵמָּה רָאִיתִי ל . ה . יב

---

[5] יו בחד טעם עגלה וגלגל אלפים באמה . ויהושע בן נון . היו בן שאול . ואשר על
העיר . הארץ הזאת . ואמרו אליך . ולאחזת העיר . המשרתים את המלך . לערי
יהודה . לבני העם . אשר עשה המן . לאלה שמיא . ועיניך פתחות . ינער האלהים .
ועמסים על החמרים . ושם היו לפנים : ס

---

4 v **4** (G) (V) | וְלִפְנֵי מִזֶּה ܠܒ̈ܝ ܐܠܝܫܝܒ ܟܗܢܐ S (abbr) • G | *et super hoc* V (libseman) | S (indet) • נָתוּן (V) | οἴκων G (lib-seman) | S (indet) • **5** מִצְוַת G | καὶ τὰ ἄζυμα G^L (via וּמַצּוֹת | *partes* V (assim-v 10) | ܩ̈ܘܕܫܐ S (lib-seman) • בְּחַצְרֵי בֵּית **7** (G) (V) | ܒܕܪ̈ܬܐ S (abbr) • **9** הַלְּשָׁכוֹת G V | sg G^L S (shift) • וְהַלְּבוֹנָה M^L M^Y | וָאֵדְעָה׃ פ וְאֵדְעָה: M^S1 • **10** נִתָּנָה S | pl G V (assim-ctext) • **11** וָאֹמְרָה G V | foll ܠܗܘܢ S (explic) • **12** יְהוּדָה G V | ܝܗܘܕ̈ܐ S (explic) • **13** וָאוֹצְרָה (וָאֲצַוֶּה) | > G (om) | καὶ ἐνετειλάμην G^L (V) S (via וָאֲצַוֶּה) • עַל־אוֹצָרוֹת V S | ἐπὶ χεῖρα G (exeg) • וַעֲלֵיהֶם לַחֲלֹק G | *et ipsis creditae sunt partes* V (exeg) | ܩܪܝܒܝܢ ܗܘܘ ܠܗܘܢ ܕܢܦܠܓܘܢ S (exeg) • **14** אֱלֹהַי וּבְמִשְׁמָרָיו׃ V S | אֱלֹהַי S (exeg) | κυρίου θεοῦ. G (substit) •

ב̇ . יו̇ בטע̇ בִּֽיהוּדָ֣ה ׀ דֹֽרְכִֽים־גִּתּ֣וֹת ׀ בַּשַּׁבָּ֗ת וּמְבִיאִ֣ים הָעֲרֵמ֣וֹת וְעֹמְסִ֣ים
ב̇ בסיפ̇ עַֽל־הַחֲמֹרִ֡ים וְאַף־יַ֠יִן עֲנָבִ֨ים וּתְאֵנִ֜ים וְכָל־מַשָּׂ֗א וּמְבִיאִ֛ים
ג̇ למע̇ יְרוּשָׁלִַ֖ם בְּי֣וֹם הַשַּׁבָּ֑ת וָאָעִ֕יד בְּי֖וֹם מִכְרָ֥ם צָֽיִד׃ וְהַצֹּרִים֙ יָ֣שְׁבוּ בָ֔הּ 16
ל̇ יתיר א̇ . ל̇ . ג̇ מְבִיאִ֥ים דָּ֖אג וְכָל־מֶ֑כֶר וּמֹכְרִ֤ים בַּשַּׁבָּת֙ לִבְנֵ֣י יְהוּדָ֔ה וּבִירוּשָׁלִָֽם׃
ד̇ וָאָרִ֕יבָה אֵ֖ת חֹרֵ֣י יְהוּדָ֑ה וָאֹמְרָ֣ה לָהֶ֗ם מָֽה־הַדָּבָ֨ר הָרָ֤ע הַזֶּה֙ אֲשֶׁ֣ר 17
ל̇ . ט̇ מל בכת̇ אַתֶּ֣ם עֹשִׂ֔ים וּֽמְחַלְּלִ֖ים אֶת־י֥וֹם הַשַּׁבָּֽת׃ הֲל֨וֹא כֹ֜ה עָשׂ֣וּ אֲבֹֽתֵיכֶ֗ם 18
נא̇ . ד̇ בטע̇ וַיָּבֵ֨א אֱלֹהֵ֜ינוּ עָלֵ֗ינוּ אֵ֚ת כָּל־הָֽרָעָ֣ה הַזֹּ֔את וְעַ֖ל הָעִ֣יר הַזֹּ֑את וְאַתֶּ֞ם
ג̇ מוֹסִיפִ֤ים חָרוֹן֙ עַל־יִשְׂרָאֵ֔ל לְחַלֵּ֖ל אֶת־הַשַּׁבָּֽת׃ פ וַיְהִ֡י 19
ג̇ . ל̇ כַּאֲשֶׁ֨ר צָלֲל֜וּ שַׁעֲרֵ֣י יְרוּשָׁלִַ֗ם לִפְנֵ֤י הַשַּׁבָּת֙ וָאֹֽמְרָ֔ה וַיִּסָּגְר֣וּ הַדְּלָת֔וֹת
ל̇ . ל̇ וָאֹֽמְרָ֕ה אֲשֶׁ֣ר לֹ֣א יִפְתָּח֔וּם עַ֖ד אַחַ֣ר הַשַּׁבָּ֑ת וּמִנְּעָרַי֙ הֶעֱמַ֣דְתִּי עַל־
הַשְּׁעָרִ֔ים לֹא־יָב֥וֹא מַשָּׂ֖א בְּי֥וֹם הַשַּׁבָּֽת׃ וַיָּלִ֨ינוּ הָרֹכְלִ֜ים וּמֹכְרֵ֧י 20
ח̇ קמ̇ כָל־מִמְכָּ֛ר מִח֥וּץ לִירוּשָׁלִָ֖ם פַּ֥עַם וּשְׁתָּֽיִם׃ וָאָעִ֣ידָה בָהֶ֗ם וָאֹמְרָ֤ה 21
ו̇ בטע̇ . ל̇ . ל̇ אֲלֵיהֶם֙ מַדּ֜וּעַ אַתֶּ֤ם לֵנִים֙ נֶ֣גֶד הַֽחוֹמָ֔ה אִם־תִּשְׁנ֕וּ יָ֖ד אֶשְׁלַ֣ח בָּכֶ֑ם
מִן־הָעֵ֣ת הַהִ֔יא לֹא־בָ֖אוּ בַּשַּׁבָּֽת׃ ס וָאֹמְרָ֣ה לַלְוִיִּ֗ם אֲשֶׁ֨ר 22
יִֽהְי֤וּ מִֽטַּהֲרִים֙ וּבָאִים֙ שֹׁמְרִ֣ים הַשְּׁעָרִ֔ים לְקַדֵּ֖שׁ אֶת־י֣וֹם הַשַּׁבָּ֑ת גַּם־
ל̇ וחד חוסה יהוה זֹאת֙ זָכְרָה־לִּ֣י אֱלֹהַ֔י וְח֥וּסָה עָלַ֖י כְּרֹ֥ב חַסְדֶּֽךָ׃ פ גַּ֣ם ׀ 23

[16] יהודה ובירושלם ג̇ וסימנה̇ ואם נביאים הם . וגם את האבת . והצרים ישבו בה :ס:
[20] ירושלם ח̇ קמצין יוציאו את עצמות . הנני ממלא את כל יושבי . זכר יהוה לבני . אם אשכחך ירשלם . שפכו דמם כמים . ברוך יהוה מציון . בחצרות בית יהוה . וילינו הרכלים . וכול אתנח̇ וסופ̇ פסוק דכות̇ בר מן חד אם לא אעלה את ירושלם :ס:

15 דֹֽרְכִֽים G V | ܐܘܪ̈ܚܬܐ S (via דְּרָכִים) • גִּתּ֣וֹת G V | ܕܪ̈ܟܝܢ S (lib-seman) • בְּי֣וֹם G V | ܒܗܘܢ S (via בָּהֶם) • מִכְרָ֥ם צָֽיִד׃ | πράσεως αὐτῶν. G (abbr) | *qua vendere liceret venderent* V (exeg) | ܕܠܐ ܢܙܒܢܘܢ ܨܝܕܐ S (shift) • **16** וְהַצֹּרִים֙ יָ֣שְׁבוּ בָ֔הּ V | καὶ ἐκάθισαν ἐν αὐτῇ G (implic) | > S (om) • מְבִיאִ֥ים G V | ܘܠܐ ܢܥܠܘܢ S (shift) • וְכָל־מֶ֑כֶר וּמֹכְרִ֤ים G V | ܘܠܐ ܢܙܒܢܘܢ ܘܠܐ ܢܙܒܢܘܢ S (shift) • **17** חֹרֵ֣י יְהוּדָ֑ה V S | τοῖς υἱοῖς ᾿Ιουδὰ τοῖς ἐλευθέροις G (exeg) • **18** אֲבֹֽתֵיכֶ֗ם S | οἱ πατέρες ἡμῶν; G V (assim-ctext) • עָלֵ֗ינוּ V S | ἐπ᾿ αὐτοὺς ... καὶ ἐφ᾿ ἡμᾶς G (assim-ctext) • חָרוֹן֙ G V | foll ܘܪ̈ܘܓܙܐ S (dbl) • הַשַּׁבָּֽת׃ G V | prec ܗܘܐ S (explic) • **19** צָלֲל֜וּ | κατέστησαν G (lib-seman) | *quievissent* V (lib-seman) | ἡσύχασα κατέστησαν G^{L} (dbl) | ܐܬܬܦܝܚܘ S (lib-seman) • יִפְתָּח֔וּם G V | ܢܬܦܬܚܘܢ ܬܪ̈ܥܐ S (shift) • **20** הָרֹכְלִ֜ים V S | πάντες G (implic) • וּמֹכְרֵ֧י כָל־מִמְכָּ֛ר V (S) | καὶ ἐποίησαν πρᾶσιν G (shift) • **21** לֵנִים֙ נֶ֣גֶד הַֽחוֹמָ֔ה אִם־תִּשְׁנ֕וּ G V | ܠܐ ܬܒܝܬܘܢ ܐܢܬܘܢ ܠܘܬ ܫܘܪܐ ܘܐܢ ܬܘܒ ܬܥܒܕܘܢ ܗܕܐ ܐܝܟ ܬܬܩܛܠܘܢ ܡܠܟܐ ܗܢܐ S (exeg) • **22** הַשְּׁעָרִ֔ים G V | ܘܬܪ̈ܥܐ S (via וְהַשְּׁעָרִים) •

בַּיָּמִ֣ים הָהֵ֗ם רָאִ֤יתִי אֶת־הַיְּהוּדִים֙ הֹשִׁ֔יבוּ נָשִׁ֖ים אשדודיות יתיר ו

עַמֳּנִיּ֣וֹת מוֹאֲבִיּֽוֹת: וּבְנֵיהֶ֗ם חֲצִי֙ מְדַבֵּ֣ר אַשְׁדּוֹדִ֔ית וְאֵינָ֥ם מַכִּירִ֖ים יתיר ו 24

לְדַבֵּ֣ר יְהוּדִ֑ית וְכִלְשׁ֖וֹן עַ֥ם וָעָֽם: וָאָרִ֤יב עִמָּם֙ וָאֲקַֽלְלֵ֔ם וָאַכֶּ֥ה מֵהֶ֖ם ל. ל 25

אֲנָשִׁ֑ים וָאֶמְרְטֵ֗ם וָאַשְׁבִּיעֵ֣ם בֵּֽאלֹהִ֔ים אִם־תִּתְּנ֤וּ בְנֹֽתֵיכֶם֙ לִבְנֵיהֶ֔ם

וְאִם־תִּשְׂאוּ֙ מִבְּנֹֽתֵיהֶ֔ם לִבְנֵיכֶ֖ם וְלָכֶֽם: הֲל֣וֹא עַל־אֵ֣לֶּה חָֽטָא־ ט מל בכת 26

שְׁלֹמֹ֣ה מֶ֣לֶךְ יִשְׂרָאֵ֗ל וּבַגּוֹיִ֤ם הָֽרַבִּים֙ לֹֽא־הָיָ֣ה מֶ֔לֶךְ כָּמֹ֔הוּ וְאָה֤וּב ד. ל

לֵֽאלֹהָיו֙ הָיָ֔ה וַיִּתְּנֵ֣הוּ אֱלֹהִ֔ים מֶ֖לֶךְ עַל־כָּל־יִשְׂרָאֵ֑ל גַּם־אוֹת֣וֹ ל. ב. ה מל בכת

הֶחֱטִ֖יאוּ הַנָּשִׁ֣ים הַנָּכְרִיּֽוֹת: וְלָכֶ֣ם הֲנִשְׁמַ֗ע לַעֲשֹׂת֙ אֵ֣ת כָּל־הָרָעָ֤ה ב. יב חס. ו 27

הַגְּדוֹלָ֣ה הַזֹּ֔את לִמְעֹ֖ל בֵּֽאלֹהֵ֑ינוּ לְהֹשִׁ֖יב נָשִׁ֥ים נָכְרִיּֽוֹת: וּמִבְּנֵ֨י יוֹיָדָ֜ע ב חד מל וחד חס 28

בֶּן־אֶלְיָשִׁ֣יב הַכֹּהֵ֣ן הַגָּד֔וֹל חָתָ֖ן לְסַנְבַלַּ֣ט הַחֹרֹנִ֑י וָאַבְרִיחֵ֖הוּ מֵעָלָֽי: ל

זָכְרָ֥ה לָהֶ֖ם אֱלֹהָ֑י עַ֚ל גָּֽאֳלֵ֣י הַכְּהֻנָּ֔ה וּבְרִ֥ית הַכְּהֻנָּ֖ה וְהַלְוִיִּֽם: ל 29

וְטִֽהַרְתִּ֖ים מִכָּל־נֵכָ֑ר וָאַעֲמִ֧ידָה מִשְׁמָר֛וֹת לַכֹּהֲנִ֥ים וְלַלְוִיִּ֖ם אִ֥ישׁ ב. ל. ב 30

בִּמְלַאכְתּֽוֹ: וּלְקֻרְבַּ֧ן הָעֵצִ֛ים בְּעִתִּ֥ים מְזֻמָּנ֖וֹת וְלַבִּכּוּרִ֑ים זָכְרָה־לִּ֖י ל 31

אֱלֹהַ֥י לְטוֹבָֽה:

סכום הפסוקים שלספר
שש מאות ושמונים וחמשה

ובגוים ד וסימנהון לא יתחשב . ההם לא תרגיע ולא יהיה . ובגוים זריתנו . הרבים [26]
לא היא o: [27] הנשמע ב או הנשמע כמהו . ולכם הנשמע o: להושיב ב חד מל עם
נדיבים . נשים נכריות o:

23 נָשִׁים G V | foll alienas La S (explic) • **24** וְאֵינָ֥ם מַכִּירִ֖ים G V | prec ܘܐܠܐ S
(ampl) • וְכִלְשׁ֖וֹן עַ֥ם וָעָֽם: (S) | > G (om) | prec et loquebantur V (explic) •
וָאֶמְרְטֵ֗ם: • **25** וָאַכֶּ֥ה G V | ܡܓܠܠ S (lib-seman) • וָאֶמְרְטֵ֗ם G V | ܐܝܟ ܐܢܫܐ S (lib-
seman) • וְלָכֶֽם: | > G (om) | foll dicens V (ampl) | ܗ, ܠܚܡ S (exeg) • **27** וְלָכֶ֣ם | > G (om) | foll dicens V (ampl) |
הֲנִשְׁמַ֗ע לַעֲשֹׂת֙ אֵ֣ת כָּל־ (G) | numquid et nos inoboedientes faciemus omne V
(exeg) | ܡܚܕܐ ܕܢܥܒܕ ܟܠ S (exeg) • **29** גָּֽאֳלֵ֣י V | ἀγχιστείᾳ G
(interp) | ܛܢܦ S (lib-seman) • וּבְרִ֥ית G (V) | ܩܝܡܐ ܒܥܠ S (lib-seman) •
הַכְּהֻנָּ֔ה G V | τῶν ἱερέων G^L S (via הַכֹּהֲנִים) • **30** נֵכָ֑ר G V | ܢܘܟܪܝܐ S (assim-ctext) •
הָעֵצִ֛ים G V | וָאַעֲמִ֧ידָה פ M^Y | M^S1 (indet) • **31** נֵכָ֑ר M^L | נֵכָ֑ר וָאַעֲמִ֧ידָה
ܩܪܒܢܐ S (lib-seman) • בְּעִתִּ֥ים מְזֻמָּנ֖וֹת V | ἐν καιροῖς ἀπὸ χρόνων G (assim-
10:35) | ܒܙܒܢܐ ܡܕܙܡܢܐ S (explic) •

CONTENTS OF THE COMMENTARY SECTION

INTRODUCTION

EZRA-NEHEMIAH

The Masoretic tradition regarded the books of Ezra and Nehemiah as one book, and in this Introduction we shall refer to the book as Ezra-Nehemiah. The language of Ezra-Nehemiah is late biblical Hebrew (Polzin, *Late Biblical Hebrew*) and the text exhibits features which are characteristic of this later language. These include use of the ו-consecutive with the cohortative (וָאֶשְׁלְחָה), increased use of pronominal suffixes to the verb (וַיִּתְּנֵם) and of הָיָה with the participle (הָיוּ אֹמְרִים), many Persian loan words, and many Aramaisms (Naveh and Greenfield, "Hebrew and Aramaic," 120–21). Parts of Ezra are written in Aramaic (4:8–6:18; 7:11-26) and there are good reasons to believe that originally the entire book was written in Aramaic and was subsequently translated (Marcus, "Book of Nehemiah," 103–10).

Hebrew Witnesses

The book of Ezra-Nehemiah occupies thirty-two folios of M^L, from fol. 447v to fol. 463r, and the first folio also contains the Masorah finalis for the book of Daniel. In M^L every tenth folio is marked with a catchword at the bottom of the page linking that folio to the next group of ten folios. In Ezra-Nehemiah these catchwords are to be found at the bottom of fol. 450v (ניחוחין leading into Ezra 6:10) and at the bottom of fol. 460v (לשבת leading into Neh 11:1). As opposed to the more dominant Babylonian tradition where Chronicles follows Ezra-Nehemiah, M^L follows the Palestinian one and places Chronicles first and Ezra-Nehemiah last in the Writings. Hence fol. 463r, containing the end of Nehemiah of M^L, marks the end of the Bible and also contains the beginnings of the Masorah finalis for the entire Bible.

Ezra-Nehemiah has been reliably transmitted in M^L. Although the actual text of Ezra-Nehemiah has not suffered any damage, the availability of both the color transparencies and the new facsimile edition has enabled some clearer readings to be seen. One is at Ezra 7:14 in the form יְעֶטֹהִי, where an attempt was made by a second hand to erase an original ו between the ט and the ה. The attempt was not entirely successful since the upper part of the ו is clearly visible on the color transparencies. Another example is at Ezra 10:44, where the *kəṯîḇ* and *qərê* appear to have exactly the same form (נָשְׂאוּ/נָשְׂאוּ). Closer investigation shows that a second hand has changed the י of an original *kəṯîḇ* form נשאי into a ו.

There are fifty-two cases of *kəṯîḇ* and *qərê* in Ezra-Nehemiah and fourteen of *yattîr* (א, ו and י), some of which *BHS* takes as *kəṯîḇ-qərê* cases. The *kəṯîḇ* and *qərê* occurrences deal with the usual topics normally found for these notes (such as different division of words, interchanges of consonants and vowels, metathesis of letters, and correction of errors). About a third of the cases involve proper names (e.g., זְכוּר/זַכּוּר and זְבִי/זַכַּי) and almost another third are purely orthographic (e.g., אֵלֶּה/אֵל and וַנֵּשֶׁב/וַנּוּשַׁב). The most significant variants are those involving singulars and plurals (e.g., וַיַּעֲלוּ/וַיַּעַל "he/they went up" and וַיַּעֲמִידוּ/

ויעמיד "he/they set up"), and cases such as ואוצאה/וָאֲצַוֶּה "I brought out/I commanded" (Ezra 8:17), עולם/עֵילָם "eternity/Elam" (Ezra 10:2) and וָאוֹמַר/ויאמר "he said/I said" (Neh 5:9 and 7:3). Invariably whenever a preference can be made between the *kəṯîḇ* and the *qərê*, it is for the reading of the *qərê* except at Ezra 4:9, where the *kəṯîḇ* form דהוא "that is" is preferred over the *qərê* דֶּהָיֵא "Dehavites."

The M^L text of Ezra-Nehemiah is embellished with a full Masorah parva (Mp), Masorah magna (Mm) and a very brief Masorah finalis. Of the hundreds of Masoretic notes in the thirty-two folios representing the text of Ezra-Nehemiah, there are over sixty cases where the Masoretic notes do not conform to the text of M^L. These notes mostly involve cases where the number of occurrences in the Mp does not correspond to the number of occurrences in M^L. For example, at Ezra 1:4 the Mp note states that there are two occurrences of לְבֵית הָאֱלֹהִים, whereas M^L actually has three occurrences of this lemma. Another type of difference is where the Mp states that a word is written plene whereas M^L writes it defective, or the reverse. For example, at Neh 7:37 the Mp states that the form וְאוֹנוֹ occurs defective. However, M^L writes this lemma plene. At Neh 13:5 the Mp states that the form וְהַשֹּׁעֲרִים occurs plene, but M^L writes this lemma defective. On one occasion (at Neh 12:44 on לָאוֹצָרוֹת) the Mp suggests a variant reading which turns out to be exactly the same as the form written in M^L.

In the overwhelming majority of cases, each Mp note in M^L is attached to a lemma with a circellus, or circelli, where the lemma is more than one word. There is one case (on חַרְבֹתֵיהֶם at Neh 4:7) of two circelli being placed on a one-word lemma, and there are two cases when two Mp notes occur on the same lemma (on כִּסְלֵו at Neh 1:1 and on וְהַיָּם at Neh 9:11), yet no additional circelli are provided for these lemmas. There are a few examples where a lemma has a circellus but lacks a note (on אַחֲרָיו at Neh 3:29 and on לְמְרוֹד at Neh 6:6) and some examples of the reverse as well (on וּבִשְׁנַת at Ezra 1:1 and on דְּלָיָה at Neh 7:62).

There are a number of cases where a circellus is placed over a single word when it should be between two words. For example, at Ezra 8:12, a circellus has been placed over the word עַזְגָּד, with a Mp note that this word is unique. But עַזְגָּד is not unique since it occurs four times in Ezra-Nehemiah. The circellus really belongs to the phrase וּמִבְּנֵי עַזְגָּד, which is unique. At Neh 13:30, a second circellus is missing in the phrase וְטִהַרְתִּים מִכָּל־נֵכָר, and at Neh 13:26 a third circellus is missing in the phrase מֶלֶךְ עַל־כָּל־יִשְׂרָאֵל. The opposite situation occurs with the lemma וְעֶזְרָא הַכֹּהֵן at Neh 12:26, where the circellus has been placed between the two words but it belongs only on וְעֶזְרָא. Then there are some examples of Mp notes which have been placed in lines above or below the lemma to which they belong (on כְּאִישׁ at Ezra 3:1 and on מַלְכָּא שְׁלָמָא כֹלָּא at Ezra 5:7). In the unusual case of לַעֲשֹׂת at Neh 12:27, the circellus has been written twelve lines down the column!

A number of Mp notes include vowels under the numeral sign to indicate that the lemma under discussion has that particular vowel. For example, at Ezra 3:7, the notation לָ to the lemma וּמַאֲכָל indicates that this lemma, with the vowel *qameṣ* under the כ, is unique. On many occasions when only two references are noted, a catchword or catchwords for the second reference is given. For example, at Neh 4:8, the note on וְהִלָּחֲמוּ contains the catchwords עַל־בֵּית אֲדֹנֵיכֶם, alluding to the second occurrence of this lemma at 2 Kgs 10:3. At Neh 10:36, the note on וּלְהָבִיא contains the catchword עֹלָמִים, thus alluding to the second occurrence of this lemma at Dan 9:24.

The contents of the Mp are mostly of the enumerative type. There are a few collative Masoretic notes found in the Mp such as at Neh 9:10, where the Mp notes verses which have occurrences of וּבְכָל and וּבְכָל, and at Neh 9:24, where the Mp notes verses which have the combination אֵת אֵת וְאֵת וְאֵת. There is one *sǝbîrîn*-type note at Neh 4:15, where the observation is made that six occurrences of עַד are thought by others to be read וְעַד.

Mm notes are normally placed on the upper right, upper left, lower right, and lower left of each page, though occasionally there will be notes in the upper middle of the page. The Mm notes usually correspond to the occurrence of lemmas on that particular page, however there are occasions when the Mm note occurs on the following page. Thus the word וְאֵלֶּה (Ezra 2:1) occurs in fol. 447v, but the Mm note appears on the following page. There is one example of a Mm note occurring on the preceding page: the text for the lemma וּבְנֵי יִשְׂרָאֵל (Ezra 3:1) appears on fol. 449r but its Mm note occurs on the preceding page.

The usual procedure of the Mm note is to commence with the listing of the lemma. However, in some Mm notes the lemma is omitted or the lemma is written in a different form from the way it occurs in the text. It may be abbreviated or duplicated, or include additional letters such as the definite article or a preposition. The writing of the catchwords in the Mm generally conforms to the way the catchwords appear in their appropriate passages in M^L. However, a number of peculiarities may be noticed. Occasionally catchwords are written incorrectly, abbreviated, or omitted altogether. Sometimes they are written twice, sometimes only once for two parallel references, and sometimes extraneous words appear which do not belong to the context.

Just as with the Mp, there are times when the Mm note does not conform to the text of M^L, and for the same reasons: when the number of cases for the lemma in the note does not correspond to the number of cases in M^L, or because forms are written plene or defective in the note whereas they are written differently in M^L.

Most Mm notes have associated Mp notes, but there are some which do not (e.g., on וְאֵלֶּה at Ezra 2:1 and on בְּנֵי יוֹרָה at Ezra 2:18). In a few cases the Mm and Mp notes deal with separate issues, as at Ezra 2:16, where the Mm note to לִיחִזְקִיָּה compares forms in the parallel lists in Ezra 2 and Neh 7 that appear with variations of ו and י, whereas the Mp just notes that the form לִיחִזְקִיָּה is unique.

As with the Mp, the contents of the Mm notes to Ezra-Nehemiah are mostly of the enumerative type. The Mm note enlarges on the information given in brief in the Mp by listing the catchwords for the references mentioned in the Mp. But there are other notes that deal with matters concerning consonants, vowels, accents, positioning of words, morphology, and unusual writing of words. Some examples are: a superfluous א at the end of a word (וְשִׁיצִיא, Ezra 6:15), plene and defective writing (וְאֹונוֹ, Neh 7:37), accents: *šalšelet* (לְהּ, Ezra 5:15), *lǝḡarmeh* (זֶה, Ezra 7:11); *dargâ* and *mêrǝkâ kǝpûlâ* (Neh 3:38), prepositional phrases (וְעַל יָדָם, Neh 3:4), and words or phrases occurring at the beginning (וְלֶחֶם Neh 9:15), middle (וּבְנֵי יִשְׂרָאֵל, Neh 7:72), and end of a verse (הֵם, Neh 7:61). There are notes concerning special writing of words such as שָׂא (Ezra 5:15); לֹא for לוֹ (Ezra 4:2), אֶל used in non-sacred sense (Ezra 5:15), and הוּא used for righteous people (Ezra 7:6).

Some of the Mm notes deal with the entire verse rather than just the lemma. Thus the Mm note on דִּי at Ezra 4:15 discusses verses in which a word occurs

three times, the first of which is at the beginning of a verse. The Mm note on עַד at Ezra 7:22 discusses verses which consist of identical four words all except the first having a ו conjunction. In the same way, there are a number of Mm notes in Ezra 2 which compare similar forms which occur in the parallel lists in Neh 7 (at v. 1 וְאֵלֶּה, at v. 16 לִיחִזְקִיָּה, and at v. 18 בְּנֵי יוֹרָה). As with the Mp, but at a different place (at Neh 3:20), there is one *səḇîrîn*-type note, where the observation is made that six occurrences of עַד are thought by others to be read וְעַד. There are also observations about usages of different groups such as Easterners and Westerners, such as that the Easterners write זַכַּי but the Westerners זַבַּי (Ezra 10:28), or that in the East they permit one ו to be written in the word וּמִצְוֹות (Neh 9:14). One Mm note records a reading of the school of Ben Naphtali: at Ezra 7:28 the school of Ben Naphtali reads הִטָּה with a *ga^{c}yâ*. Of particular interest is the occurrence of three Aramaic mnemonics on כְּאֶחָד at Ezra 2:64, on שֶׂכֶל at Ezra 8:18, and on וָחֶסֶד at Neh 1:5 (Marcus, "Aramaic Mnemonics").

The two *Tiberian witnesses* that have been collated with M^L are Sassoon 1053 (M^{S1}) and Cambridge Ms. Add. 1753 (M^Y). Parts of M^{S1} are missing and about one-third of the book of Ezra-Nehemiah is lost. Also some of the extant text is damaged and difficult to read. The folios which contain the text of Ezra-Nehemiah are numbered in the microfilm as 766–792. The first folio also contains a portion of the end of the book of Daniel (12:2b-13), and the last folio contains a brief Masorah Finalis and represents the end of the entire manuscript. The following parts are extant: Ezra 1:1–2:15a; 2:49b–3:13a; 4:15b–5:17; 6:14b–7:24a; 8:15b–9:9a; 10:8b–Neh 1:8a; Neh 2:10b–3:19a; 3:35b–5:14a; 6:10b–7:35a; 7:62b–8:16a; 9:11b–10:1a; 10:37b–12:1a; 12:28b–13:31.

Just as with M^L and M^{S1}, M^Y follows the Palestinian tradition of placing Ezra-Nehemiah as the last book in the manuscript. The text of Ezra-Nehemiah is written on thirty-one folios from 122v to 137v. The first folio also contains Dan 12:8b-13, and the last folio includes the Masorah Finalis for the entire Bible.

The differences among the three Tiberian mss. are primarily orthographic. Some examples are: variation of consonants, Ezra 7:21, כָּהֲנָא (M^{S1} and M^Y)/כָּהֲנָה (M^L); defective and plene writing, Neh 7:4, וּגְדֹלָה (M^{S1} and M^Y)/וּגְדוֹלָה (M^L); variation of vowels, Ezra 6:8, תַעְבְדוּן (M^Y)/תַעַבְדוּן (M^L). At Neh 2:13, both M^{S1} and M^Y read הַגַּיְא for הַגַּיא (M^L), and at Neh 1:6, M^Y reads פְּתוּחוֹת for the anomolous פְּתֻוּחוֹת in M^{S1} and M^L.

These mss. display a few differences in *kəṯîḇ* and *qərê* forms from those in M^L (Ezra 2:50; 8:17; 10:35). A few forms taken as *yattîr* cases in M^L are treated as *kəṯîḇ-qərê* cases in M^{S1} and M^Y. At Ezra 7:18, both עֲלָיךְ and אֶחָיךְ are taken as *kəṯîḇ-qərê* cases by M^{S1} but M^Y, like M^L, treats these forms as *yattîr* י. At Neh 9:17, both M^{S1} and M^Y take וְחֶסֶד in the phrase וְרַב וְחֶסֶד as a *kəṯîḇ-qərê* case whereas M^L takes it as a *yattîr* ו. The only significant variant between the three Tiberian mss. is at Ezra 8:12, where M^Y reads וְעֶשְׂרִים "and twenty" and M^L reads וַעֲשָׂרָה "and ten."

The variations among these three Tiberian mss. of the *pəṯuḥôṯ* and the *səṯumôṯ* divisions are given in a chart in an Appendix to this introduction.

Some fragments from the book of Ezra *(4QEzra)* were found in Cave 4 at Qumran and were published in 1992 by E. Ulrich ("Ezra and Qoheleth," 139–57; and again in E. Ulrich, et al., eds., *Qumran Cave 4: XI, Psalms to Chronicles* [DJD XVI], 291–93). The fragments contain part of the text of Ezra 4:2-6; 9-11; and 5:17–6:5 and exhibit two orthographic and two grammatical variants from M^L. The two orthographic var-

iants, involving interchanges of א and ה, are at 4:10, where 4QEzra reads נַהֲרָא for נַהֲרָה, and at 6:2, where 4QEzra reads מְדִינְתָּא for מְדִינְתָּה . The two grammatical variants concern singular and plural forms of verbs at 6:1 and at 6:5.

The relationship of the parallel texts Ezra 2:1–3:1 and Neh 7:6–8:1a has engendered much discussion in the literature. The very placement of these texts at their respective locations has been questioned, and the influence and primacy of one over the other has been debated. Most likely, the writer in the book of Ezra was using a later list compiled for other uses, and its purpose at the beginning of Ezra is to magnify the first response of the exiles to Cyrus' edict. However, in the book of Nehemiah, the list is used for a different purpose, as a starting point of a campaign to induce those who had settled elsewhere in Judah to move to Jerusalem, which needed repopulation. The assumption in this edition is that both texts derive from a common source and that the two texts arose parallel to each other. This common source enables us on occasion to consider restorations where one of the texts seems to have lost some material.

As for the parallel texts of Ezra 1:1-3a and 2 Chr 36:22-23, the position taken in this edition is that the Chronicles text is dependent on the Ezra text. The catchlines at the end of Chronicles were borrowed from Ezra to give the book of Chronicles an upbeat ending, heralding Cyrus' decree and so not ending with the exile of the people in Babylon. The text of Chronicles should not normally, therefore, be used to emend the text of Ezra.

Greek Witnesses

The text for the *Old Greek* (G) is based on the Göttingen edition (R. Hanhart, ed., *Esdrae liber II* [vol. VIII/2 of *Septuaginta: Vetus Testamenum Graecum*]). G is a very literal translation of Ezra-Nehemiah. Differences from M are for the most part translational and concern minor grammatical matters such as variations in use of the ו conjunction, singular and plural, and different suffixes. While the latter two variations are consistently cited in the critical apparatus, variations in the use of the ו conjunction, which mostly occur in the onomastic sections, are not. G follows M very closely except in Nehemiah 11, where, from vv. 16-35, it has a very much abbreviated text.

A characteristic of G is its tendency to transliterate classes of people or place names which are otherwise capable of translation. For example, G transliterates עַבְדֵי שְׁלֹמֹה "servants of Solomon" as 'Αβδησελμά (Ezra 2:55), אַדִּירֵיהֶם "their nobles" as ἀδωρηέμ (Neh 3:5), תַּנּוּרִים "ovens" as Θαννουρίμ (Neh 3:11), and בִּירָה "fortress" as βιρά (Neh 7:2). Similarly it transliterates the נְתִינִים "temple servants" as ναθινίμ. When the word בֵּית "house" is combined with a name, G will also include it in its transliteration as in בֵּית הַגִּבֹּרִים "House of the Warriors," which G renders Βηθαγγαβαρίμ (Neh 3:16) or בֵּית אֶלְיָשִׁיב "House of Eliashib," which is rendered as Βηθελισούβ (Neh 3:20). On one occasion, G even transliterates an adjoining word next to a name when it renders שַׁעַר־הַגַּיא לַיְלָה "Valley Gate at night" as πύλη τοῦ γωληλά "Gate of Golela" (Neh 2:13).

A number of inner-Greek witnesses found in the apparatus of the Hanhart edition are cited in our apparatus. We cite the Lucianic recension (G^L) most frequently. G^L represents a revision toward the Hebrew text. It is generally the case that whenever G differs from M, G^L will preserve the text of M. Despite its overall

close correspondence with M, G^L does contain some independent readings at Ezra 4:10; 9:9, 13; Neh 3:20; 13:5, 13. Of particular interest is the G^L variant at Ezra 8:12, where G^L alone of all the witnesses shares with M^Y the reading "and twenty" for M^L's וַעֲשָׂרָה "and ten." G^L also contains some different numbers in the various lists in Ezra 2 and Neh 7. On a number of occasions, G^L's variants are shared by the Peshitta, as at Ezra 1:1, where both versions add the epithet "the prophet" to "Jeremiah," at Ezra 6:18, where both add "the house" to עֲבִידַת "work of," and at Neh 8:7, where both versions interpret the name בָּנִי "Bani" as "his sons."

The other sub-groups of Greek witnesses are cited much less frequently. Perhaps the most notable of the variants in the other Greek mss. are the readings at Neh 1:11 and 4:4. To avoid unneccessarily weighing down the apparatus, we have not recorded variants among the Greek mss. of the large number of names occurring in the various lists in Ezra-Nehemiah. Readers interested in such variations should consult Hanhart's edition.

In *BHQ* the Greek text of *Esdras* (Gα) is cited as one of the constant witnesses to the book of Ezra-Nehemiah. The text for Esdras is based on the Göttingen edition (R. Hanhart, ed., *Esdrae liber I* [vol. VIII/1 of *Septuaginta: Vetus Testamenum Graecum*]). Unlike G, Gα is not a simple translation of Ezra-Nehemiah; rather, it presents material paralleling parts of Chronicles-Ezra-Nehemiah. The relationship of Gα with these parallel parts has been much debated, and the position taken in this edition is that Gα is a later revision (for a different opinion that Gα reflects a Hebrew Vorlage earlier than the MT, see Schenker, "La Relation d'Esdras A'," 218–48; Böhler, *Die heilige Stadt*; and Böhler, "On the Relationship," 35–50). Gα translates the entire book of Ezra and a small section of Nehemiah, with two striking differences in order. The first is that M's Ezra 4:6-24 is placed between chapters one and two, and the second is that the Ezra material from Nehemiah (7:72–8:13) is attached directly to Ezra chapter ten. To assist the reader, all the Gα chapter and verse parallels are indicated on every page of *BHQ*.

Gα follows M fairly closely but there are times when it exhibits omissions and pluses. Some of the pluses are only of a word or two, particularly where the lemma is amplified by means of adding an epithet, a more complete genealogy, or an extra person in a list. The larger pluses are more extensive and informative. The one at 2:64 states that the list of returnees enumerated in detail consisted only of people twelve years or older and did not include servants. At 4:1, there is a note that it was from the sound of the trumpets that the antagonists of the Jews discovered that the Jews were building the temple. And there is a note at 6:8 expanding on Darius' directives to the satraps stating that the temple ought to be built completely and that a full effort must be made to help the Jews. It is possible that some of these large pluses are in fact omissions in M, perhaps the result of homoioteleuton in M. For example, the large plus at 3:8 after the word "Jerusalem" ends in "Jerusalem." Similarly, at 6:20 at the word כְּאֶחָד "together," Gα has a large plus which ends with the same word.

A few of the pluses reflect Gα's primary interest in exalting the stature of Zerubbabel (Talshir, *1 Esdras*, 46–57). At 5:14, Zerubbabel is added to Sheshbazzar to be one of the recipients of the newly returned Temple vessels; at 6:7, permission to rebuild the Temple is specifically granted to him; and at 6:9, he is termed the governor (ἐπάρχῳ).

In a number of places Gα displays a large omission of more than a word or phrase (e.g., at 2:19, 28-29, 31-33). A special case is Ezra 4:6-11, where Gα has an

abbreviated text of just two verses (1 Esdras 2:15-16). In this section Gα uses some of the same words and phrases as M, but there is not a consistent correspondence between Gα and M at the verse level. Similarly, there are a few passages where Gα exhibits a different text than M (at 2:47-48;10:30, 35-43). In both types of cases, an attempt has been made as far as possible to find identifiable parallels, but where Gα does not have relevant testimony, it is marked in the apparatus as indeterminate.

The nature of Gα's translation technique has been discussed most conveniently by Talshir (*1 Esdras*, 184–268). Some of Gα's chief characteristic features are its preference for hypotactic or subordinate clauses rather than paratactic constructions, its tendency to change the syntax of verbs from active to passive, and its use of plurals for M's singular forms. One of the most salient features of Gα's translation technique is the use of doublets or double translations. These doublets relate to a single Hebrew word (e.g., at 4:20, where תַּקִּיפִין is rendered ἰσχυροὶ καὶ σκληροί "mighty and cruel") or a phrase (e.g., at 5:10, where שְׁאֵלְנָא לְהֹם is rendered by ἐπηρωτήσαμεν...αὐτοὺς...ᾐτοῦμεν αὐτούς "we asked...them...we asked them"). Sometimes the doublets occur in a hypotactic clause (e.g., at 5:12, where Gα renders הַרְגִּזוּ by παραπικράναντες ἥμαρτον "provoking they sinned," and סַתְרֵהּ as καθελόντες ἐνεπύρισαν "pulling down they burned"), thereby exemplifying two characteristic features of Gα's translational technique (hypotaxis and doublets).

There are scores of differences between Gα and M, especially in the onomastic sections, where many divergent names and numbers are to be found. There are also minor differences in grammar, the most noticeable being those involving the presence or omission of the ו conjunction, and most of these cases are normally not recorded in the apparatus. Some of the main features of Gα's vocabulary are the following: (1) Unlike G, Gα does not restrict the term κύριος "Lord" to the Tetragrammaton but also uses it to represent Heb. אֱלֹהִים or Aram. אֱלָהָא; (2) Gα uses the term τὸ ἱερόν for "the Temple"; (3) the geographical term עֲבַר נַהֲרָה is rendered by Gα as (Κοίλη) Συρία καὶ Φοινίκη "(Coele) Syria and Phoenicia."

Latin Witnesses

The text of the *Old Latin* (La) is derived from the apparatus of Hanhart, *Esdrae liber II*. La often supplies glosses to names or places such as the addition of "and the earth" to הַשָּׁמַיִם "the heavens" in Ezra 1:2 or the addition of "king" to Nebuchadnezzar's name. Occasionally La will substitute *deus* for *Dominus* or will expand the phrase "our God" to "the Lord, our God." There are not too many variant readings in La, and a number of them are also shared by the Peshitta translation. For example, at Ezra 9:7, both La and the Peshitta add "and our fathers" to אֲנַחְנוּ, and at Neh 3:34, both La and the Peshitta read "to eat" for הַיְכַלּוּ "will they finish?" Perhaps the most significant La variants are at Ezra 10:17; Neh 3:34, 5:15, and 6:5.

The text of the *Vulgate* (V) is based on the edition of F. A. Gasquet, et al., eds., *Libri Ezrae Tobiae Iudith* (vol. 8 in *Biblia Sacra iuxta Latinam Vulgatam Versionem*). The edition of R. Weber, ed., *Biblia Sacra iuxta vulgatam versionem* (2 vols.; 4th rev. ed.) has also been consulted. V represents an extremely literal translation of Ezra-Nehemiah. Most variations from M are of a minor nature such as the addition or omission of a ו conjunction, or other small grammatical changes

to facilitate translation. The correspondence between V and M is most noticeable in the extensive lists of names scattered throughout the book of Ezra-Nehemiah. Of the scores of names in these various lists, V exhibits only isolated variations. The same is true for the numbers of the returned exiles which are listed in Ezra 2 and Nehemiah 7, where there are but two differences (at Neh 7:12, "1,854" for "1,254" and at 7:66, "42,660" for "42,360").

However, V occasionally transliterates Hebrew epithets, for example, *Gazabar* for הַגִּזְבָּר "the treasurer" (Ezra 1:8), and *Beelteem* for בְּעֵל טְעֵם "the commissioner" (Ezra 4:8 and *passim*). Like some of the other witnesses, V also translates a few place names, for example, *viculis* "villages" for כְּפִירִים "Kephirim" (Neh 6:2), *igne Chaldeorum* "fire of the Chaldeans" for אוּר כַּשְׂדִּים "Ur of the Chaldeans" (Neh 9:7), and *valle artificum* "valley of craftsmen" for גֵּי חֲרָשִׁים "Ge-harashim" (Neh 11:35). Despite its overall affinity with the text of M, V preserves a few interesting variants at Neh 3:15, 20, and 12:44.

Syriac and Aramaic Witnesses

The last of the constantly cited witness for Ezra-Nehemiah in BHQ is the *Peshitta* translation (S). The text used is based on the manuscript of the edition for Ezra-Nehemiah prepared for the Leiden Peshitta Project by Dr. M. Albert. Thanks are due to Dr. Konrad Jenner of the Peshitta Institute in Leiden for his kindness in providing the author with a copy of this work prior to publication.

S is essentially a literal translation with occasional paraphrases and expansions. Like La, S has a tendency to amplify names and places such as adding "the king" to Nebuchadnezzar, "the scribe" to Ezra, "the city" to Jerusalem, etc. Most of the differences are minor and involve grammatical matters such as variations in use of ו conjunction and of the singular and plural. To a lesser extent than G, S translates instead of transliterating some names as, ܡܘܐܒ ܐܠܟܘ or ܫܠܝܛܐ ܕ "Ruler of Moab" for פַּחַת מוֹאָב (Ezra 2:6 and *passim*) and ܡܢܝܢܐ "Number" for מִסְפָּר (Ezra 2:2). Also, as with the other witnesses, the easily confused names of בָּנִי, בִּנּוּי, and בֵּנִי are often translated by S as "his son" or "his sons" (Neh 9:4 and *passim*). As far as translational style is concerned, S, like Gα, prefers to translate Heb. אֱלֹהִים or Aram. אֱלָהָא "God" as ܡܪܝܐ "Lord" and בֵּית הָאֱלֹהִים/בֵּית אֱלָהָא "House of God" as ܒܝܬ ܡܪܝܐ "House of the Lord," and it translates מְשֹׁרְרִים "singers" as ܡܫܡܫܢܐ "ministers." In the list of builders in Neh 3, S always renders עַל יָדוֹ and עַל יָדָם without a suffix as ܠܘܩܒܠܗܘܢ or just ܠܘܩܒܠܗ, and never translates פֶּלֶךְ "district" or חֲצִי פֶלֶךְ "half of the district."

Some of the more notable text critical variants between S and M include the interchange of the verbs שׁוּב "to return" and יָשַׁב "to dwell" and the regular use of שְׁבִי "captivity" for שָׂבֵי "elders" (Ezra 5:5 and *passim*). Two striking variants in S are at Neh 2:6 and 5:7.

Concluding Remarks

I would like to express my heartfelt thanks to my review editor Richard Weis who, throughout the course of this project, has given me much-needed support, wise counsel, and many helpful suggestions. He has always proffered corrections in a gentle and non-judgmental manner. Without his guiding hand this work would not have come to fruition. Thanks are also due to my review specialists (Piet Dirksen,

Yohanan Goldman, Innocent Himbaza, Konrad Jenner, Arie van der Kooij, Gerard Norton, Roger Omanson, Stephen Pisano, Adrian Schenker, Jan de Waard, and, again, Richard Weis) who offered many welcome suggestions and improvements during the review process. I am deeply grateful to all of them.

Appendix: Sectional Divisions

The following chart indicates the variations among the three major Tiberian manuscripts [M^{L}, M^{S1} and M^{Y}] of the *pətuḥôṯ* divisions, indicated by the letter פ, and the *sətumôṯ* divisions, indicated by the letter ס. Where a manuscript exhibits no division, it is marked in the chart with the symbol >. Sections that are missing or damaged in M^{S1} are left blank. Not included in this chart are special cases of lists where the scribe of M^{L} has arranged his material stylistically. These lists occur in Ezra 1:9-11; 2:3-57; 8:2-14; 10:20-43; Neh 3:2-31; 7:8-59. Only variations in the mss. as to the presence or lack of sectional divisions are noted in the critical apparatus (e.g., at Ezra 1:8-9, where M^{L} and M^{S1} have no sectional division but M^{Y} has a *sətumâ*).

	M^{L}	M^{S1}	M^{Y}
Ezra 1:1	פ	פ	פ
1:6-7	ס	ס	פ
1:8-9	>	>	ס
1:11–2:1	פ	פ	פ
2:58-59	ס	פ	ס
2:60-61	ס	ס	ס
2:61-62	>	ס	ס
2:67-68	פ	פ	פ
2:69 ואלף וכסף	ס	>	>
2:69-70	ס	>	ס
2:70–3:1	ס	ס	ס
3:1 בערים ויאספו	ס	>	ס
3:1-2	ס	>	ס
3:7-8	פ	פ	פ
3:8-9	פ	>	>
3:9 האלהים בני	ס	>	ס
3:11-12	ס	>	>
3:13–4:1	פ		פ
4:5-6	>		ס
4:6-7	ס		ס
4:7-8	פ		פ
4:10-11	>		ס
4:11-12	פ		פ
4:13-14	>		ס
4:16-17	פ	ס	פ
4:17-18	ס	פ	>
4:22-23	ס	>	ס

	M^L	M^{S1}	M^Y
4:23-24	ס	>	ס
4:24–5:1	פ	פ	פ
5:1-2	ס	>	ס
5:2-3	פ	ס	פ
5:3-4	ס	>	>
5:5-6	פ	ס	פ
5:7-8	ס	ס	ס
5:8-9	ס	>	>
5:10-11	ס	>	ס
5:12-13	ס	>	ס
5:13-14	>	>	ס
5:15-16	ס	ס	ס
5:17–6:1	ס		פ
6:2-3	פ		פ
6:5-6	ס		ס
6:12-13	פ		פ
6:15-16	פ	פ	פ
6:18-19	פ	פ	פ
6:22–7:1	פ	פ	פ
7:6-7	פ	פ	פ
7:10-11	ס	ס	ס
7:11-12	פ	פ	פ
7:24-25	>		ס
7:26-27	פ		פ
7:28–8:1	פ		פ
8:14-15	פ		פ
8:19-20	ס	>	ס
8:30-31	פ	ס	פ
8:34-35	פ	פ	פ
8:35-36	פ	ס	פ
8:36–9:1	ס	>	ס
9:2-3	ס	>	>
9:9-10	ס		ס
9:14-15	פ		ס
9:15–10:1	פ		פ
10:1-2	ס		פ
10:3-4	>		ס
10:4-5	פ		פ
10:6-7	ס		>
10:8-9	ס	>	פ
10:9-10	פ	ס	פ
10:14-15	פ	ס	ס
10:17-18	פ	ס	פ
Ezra 10:44–Neh 1:1	פ	פ	פ
1:11–2:1	פ		פ
2:3-4	ס		>
2:9-10	פ		פ

	M^L	M^{S1}	M^Y
2:18-19	פ	פ	פ
2:20–3:1	>	ס	פ
3:32-33	פ		פ
3:35-36	פ	פ	פ
3:38–4:1	פ	פ	פ
4:8-9	פ	ס	פ
4:17–5:1	ס	ס	פ
5:8-9	ס	>	>
5:19–6:1	פ		פ
6:1-2	>		ס
6:4-5	ס		ס
6:7-8	ס		ס
6:13-14	פ	>	פ
6:15-16	פ	פ	פ
6:19–7:1	>	ס	פ
7:5-6	פ	פ	פ
7:60-61	פ		פ
7:62-63	ס	ס	ס
7:67-68	ס	>	ס
7:68 וחמשה חמרים	ס	>	>
7:69-70	>	ס	ס
7:71-72	פ	>	ס
8:4-5	פ		פ
8:8-9	ס	ס	פ
8:12-13	ס	פ	פ
8:15-16	פ	>	>
8:18–9:1	פ		פ
9:3-4	פ		>
9:37–10:1	פ	פ	פ
10:9-10	ס		>
10:14-15	ס		ס
10:34-35	ס		ס
11:2-3	פ	פ	פ
11:6-7	ס	ס	פ
11:9-10	פ	ס	פ
11:14-15	ס	ס	ס
11:18-19	פ	ס	פ
11:20-21	>	ס	>
11:21-22	פ	ס	פ
11:36–12:1	פ	ס	פ
12:7-8	פ		>
12:22-23	פ		פ
12:26-27	פ		פ
12:34-35	ס	>	>
12:47–13:1	פ	ס	פ
13:9-10	פ	>	פ
13:13-14	פ	ס	פ

	M^L	M^{S1}	M^Y
13:18-19	פ		פ
13:21-22	ס		פ
13:22-23	פ		פ
13:30 נכר ואעמידה	>		פ

An analysis of the above material shows that, of the three Tiberian mss., M^L has the most sectional divisions whereas M^Y has the least. There are twenty-seven cases where all three mss. concur as to the exact nature of the sectional division (*pǝṯuḥâ* or *sǝṯumâ*), and there are five occasions when all three mss. differ from each other (at Ezra 4:17-18; 10:8-9; Neh 2:20–3:1; 6:19–7:1; 7:71-72).

Some curiosities which arise from these divisions are the following: (1) M^L exhibits four cases of division within verses (at Ezra 2:69; 3:1, 9; and Neh 7:68); (2) Some of the mss. have no sectional division before our traditional chapter breaks. None of the three mss. has any sectional division at the start of chapters eight and eleven of Nehemiah. M^L does not have a sectional division prior to the start of chapters three or seven of Nehemiah, and M^{S1} has no sectional division prior to the start of chapter nine of Ezra; (3) M^Y places more sectional divisions prior to the enumeration of lists (for example, at Ezra 1:9 before the enumeration of temple vessels, or before chronological breaks [e.g., at Ezra 4:6]). However, some of its additional sectional divisions are less felicitous (such as at Ezra 4:14, where a *sǝṯumâ* interrupts Rehum's letter to King Artaxerxes, or at 5:14, where another *sǝṯumâ* interrupts the report of Cyrus' decree).

NOTES ON THE MASORAH PARVA

EZRA

1:1 וּבִשְׁנַ֣ת ט֗ רא֗ פסוק – *Com.:* This lemma has no circellus.

2 יְהוָ֤ה אֱלֹהֵ֣י ו֗ – *Com.:* The circellus has been placed between יְהוָה and אֱלֹהֵי, but since there are many more than six occurrences of יְהוָה אֱלֹהֵי, the note, as the Mm indicates, most likely refers to the three words יְהוָה אֱלֹהֵי הַשָּׁמַיִם.

11 הֵעָלֹ֣ות ב֗ – *Com.:* Twice, once in this form and once defective in Num 9:17.

:22 נְטֹפָ֑ה כול חס֗ – *Com.:* Note that כול "all" is used here even though there are only two references, this one and Neh 7:26.

59 אִ֑ם ג֗ בטע֗ Three times with this accent (in the book). – *Com.:* The Mp differs from the text of M^L, which has only two occurrences of this lemma in the book (Ezra 2:59; Neh 7:61).

62 וַיְגֹאֲל֖וּ ב֗ וחב֗ Twice: Neh 7:64.

69 דַּרְכְּמוֹנִ֔ים ב֗ מל֗ – *Com.:* The Mp differs from the text of M^L, which has three occurrences of this lemma (Ezra 2:69; Neh 7:70, 71).

רִבֹּ֑אות ב֗ חד מל֗ Twice, once plene (with an א in the book).

70 וְהַשּׁוֹעֲרִ֖ים ח֗ מל֗ Eight times plene (in the book).

וְכָל־יִשְׂרָאֵ֖ל ה֗י באמצ֗ פסוק – *Com.:* The number "fifteen" seems to have been repeated from the adjacent entry for וּבְנֵי יִשְׂרָאֵל. Elsewhere the Mp gives the number for this lemma as thirty-four or thirty-five (see Mp to 8:25).

3:1 כְּאִ֥ישׁ י֗ב֗ – *Com.:* The Mp differs from the text of M^L, which has twenty occurrences of this lemma (see the Mp to Neh 7:2; 8:1). The circellus is placed unusually high over this lemma, suggesting that it has possibly been misplaced and originally belonged with the nearby word וַיֵּאָסְפוּ, which is where *BHK*^{3} and *BHS* assign it.

7 וָשֶׁ֔מֶן ז֗ – *Com.:* The Mp differs from the text of M^L, which has only six occurrences of this lemma (see Weil, § 3632).

10 הַבֹּנִ֖ים ה֗ – *Com.:* Five times, three plene (Ps 118:22; Neh 3:37; 4:11) and two defective (Job 3:14; Ezra 3:10).

11 וְכָל־הָעָ֗ם נ֗ במצ֗ פסוק – *Com.:* Elsewhere (e.g., at Josh 1:2) the Mp gives the number of occurrences for this lemma as fifty-one. For a discussion of the discrepancy, see Mynatt, *Sub-Loco Notes*, 82–83.

12 הָֽרִאשׁ֗וֹן ס֗ד֗ – *Com.:* The Mp lists the number of occurrences of this lemma here and in 6:19 and 7:9 as sixty-four. But elsewhere in the book (10:17; Neh 8:18) it lists the number as sixty-three.

4:6 שִׂטְנָ֔ה ב֗ ובתר֗ לשנ֗ Twice, and in two languages (Gen 26:21).

7 בִּשְׁלָ֜ם ב֗ – *Com.:* The Mp differs from the text of M^L, which has only one occurrence of this lemma.

13 מַלְכִ֖ים ל֗ – *Com.:* This lemma has no circellus.

15 דִּ֣י יב̇ פסוק דמין̇ – *Com.:* The circellus has been placed at the right hand side of דִּ֣י to indicate that the note refers to the entire verse and not just to the word itself.

וְאֶשְׁתַּדּוּר ל̇ – *Com.:* The Mp differs from the text of M^L^, which has another occurrence of this lemma in v. 19.

17 וּכְעֶֽת׃ ב̇ – *Com.:* The Mp differs from the text of M^L^, which has only one occurrence of this lemma.

5:7 מַלְכָּ֥א שְׁלָמָ֖א כֹּֽלָּא׃ ל̇ – *Com.:* The Mp note is placed on the left side of the next Mp note (ג̇), followed by a squiggle. Since the note is written in the left hand margin, the ל̇ ought to be on the right side of the ג̇ to indicate that the note on its lemma comes before the note to which the ג̇ is attached (כֹּֽלָּא).

11 הֲתִיבֽוּנָא ב̇ – *Com.:* The Mp differs from the text M^L^, which has only one occurrence of this lemma.

6:1 בֵּאדַ֫יִן ג̇ רא פס̇ Three times at the beginning of a verse (in the book).

5 דַהֲבָ֣ה ג̇ כת̇ ה Three times written with ה (in this form and with the cj.).

6 תַּתְּנַ֔י ב̇ Twice (with *təlîšâ*).

7 וּלְשָׁבֵ֣י ל̇ וחד ולשבי Once, and once ולשבי (Isa 59:20).

13 אֱדַ֡יִן [ט̇] בטע̇ Nine times with this accent (in this form and in בֵּאדַ֫יִן). – *Com.:* The Mp is damaged where the lettter ט̇ ought to be written. See Mp to Dan 2:46; 5:9; 6:12; etc.

14 וּזְכַרְיָ֣ה ה̇ – *Com.:* This lemma has no circellus.

15 בַּיְתָ֗ה ב̇ כת̇ ה – *Com.:* This lemma has no circellus.

שֵׁ֔ת ל̇ וכל שום ברנש̇ כות̇ – *Com.:* The Mp notes only one occurrence of this lemma, whereas the Mm also includes Isa 20:4.

17 וְהַקְרִ֗בוּ י̇ חס̇ בליש̇ Ten times defective in this and similar forms (see Weil, § 667).

19 הָרִאשֽׁוֹן׃ סד̇ – *Com.:* The Mp lists the number of occurrences of this lemma here and in 3:12 and 7:9 as sixty-four. But elsewhere in the book (10:17; Neh 8:18) it lists the number as sixty-three.

7:1 עֶזְרָ֔א ג̇ – *Com.:* Since Ezra's name occurs more than three times in the book, the note most likely refers to the occurrences of Ezra when followed by הַכֹּהֵ֔ן (see the Mp to Ezra 10:10, 16; Neh 8:2), and the circellus has been placed here by mistake.

9 הָרִאשׁ֔וֹן סד̇ – *Com.:* The Mp lists the number of occurrences of this lemma here and in 3:12 and 6:19 as sixty-four. But elsewhere in the book (10:17; Neh 8:18) it lists the number as sixty-three.

10 וְלַעֲשֹׂ֑ת יב̇ חס̇ למע̇ According to the Western tradition there are twelve occurrences of this defective lemma (with and without the ו cj.). – *Com.:* There are actually thirteen occurrences of this lemma, twelve without the ו cj. (see Mp to Neh 8:15; 13:27) and this one with the ו cj. (see Ginsburg 2, ע, § 825).

14 וְלִירוּשָׁלִָ֑ם ח̇ – *Com.:* There is only one occurrence of this lemma in its Aramaic form, but there are eight occurrences in its Hebrew form (see Weil, § 2159).

18 וְדַהֲבָ֑ה ג̇ כת̇ ה Three times written with ה (with and without the cj.).

19 לְפָלְחָ֖ן חטף – *Com.:* The Mp note is written by a second hand.

21 יִתְעֲבֵֽד׃ ב̇ וחס̇ – *Com.:* The note refers to the fact that this word is written with a *ḥîreq*, not a *ṣerê*.

24 עֲלֵיהֹֽם׃ ב̇ וחס̇ – *Com.:* The Mp differs from the text of M^L^, which has only one occurrence of this lemma.

28 לַעֲלוֹת יׄדׄ Fourteen times (apart from the Torah and Joshua).
8:1 אַרְתַּחְשַׁסְתְּא אׄ לׄ קׄ The א is not read.
7 יְשַֽׁעְיָה בׄ בסיפׄ – *Com.:* The Mp differs from the text of M^L, which has three occurrences of this lemma in the book (Ezra 8:7, 19; Neh 11:7).
8 זְבַדְיָה וׄ Six times (with and without the cj.).
12 עַזְגָּד לׄ – *Com.:* The circellus has been placed on עַזְגָּד, but since there are four occurrences of this name (Ezra 2:12; 8:12; Neh 7:17; 10:16), the note most likely refers to the phrase וּמִבְּנֵי עַזְגָּד, which only occurs this one time.
17 הָרֹאשׁ עׄהׄ – *Com.:* The number of occurrences of this lemma is elsewhere given as thirty-seven (see Mp to Ps 133:2; 1 Chr 5:7, 12; etc.), and this number agrees with the concordances of Mandelkern and Evan-Shoshan.
19 יְשַֽׁעְיָה בׄ בסיפׄ – *Com.:* The Mp differs from the text of M^L, which has three occurrences of this lemma in the book (Ezra 8:7, 19; Neh 11:7).
25 וְכָל־יִשְׂרָאֵל לׄדׄ באמׄ פסוק – *Com.:* This is the number which the Mp gives for occurrences of this lemma also at 10:5; Neh 7:72; 1 Chr 11:4; etc. But elsewhere the number is given as thirty-five (Josh 8:15, 21; 10:29; etc.).
27 לַאֲדַרְכֹנִים בׄ וחסׄ Twice defective (in this form and with the ו cj.).
31 וְיַד יׄדׄ – *Com.:* The Mp gives the number of this lemma here and in 9:2 as "fourteen." But there are only twelve occurrences of this lemma with a *paṯaḥ* and three more with a *qameṣ* (see Ginsburg, 1, י, § 82).
33 וְנוֹעַדְיָה לׄ וחד וגם לנועדיה Once, and once וגם לנועדיה (Neh 6:14).
35 עַל־כָּל־יִשְׂרָאֵל בׄ – *Com.:* The Mp differs from the text of M^L, which has twenty occurrences of this lemma (see Ginsburg, 2, ע, § 453).
9:1 הַחִתִּי כׄתׄפׄיׄ עׄמׄצׄאׄ – *Com.:* The note consists of abbreviations of the eight nations mentioned in the text. Each letter of the note represents the first letter of their names, except for הַחִתִּי and הַמִּצְרִי, where the second consonant (ת and צ respectively) has been used.
2 וְיַד יׄדׄ – *Com.:* See 8:31.
3 וּמְעִילִי לׄ – *Com.:* The Mp differs from the text of M^L, which has another occurrence of this lemma in v. 5.
6 עַד יׄאׄ בטעׄ בסופׄ דסמׄ Eleven times with the accent (*mêrəḵâ*) connected with (= occurring near) the end (of a verse).
7 הַיּוֹם הַזֶּה גׄ בכתׄ – *Com.:* The Mp must refer to Ezra-Nehemiah not to the Writings since there are more than three references of this lemma in the Writings (e.g., 1 Chr 4:41, 43; 13:11; 17:5; etc.) but only three in Ezra-Nehemiah (Ezra 9:7; Neh 4:10; 9:32). Both *BHK*[3] and *BHS* add עַד to the lemma but there is no circellus between עַד and הַיּוֹם.
8 כִּמְעַט לׄ וחד במעט Unique (in the book) and once במעט (Dan 11:23).
10 וְעַתָּה כׄזׄ בטעׄ – *Com.:* According to Ginsburg, 4, א, §1474, there are only twenty occurrences of this lemma.
11 אֲשֶׁר אַתֶּם בָּאִים בׄ – *Com.:* The Mp differs from the text of M^L, which has three occurrences of this lemma (Deut 4:5; Jer 44:8; Ezra 9:11). *BHK*[3] and *BHS* add הָאָרֶץ to the lemma but there is no circellus between הָאָרֶץ and אֲשֶׁר.
פֶּה בׄ Twice (in the book). – *Com.:* The circellus is only on this lemma, but both *BHK*[3] and *BHS* take the lemma as אֶל־פֶּה possibly because there is a Mm note for that phrase.
12 שְׁלֹמָם בׄ חד חסׄ – *Com.:* The Mp differs from the text of M^L, which writes this lemma defective in both of its occurrences (here and in Deut 23:7). It is possible that the circellus has been misplaced and that it belongs with the fol-

lowing word (וְטוֹבָתָם) since that lemma occurs plene in this verse and defective in Deut 23:7.

13 חָשַׂכְתָּ ל Unique (in the book).

15 אַתָּה כו Twenty-six times (with stress on the penultima).

10:2 וְעַתָּה ד בטע בכת – *Com.:* The lemma includes cases of וְאַתָּה (2 Chr 2:15; 21:15) as well as of וְעַתָּה (Ezra 9:10; 10:2).

3 וְכַתּוֹרָה ל Unique (in the book).

5 וְכָל־יִשְׂרָאֵל לד באמצ פסוק – *Com.:* This is the number which the Mp gives for occurrences of this lemma also at 8:25: Neh 7:72; 1 Chr 11:4; etc. But elsewhere the number is given as thirty-five (Josh 8:15, 21; 10:29; etc.).

6 לֶחֶם לֹא ב משה ועזרא Twice: Exod 34:28; Ezra 10:6.

10 לְהוֹסִיף ו – *Com.:* The Mp differs from the text of M[L], which has only four occurrences of this lemma (Lev 19:25; Qoh 3:14; Ezra 10:10; 2 Chr 28:13).

11 הַנָּשִׁים הַנָּכְרִיּוֹת׃ ל – *Com.:* The Mp differs from the text of M[L], which has another occurrence of this lemma in Neh 13:26.

14 יָבֹא ב חס בס – *Com.:* The Mp differs from the text of M[L], which has only one occurrence of this lemma in the book.

16 אֲבֹתָם ב חס בס – *Com.:* The Mp differs from the text of M[L], which has only one occurrence of this lemma in the book.

17 הָרִאשׁוֹן׃ סג – *Com.:* The Mp lists the number of occurrences of this lemma here and in Neh 8:18 as sixty-three. But elsewhere in the book (Ezra 3:12; 6:19; 7:9) it lists the number as sixty-four.

19 וַאֲשֵׁמִים ל וחד אבל אשמים Once, and once **אבל אשמים** (Gen 42:21).

20 וּזְבַדְיָה׃ ו Six times (with and without the cj.).

24 שַׁלֻּם ו חס Six times defective (in the Writings).

34 מִבְּנֵי ח רא פס Eight times at the beginning of a verse (in the book).

41 וְשֶׁלֶמְיָהוּ ז – *Com.:* There are only five occurrences of this name, three without the cj. (Jer 36:14, 26; 38:1), one with the cj. (here), and one with a prep. (1 Chr 26:14).

44 נָשְׂאוּ נשאו ק – *Com.:* This lemma has no circellus.

וַיָּשִׂימוּ לו – *Com.:* The Mp gives the number of occurrences of this lemma here and elsewhere (e.g., Ps 109:5; Prov 30:26) as thirty-six. Weil in *BHS* gives the number as thirty-five, a total which matches the number of occurrences listed in the concordances of Mandelkern and Evan-Shoshan.

NEHEMIAH

1:1 כִּסְלֵו כסליו ק – *Com.:* There is only one circellus on this lemma but there are two Mp notes.

5 הַגָּדוֹל וְהַנּוֹרָא ב – *Com.:* The circellus has been placed between הַגָּדוֹל and וְהַנּוֹרָא, but since the phrase הַגָּדוֹל וְהַנּוֹרָא occurs more than twice (e.g., Deut 1:19; 8:15; Joel 3:4; etc.), the note most likely refers to the three words הָאֵל הַגָּדוֹל וְהַנּוֹרָא, which only occur twice (here and at Dan 9:4).

6 וְעֵינֶיךָ פְתֻחוֹת יו בטע – *Com.:* The circellus is written far above the lemma and occurs on top of the *munâḥ* on the word נָא in the preceding line.

9 אִתָּם ל חס בכת – *Com.:* There is more than one case of this form written defective in the Writings (see Ginsburg, 4, **א**, §1442). But this is the only case in Ezra-Nehemiah.

11 וְהַצְלִיחָה נָּא   ל̇ וחד הצליחה נא   Once, and once הצליחה נא (Ps 118:25).
וּתְנֵהוּ   ל̇ וחד בכסף מלא תנהו   Once, and once בכסף מלא תנהו (1 Chr 21:22).
2:1 נִיסָן   ב̇ הוא חדש   Twice: Esth 3:7.
2 כִּי־אִם   ג̇ בטע̇ דלא מפק   – *Com.:* In the Mp there is an unidentified mark written over the word מפק.
4 וַיֹּאמֶר לִי   ה̇   – *Com.:* The Mp differs from the text of M^L, which has eight occurrences of this lemma (see Weil, §1479).
אֱלֹהֵי הַשָּׁמָיִם׃   ג̇ בסיפ̇   Three times in the book (without being preceded by the Tetragrammaton).
5 יִיטַב   ל̇   – *Com.:* The circellus has been placed on יִיטַב, but since this form occurs more than once, the note most likely refers to the phrase וְאִם־יִיטַב, which only occurs this one time.
7 אֶל־יְהוּדָה׃   ו̇   Six occurrences (of this and a similar form with ו cj.).
8 לְקָרוֹת   ב̇ ומל̇ בליש̇   Twice plene in this and a similar form (2 Chr 34:11).
12 אֶל־לִבִּי   ב̇   Twice (in the book).
13 שֹׁבֵר   ד̇ כת̇   – *Com.:* The Mp differs from the text of M^L, which has only two occurrences of this lemma (here and in v. 15).
בְּחוֹמֹת   ח̇   – *Com.:* (Apart from Jeremiah) eight occurrences (of this lemma in this and similar forms, see Ginsburg, 1, ח, § 69).
הַמְפֹּרוּצִים   פרוצים ק̇   הֵם | – *Com.:* This lemma has no circellus.
14 לַבְּהֵמָה   ב̇ מצמיח   Twice: Ps 104:14.
16 עֹשֶׂה   כ̇ב̇   Twenty-two times (in Deuteronomy, Kings, The Twelve, Chronicles, Psalms, Qoheleth, and Ezra-Nehemiah).
17 חֲרֵבָה   ג̇ וחד וחרבה   Three times, and once וחרבה (Lev 7:10).
חוֹמַת   ג̇   – *Com.:* The circellus has been placed on חוֹמַת, but since there are more than three occurrences of this form, the note most likely refers to the phrase אֶת חוֹמַת, which only occurs three times (Neh 2:17; 2 Chr 26:6; 36:19).
19 הַעַל   ב̇ בטע̇ אדניך דמלכ̇   Twice with an accent (= interr. ה): 2 Kgs 18:27.
20 וְזִכָּרוֹן   ל̇ וחד ולזכרון   Once, and once ולזכרון (Exod 13:9).
3:6 פָּסֵחַ   ל̇   – *Com.:* The circellus has been placed on פָּסֵחַ, but since this name occurs more than once (e.g., Ezra 2:49; Neh 7:51; 1 Chr 4:12; etc.), the note most likely refers to the phrase בֶּן־פָּסֵחַ, which only occurs this one time.
7 וְיָדוֹן   ל̇ וחד ידון רוחי   Once, and once ידון רוחי (Gen 6:3).
15 חֹזֶה   ב̇   – *Com.:* The circellus has been placed on חֹזֶה, but since this word occurs more than twice, the note most likely refers to the compound name כָּל־חֹזֶה, which occurs twice (here and at Neh 11:5).
16 וְעַד בֵּית   ב̇   Twice (in the Writings).
19 וַיְחַזֵּק   ה̇ דגש̇   Five times in the *piel* (excluding the times it occurs with the Tetragrammaton).
24 בִּנּוּי בֶּן   ו̇   – *Com.:* The circellus has been placed between the words בִּנּוּי and בֶּן, but since this combination only occurs here, the note most likely refers to בִּנּוּי, which occurs five times by itself (Ezra 8:33; Neh 3:24; 7:15; 10:10; 12:8) and twice with the ו cj. (Ezra 10:30, 38).
29 אַחֲרָיו   – *Com.:* The lemma has a circellus but lacks a note. The original Mp note reading ב̇ בעינ̇ "twice in the section" has been erased. The note properly belongs on the following וְאַחֲרָיו (see v. 22).
32 הַפִּנָּה   ג̇   Three times (in this section).
וְהָרֹכְלִים׃   ל̇   – *Com.:* The Mp differs from the text of M^L, which has another occurrence of this lemma in the preceding verse.

33 וַיִּכְעַס ב̇ אסא Twice: 2 Chr 16:10.

34 שְׂרוּפוֹת: ב̇ חד מל̇ וחד חס̇ שרפות אש Twice, once plene and once defective: Isa 1:7.

4:1 לְחֹמוֹת ח̇ – *Com.:* (Apart from Jeremiah) eight occurrences (of this lemma in this and similar forms, see Ginsburg, 1, ח, § 69).

7 חַרְבֹתֵיהֶם ב̇ – *Com.:* There are two circelli on this lemma.

8 וְהִלָּחֲמוּ ב̇ על בית אדניכם Twice: 2 Kgs 10:3.

11 הַבּוֹנִים ד̇ מל̇ The Mp differs from the text of M^L, which has only three occurrences of this lemma written plene (Ps 118:22; Neh 3:37; 4:11).

עֹשֶׂה כ̇ה̇ ג̇ מנה̇ בסיפ̇ – *Com.:* The Mp differs from the text of M^L, which has only twenty-two occurrences of this lemma (see the Mp to 2:16; 6:3; and Weil, § 475).

13 הַמְּלָאכָה הַרְבֵּה ל̇ – *Com.:* This lemma has no circellus.

רְחוֹקִים ז̇ מל̇ Seven times plene (in this and similar forms).

17 וְאֵין ו̇ פסוק̇ ואין ואין – *Com.:* This lemma has no circellus. The note deals with cases of וְאֵין וְאֵין, but the verse has the combination וְאֵין אֵין. Since there are thirteen occurrences of וְאֵין וְאֵין (Ginsburg, 1, א, § 392) but only six of וְאֵין אֵין, the note should read וְאֵין אֵין not וְאֵין וְאֵין.

5:5 וְאֵין לְאֵל ב̇ בניך ובנתיך Twice: Deut 28:32.

יָדְנוּ ה̇ – *Com.:* M^L has only this one occurrence of the lemma written defectively, but other mss. also write Deut 32:27 defective (see Ginsburg, 4, י, § 97, and Mynatt, *Sub-Loco Notes*, 219–20).

6 וְאֵת ו̇ בטע̇ מטע̇ – *Com.:* The circellus is written on the left hand side of the ת. The Mp differs from M^L, which has seven occurrences of this lemma with and without the cj. (see Weil, § 2139, and Kelley, *Masorah*, 135–36).

9 הֲלוֹא ט̇ מל̇ בסיפ̇ – *Com.:* The note should read "in the Writings" (see the Mp to Ezra 9:14; Neh 13:18, 26, and Weil, § 3664).

13 וְכָכָה ב̇ תאכלו̇ Twice: Exod 12:11.

18 וַאֲשֶׁר ז̇ ראש̇ פסוק – *Com.:* The Mp differs from the text of M^L, which has twelve occurrences of this lemma (see the Mp to Mic 3:3 and Ginsburg, 1, א, § 1182).

6:1 דְּלָתוֹת ג̇ Three times (apart from Ezekiel).

3 עֲלֵיהֶם ל̇ ואינון ד̇ בליש̇ – *Com.:* The circellus has been placed on עֲלֵיהֶם, but since this form occurs more than once in the book, this note must refer to the phrase וָאֶשְׁלְחָה עֲלֵיהֶם, which only occurs this one time. The note indicates that the verb שׁלח occurs with the preposition עַל once in the book, and four times altogether in this and similar forms (Jer 26:15; Ezek 5:17; Neh 6:3; 2 Chr 30:1).

עֹשֶׂה כ̇ב̇ Twenty-two times (in Deuteronomy, Kings, The Twelve, Chronicles, Psalms, Qoheleth, and Ezra-Nehemiah).

תִּשְׁבַּת ב̇ הארץ Twice: Lev 26:34.

6 נִשְׁמָע ד̇ קמ̇ – *Com.:* Four times with *qameṣ* (apart from its occurrences with *ʾatnaḥ* or *sôp̄ pasûq*).

לִמְרוֹד – *Com.:* The lemma has a circellus but lacks a note. The note possibly could have read ב̇ "twice" or more fully ב̇ חד מל̇ וחד חס̇ "twice, one plene and one defective."

9 וְלֹא תֵעָשֶׂה ב̇ – *Com.:* The Mp differs from the text of M^L, which only has one occurrence (here) of this lemma. The lemma appears without the ו cj. in Lev 2:11.

10 מְהֵיטַבְאֵל ג̇ ושם אשתו וחבי̇ ואני באתי Three times: Gen 36:39; 1 Chr 1:50; Neh 6:10.
11 הַאִישׁ ב̇ חד מל̇ וחד חס בית רשע Twice, once plene and once defective: Mic 6:10.
וּמִי כָמוֹנִי ב̇ יקרא Twice: Isa 44:7.
12 הַנְּבוּאָה ל̇ וחד והנבואה Once, and once והנבואה (2 Chr 15:8).
14 הַנְּבִיאָה ב̇ Twice (in the Writings).
15 וַתִּשְׁלַם ל̇ Unique (in the book).
16 וַיִּרְאוּ ד̇ חס̇ Four times defective (apart from the cases in Samuel).
19 וּדְבָרַי ב̇ אשר שמתי Twice: Isa 59:21.
מוֹצִיאִים ב̇ ואת כל נשיך Twice: Jer 38:23.
7:3 הֵם – *Com.:* The lemma has a circellus but lacks a note.
הֵם עֹמְדִים ל̇ וחד והם עמדים Once, and once והם עמדים (2 Chr 3:13).
4 וּגְדוֹלָה ב̇ חד מל̇ – *Com.:* The Mp and the Mm differ from the text of M^L, which writes both occurrences of this lemma plene.
11 אַלְפַּיִם ל̇ – *Com.:* The circellus has been placed on אַלְפַּיִם, but since there are many occurrences of this number in the book, the note must refer to the phrase אַלְפַּיִם וּשְׁמֹנֶה, which only occurs this one time. In the margin of M^L the notes for יֵשׁוּעַ and אַלְפַּיִם have been reversed. The note for יֵשׁוּעַ should be to the right, not the left, of the ל̇.
23 בֵצָי ב̇ – *Com.:* The circellus has been placed on בֵצָי, but since this name occurs three times (Ezra 2:17; Neh 7:23; 10:19), the note most likely refers to the phrase בְּנֵי בֵצָי, which only occurs twice (here and at Ezra 2:17).
34 אַחֵר אֶלֶף מָאתַיִם ל̇ – *Com.:* The Mp differs from the text of M^L, which has another occurrence of this lemma at Ezra 2:31.
45 שַׁלֻּום ו̇ חס̇ Six times defective (in the Writings). – *Com.:* The Mp differs from the text of M^L, which writes this lemma plene.
61 אֲבוֹתָם ב̇ חס̇ בכת̇ – *Com.:* The Mp differs from the text of M^L, which writes this lemma plene.
אִם ג̇ בטע̇ Three times with this accent (in the book). – *Com.:* The Mp differs from the text of M^L, which has only two occurrences of this lemma in the book (Ezra 2:59; Neh 7:61).
62 דְלָיָה ג̇ – *Com.:* This lemma has no circellus.
64 אֵלֶּה ד̇ ראשׁ פסוק Four times at the beginning of a verse (in the book).
69 כָּתְנוֹת ב̇ מל̇ לאדם ולאשתו Twice plene: Gen 3:21.
70 דַּרְכְּמוֹנִים ב̇ מל̇ – *Com.:* The Mp differs from the text of M^L, which has three occurrences of this lemma (Ezra 2:69; Neh 7:70, 71).
רִבּוֹת ב̇ חד כת̇ א̇ Twice, once written with an א (in the book).
72 וְכָל־יִשְׂרָאֵל ל̇ד̇ – *Com.:* This is the number which the Mp gives for occurrences of this lemma also at Ezra 8:25; 10:5; 1 Chr 11:4; etc. But elsewhere the number is given as thirty-five (Josh 8:15, 21; 10:29; etc.).
8:2 מֵבִין ל̇ וחד כל מבין Once, and once כל מבין (2 Chr 34:12). – *Com.:* The circellus has been placed on מֵבִין, but since there are many occurrences of this form, the note must refer to the phrase וְכֹל מֵבִין, which only occurs this one time with the ו cj.
6 אָמֵן ב̇ – *Com.:* The circellus has been placed on the first אָמֵן, but since there are more than two occurrences of this word, the note must refer to the combination אָמֵן אָמֵן, which occurs again at Num 5:22.
10 מַמְתַּקִּים ב̇ ממתקים וכלו Twice: Cant 5:16.

לַאֲדֹנֵינוּ ב̇ מפק Twice with composite *šəwâ* (in the book). – *Com.:* This is the only occurrence of this lemma in the book, but eight similar forms occur in the lists (see Ginsburg, 1, **א**, §103c).

12 וְלִשְׁתּוֹת ל̇ Unique (in the book).

וְלַעֲשׂוֹת י̇ה̇ – *Com.:* The fifteen occurrences include one at Ezra 7:10, which is written defective in M^L (see Weil, §1376).

15 וַאֲשֶׁר ז̇ רא̇ פס̇ – *Com.:* The Mp differs from the text of M^L, which has twelve occurrences of this lemma (see the Mp to Mic 3:3 and Ginsburg, 1, **א**, §1182).

לַעֲשֹׂת י̇ב̇ חס̇ בכת – *Com.:* The addition of "in the Writings" is incorrect as the number refers to all the cases in the Bible (see the Mp to 13:27 and Ginsburg, 2, **ע**, § 825).

18 הָרִאשׁוֹן ס̇ג̇ – *Com.:* The Mp lists the number of occurrences of this lemma here and in Ezra 10:17 as sixty-three. But elsewhere in the book (Ezra 3:12; 6:19; 7:9), it lists the number as sixty-four.

9:2 חַטֹּאתֵיהֶם ו̇ חס̇ – *Com.:* This is the only occurrence of this lemma, but elsewhere the Mp notes six occurrences of forms of **חַטֹּאת** (see the Mp at 2 Kgs 13:2; 24:3; Jer 50:20; Ezek 18:14; and Weil, § 861).

וַעֲוֹנוֹת ו̇ מל̇ Six times plene (in the Writings).

3 וַיָּקוּמוּ ט̇ מל̇ – *Com.:* In addition to the nine occurrences of this lemma listed in Weil, §1663, M^L has another occurrence of this lemma at 2 Kgs 7:5.

בְּסֵפֶר תּוֹרַת יְהוָה אֱלֹהֵיהֶם ב̇ – *Com.:* The Mp differs with the text of M^L, which has only one occurrence (here) of this lemma.

4 בָּנִי שֵׁרֵבְיָה ג̇ – *Com.:* The circellus has been placed between **בָּנִי** and **שֵׁרֵבְיָה**, but since this combination only occurs here, the note most likely refers to **בָּנִי**, which occurs three times (Neh 9:4; 10:16; 11:15). At Neh 11:15 this name is written plene.

בְּקוֹל גָּדוֹל ל̇ Unique (in the book). – *Com.:* The Mp differs from the text of M^L, which has another occurrence of this lemma at Ezra 3:12.

7 יְהוָה הָאֱלֹהִים ו̇ Six times (in the Writings).

וְשַׂמְתָּ ל̇ – *Com.:* The circellus has been placed on **וְשַׂמְתָּ**, but since there are many occurrences of this form, the note most likely refers to the phrase **וְשַׂמְתָּ שְּׁמוֹ**, which only occurs this one time.

8 וְכָרוֹת ל̇ וחד כרות Once, and once **כרות** (Hos 10:4). – *Com.:* The Hos 10:4 reference is written defectively (**כָּרֹת**) in M^L.

10 וּבְכָל ה̇ פסוק ובכל ובכל – *Com.:* This lemma has no circellus.

11 וְהַיָּם ז̇ – *Com.:* There is only one circellus on this lemma, but there are two Mp notes.

17 סְלִיחוֹת ל̇ ומל̇ וחד הרחמ̇ והסלי̇ Once plene, and once **הרחמ̇ והסלי̇** (Dan 9:9).

23 כְּכֹכְבֵי ב̇ חס̇ Twice defective (in this form and with a sfx. in Ezek 32:7).

24 אֶת י̇ח̇ פסוק את את ואת ואת ואת – *Com.:* This lemma has no circellus.

25 בְּצֻרוֹת ב̇ כת̇ כן – *Com.:* Since there are more than two occurrences of this lemma written in this and similar forms, the Mp note may have originally intended to denote forms with the first **ו** written but not the second (see the Mp to Deut 1:28 and Ginsburg, 4, **ב**, § 423).

28 וַיִּרְדּוּ ב̇ ישרים Twice: Ps 49:15.

29 וַתָּעַד בָּהֶם ד̇ – *Com.:* Four occurrences of forms **וַתָּעַד** and **וַיָּעַד** with the prep. **בְּ** (2 Kgs 17:13; Zech 3:6; Neh 9:29, 30).

31 עֲשִׂיתָם ל̇ וחד ועשיתָם Once, and once **ועשיתָם** (Exod 4:21).

34 תּוֹרָתֶךָ ט̇ – *Com.:* This is the number given for this lemma here and at Ps

119:34. But there are ten occurrences of this lemma, seven in Psalm 119 (vv. 34, 53, 55, 97, 126, 136, 165), and three in Dan 9:11; Neh 9:29, 34.

36 טוֹבָהּ ל̇ וחד פריה וטובה Once, and once פריה וטובה (Jer 2:7).

37 כִּרְצוֹנָם ל̇ – *Com.:* The Mp differs from the text of M^L, which has three occurrences of this lemma (Esth 9:5; Neh 9:24, 37).

0:9 מְעַזְיָה ב̇ – *Com.:* The Mp differs from the text of M^L, which has only one occurrence of this lemma.

29 הַכֹּהֲנִים הַלְוִיִּם ג̇ – *Com.:* There are four occurrences of this lemma in the book (see the Mp to Ezra 10:5), and thirteen in the Bible (see the Mp to 10:35; 11:20; and Weil, §1188).

30 אַדִּירֵיהֶם ל̇ וב̇ ואדיריהם Once, and twice ואדיריהם (Jer 14:3; Neh 3:5).

וְלִשְׁמוֹר ד̇ מל̇ – *Com.:* The Mp differs from the text of M^L, which has only three occurrences of this lemma (Neh 10:30; 1 Chr 22:12; 2 Chr 34:31).

וְלַעֲשׂוֹת ה̇י̇ – *Com.:* The fifteen occurrences include one at Ezra 7:10, which is written defective in M^L (see Weil, §1376).

33 מִצְוֹת ג̇ Three times (in the book).

שְׁלִשִׁית ט̇ מל̇ Nine times plene (of this and similar forms). – *Com.:* The Mp differs from the text of M^L, which writes this lemma defective (see Ginsburg, 2, ש̇, § 552, and Weil, §1900).

35 קֻרְבַּן ל̇ וחד ולקרבן Once, and once ולקרבן (Neh 13:31).

36 וּלְהָבִיא ב̇ עלמים Twice: Dan 9:24.

37 בִּכֻּרוֹת ב̇ וכת̇ Twice (in this form and in a similar one in Gen 4:4) and written (like this).

1:5 בָּרוּךְ ב̇ שם אנש̇ Two (occurrences as) the name of a person (in the book). – *Com.:* The Mp differs from the text of M^L, which has three occurrences of this lemma in the book (Neh 3:20; 10:7; 11:5).

9 עַל־הָעִיר י̇ז̇ וכול̇ וגנותי דכות̇ ב̇ מ̇ א̇ Seventeen times, and always וגנותי (is used with על העיר) except once (2 Kgs 19:34).

13 מָאתַיִם אַרְבָּעִים ל̇ – *Com.:* The circellus has been placed between מָאתַיִם and אַרְבָּעִים, but since there are other occurrences of מָאתַיִם אַרְבָּעִים, the note most likely refers to the three words מָאתַיִם אַרְבָּעִים וּשְׁנַיִם, which only occur this one time.

וַעֲמַשְׁסַי ג̇ – *Com.:* The Mp differs from the text of M^L, which has only one occurence of this lemma.

מְשַׁלְּמוֹת ל̇ Unique (in the book).

26 וּבְמוֹלָדָה ל̇ וחס̇ – *Com.:* The Mp differs from the text of M^L, which writes this lemma plene.

:18 לְבִלְגָּה ל̇ Unique (in the book).

יְהוֹנָתָן: ל̇ בכת̇ – *Com.:* Since there are many occurrences of this lemma in the Writings but only one in the book, this note should read "unique in the book."

26 וְעֶזְרָא הַכֹּהֵן ג̇ – *Com.:* The circellus has been placed between וְעֶזְרָא and הַכֹּהֵן, but since there are only two occurrences of this phrase (Neh 8:9; 12:26), the note most likely refers to וְעֶזְרָא, which occurs three times (Neh 8:9; 12:26, 36).

27 לַעֲשֹׂת י̇ב̇ חס̇ – *Com.:* This lemma has no circellus, and the note occurs twelve lines down the column adjacent to the first מֵעַל לַחוֹמָה in v. 31.

30 וַיִּטַּהֲרוּ ב̇ – *Com.:* The circellus has been placed on וַיִּטַּהֲרוּ, but since this form occurs only once, the note most likely refers to the similar form וַיְטַהֲרוּ, which also occurs in this verse and in Neh 13:9.

31 וָאַעֲלֶה ל̇ Unique (in the book).

41 ג מְנָיָמִין Three times (with and without prep. or cj.).
42 ג וְיִזְרַחְיָה Three times (with and without the ו cj.).
44 לָאוֹצָ מחלפ לָאוֹצָרוֹת – *Com.:* The suggested variant form (a plene one) is the same as the one in M^L. The defective form occurs in 2 Chr 8:15.
47 ב וחס מַקְדִּשִׁים Twice defective (with and without the cj.).
13:1 לו בְּאָזְנֵי – *Com.:* The Mp gives the number of occurrences of this lemma here and at 1 Sam 11:4 as thirty-six. But elsewhere (at Deut 32:44; Josh 20:4; Judg 9:3; etc.) the number is given as thirty-seven, the same number listed by Ginsburg, 1, א, § 256, and by the concordance of Evan-Shoshan.
5 י מל וְהַשְּׂעָרִים – *Com.:* The Mp differs from the text of M^L, which writes this lemma defective.
6 יא לְאַרְתַּחְשַׁסְתְּא מֶלֶךְ – *Com.:* The Mp number includes all the various Hebrew and Aramaic occurrences of this lemma.
7 ב וָאָבוֹא לִירוּשָׁלִָם Twice (in the book in this form, and in a similar form with the prep. אֶל in 2:11).
9 ל וַיְטַהֲרוּ – *Com.:* The Mp differs from the text of M^L, which has another occurrence of this lemma at Neh 12:30.
ה כְּלֵי בֵּית – *Com.:* The circellus has been placed between כְּלֵי and בֵּית, but since there are more than five occurrences of כְּלֵי בֵּית, the note most likely refers to the three words כְּלֵי בֵּית הָאֱלֹהִים, which only occur five times (Dan 1:2; Neh 13:9; 2 Chr 28:24 [twice]; 36:18; see Ginsburg 2, כ, § 342).
ב ומהם ממנים וְהַלְּבוֹנָה: Twice: 1 Chr 9:29.
22 ל וחד חוסה יהוה וְחוּסָה Once, and once חוסה יהוה (Joel 2:17).
23 יתיר ו אַשְׁדֳּודִיּוֹת – *Com.:* This lemma has no circellus.
26 ב מֶלֶךְ עַל־כָּל – *Com.:* Two circelli have been placed on these three words, but since there is at least a third reference of the phrase מֶלֶךְ עַל כָּל (Job 41:26), the note most likely refers to the four words מֶלֶךְ עַל כָּל יִשְׂרָאֵל, which only occur twice (here and at 1 Kgs 4:1).
30 ל וְטִהַרְתִּים מִכָּל – *Com.:* The circellus has been placed between וְטִהַרְתִּים and מִכָּל, but since there is another occurrence of וְטִהַרְתִּים מִכָּל in Jer 33:8, the note most likely refers to the three words וְטִהַרְתִּים מִכָּל נֵכָר, which only occur this one time.

NOTES ON THE MASORAH MAGNA

EZRA

1:1 הערי: five times, and their references are: Isa 41:2; Jer 51:11; Ezra 1:1; and its parallel (2 Chr 36:22); Ezra 1:5. – *Com.:* The catchword לְכוֹרֶשׁ in the Ezra 1:1 reference is written ולכורש.

2 יהוה אלהי השמים: six times, and their references are: Gen 24:3; 24:7; Jon 1:9; Neh 1:5; Ezra 1:2; 2 Chr 36:23. – *Com.:* The words תְּהִי נָא (Neh 1:6) have been added to the catchword וָאֹמַר in the Neh 1:5 reference. The catchword כּוֹרֶשׁ in the 2 Chr 36:23 reference is written defective.

4 לבית האלהים: twice, and their references are: Ezra 2:68; 1:4. – *Com.:* Both the Mp and Mm differ from the text of M^L, which has three occurrences of this lemma (Ezra 1:4; 2:68; Neh 11:16).

5 ויקומו: nine times plene, and their references are: Gen 24:54; Judg 20:19; Num 22:14; 1 Sam 23:24; 2 Kgs 7:7; 1 Sam 31:12; and its parallel (1 Chr 10:12); Ezra 1:5; Neh 9:3. – *Com.:* Both the Mp and Mm differ from the text of M^L, which has a tenth occurrence of this lemma at 2 Kgs 7:5. The word קדמי̇, following the catchphrase שָׂרֵי מוֹאָב of the Num 22:14 reference, alludes to that phrase's first occurrence in the story of the Moabite princes' return to Balak. The following words בְּנֵי יִשְׂרָאֵל have been misplaced since they belong to the previous catchword for the Judg 20:19 reference.

6 חזקו: four times, and their references are: Judg 9:24; 2 Kgs 12:7; Jer 5:3; Ezra 1:6 – *Com.:* The catchword הַכֹּהֲנִים in the 2 Kgs 12:7 reference is first written abbreviated as הכֹ and then written out fully.

2:1 The first: ואלה אשר הגלה לבבל וישובו לירושלם ויהודה אשר באו שריה רעליה מספר בגוי רחום. The second: אלה אשר הגלה וישובו לירושלם וליהודה הבאים עזריה רעליה נחמני מספרת בגוי נחום. – *Com.:* The Masoretic note highlights the differences between the two parallel passages in Ezra 2:1-2 and Neh 7:6-7 though some words (e.g., וַיָּשׁוּבוּ לִירוּשָׁלַם and בִּגְוַי) are identical. Note that one of the highlighted words רַעַמְיָה of Neh 7:7 has been mistakenly written as רעליה, the same as its occurrence in Ezra 2:2. Also the scribe started to write the word בתריה (lit. "after it" = the second [passage]) at the end of the first line but only wrote the first three letters. He then commenced the second line starting again with בתריה. Although the earliest Ezra reference in the list occurs at 2:1, this note is written on the following folio (fol. 448r), possibly because two other comparable lists are placed there (see לִיחִזְקִיָּה at 2:16 and בְּנֵי יוֹרָה at 2:18).

⟨נבוכדנצור⟩: twice written נבוכדנצור with a superfluous ו, and their references are: Jer 49:28; Ezra 2:1.

12 אלף מאתים: seven times, and their references are: Ezra 2:7; 2:12; ⟨2:31⟩; 2:38 in the first (account); Neh 7:12; 7:34; 7:41 in the second (account).

16 In the first context: אדן, אמי, הודויה, וקדמיאל, ליחזקיה, נפוסים, פרודא, בצלות, בני קרית ערים, סיעהא, נמצאו, אמר. In the second context: פרידא, בצלית,

אנשי קרית, סיעא, נמצא, ואמר, אדון, אמון, להודוה, לקדמיאל, לחזקיה, נפישסים יערים. – *Com.:* The Mm note compares twelve forms in the parallel lists in Ezra 2 and Neh 7. The forms occur in Ezra 2:52, 55, 50, 16, 40 (twice), 57, 59 (twice), 62, 44, 25; Neh 7:54, 57, 52, 21, 43 (twice), 59, 61 (twice), 64, 47, 29. The variations represent miscellaneous changes such as interchanges between ו and י (e.g., בַּצְלִית/בַּצְלוּת), the presence or absence of the preposition ל (e.g., לְהוֹדְוָה/הוֹדַוְיָה), the ו cj. (e.g., וְאִמֵּר/אִמֵּר) etc.

18 The first context: sons of Gibbar, sons of Jorah, sons of Bethlehem, Harim and seventeen, sons of Lod (and) twenty-five. The second context: sons of Gibeon, sons of Hariph, men of Bethlehem, Harim (and) seventeen, sons of Lod and twenty-one. – *Com.:* The Mm note compares similar but not identical forms in the parallel lists in Ezra 2 and Neh 7. The forms listed come from Ezra 2:20; 2:18; 2:21; 2:39: 2:33 and Neh 7:25; 7:24; 7:26; 7:42; 7:37. The word חָרִם (Neh 7:42) is written plene.

59 ⟨אִם֧⟩: Num 13:19; 17:28; Lev 26:15; Job 14:5; Prov 27:22; Job 6:5; Ezra 2:59; and its parallel (Neh 7:61). – *Com.:* The Mm deals with verses in which forms of אִם, הַאִם, and וְאִם occur with the accent *mêrəḵâ*. Note that the catchword תִּכְתּוֹשׁ in the Prov 27:22 reference is written defective.

61 ויקרא: five times, and their references are: 2 Sam 18:9; 18:18; Ezek 20:29; Ezra 2:61; and its parallel (Neh 7:63). – *Com.:* The catchword הַבָּמָה in the Ezek 20:29 reference is written without the definite article.

63 The first: עד עמד כהן לאורים ולתמים ששים. The second: הכהן לאורים ותמים וששים. – *Com.:* The Mm notes differences between parts of the parallel passages in Ezra 2:63-64 and Neh 7:65-66. The differences are כֹּהֵן and הַכֹּהֵן, וּלְתֻמִּים and וְתוּמִּים (written defective in the Mm) and שִׁשִּׁים and וְשִׁשִּׁים.

64 כאחד: seven times (with a) *qameṣ*, and their references are: Isa 65:25; Ezra 2:64; 6:20; 3:9; Qoh 11:6; 2 Chr 5:13. – *Com.:* The catchwords in the Mm, when read together, are an Aramaic mnemonic: "the wolf and all the congregation were purified, and the good men rose up with trumpets." The correspondences of the Aramaic words with their Hebrew equivalents are as follows: דיבא "wolf" with זְאֵב (Isa 65:25); וכל קהלא "and all the congregation" with כָּל־הַקָּהָל (Ezra 2:64); אידכון "were purified" with הִטַּהֲרוּ (Ezra 6:20); קמון "they rose up" with וַיַּעֲמֹד (Ezra 3:9); טביא "good men" with טוֹבִים (Qoh 11:6); בחצוצרתא "with trumpets" with בַּחֲצֹצְרוֹת (2 Chr 5:13).

70 השוערים: eight times plene in the book, and their references are: Ezra 2:70; Neh 7:1; 7:72; 10:40; 12:25; 13:5; ⟨10:29; 11:19⟩. – *Com.:* The catchwords for two verses (Neh 10:29; 11:19) have been omitted and the note inadvertently includes a catchword for שַׁלּוּם who is one of the שֹׁועֲרִים (Ezra 2:42; 7:45; 10:24). Also the letters בס֗ "in the book" have been written above the line.

3:1 ובני ישראל: fifteen times (in the middle of a verse): Exod 14:8; 15:1; 15:19; Num 26:4; Lev 24:23; Deut 4:46; Josh 12:7; 10:20; 12:6; Judg 20:32; 1 Sam 14:18; 2 Sam 21:2; Hos 2:2; Ezra 3:1; and its parallel (Neh 7:72). – *Com.:* This note on fol. 448v goes with the text in the following folio (fol. 449r.).

2 משה איש האלהים: six times, and their references are: Deut 33:1; Josh 14:6; 2 Chr 30:16; 1 Chr 23:14; Ps 90:1; Ezra 3:2.

4 כמשפט: five times with *pataḥ*, and their references are: Exod 21:9; Judg 18:7; 2 Kgs 17:33; 2 Chr 8:14; Ezra 3:4.

7 ⟨לצדנים⟩: five times defective in this and similar forms: Judg 18:7; 1 Kgs 5:20; 11:5; 11:33; Ezra 3:7.

8 וכל הבאים: twice: 1 Sam 5:5; Ezra 3:8.

12 מהכהנים: four times, and their references are: 2 Kgs 17:27; 17:28; 2 Chr 29:34; ⟨Ezra 3:12⟩.

13 והקול: twice, and their references are: Gen 45:16; Ezra 3:13. – *Com.:* The text of M^L differs from the Mm since it has a defective reading וְהַקֹּל at Gen 45:16.

4:2 ⟨ולא⟩: fifteen times **לא** is written but read **לו**: Exod 21:8; Lev 11:21; 25:30; 1 Sam 2:3; 2 Sam 16:18; 2 Kgs 8:10; Isa 9:2; 63:9; Pss 100:3; 139:16; Job 13:15; 41:4; Prov 26:2; 19:7; Ezra 4:2; and two are disputed: Isa 49:5; 1 Chr 11:20. – *Com.:* The catchword תַּרְבּוּ of the 1 Sam 2:3 reference is written as תרבי. After the first catchword of the Isa 49:5 reference (וְיִשְׂרָאֵל), there is a stroke which may be the beginning of a *waw*, and the third catchword for this reference is אחים, not יֵאָסֵף as would be expected from the biblical reference and other lists (Ginsburg, 2, ל, § 78; Frensdorff, *Ochlah*, §105; and Weil, §1795).

3 ראשי האבות לישראל: three times: Ezra 4:3; 2 Chr 19:8; 23:2, and once ושרי האבות לישראל in Ezra 8:29.

15 There are twelve verses in which a word occurs three times, the first of which is at the beginning of a verse, and their references are: Num 9:22 (אוֹ); Judg 5:21 (נַחַל); Isa 33:10 (עַתָּה); 62:11 (הִנֵּה); 66:6 (קוֹל); 40:24 (אַף); Zeph 2:3 (בַּקְּשׁוּ); 2:2 (בְּטֶרֶם); Lam 2:13 (מָה); Ezra 4:15 (דִּי); 8:2 (מִבְּנֵי); Neh 6:13 (לְמַעַן).

20 להון: twice plene, and their references are: Ezra 4:20; 5:2; and in Daniel, except for one occurrence (7:21), the form is likewise ⟨plene⟩. – *Com.:* The text of M^L differs from the Mm since it writes the catchword of the Dan 7:21 reference plene (לְהוֹן).

22 ⟨הוו⟩: ⟨twice⟩, and ⟨their⟩ references are: Ezra 4:22; 6:6. – *Com.:* The catchword רַחִיקִין of the Ezra 6:6 reference is written רחוקין. The vocalization of this lemma at Ezra 6:6 is הֲווֹ.

24 באדין: three times at the beginning of a verse in the book, and their references are: Ezra 4:24; 5:2; 6:1.

5:3 ושתר בוזני: twice, and their references are: Ezra 5:3; 5:6. – *Com.:* The catchword אֲתָא of the Ezra 5:3 reference is written אתה.

ביתא: always written with **א** except for two occurrences: Ezra 5:12; 6:15. – *Com.:* The catchphrase for the Ezra 5:12 reference is abbreviated. The catchword וְשֵׁיצִיא in the Ezra 6:15 reference is written as ושיצא.

5 ועין: eight times, and their references are: Josh 15:34; 19:21 (twice); 15:62; 19:37; Zech 11:17; Job 24:15; Ezra 5:5.

11 ⟨לממר⟩: three times forms of the verb **אמר** are written defective, and their references are: 2 Sam 19:14; Ps 139:20; Ezra 5:11. – *Com.:* The catchword ימרוך, cited for Ps 139:20 as having a defective **א**, is actually written in M^L as יֹאמְרֻךָ with an **א**, but this form does have a defective writing in that a *qibbûṣ* is written for a ו.

15 ⟨לֹה⟩: seven times with the accent קשי (= *šalšeleṯ*), and their references are: ויתמהמה of Lot (Gen 19:16); ויאמר of הקרה נא (Gen 24:12); וימאן of Joseph (Gen 39:8); וישחט of Leviticus (Lev 8:23); ונבהלו of Isaiah (Isa 13:8); ויאמר of Amos (Amos 1:2); ואמר לה of Ezra (Ezra 5:15).

אל: twice in a non-sacred sense: 1 Chr 20:8; Ezra 5:15. – *Com.:* The Mm note is on the *qərê*. The scribe wrote the first three letters (נול) of the second word of the catchphrase of the 1 Chr 20:8 reference at the end of the line, then, without erasing it, wrote the entire word נולדו at the beginning of the next line. For this scribal practice, see also at 2:1.

שֵׂה: three times, twice written with ה and once written with א: Deut 14:4; Isa 43:23; Ezra 5:15 and once written (with prefixed ו) Deut 14:4; the rest of the occurrences are pointed with *səgôl*. – *Com.:* The catchword שֵׂה of the Deut 14:4 reference is written twice, and the catchword הֵבֵיאתָ of the Isa reference is written without the י.

17 בבבל: eight times, and their references are: 2 Kgs 25:28; and its parallel (Jer 52:32); Isa 48:14; Jer 29:22; 51:44; 2 Chr 36:7; Ezra 5:17; 6:1. – *Com.:* The catchword וְלֻקַּח in the Jer 29:22 reference is written as ולקחתי.

6:9 ומה: five times with *qameṣ* when it is adjacent to an ע or a ח, and their references are: ⟨Gen 31:32⟩; 2 Kgs 8:13; Mal 2:14; Dan 4:32; Ezra 6:9. – *Com.:* The Mm note appears on the following folio (fol. 451r).

Occurrences of the *paseq* in the book are: Ezra 6:9 (twice); 7:17; 10:9; Neh 2:12; 2:13; 8:6; 8:7; 8:9; 8:17; 8:18; 11:33; 13:15. – *Com.:* The Mm note gives a selection of *paseq* occurrences in Ezra-Neh.

שלו: six times, five times written with ו and once with ה, and their references are: Jer 12:1; Dan 6:5; 3:29, written with ה; Ezra 6:9; Lam 1:5; Ezra 4:22.

15 Twelve times there is a superfluous א at the end of a word: Num 13:9; Josh 10:24; 1 Sam 17:17; Isa 28:12; Ezek 1:14; 41:15; Dan 2:39; 3:29; Ezra 3:7; 6:15; Joel 4:19; Jonah 1:14. – *Com.:* Note that the catchword וְאַתִּיקֶיהָא of the Ezek 41:15 (*qərê*) reference is written defective (without the second י). Alongside the catchword נְגוֹא of the Dan 3:29 reference, the form שָׁלָה, which occurs earlier in the verse, has been included. The catchwords נָקִיא (twice) of the Joel and Jonah references are preceded by the abbreviation דנא (of the Latter Prophets). The note is placed on this folio because of the occurrence of one of the forms with a superfluous א (וְשֵׁיצִיא) in Ezra 6:15.

שת: twice, and their references are: Isa 20:4, and all have *ṣerê*; Ezra 6:15; and all names of people similarly (have a *ṣerê*). – *Com.:* The abbreviation מלׄ in the phrase וכולׄ מלׄ, stands for מלרעׄ "lower," one of the vowels (e.g., *ṣerê*) which comes lower down on the traditional vowel chart (see Yeivin, *Tiberian Masorah*, §132, p. 103).

20 ולהם: eight times, and their references are: Gen 6:21; 43:32; Deut 1:39; Judg 6:5; 2 Chr 25:14; Ezra 6:20; 2:65; and its parallel (Neh 7:67).

22 שמחם: three times, and their references are: 2 Chr 20:27; Neh 12:43; Ezra 6:22.

7:6 ⟨הוא⟩: five times (used for) righteous people in this manner, and their references are: Exod 6:26; 6:27; 1 Chr 1:27; 2 Chr 32:30; Ezra 7:6.

9 המעלה מעלה: three times with a *qameṣ,* and their references are: Ezra 7:9; 1 Chr 17:17; Lev 11:26.

11 | זֶה | וְזֶה |: four times with the accent (*ləgarmeh*) at the beginning of a verse, and their references are: Exod 30:13; Josh 9:12; Qoh 9:3; Ezra 7:11.

17 ותקרב: twice, and their references are: Ezra 7:17; Ps 65:5.

22 There are eighteen verses which are similar (consisting of four identical words all except the first having a ו cj.), and their references are: Exod 39:3; Lev 23:38; Num 3:27; 31:28; Deut 5:16; 1:15; Josh 17:11; 2 Sam 17:15; Isa 60:17; Jer 22:25; Ezek 1:10; 34:4; 47:18; Hos 4:15; Zech 8:19; 1 Chr 6:56; Dan 5:19; Ezra 7:22. – *Com.:* Note that the catchword שַׁבְּתֹת in the Lev 23:38 reference is written plene, and that the catchword לִבְנֵי in the 1 Chr 6:56 reference is written with a cj.

28 הטה: Twice: Ps 116:2; Ezra 7:28. (The school of) Ben Naphtali reads הִטָּה at Ezra 7:28 with a *gaᶜyâ*.

8:2 מבני: eight times at the beginning of a verse in the book, and their references are: Ezra 8:2; 8:3; 8:4; 8:5; 8:9; 10:33; 10:34; 10:43.

גרשם: four times, and their references are: Exod 2:22; 18:3; Judg 18:30; Ezra 8:2; and in the book of Chronicles all (occurrences) except two (1 Chr 5:27; 23:6) are (written) this way.

5 ועלו: eight times with this accent (*zaqep̄ gadôl*) in the Bible, and their references are: Gen 33:1; 1 Chr 12:28; 2 Chr 17:15; Ezra 8:5; 8:9; 8:10; 8:11; 8:12. – *Com.:* The lemma is written as ועלו instead of as ועמו.

18 ויביאו: twice with a *dāḡeš* (in the א), and their references are: Gen 43:26; Ezra 8:18.

שׂכל: five times, four times written with a שׂ and once written with a ס, and their references are: 1 Sam 25:3; 1 Chr 26:14; Ezra 8:18; Neh 8:8; Qoh 10:6; "the wise woman gives a book to the man." – *Com.:* The correspondences of the Aramaic mnemonic with the biblical verses are as follows: אינתתא "woman" with וְהָאִשָּׁה (1 Sam 25:3); עצת "wise" with בְּשֶׂכֶל "with wisdom" (1 Chr 26:14); ויהיבת "she gave" with נִתַּן "is given" of (Qoh 10:6); לגברא "to the man" with אִישׁ "man" (Ezra 8:18); and סיפרא "book" with בַּסֵּפֶר "in the book" (Neh 8:8).

27 ⟨חמודת⟩: in Gen 27:15 written חמדת; in Dan 9:23 written twice plene as חמודות; in Ezra 8:27 it is (also) written (twice plene) חמודות; everywhere else the form is written חמדות. – *Com.:* The note assumes that the form חֲמוּדֹת in Ezra 8:27 is written twice plene (חֲמוּדוֹת), but the text of M[L] has only one ו.

בזהב: three times, and their references are: Mal 3:3; Job 23:10; Ezra 8:27. – *Com.:* The lemma for this note is written as בזהב instead of כזהב. The note also assumes, as does the one before it, that the text of M[L] has חֲמוּדוֹת twice plene but it does not.

28 אמירה להם: nine times in the Writings, and their references are: 2 Chr 10:5; 10:9; 10:10; 18:5; 23:14; Ezra 8:28; 10:10; Neh 2:17; 13:21. – *Com.:* The catchword הוֹצִיאוּהָ of the 2 Chr 23:14 reference is written without the second ו.

31 אורב: three times plene, and their references are: Josh 8:7; 8:19; Ezra 8:31.

33 וביום הרביעי: three times at the beginning of a verse, and their references are: Num 29:23; Ezra 8:33; 2 Chr 20:26.

35 לאלהי ישראל: four times and their references are: 1 Sam 6:5; 1 Chr 4:10; 2 Chr 29:7; Ezra 8:35.

9:1 העם ישראל: three times and their references are: Josh 8:33; 1 Kgs 16:21; Ezra 9:1.

4 ואלי: three times: Hos 7:15; Job 4:12; Ezra 9:4.

6 גדלה: three times: Gen 19:13; 1 Sam 26:24; Ezra 9:6. – *Com.:* The catchword וְהִנֵּה in the 1 Sam 26:24 reference is written as והיה, and the catchword וְאַשְׁמָתֵנוּ in the Ezra 9:6 reference is written plene as ואשמתינו.

עד: according to the Westerners, eleven times with the accent (*mêrəḵâ*) at (= towards) the end of a verse, and their references are: Gen 38:17; Deut 20:20; 28:22; 28:35; Job 2:7; Judg 6:18; Josh 5:8; Ezra 9:6; Cant 2:7; 3:5; 8:4. – *Com.:* In the Mm note the word for "Westerners" (דמערבֿ) is written as דמארבֿ.

9 ולהעמיד: twice: Ezra 9:9; 1 Kgs 15:4.

10 ואתה ועתה: four times with this accent in the Writings: 2 Chr 2:15; Ezra 9:10; 10:2; 2 Chr 21:15. – *Com.:* The note includes cases of וְאַתָּה (2 Chr 2:15; 21:15) as well as of וְעַתָּה (Ezra 9:10; 10:2).

11 בנדת: twice, and their references are: Lev 18:19; Ezra 9:11.

אל פה: twice, and their references are: Num 12:8; Ezra 9:11. – *Com.:* The catchword מְלְאוּהָ in the Ezra 9:11 reference is written defective.

12 את טוב: twice: Gen 45:18; Ezra 9:12.

14 לאין: eight times, and their references are: Ezra 9:14; Neh 8:10; 1 Chr 22:4; 2 Chr 14:10; 14:12; 21:18; 36:16; ⟨20:25⟩.

15 הננו: four times: Josh 9:25; Ezra 9:15; 2 Sam 5:1; ⟨Jer 3:22⟩. – *Com.:* This note is on the following folio (fol. 453v).

לעמוד: three times plene: Ezra 9:15; 10:13; 2 Chr 5:14. – *Com.:* This note is on the following folio (fol. 453v).

10:5 וישבע: four times, and their references are: Gen 50:25; Josh 6:26; 2 Kgs 11:4; Ezra 10:5.

6 יהוחנן: nine times, and their references are: Ezra 10:6; 10:28; Neh 6:18; 12:13; 12:42; 1 Chr 26:3; 2 Chr 17:15; 23:1; 28:12. – *Com.:* In the 2 Chr 23:1 reference, the catchword הַשְּׁבִעִית is written plene and is followed by a phrase (לבואם) which is not in the text of M^L.

9 בעשרים בחדש: twice: Num 10:11; Ezra 10:9.

13 והמלאכה: three times, and their references are: Exod 36:7; 1 Chr 29:1; Ezra 10:13.

17 ויכלו: three times, and their references are: Josh 19:49; 19:51; Ezra 10:17; and once וִיכַלּוּ: Ezek 43:27. – *Com.:* The catchword הַיָּמִים in the Ezek 43:27 reference is written as המים.

בכל: seven times with a *dāgeš*, and their references are: Gen 16:12; 24:1; 2 Sam 23:5; Qoh 5:8; Ezra 10:17; 1 Chr 29:12; Ps 103:19. – *Com.:* The catchword וּשְׁמֻרָה in the 2 Sam 23:5 reference is written plene, and the catchword וְהָעֹשֶׁר in the 1 Chr 29:12 reference is written first as והע̇ at the end of the line, and written out fully at the beginning of the next line. For this scribal practice, see also at 2:1 and 5:15.

22 אליועיני: five times, four times plene and once defective, and their references are: 1 Chr 3:24; Ezra 10:22; 10:27; 1 Chr 3:23; Neh 12:41. – *Com.:* The Mm note is on the following folio (fol. 454r). The catchword הֹדַיְוָהוּ in the 1 Chr 3:24 reference is written as the *qərê* הודויהו.

25 ומישראל: twice, and their references are: Num 32:22; Ezra 10:25. – *Com.:* The Mm note is repeated in part at the lower left of the folio (fol. 454r).

28 ⟨זבי⟩: the Easterners write זכי, the Westerners write זבי.

29 ⟨ישוב ושאל⟩: the Westerners write and read ישוב ישאל; the Easterners write ישוב ושאל and read ושאל. – *Com.:* Weil, § 3932, reads the note differently. According to him the Westerners write and read ישוב ושאל whereas the Easterners write ישוב ישאל and read ושאל.

NEHEMIAH

1:4 וָאבכה: three times: 2 Sam 12:22; Ps 69:11; Neh 1:4. – *Com.:* The catchword כְּשָׁמְעִי in the Neh 1:4 reference is written בשמעו.

5 יהוה אלהי השמים: six times: Gen 24:3; 24:7; Jonah 1:9; 2 Chr 36:23; ⟨Ezra 1:2⟩; Neh 1:5.

– *Com.:* The catchwords כֹּה אָמַר כּוֹרֶשׁ of the 2 Chr 36:23 reference are not repeated for the almost identical (כֹּרֶשׁ) Ezra 1:2 reference, and the catchword אָנָּא in the Neh 1:5 reference is written אנה.

וחסד: five times: Ps 23:6; Prov 21:21; Neh 1:5; Job 10:12; Esth 2:17. – *Com.:* The catchwords in the Mm, when read together, are an Aramaic mnemonic: "The good man pursues righteousness and preserves the life of Esther." The correspondences of the Aramaic words with their Hebrew equivalents are as follows: טבא "the good man" with טֿוֹב (Ps 23:6); רדף צדקתא "he pursues righteousness" with רֹדֵף צְדָקָה (Prov 21:21); ונטר "and preserves" with שֹׁמֵר (Neh 1:5); חיא "life" with חַיִּים (Job 10:12); אסתר "Esther" with אֶסְתֵּר (Esth 2:17).

7 ואת החקים: four times, and their references are: Deut 7:11; 17:19; 2 Kgs 17:37; Neh 1:7.

9 והביאותים: four times, and their references are: Isa 56:7; Ezek 34:13; Jer 25:9; Neh 1:9. – *Com.:* The catchword עַל in the Jer 25:9 reference is written אל.

2:2 חולה: twice plene, and their references are: Mal 1:13; Neh 2:2. – *Com.:* Whereas the Mp note deals only with the indefinite form of this lemma, the Mm also includes the one occurrence of this lemma with the definite article.

כי אם: three times with an accent which is not pronounced, and their references are: Gen 15:4; Num 35:33; ⟨Neh 2:2⟩. – *Com.:* The note לא מפקין usually indicates that a weak letter (א, ה, ו, י) is not pronounced, but here it refers to an accent (either the *maqqēp̄* or the *mêrəkâ*). Normally in the phrase כִּי אִם, there is an accent under כִּי and a *maqqēp̄* attached to אִם. Here, כִּי has the *maqqēp̄* and אִם has the accent *mêrəkâ*. The Masorah is pointing out this unusual arrangement of accents (see also Frendsdorff, *Massorah*, 217; Ginsburg, 2, כ, §140).

ואירא: three times, and their references are: Gen 3:10; Job 32:6; Neh 2:2.

13 אל פני: eight times and once ואל פני, and their references are: Exod 23:17; Lev 6:7; 9:5; 14:53; 16:2; Num 17:8; 20:10; Ezek 16:5; Neh 2:13; and similarly in the צורת הבית section (Ezek 40–48) always אל פני and ואל פני, except for four cases of על פני and ועל פני: Ezek 40:15; 42:8; 48:15; 48:21; in the (latter) verse both (אל פני and על פני occur). ואל פני: three times: Ezek 45:7; Neh 2:13; Ezek 42:10; in the (latter) verse both (אל פני and ואל פני occur). – *Com.:* The catchphrase for the Exod 23:17 reference is given as the first instance of שָׁלֹשׁ פְּעָמִים, that is, the first reference to the pilgrimage festivals (Passover, Weeks, and Tabernacles). The catchword הַצִּפֹּר in the Lev 14:53 reference is written plene. In the Ezek 48:21 reference the word for "both" is given in Hebrew השני̇ and Aramaic תינ̇י̇נ̇.

17 חרבה: three times, and their references are: Prov 17:1; Neh 2:3: 2:17; and once וחרבה (Lev 7:10).

3:1 Three verses contain ועד (and) עד, and their references are: Exod 23:31; Gen 13:3; Neh 3:1.

4 ועל ידם: seven times in the book, and their references are: Neh 3:4 (three times); 3:5; 3:7; 3:9; 3:10. – *Com.:* Since the phrase וְעַל יָדָם occurs also in Neh 13:1 (making eight occurrences in total in the book), the note in the Mp that the phrase occurs seven times in this section is more accurate than the Mm note, which states that the phrase occurs seven times in the book.

5 ואדיריהם: twice: Jer 14:3; Neh 3:5.

7 לכסא: six times *rapê,* and their references are: Isa 22:23; Jer 52:32; [Isa 5:10]; ⟨Pss 9:5⟩; 132:11; 132:12; Neh 3:7.

8 על ידו: three times in the book, and their references are: Neh 3:8; 3:17; 3:19; and the rest (have) ועל.

12 ובנותיו ולבנותיו: three times plene: Gen 32:1; 46:15; Neh 3:12. – *Com.:* The catch-

word לְבָנָיו in the Gen 32:1 reference is written לבן, possibly influenced by the name לָבָן, which occurs earlier in the reference.

16 העשויה: twice: Num 28:6; Neh 3:16. – *Com.:* The catchword הָעֲשֻׂיָה in the Num 28:6 reference is written plene, whereas the catchword דָוִיד in the Neh 3:16 reference is written defective.

19 ויחזק: five times in the *piel* and their references are: 1 Sam 23:16; Isa 41:7; Neh 3:19; 2 Chr 11:11; 32:5; and every time when it occurs with the Tetragrammaton. – *Com.:* In the Mm note the ד of דסמיך is written over the letter ס.

20 ⟨עד⟩: six times וְעַד is suggested, but עַד is read, and their references are: Neh 3:20; 3:24; 4:15; 8:3; 8:18; 11:30. – *Com.:* The catchword הַיּוֹם of the Neh 8:18 reference is written הים.

22 ואחריו: twice in this section, once plene, and once defective, and their references are: Neh 3:22; 3:29; the rest of this section has אחריו. – *Com.:* The Mm differs from the text of M^L since both occurrences of וְאַחֲרָיו (vv. 22 and 29) are written plene. The catchword הֶחֱזִיקוּ of the Neh 3:22 reference is written ויחזיקו.

26 והמגדל: twice: Neh 3:25; 3:26.

30 ⟨אחרי⟩: twice written אחרי and read אחריו, and their references are: Neh 3:30 and the following verse.

33 ויהי: three times with the accent in the book, and their references are: Neh 1:4; 3:33; 4:9. – *Com.:* The catchword כְּשָׁמְעִי of the Neh 1:4 reference is written בשמעי.

37 הבונים: five times and their references are: Ps 118:22; Job 3:14; Neh 3:37; 4:11; Ezra 3:10; the last (occurrence) is defective. – *Com.:* According to the note, only the last reference, Ezra 3:10, is written defective, but the Job 3:14 reference is also written defective. In the last word of the note (חסיר), there seems to be some type of vowel under the י, possibly a *ḥîreq* (see also, Weil, § 3947).

38 Fourteen occurrences (of the combination of the) accents (*dargâ* and *mêrəḵâ kep̄ûlâ*) in the Bible, and their references are: Gen 27:25; Exod 5:15; Lev 10:1; Num 14:3; 32:42; 1 Kgs 10:3 and its parallel (2 Chr 9:2); 1 Kgs 20:29; Ezek 14:4; Zech 3:2; Ezra 7:25; Hab 1:3; 2 Chr 20:30; Neh 3:38.

4:2 תועה: twice with a *qameṣ*: Isa 32:6; Neh 4:2.

5 ידעו: twelve times, and their references are: Lev 23:43; 1 Kgs 14:2; Isa 44:9; 45:6; Jer 31:34; Ezek 20:26; Hos 9:7; Pss 9:21; 78:6; Neh 4:5; 2 Chr 6:29; 6:33. – *Com.:* The catchword וּמִמַּעֲרָבָה in the Isa 45:6 reference is written without the initial ו.

7 חרבתיהם: twice, and their references are: Mic 4:3; Neh 4:7.

9 ⟨אויבינו⟩: every occurrence of איבינו in Ezra-Neh is (written) plene except one (written) defective: Neh 6:1.

17 שלחו: three times, and their references are: 1 Chr 8:8; 2 Chr 23:10; Neh 4:17.

5:5 והנה אנחנו: three times, and their references are: Gen 37:7; Num 20:16; Neh 5:5.

6 ואת הדברים:three times, and their references are: Zech 7:12; Jer 36:27; Neh 5:6. – *Com.:* The catchword יִרְמְיָהוּ in the Jer 36:27 reference is written without the ו.

7 נשים: three times, one has a superfluous א, and their references are: Neh 5:7; 5:10; 5:11; the first is plene (has a superfluous א).

12 ומהם: six times, and their references are: Jer 44:28; Ezek 5:4; 1 Chr 4:42; 9:28; 9:29; Neh 5:12. – *Com.:* The catchword הָעֲבוֹדָה in the 1 Chr 9:28 reference is written defective.

13 ⟨ורק⟩: three (similar) words are joined in a similar fashion (with a וָ), and their references are: Isa 30:7; 50:6; Neh 5:13.

ויהללו: four times, and their references are: Gen 12:15; Judg 16:24; 2 Chr 29:30; Neh 5:13.

15 יראת אלהים: three times, and their references are: Gen 20:11; 2 Sam 23:3; Neh 5:15. – *Com.:* This phrase occurs in fol. 456v, but the Mm note is given on the following folio (fol. 457r).

18 להרבה: three times, and their references are: 2 Chr 11:12; 16:8; Neh 5:18.

6:1 דלתות ודלתות: three times with *qameṣ*, and their references are: Jer 36:23; 2 Chr 4:9; Neh 6:1; similarly in the book of Ezekiel every occurrence except two: Ezek 26:2 and 41:25. – *Com.:* The catchword כְּקָרוֹא of the Jer 36:23 reference is written defective, and the catchword אֲלֵיהֶן of the Ezek 41:25 reference is written as אליהם.

3 ולא אוכל: three times and their references are: Judg 11:35; Jer 20:9; Neh 6:3.

5 פתוחה: three times, and their references are: Josh 8:17; Ezek 21:33; Neh 6:5.

9 מיראים: twice: Neh 6:9; 6:14.

חזק: four times, and their references are: Deut 1:38; 2 Kgs 12:9; Nah 2:2; Neh 6:9.

10 להרגך: three times, and their references are: Gen 27:42; Neh 6:10, twice in the verse.

14 הנביאה: twice (in the Writings), and their references are: 2 Chr 34:22; Neh 6:14. – *Com.:* The text for this Mm note is found in the following folio (fol. 457v).

7:1 ויפקדו: three times, and their references are: 2 Sam 2:30; Neh 7:1; 12:44. – *Com.:* The catchword וְהַמְשֹׁרְרִים of the Neh 7:1 reference is written plene.

3 Four times written ויאמר and read ואמר, and their references are: 2 Sam 1:8; Zech 4:2; Neh 5:9; 7:3.

4 וגדלה: twice, once plene and once defective, and their references are: [Zech 1:16]; Qoh 9:13; Neh 7:4. – *Com.:* The catchwords שַׁבְתִּי לִירוּשָׁלַםִ of Zech 1:16 (with the word לִירוּשָׁלַםִ abbreviated) have been inserted from the Mm note on שובה לירושלם (see v. 6).

5 העולים: twice plene, and their references are: Neh 7:5; 7:61.

6 שובה לירושלם: five times, and their references are: Zech 1:16; 2 Chr 19:1; 34:7; Ezra 2:1; and its parallel (Neh 7:6).

11 Four pairs. The first (element of the pair) does not have a ו but the second has a ו, and their references are: Gen 14:1; Exod 25:6; 25:7; Prov 9:4; 2 Chr 1:11; Ezra 2:64; Lev 11:3; Ezra 2:6. – *Com.:* A list of eight words and phrases which occur twice. The first time they occur they do not have a ו cj., but the second time they occur they do have a cj. The Mm note has mistakenly given the number of these pairs as four but, as is clear from the cases listed in the note (and the number given by the Mp), the correct number should be eight. The catchword for the Ezra 2:6 reference should read יוֹאָב not יֵשׁוּעַ since it is יוֹאָב (and not יֵשׁוּעַ), which appears twice, once with and once without a cj. (see Frendsdorff, *Ochlah*, § 247). It is unclear why this Mm note is placed on this folio (at Neh 7:11) since for all the other references the Mm note lists only the first occurrence of these pairs, those without the cj., but the Neh reference (וְיוֹאָב) has a cj.

29 אנשי קרית יערים: twice, and their references are: 1 Sam 7:1; Neh 7:29.

Ezra 2:25; Neh 7:29. – *Com.:* The second Mm note (Ezra 2:25; Neh 7:29) points out a difference between these phrases in the parallel lists Ezra 2 and Neh 7. A longer list of twelve such differences may be found *sub* ליחזקיה at Ezra 2:16.

37 אנו: three times defective, and their references are: Deut 21:17; Job 18:12; Neh 7:37. – *Com.:* Both the Mm and the Mp differ from the text of M^L, which writes this lemma plene.

52 ⟨נפישסים⟩ Neh 7:52; Ezra 2:50; Zech 10:5; 2 Kgs 10:2; Neh 13:15. – *Com.:* A Masorah of the collative type (Yeivin, *Tiberian Masorah*, §129), providing a list of *hapax legomena* all ending in סים.

61 אבתם: five times defective (in the Prophets and Writings): 1 Kgs 9:9; 14:22; 2 Kgs 17:41; Ezra 10:16; Neh 7:61; all cases in the Torah are similar except for two (Num 1:16; 17:18).

הם: twelve times at the end of a verse, and their references are: Gen 40:12; 40:18; Exod 18:26; 29:33; Lev 11:42; Num 1:16; Judg 8:24; 1 Kgs 20:3; Isa 49:21; Ezek 12:2; Ezra 2:59; and its parallel (Neh 7:61); and on other occasions המה (is found) at the end of a verse. – *Com.:* The standard word introducing catchwords (וסימנֹה) is repeated. The catchword הַשָּׂרְגִים of the Gen 40:12 reference is written plene, whereas the catchword אֲבוֹתָם of the Ezra 2:59 reference is written defective.

70 ומראשי: three times, and their references are: 2 Chr 19:8; Ezra 2:68; Neh 7:70.

72 שוערים השוערים: ten times plene, and their references are: Ezra 2:70 and its parallel (Neh 7:72); Neh 7:1; 11:19 at the beginning of the verse; Neh 10:29; 10:40; 12:25; 13:5; 2 Chr 23:19; 34:13. – *Com.:* The catchword שׁוֹעֲרִים of the Neh 12:25 reference is written without the ו.

ובני ישראל: fifteen times in the middle of a verse, and their references are: Exod 14:8; 15:1; 15:19; Num 26:4; Lev 24:23; Deut 4:46; Josh 12:6; 10:20; 12:7; Judg 20:32; 1 Sam 14:18; 2 Sam 21:2; Hos 2:2; Ezra 3:1 and its parallel (Neh 7:72), and similarly all times at the beginning of a verse. – *Com.:* The catchword הִכָּה in the Josh 12:7 reference is written הכום.

8:3 ואזני: three times, and their references are: Isa 32:3; 35:5; Neh 8:3.

אל ספר: three times, and their references are: Jer 51:60; 30:2; Neh 8:3. – *Com.:* The catchword הַכְּתֻבִים of the Jer 51:60 reference is written plene.

13 ולהשכיל: twice, and their references are: Dan 9:13; Neh 8:13.

17 ⟨עד היום ההוא⟩: in the Bible the normal expression is עד היום הזה except twice (when the expression is) עד היום ההוא: Judg 18:1; Neh 8:17.

18 In the middle of a verse the phrase (which normally occurs is) בַּיּוֹם הַשְּׁמִינִי except twice (when the phrase וּבַיּוֹם הַשְּׁמִינִי occurs): Lev 23:39; Neh 8:18; and at every beginning of a verse the norm (is וּבַיּוֹם הַשְּׁמִינִי) except for three times: Num 7:54; 29:35; 1 Kgs 8: 66 (when it is בַּיּוֹם הַשְּׁמִינִי).

9:2 עונות: six times plene (in the Writings), and their references are: Ps 130:3; Job 13:23; 13:26; 19:29; Dan 9:16; Neh 9:2.

5 כבדך: twice defective: Exod 33:18; Neh 9:5. – *Com.:* Both the Mp and the Mm at Neh 9:5 differ from the text of M^L, which writes this lemma plene.

6 לבדך: three times: Exod 18:14; 1 Sam 21:2; Neh 9:6; and similarly with *ʾatnaḥ* and the end of a verse.

וכל צבאם: four times, and their references are: Gen 2:1; Isa 34:4; 45:12; Neh 9:6.

10 ⟨ובכל⟩: there are five verses which have ובכל (and) ובכל: Gen 1:26; Isa 7:19; Jer 15:13; Esth 8:17; Neh 9:10. – *Com.:* The catchword וְאוֹצְרוֹתֶיךָ of Jer 15:13 is written defective, and the catchword אֹתֹת of Neh 9:10 is written plene.

14 שבת: four times with *pataḥ*, and their references are: Lev 25:6; Num 28:10; 1 Chr 9:32; Neh 9:14; and שבת is similar (pointed with *pataḥ*) in every occurrence of שבת שבתון. – *Com.:* The catchword הַקְּהָתִי of the 1 Chr 9:32 reference is written as מררי.

⟨וּמִצְוֹות⟩: in the East they permit one ו to be written for two (occurrences of) ו, and their references are: Exod 37:8; 39:4 with two (occurrences of ו); 1 Sam

25:18; Jer 25:27; Isa 3:16; 2 Kgs 7:9; Ps 51:7; Prov 5:22; 1 Chr 21:8; Esth 4:8; Neh 9:14; 2:7; and its companion (Neh 2:9). – *Com.:* In the Jer 25:27 reference, the word said in the note to be written with two occurrences of ו (קִיו) is written in M^{L} with only one. The catchword עָוֹן of the 2 Kgs 7:9 reference is written עון, and the catchword עֲוֹנֹתָיו of Prov 5:22 is written as עוונתיו.

15 ולחם: four times at the beginning of a verse, and their references are: Gen 47:13; Lev 23:14; Exod 29:2; Neh 9:15. – *Com.:* In the Gen 47:13 reference, the word להם has been added to the catchwords וְלֶחֶם אַיִן.

17 ולא זכרו: three times, and their references are: Judg 8:34; Amos 1:9; Neh 9:17.

19 בלילה: three times, and their references are: Gen 40:5; 41:11; Neh 9:19.

26 ואת נביאיך: three times: 1 Kgs 19:10; and its companion (1 Kgs 19:14); Neh 9:26.

27 יצעקו: three times: Isa 19:20; Job 35:12; Neh 9:27.

מושיעים: twice, once plene and once defective: Obad 1:21; Neh 9:27. – *Com.:* The catchword מוֹשִׁעִים of the Obadiah reference is written plene (מושיעים).

29 להשיבם: three times, and their references are: 2 Chr 24:19; Neh 9:26; ⟨9:29⟩. – *Com.:* The catchword נְבִאִים of the 2 Chr 24;19 reference is written as נביאים.

32 האל הגדול הגבור והנורא: twice: Deut 10:17; Neh 9:32.

מצאתנו: three times, two with *paṯaḥ* and one with *qameṣ*, and their references are: Num 20:14; Judg 6:13; Neh 9:32.

35 ובארץ: five times, and their references are: Gen 47:14; Jer 12:5; 33:13; 44:1; Neh 9:35.

ולא שבו: three times: Hos 7:10; Job 39:4; Neh 9:35.

:18 חזקיה: three times (other than in Kings), and their references are: Zeph 1:1; Prov 25:1; Neh 10:18. – *Com.:* The Mm note is on the following folio (fol. 460v).

29 השוערים והמשררים: four times, and their references are: Neh 7:1; 7:72; 10:29; 10:40, and the remaining times (the phrase appears in reverse order as) המשררים והשערים.

31 ואשר לא: eight times, and their references are: Exod 21:13; 9:21; Deut 11:2; Isa 52:15; Ezek 18:18; Mic 3:5; Zeph 1:6; Neh 10:31.

39 לעשר בעשר: twice in this form (without composite *šəwâ*), and their references are: Deut 26:12; Neh 10:39.

40 יביאו: nine times, and their references are: Exod 16:5; 18:22; Lev 10:15; 17:5; Num 18:13; 1 Kgs 5:8; Isa 66:20; Esth 6:8; Neh 10:40.

1:7 ואלה בני: thirteen times: Gen 36:13; 36:18; 36:17; 36:23; 36:25; 36:24; 36:26; Num 26:36; 1 Chr 4:18; 8:6; 6:35; Ezra 2:1; Neh 11:7.

9 על העיר: seventeen times: Gen 34:25; Deut 20:20; Judg 9:33; 2 Sam 12:28; 1 Kgs 20:12; 2 Kgs 6:14; 10:5; 24:11; 25:4; and its companion (Jer 52:7); Jer 22:8; 32:29; 37:8; 26:20; Ezek 10:2; ⟨Neh 11:9; 13:18⟩; and וגנותי is similarly used (with על העיר) except once: 2 Kgs 19:34 (וגנותי אל). – *Com.:* In the catchwords for the 2 Kgs 24:11 reference the scribe wrote only the first four letters of the name נְבוּכַדְנֶאצַּר at the end of the line but then rewrote the entire name at the beginning of the next line The reference to 2 Kgs 19:34 is incorrectly termed קדמֹ דמלכֹ "1 Kings" instead of תרֹ דמלכֹ "2 Kings."

10 מן הכהנים: twice: Jer 1:1; Neh 11:10.

16 החיצנה: twice, and their references are: Ezek 10:5; Neh 11:16.

17 עבדא ועבדא: twice written with א, and their references are: 1 Kgs 4:6; Neh 11:17.

35 גי: nine times written with י, and their references are: all of Joshua; 1 Sam 13:18; 2 Kgs 14:7; 23:10; Isa 22:5; Ezek 39:11; Zech 14:5; 2 Chr 33:6; Neh 11:35. (The

word) is written with א in Isa 16:6; with ה in Ezek 47:13; everywhere else it is written גיא.

36 בנימין: seventeen times plene: Gen 35:18; 42:4; 43:14; 43:16; 43:29; 45:12; 49:27; Josh 21:17; Judg 5:14; 10:9; 1 Sam 9:1; 13:2; 2 Sam 3:19; 1 Kgs 12:23; Jer 32:8; Hos 5:8; Neh 11:36. – *Com.:* The catchword בִּנְיָמִין of the Judg 5:14 reference is written defective, and according to the note בִּנְיָמִין is written plene at Josh 21:17, but both the text of M^L and the note itself show it defective.

12:7 עמוק לעמוק: twice plene, and their references are: Neh 12:7; 12:20.

22 יוחנן: three times in the book: Ezra 8:12; Neh 12:22; 12:23; and similarly in Chronicles except in four cases (when it is יהוחנן).

24 דויד איש האלהים: three times, and their references are: 2 Chr 8:14; Neh 12:24; 12:36.

27 נבלים וכנרות: twice: 1 Chr 16:5; Neh 12:27.

30 ויטהרו: twice: Neh 12:30; 13:9, and once וַיִּטָּהֲרוּ (Neh 12:30).

31 ואעלה: three times, and their references are: 1 Sam 13:12; Amos 4:10; Neh 12:31.

32 הושעיה: three times, and their references are: Jer 42:1; 43:2; Neh 12:32.

34 יהודה: four times at the beginning of a verse: Ezek 27:17; 1 Kgs 4:20; Neh 12:34; Gen 49:8.

38 ההלכת: three times: Gen 32:21; Lev 11:27; and Neh 12:38; the last (form is written) plene.

43 גדולים: six times plene, and their references are: Judg 5:16; Jer 25:14; 1 Chr 17:8; Qoh 10:4; Neh 11:14; 12:43.

44 על הכהנים: three times: 2 Chr 8:15; 31:9; Neh 12:44. – *Com.:* The Mm note is placed on the following folio (fol. 462v).

13:2 בלחם: seven times, and their references are: Gen 47:17; Num 21:5; 1 Sam 2:5; Deut 23:5; Neh 13:2; Gen 47:19; Lev 8:32. – *Com.:* The catchword מִקְנֵהֶם of the Gen 47:17 reference is written plene.

3 עֵרֶב: twice, and their references are: Exod 12:38; Neh 13:3, and all forms which occur next to שתי ("warp" in Leviticus 13, where עֵרֶב means "woof").

5 Sixteen times with the accents *ᶜagālâ* (= *pazer gadôl*) and *galgal*: Num 35:5; Josh 19:51; 2 Sam 4:2; 2 Kgs 10:5; Jer 13:13; 38:25; Ezek 48:21; 1 Chr 28:1; 2 Chr 24:5; 35:7; Esth 7:9; Ezra 6:9; Neh 1:6; 5:13; 13:15; 13:5. – *Com.:* The catchword פְּתֻוּחוֹת (sic) of the Neh 1:6 reference is written as פתחות.

16 יהודה ובירושלם: three times, and their references are: Jer 27:18; 2 Kgs 23:24; Neh 13:16. – *Com.:* The catchword נְבִאִים of the Jer 27:18 reference is written נביאים, and the catchword הָאֹבוֹת of the 2 Kgs 23:24 reference is written defective.

20 ירושלם: eight times with *qameṣ*: Jer 8:1; 13:13; Pss 137:7; 137:5; 79:3; 135:21; 116:19; Neh 13:20; and similarly with every *ᵓatnaḥ* and at the end of a verse except once: Ps 137:6. – *Com.:* The catchword יֹשְׁבֵי of the Jer 13:13 reference is written plene.

26 ובגוים: four times, and their references are: Num 23:9; Deut 28:65; Ps 44:12; Neh 13:26. – *Com.:* The catchword הָיָה of the Neh 13:26 reference is written as היא.

27 הנשמע: twice: Deut 4:32; Neh 13:27.

להושיב: twice, once plene: 1 Sam 2:8; Neh 13:27.

Masorah finalis: The number of verses in the book is six hundred and eighty-five.

COMMENTARY ON THE CRITICAL APPARATUS

EZRA

1:1 מִפִּי The reading בְּפִי of 2 Chr may be influenced by its occurrence in the imme-
diately preceding verse of 2 Chr 36 (v. 21), or it can represent a simple מ/ב
interchange. There does not seem to be any difference in meaning between בְּפִי
and מִפִּי. Not only is the interchange of מ/ב in bibl. hebr. quite frequent (Tov,
Textual Criticism, 247–48), but so is the interchange of the prepositions בְּ and
מִן (Waltke/O'Connor, *Hebrew Syntax*, §11.4.3). S translates פִּי here by ܦܬܓܡܐ
"word" instead of the usual syr. word for "mouth" (ܦܘܡܐ).

6 בִּכְלֵי־כֶסֶף On the basis of Gα ἐν πᾶσιν, ἀργυρίῳ "in everything, with silver"
and the fact that the vessels really belong in v. 7, some scholars have sug-
gested emending M to בַּכֹּל בַּכֶּסֶף. Gα's intent seems to have been to harmo-
nize the execution of the edict with Cyrus' wording. Thus it uses the same
Greek verb to translate יְנַשְּׂאוּהוּ of the edict in v. 4 (βοηθείτωσαν αὐτῷ "let
them help him") as it does to translate חִזְּקוּ בִידֵיהֶם of the execution of the
edict in this verse (ἐβοήθησαν "they helped"). Also, Gα renders וּבַמִּגְדָּנוֹת
"and with gifts" in this verse by καὶ εὐχαῖς "and with votive offerings,"
using the same word previously used to translate נְדָבָה (εὐχάς) in Cyrus'
edict v. 4. In a similar vein, to make the execution of the decree correspond
with its original wording, Gα vocalizes the first word differently and at-
taches a preposition to "silver" so that it starts the list of precious items just
as it does in the edict enunciated in v. 4. An argument, however, can be
made that כְּלֵי כֶסֶף is deliberately chosen to provide an analogy with the
Exodus narrative where the Israelites were endowed by their neighbors with
כְּלֵי כֶסֶף (Exod 3:22; 11:2; 12:35).

7 נְבוּכַדְנֶצַּר The original Akkadian name is *Nabû-kudduri-uṣur* "May God protect
the crown prince!" (but note alternate etymologies proposed by van Selms, "The
Name Nebuchadnezzar," 223–29, and Hallo, "Scurrilous Etymologies," 772) and
ought to be transcribed in hebr. as נְבוּכַדְרֶצּוֹר (as in נבוכדראצור, the *kǝṯîb* of
Jer 49:28). However, the name commonly occurs without the second ו and with
נ instead of ר. (נְבוּכַדְנֶצַּר) as here, and in Ezra 2:1 (*qǝrê*); 5:12, 14; 6:5;
Neh 7:6; and *passim* in 2 Kings, Jeremiah, Daniel, and 2 Chronicles. At Ezra
2:1 the *kǝṯîb* form is written both with the second ו and with נ (נבוכדנצור).

9 מַחֲלָפִים The vrss. are uncertain as to the meaning of מַחֲלָפִים. G renders παρηλ-
λαγμένα "changes (of clothing)"; Gα θυίσκαι ἀργυραῖ "silver censers"; V
cultri "knives" (cf., Ugaritic *ḥlp* "knife" [Gordon, *UT*, §968] and mish.
hebr. חָלִיף "knife"); and S ܐܣܛܠܐ "vestments." Rudolph (*Esra*, 5) sug-
gested that G may have based its reading on an underlying hebr. מָחֳלָפִים a
hofal ptc. form, meaning "to be changed" which was, in fact, not one of the
items in the list but was inserted as a gloss. The glossator realized that the
numbers in the list do not add up to the total given in v. 11 and suggested
that they be changed, hence the note "to be changed."

10 מִשְׁנִים The word מִשְׁנִים could mean "double" (S) or "second" (V). Gα has ren-

dered it as 2000, no doubt using a large number here to ensure that the individual figures listed in these vv. will agree with the total number given in v. 11. Furthermore, it has been suggested that the word מְשֻׁנִּים, just like the word מַחֲלָפִים in v. 9, is a gloss. The glossator realized that the numbers in the list do not add up to the total given in v. 11 and suggested, by means of the gloss (originally pointed as a *pual* ptc. מְשֻׁנִּים "to be changed"), that they be changed. The weakness of this theory is the improbability of two different words being used in successive verses to indicate the exact same thing, so Clines (*Ezra*, 43) and Williamson (*Ezra*, 6). The omission of this word in G is part of a larger minus since G has no equivalent of the second כְּפוֹרֵי nor of the following numbers.

2:5   שֶׁבַע מֵאוֹת חֲמִשָּׁה וְשִׁבְעִים: Elsewhere in the list, the cardinals follow the decimals. Only here does the cardinal number "5" precedes the decimal "70." Because of this change in order, the suggestion has been made that the number once read "757" (Batten, *Ezra*, 80; Williamson, *Ezra*, 25). In support of this suggestion is the fact that Gα and Neh 7:10 have the number "50" in their figures, Gα reading "56" and Neh "52."

24   בְּנֵי   In five verses (21, 24, 25, 26, and 29) where Ezra uses בְּנֵי "sons of," Neh 7 renders אַנְשֵׁי "men of" thus producing a homogenous nomenclature for the section of vv. 21-29. Gα supports Neh at vv. 24, 25, and 26 but has no corresponding text at the beginning of v. 29.

25   קִרְיַת עָרִים   M's קִרְיַת עָרִים seems to be a scribal error for קִרְיַת יְעָרִים. There is no town in the vicinity of Gibeon by the name of "Kiriath-arim" but there is the well-known "Kiriath-jearim." Kiriath-jearim is the reading in the parallel passage in Neh 7:29 and in the vrss. Mp's listing of another reference for קִרְיַת עָרִים (in Josh 18:28) is misleading because in that verse עָרִים does not go with קִרְיַת but with what follows: "14 towns (עָרִים) and their villages." In the Joshua verse there is a clear hapl. of עָרִים(יְ) after קִרְיַת and the text should read קִרְיַת יְעָרִים עָרִים. All the vrss. as well as Neh support the reading קִרְיַת יְעָרִים.

28   וְהָעַי   V (following G^L) renders the name of Ai here as *Gai,* but elsewhere it renders the city as *Ahi* (*passim* in Joshua, e.g., Josh 7:2, 3, and 4); *Ai* (Gen 12:8; 13:30); and once as *Hai* (Neh 7:32).

40   לִבְנֵי הוֹדַוְיָה   G and V agree with M that there is only one Levitical family here (Hodaviah), and that the sons of Jeshua and Kadmiel belong to this family. According to S, which has a cj. before ܒܢܝ ܚܘܕ ̈ܝܐ "the sons of Hodiah," there are three Levitical families, Jeshua, Kadmiah (= Kadmiel), and sons of Hodiah (= Hodaviah). According to Gα, there are four: υἱοὶ Ἰησοῦ καὶ Καδμιήλου καὶ Βαννοῦ καὶ Οὐδίου "the sons of Jeshua, Kadmiel, Baanas (= Bani or Bunni), and Udias (= Hodaviah)." In Gα's reading of Βαννοῦ, there seems to be an underlying בָּנִי or בְּנֵי, both names found elsewhere, instead of M's בְּנֵי "sons of." Support for a reading of a name here comes from the parallel text in Neh 7:43, which reads לִבְנֵי לְהוֹדְוָה, and from the fact that the Levitical family of Bani or Binnui is elsewhere found associated with Jeshua and Kadmiel (see Neh 10:10; 12:8; etc.). The forms בְּנֵי, בִּנּוּי, בָּנִי, and בְּנֵי are often confused in Ezra-Neh (see *CTAT*, 1:525–29).

46   שַׁמְלָי   The *qərê*, which is the reading also in Neh 7:48, has the support of all the vrss. except Gα. Neither of these names is attested elsewhere though forms with the root שׁלם (e.g., שְׁלֹמֹה) are widespread. If the *qərê* were to be preferred, then the *kətîb* can be explained as due to metath.

50 מְעִינִים The *qərê* is preferred because it is the form found (without a *kəṯîḇ-qərê* reading) in M[S1], M[Y], Neh, G, and V, whereas the *kəṯîḇ* is not attested elsewhere in the Bible.

נְפִיסִים: Neither the *kəṯîḇ* נפיסים nor the *qərê* נְפוּסִים is attested elsewhere in the Bible. The form in Nehemiah is corrupt.

69 אֲלָפִים In addition to the leaders of the community, the Nehemiah text describes the rest of the people offering contributions to the Temple of gold, silver, and clothing. It is possible that the shorter Ezra text was caused by homtel. with the two forms of אֲלָפִים.

3:3 וַיַּעַל As it stands, the *kəṯîḇ* could be interpreted impersonally ("one offered"), but the pl. form of the *qərê* would harmonize with both the first vb. of the v. (וַיָּכִינוּ "they set up") and the first vb. of the next v. (וַיַּעֲשׂוּ "they made"). The pl. is also the reading of Gα, V, and S.

7 לַצִּדֹנִים Perhaps in an attempt to make the text conform to the Mp, a second hand attempted to erase the י between the צ and the ד. He was not entirely successful since the upper part of the י is clearly visible. The defective writing of this word is the one found in M[S1] and M[Y].

9 בְּנֵי חֵנָדָד בְּנֵיהֶם וַאֲחֵיהֶם הַלְוִיִּם: Gα has transposed the isolated phrase in M about the family of Henadad, which has no apparent connection with the preceding or following sentences, from the end of the verse to its proper place with the other Levites.

10 וַיַּעֲמִידוּ M's *hifil* form וַיַּעֲמִידוּ "and they appointed" is influenced by the same form in v. 8. But the priests and Levites are not appointing anybody; they have already been appointed to perform the necessary work, nor is there the required *nota accusativi* אֶת. The clergy are standing in ceremony with their trumpets and cymbals. What is thus required is the *qal* form וַיַּעַמְדוּ "and they stood," which is also the form that underlies all the vrss.

12 בְּיָסְדוֹ The problem with this form is twofold: (1) The disjunctive accent *zaqep̄* has the effect of joining בְּיָסְדוֹ to the preceding sentence, that is, those who saw the first temple when it was founded. But the present generation could not possibly have seen the first (Solomon's) temple when it was founded; (2) If taken with the following clause (cf. Gα and S), then there is the problem of the sfx. which is not expected when the object of the inf. cstr. follows. Furthermore, one would expect הַבַּיִת הַזֶּה, not זֶה הַבַּיִת. It is possible though that we have in the form בְּיָסְדוֹ, not a verbal form but a nominal form, either an original יְסֹד or יְסוֹד "foundation," which is the way G takes it. G thus associates the foundation with the first temple not the new one. Along these lines it has been suggested that the following word זֶה הַבַּיִת (or even all three words זֶה הַבַּיִת בְּעֵינֵיהֶם) ought to be taken as as an explanatory gloss, influenced by Hag 2:3, meaning: "this was the temple in their eyes" = this [i.e., the first temple] was for them the real temple (Bewer, *Esra*, 45–46; Blenkinsopp, *Ezra*, 99–101). For a different interpretation, that the gloss refers to the second temple, see Fishbane, *Biblical Interpretation*, 53–54.

13 מַכִּירִים Whereas M (followed by G and V) has the sound of joy and weeping to be about equal since the people could not distinguish between them, Gα and S, by using the verb "to hear," make the sound of the weeping to be greater than the sound of the joy produced by the sound of the trumpets.

4:2 | וְלָא The difference between the *kəṯîḇ* ולא "and not" and the *qərê* וְלוֹ "and to him" looks slight, but the choice of one or the other has implications for the

interpretation of the passage. The implication of reading the *kəṯîḇ* would be that the peoples of the land, "the adversaries of Judah and Benjamin," were worshipping God without sacrificing to him, whereas the implication of reading the *qərê* would be to assume that they also sacrificed to him. It is possible that the *kəṯîḇ* arose out of theological considerations by later editors not wishing to attribute sacrifice to the peoples of the land. G, Gα and S support the reading of the *qərê*. V does not have the negative, but by its reading of *ecce* "behold," seems to have understood an underlying וְלוֹ "and to him" ("behold we have sacrificed [to him]"). For further discussion, see Ognibeni, *Tradizioni orali*, 123–25, 219–22.

4   וּמְבַלֲהִים   The *kəṯîḇ* ומבלהים contains a root which does not occur anywhere else in bibl. hebr. as a vb. though it is found as a noun (בַּלָּהָה "terror" "calamity"). However, the vb. does occur in syr., and S reads here ܘܡܕܚܠ "and terrifying," so the *kəṯîḇ* form may be an Aramaism. But it is more likely that the *kəṯîḇ* is the result of a scribal error due to metath. since the root of the *qərê* form is widely found in the Bible with the meaning "to terrify." Further support for the *qərê* וּמְבַהֲלִים comes from the fact that it is paralleled here in the verse with the idiom לְרַפּוֹת יָדַיִם "to weaken the hands" "to discourage" (cf. 2 Sam 4:1).

9   דֶּהָוֵא   The *qərê* and the vrss. take this word as another (otherwise unknown) group, the Dehavites, between the men of Susa and the Elamites, but the *kəṯîḇ* (supported by G^Mss οἵ εἰσίν) takes it as a rel. pron. plus the 3 m. sg. pron. "that is," serving as an explanatory phrase on the men of Susa, that is, the Elamites.

12   וְשׁוּרַיָ   The א, which belongs at the end of the *kəṯîḇ* (ושורי), has been misplaced to the following word. The *qərê* (וְשׁוּרַיָּא), which underlies the reading of all the vrss., is to be preferred.

אֶשְׁכְלִלוּ   The א of the *kəṯîḇ* (אשכללו) has been misplaced. It belongs on the preceding word; see previous comment.

5:1   וְהִתְנַבִּי   At the beginning of the chapter, Gα inserts a chronological note: "In the second year of the reign of Darius, the king," which is to be found in M at the end of the preceding chapter (4:24). It is repeated here because Gα has a different order of chapters than M and this chapter is found in Gα as ch. 6. Thus the introductory chronological note makes sense in Gα whereas it is not necessary in M.

נְבִיָּאה   Since both prophets, Haggai and Zechariah, are here modified by the pl. epithet נְבִיַּיָּא, it would seem to be redundant for Haggai also to have the epithet נְבִיָּא "the prophet." A possible explanation is that this is the standard way of referring to Haggai (Hag 1:1, 12; 2:1, 10; Ezra 6:14). All the witnesses except Gα preserve Haggai's epithet.

6   שְׁלַח   Gα seems to have combined vv. 6 and 7 in a compressed manner (almost the entire v. 7 is lacking in Gα). As a result, the phrase "to Darius" has been brought forward from later in v. 6 and the idea behind כְּתִיב of v. 7 has been brought together here with שְׁלַח.

7:14   יְעַטֹהִי   Perhaps in an attempt to make the text conform to the Mp, a second hand attempted to erase an original ו between the ט and the ה. He was not entirely successful since the upper part of ו is clearly visible. M^S1 has a space between the ט and the ה, indicating an erasure of the ו, but M^Y retains the ו as does M in the next verse.

26   לִשְׁרֹשׁוּ   The most common interpretation offered for this word, which also occurs

in the Elephantine Papyri as סרושיתא, is that it comes from a Persian word
srаušyā "punishment," a meaning supported by both G and Gα. The *kǝṯîḇ*
would represent the regular aram. abstract noun in the abs. form, whereas
the ending י of the *qǝrê* may belong to the original Persian word (Rosenthal,
Grammar, §§ 57, 189). V would seem to support an interpretation that the
form is derived from a denominative vb. שָׁרֵשׁ "rooting out," i.e., "banish-
ment" (see *HALOT*, 2002–2003).

3:5 שְׁכַנְיָה M and V, unlike G, Gα, and S, have retained only two names in this
verse, but the pattern requires three, e.g., "of the sons of X, Y son of Z."

10 וּמִבְּנֵי Just as in v. 5, M has retained only two names here but the pattern re-
quires three, e.g., "of the sons of X, Y son of Z." Both G and Gα insert "Bani,"
which is also found in 2:10. The name may have dropped out due to homtel.
with the preceding וּמִבְּנֵי.

14 וְזַבּוּד The names reflected in both the *kǝṯîḇ* and *qǝrê* forms are found elsewhere.
The *kǝṯîḇ* form vocalized as זָבוּד is found in 1 Kgs 4:5, and there are many
other names with the element זבד meaning "gift" or "to endow with" such as
זַבְדִּי, זַבְדִּיאֵל, and זְבַדְיָהוּ. The *qǝrê* זַכּוּר is found in Num 13:4; 1 Chr 4:26;
24:27; etc. G supports the reading of the *kǝṯîḇ*, whereas G*^L*, V, and S support
the reading of the *qǝrê*.

17 וָאוֹצִאָה The *kǝṯîḇ* form ואוצאה, which we may vocalize as וָאוֹצִאָה "I brought
out," appears to be a pseudo-cohortative with the ו consecutive (וָאֹשְׁמְרָה) which
occurs frequently in Ezra-Neh (Waltke/O'Connor, *Hebrew Syntax*, § 33.1.1c).
But to make any sense in context, it would have to have the extended meaning
of "I sent" (V), a meaning not elsewhere attested for the *hifil* of יצא. The pre-
ferred reading, the *qǝrê* וָאֲצַוֶּה "I commanded," is supported by M^S1(ket), S,
and by a parallel form (εἶπα "I told") in Gα.

הַנְּתוּנִים The *qǝrê* הַנְּתִינִים refers to that class of temple-servants called the
Nethinim which occurs frequently in Ezra-Neh (Ezra 2:43, 58, 70; Neh 7:46,
60, 72; etc.). The *kǝṯîḇ* הנתונים could also have this meaning, since it is found
in this sense in Num 3:9; 8:16. However, the unlikelihood of Ezra sending for
help to the Nethinim, a relatively lowly office, to recruit Levites (or that Iddo, a
community leader was a Nethin) has often been pointed out. Perhaps the *kǝṯîḇ*
should be read as a pass. ptc. form of נתן with a meaning "to be situated" as in
Neh 13:4 (Ehrlich, *Mikra*, 2:412; Rudolph, *Esra*, 80). Support for such a reading
may possibly be found in La *qui habitant* "who live" and S ܗܘܘ ܕܫܪܝܢ "who
were encamped."

35 עֹלָה Perhaps in an attempt to make the text conform to the Mp, a second hand
inserted a ו between the ע and the ל. The plene writing of this word is also the
one found in M^S1 and M^Y.

10:2 עֵילָם The *kǝṯîḇ* עולם "eternity" is not found elsewhere as a family name in the
Bible. However, the family of עֵילָם "Elam," the *qǝrê*, occurs a number of times
in Ezra-Neh. The family was one of the first returnees with Zerubabel (2:7) and
also sent members along with Ezra's caravan (8:7). They were also one of the
families that had married foreign wives; among their number is included a cer-
tain Jehiel (10:16), who may or may not be the same Jehiel as the father of
Shecaniah mentioned in this verse.

12 כִּדְבָרֶיךָ Neither the *kǝṯîḇ* (pl.), reflected in La and S, nor the *qǝrê* (sg.), re-
flected in G and V, can claim preference since there is no practical difference in
hebr. between the phrases "according to your word" or "according to your words."

16 לְדַרְיָוֶשׁ M's לְדַרְיוֹשׁ "to Darius" makes no sense in context and appears to be a copyist's error for לִדְרוֹשׁ, which is the underlying form that all the vrss. have used in their translations.

29 יְרָמוֹת: Although the *qərê* וְרָמוֹת is supported by G and V, it does not occur elsewhere as a personal name. On the other hand, the *kəṯîḇ* (vocalized as יְרֵמוֹת) is a common name in bib. hebr. and appears twice before in this list, in vv. 26 and 27.

37 וַיַּעֲשׂוּ: The *kəṯîḇ* is read by G as though the form was pointed וַיַּעֲשׂוּ "and they did," and this vb. is joined to the names that follow in this list: "and so did the children of Bannui, etc." But a verbal form is not expected in this list of names of those who had intermarried. Contextually, a name is needed, but neither the *kəṯîḇ* nor the *qərê* וְיַעֲשָׂי is found elsewhere as a name.

43 יַדַּו The *kəṯîḇ* with ו is attested in a personal name in 1 Chr 27:21 (יִדּוֹ) and is supported by V. On the other hand, the *qərê* (possibly a shortened form of יְדַעְיָה) is not found elsewhere as a personal name though it is the reading of G and Gα.

44 נָשְׂאוּ At first sight it would seem that the *kəṯîḇ* and the *qərê* in M^L are written exactly the same (נשׂאו), indicating the 3 pl. pf. "they have taken." However, closer examination of the color transparencies show that the *kəṯîḇ* originally read נשׂאי, a m. pl. ptc. "taking," and was corrected by a second hand to נשׂאו. This reading of the *kəṯîḇ* is the one which occurs in M^Y and M^{S1}.

NEHEMIAH

1:9 וַהֲבִוֹאתִים The *kəṯîḇ,* with the ו placed before the א instead of after it, is unintelligible. The *qərê,* supported by G and partially by G^{Mss} V and S, gives the required sense.

2:1 וְלֹא־הָיִיתִי רַע לְפָנָיו: The first difficulty with this sentence is the presence of the neg. לֹא, which would seem to contradict the situation described in the following verses where it is stated that Nehemiah was indeed depressed. To solve this difficulty some scholars either interpret לֹא as the asseverative לוּ "surely" (e.g., Myers, *Ezra*, 97) or take the entire phrase as a pluperfect. "I had never been sad in his presence" (e.g., *NRSV*). V (but not V^{We}) simply omits the לֹא. The second difficulty relates to the meaning of the word רַע "evil," which is never used elsewhere by itself to describe a person's mood. Instead, the phrase פָּנִים רָעִים is used to indicate a bad mood as actually occurs in vv. 2 and 3 and elsewhere (Gen 40:7; Qoh 7:3). G, apparently reading רֵעַ "friend" (= "other") instead of רַע, appears to avoid both the above mentioned difficulties. However, this reading itself has to contend with the problem that, according to v. 6, the king was not alone but was accompanied by his consort.

13 הֲמפְּרוּצִים The problems with the *kəṯîḇ* are the presence of the rel. pron. אֲשֶׁר which needs a subj., and the lack of congruence in gender. Although the *qərê* provides a subj. (הֵם), after אֲשֶׁר, there is still a problem with the gender since פְּרוּצִים is a *qal* m. pl. pass. ptc. but the referent (חוֹמֹת "walls") is f. plural. G, by translating הֵם, partially supports the *qərê*, but it avoids the gender problem by reading the verbal form as an active (αὐτοὶ καθαιροῦσιν "they are destroying"), the subject (presumably) being "our enemies" rather than "the walls."

13 הָשֻׁפוֹת: The form הָשֻׁפוֹת, with a *ḥaṭep paṭaḥ* under the שׁ, is a scribal error for הָאַשְׁפּוֹת, which occurs in the next v., in 2:13, and in 12:31, and is the form underlying all the vrss.

15 וְיַעֲמִידוּ   The *kǝṯîb* (and S) has a pl. form which is unexpected since all the other verbs in this v. are sg. We should thus read the sg. with the *qǝrê*, G and V. The form of the *qǝrê*, which also occurs in v. 14, is that of an imperfect with a ו cj. used, like the preceding form וַיִּטַּלְלֻנּוּ, for reporting an event in the past.

הַשֶּׁלַח   G^Ms and V seem to have read here an underlying שִׁלֹחַ, a word which is also used in Isa 8:6 for the pool of Siloam. G translates "skin" "hide," perhaps reflecting an underlying hebr. שֶׁלַח "skin" "hide," which is not found in bibl. hebr., but occurs in mish. hebr. and aram.

20 זַבָּי   There does not seem to be any compelling reason to choose either the *kǝṯîb* (זַבַּי) with G or the *qǝrê* (זַכָּי) with V and S. Both forms are found elsewhere: זַבַּי in Ezra 10:28 and זַכַּי in Ezra 2:9; Neh 7:14.

30 אַחֲרִי   The *kǝṯîb*, both here and in the next verse, represents either the prep. (אַחֲרֵי) without a sfx. or a 1 sg. (אַחֲרֵי), which would make no sense in context. Since all the other forms of this prep. in this passage occur with the 3 m. sg. sfx., the *qǝrê* (אַחֲרָיו), which is also the reading of all the vrss., is preferred.

34 הֲיַעֲזֹבוּ לָהֶם   This is the first of four rhetorical questions in these vv. introduced by the interrogative הֲ. The meaning of this particular question is difficult. and G has omitted it. A literal translation, partially supported by V, is: "will they leave (or forsake) for them?" *HALOT* (807b) tentatively proposes that עזב here, as well as in v. 8, has the meaning "restore." Ehrlich (*Mikra* 2:149), followed by Zimmermann (*Biblical Books*, 153), suggested that עזב is used here in the sense of Aramaic שבק "to leave" "to permit" ("will they permit them [to sacrifice and to eat]?"). S's reading: ܢܘܡܠ ܘܢܕܒܚ "let them (sacrifice and eat)!" would support this suggestion (Marcus, "Book of Nehemiah," 108–9).

הַיְכַלּוּ   G renders הַיְכַלּוּ as ἄρα δυνήσονται "will they prevail?" suggesting an underlying יכל "to be able." However, in the next verse in an apparent duplicate translation of the phrase הֲיִזְבָּחוּ הַיְכַלּוּ בַיּוֹם, it renders הַיְכַלּוּ as ἢ φάγονται "or eat ?" suggesting (with La and S) an underlying אכל.

הַיְחַיּוּ אֶת־הָאֲבָנִים   The unusual use of הַיְחַיּוּ "will they revive?" with regard to stones may be explained as a mistranslation from an aram. which originally read יְקִימוּן "will they raise up?" (Zimmermann, *Biblical Books*, 153). Instead of properly translating this *afel* form with the *hifil* of קום, the translator mistook this form as a *pael* meaning "to revive," and translated with the *piel* of חיה. It is noteworthy that S, reading ܐܢܩܝܡܘܢ, preserves the correct aram. form (Marcus, "Book of Nehemiah," 109–10), and that both V and S retain the sense of "raising" rather than of "reviving" stones.

4:7 בַּצְּחִיחִים   The *qǝrê* is the plural of a noun of place (*GKC* §124b) whose absolute form צְחִיחַ is not attested. Other forms of this noun are found in Ezek (24:7, 8; 26:4, 14) in connection with a rock, and in context has the meaning "glaring," "open," or "bare." The *kǝṯîb* is generally held to be a scribal error (see *BHS* and Gordis, *Biblical Text*, 177, n. 175). Note that in M^L an extra *ḥîreq* has been inadvertently placed under the second י.

5:9 וַיֹּאמֶר   In v. 8 Nehemiah's speech is reported in the first person (וָאֹמְרָה), and since his speech is continued in v. 9, the first person form וָאֹמַר (the *qǝrê*), not the 3 sg. *kǝṯîb* (וַיֹּאמֶר), is required by the context. This reading is supported by all the vrss. The same *kǝṯîb* and *qǝrê* recurs in 7:3.

6:3   תִשְׁבַּת הַמְּלָאכָה כַּאֲשֶׁר אַרְפֶּהָ   In M (also V and S) Nehemiah states that he cannot leave the work on the wall because otherwise the work would stop. However, in G Nehemiah promises that as soon as the wall is completed he will meet with his adversaries. The different rendering is due to the fact that G has interpreted כַּאֲשֶׁר, not as a cj. co-ordinate with the previous sentence ("lest the work stop while I leave it"), but as a cj. with temporal force starting a new sentence: "when I shall have finished it I shall go down to you."

Commentary on the Critical ApparatusNEHEMIAH 6\7\9\10\11\12

7:3   חֹם הַשֶּׁמֶשׁ   G and S took the phrase חֹם הַשֶּׁמֶשׁ, lit. "heat of the sun," to mean "sunrise." It is more likely though that here and in 1 Sam 11:9 (where it is parallel to חֹם הַיּוֹם) the phrase means "midday." This was the hottest time of the day, the siesta time. Nehemiah feared a surprise attack at this vulnerable time period and ordered the gates closed (see Williamson, *Ezra*, 266-67; Blenkinsopp, *Ezra*, 275).

26   אַנְשֵׁי   In five verses (26, 28, 29, 30 and 33) where Nehemiah uses אַנְשֵׁי "men of," Ezra 2 renders בְּנֵי "sons of." G supports Ezra in v. 26 but otherwise follows Nehemiah as do V and S in all these cases.

34   בְּנֵי   From the expanded Ezra and G text it is possible that the shorter Nehemiah text was caused by homarc. with the two forms of בְּנֵי.

48   חֲגָבָה   From the evidence of Ezra and G, it is possible that the omission of these three words was caused by homtel. with the two similar forms חֲגָבָה and חָגָב.

52   נְפוּשְׂסִים   Both the *kətîb* and *qərê* are *formae mixtae* containing passive forms of the roots נפשׁ and נפס. However, G with its reading Νεφωσασίμ supports the *kətîb*. The parallel forms in Ezra 2:50 are נְפִיסִים and נְפוּסִים. Elsewhere this form is found only with a שׁ (נָפִישׁ) in Gen 25:15; 1 Chr 1:31; 5:19.

61   אַדּוֹן   The S form seems to be an error for ܗܝܕܝܢ "then," which is the form used in Ezra 2:59. There it was posited that ܗܝܕܝܢ is a translation of an original Aramaic אֱדַיִן.

67   מָאתָיִם   A comparison with Ezra 2:65-66 shows that M has suffered a textual dislocation here. The scribe's eye wandered from the first מָאתָיִם to the second, resulting in a homtel. thus omitting seven words which include the listing for horses and mules. G preserves the full text, but V and S follow M (see *CTAT*, 3:ccxxxiii–iv).

9:17   בְּמִרְיָם   Although M "in their rebellion" is intelligible, and supported by V, it is widely held that a letter (צ) has dropped out and that we should read, with G, בְּמִצְרָיִם (*BHS*; Williamson, *Ezra*, 305). The text would then be expressing the rebellious thought, mentioned in Num 14:4, of electing a leader to return to Egypt.

   וְרַב־וָחֶסֶד   As the Mp observes with its note ו יתיר "superfluous ו," the ו before חֶסֶד is unnecessary and should be deleted. The standard phrase וְרַב חֶסֶד, which is also the reading underlying G and V, is thus to be preferred.

10:20   נוֹבָי: Since this name occurs nowhere else in the Bible and both the *kətîb* and the *qərê* have versional support, neither can claim preference.

11:5   הַשִּׁלֹנִי: S has preserved what may have been the original vocalization of this name, since a descendant of Shela (of the Judah clan, see Num 26:20) is more appropriate here than a descendant of Shilo, which is a place in Ephraim. M's הַשִּׁלֹנִי is thus often revocalized to הַשֵּׁלָנִי (*BHS*; Williamson, *Ezra*, 343).

17   יְדִיתוּן   Of the two forms, the *qərê* is by far the more common in the Bible. It occurs in the parallel list of Levites in 1 Chr 9:16 and many times throughout

the book of Chronicles and elsewhere. The *kəṯîḇ* form, vocalized as יְדִיתוּן, occurs in 1 Chr 16:38 and again as a *kəṯîḇ* (without vocalization) in Ps 39:1 and 77:1.

2:9 וְעֻנֵּו Of the two forms, only the *qərê* (עֻנִּי) is attested elsewhere in the Bible in other Levite lists (1 Chr 15:18; 15: 20). La has taken the *kəṯîḇ* (ענו) as a verbal form (*resistebant* "they halted"), but contextually a name is required here.

14 לִמְלוּכִי Neither the *kəṯîḇ* nor the *qərê* is found in the Bible as a name. However, because a similar form מַלּוּךְ occurs in v. 2 and elsewhere in Ezra-Neh (Ezra 10:29, 32; Neh 10:15, 28), the *kəṯîḇ* form (מלוכי) is considered by some to be the preferred reading, and the final י is explained as due to ditt. with the following word יוֹנָתָן (*BHS*; Williamson, *Ezra*, 357).

16 לְעִדְּיא Both the *kəṯîḇ* vocalized as עֲדָיָא and the *qərê* (עִדּוֹא) forms are priestly names found elsewhere and in slightly different writings. The *kəṯîḇ* is written with a final ה at Ezra 10:29, 39; Neh 11:12 and elsewhere. The *qərê* can be written with or without the final א (with the א: Zech 1:7; Ezra 5:1; without the א: Zech 1:1; Ezra 6:14; Neh 12:4; etc.).

22 עַל In *CTAT*, 1:572, it is pointed out that the Masoretes had already noted the fact that עַל "upon" can have the meaning of עַד "up to." This Nehemiah passage is included in a list of *səḇîrîn* at Gen 49:13 together with other occurrences where עַל has this meaning.

38 לְמוֹאל This unusual form has usually been the target of some form of emendation. Because there are two processions, and the first one is described in v. 31 as going לְיָמִין "to the south," many commentators favor reading לְמוֹאל as לִשְׂמֹאל "to the north" (*BHS*; Williamson, *Ezra*, 369). However, in the Masoretic lists (Frensdorff, *Ochlah*, §103) this form is listed as one of forty-eight forms in which an א is written but not read, thus one should read לְמוֹאל as לְמוֹל "in front of" or "opposite," which would be another attestation of מוֹל with וֹ as in Deut 1:1. This appears also to be the reading underlying the translations of G and V.

46 רָאשֵׁ The choice of the *kəṯîḇ* or *qərê* depends upon the interpretation of the sentence. If the subject is Asaph, then the sg. (the *kəṯîḇ* form) is preferable; if the subject is the chiefs of the singers, then the pl. (the *qərê* form) is to be preferred. Among the witnesses, V reads the pl. whereas G and S have the sg.

WORKS CITED FOR EZRA-NEHEMIAH

Batten, *Ezra*
> Batten, Loring W. *A Critical and Exegetical Commentary on the Books of Ezra and Nehemiah*. International Critical Commentary. Edinburgh: T. & T. Clark, 1913.

Bewer, *Esra*
> Bewer, Julius August. *Der Text des Buches Esra*. Göttingen: Vandenhoeck & Ruprecht, 1922.

BHK³
> Kittel, Rudolf, ed. *Biblia Hebraica*. Stuttgart: Württembergische Bibelanstalt, 1937.

BHS
> Elliger, Karl, and Wilhelm Rudolph, eds. *Biblia Hebraica Stuttgartensia*. 5th ed. Stuttgart: Deutsche Bibelgesellschaft, 1997. (First edition: Stuttgart: Deutsche Bibelstiftung, 1977.)

Blenkinsopp, *Ezra*
> Blenkinsopp, Joseph. *Ezra-Nehemiah*. Old Testament Library. Philadelphia: Westminster, 1988.

Böhler, *Die heilige Stadt*
> Böhler, Dieter. *Die heilige Stadt in Esdras A und Esra-Nehemia. Zwei Konzeptionen der Wiederherstellung Israels*. Orbis biblicus et orientalis 158. Freiburg: Universitätsverlag; Göttingen: Vandenhoeck & Ruprecht, 1997.

Böhler, "On the Relationship"
> Böhler, Dieter. "On the Relationship between Textual and Literary Criticism. The Two Recensions of the Book of Ezra: Ezra-Neh (MT) and 1 Esdras (LXX)." Pages 35–50 in *The Earliest Text of the Hebrew Bible: The Relationship between the Masoretic Text and the Hebrew Base of the Septuagint Reconsidered*. Edited by Adrian Schenker. Society of Biblical Literature Septuagint and Cognate Studies 52. Leiden and Boston: Brill, 2003.

Clines, *Ezra*
> Clines, David J. *Ezra, Nehemiah, Esther*. The New Century Bible Commentary. Grand Rapids: Eerdmans, 1984.

CTAT
> Barthélemy, Dominique. *Critique textuelle de l'Ancien Testament*. 3 vols. Orbis biblicus et orientalis 50/1–3. Fribourg: Éditions Universitaires; Göttingen: Vandenhoeck & Ruprecht, 1982, 1986, 1992.

DJD XVI
> Ulrich, Eugene, Frank Moore Cross, Joseph A. Fitzmyer, Peter W. Flint, Sarianna Metso, Catherine M. Murphy, Curt Niccum, Patrick W. Skehan, Emanuel Tov, and Julio Trebolle Barrera. *Qumran Cave 4: XI, Psalms to Chronicles*. Discoveries in the Judean Desert XVI. Oxford: Clarendon, 2000.

Ehrlich, *Mikra*
> Ehrlich, Arnold B. *Mikra ki-Peschuto*. 3 vols. Berlin: M. Poppelauer, 1899–1901.

Fishbane, *Biblical Interpretation*
> Fishbane, Michael. *Biblical Interpretation in Ancient Israel*. Oxford: Clarendon Press, 1985.

Frensdorff, *Massorah*
> Frensdorff, Salomon. *Die Massora Magna: erster Theil, Massoretisches Wörterbuch*. Hannover: Cohen & Risch, 1876. Repr., New York: KTAV, 1968.

Frensdorff, *Ochlah*
> Frensdorff, Salomon. *Das Buch Ochlah W'ochlah (Massora)*. Hannover: Hann'sche Hofbuchhandlung, 1864. Repr., New York: KTAV, 1968.

Gasquet, et al., *Biblia Sacra*
> Gasquet, Francis Aidan, et al., eds. *Biblia Sacra iuxta Latinam Vulgatam Versionem*. 18 vols. Rome: Libreria Editrice Vaticana, 1926–1996.

Ginsburg,
> Ginsburg, Christian D. *The Massorah: Compiled from Manuscripts. Alphabetically and Lexically Arranged*. 4 vols. London, 1880–1905. Repr., New York: KTAV, 1975.

GKC
> Gesenius, Wilhelm. *Gesenius' Hebrew Grammar*. 2d English edition. Edited and enlarged by Emil Friedrich Kautzsch. Translated by A.E. Cowley. Oxford: Clarendon, 1910. Repr., Oxford: Oxford University Press, 1946.

Gordis, *Biblical Text*
> Gordis, Robert. *The Biblical Text in the Making: A Study of the Kethib-Qere*. New York: KTAV, 1971.

Gordon, *UT*
> Gordon, Cyrus Herzl. *Ugaritic Textbook*. Analecta Orientalia 38. Rome: Pontifical Biblical Institute, 1965.

Hallo, "Scurrilous Etymologies"
> Hallo, William W. "Scurrilous Etymologies." Pages 767–76 in *Pomegranates and Golden Bells: Studies in Biblical, Jewish, and Near Eastern Ritual, Law, and Literature in Honor of Jacob Milgrom*. Edited by David P. Wright, et al. Winona Lake, Ind: Eisenbrauns, 1995.

HALOT
> Koehler, Ludwig, Walter Baumgartner, and Johann Jakob Stamm. *The Hebrew and Aramaic Lexicon of the Old Testament*. 5 vols. Translated and edited under the supervision of M. E. J. Richardson. Leiden: Brill, 1994–2000.

Hanhart, *Esdrae liber I*
> Hanhart, Robert, ed. *Esdrae liber I*. Vol. VIII/1 of *Septuaginta: Vetus Testamentum Graecum auctoritate Academiae Scientiarum Gottingensis editum*. Göttingen: Vandenhoeck & Ruprecht, 1974.

Hanhart, *Esdrae liber II*
> Hanhart, Robert, ed. *Esdrae liber II*. Vol. VIII/2 of *Septuaginta: Vetus Testamentum Graecum auctoritate Academiae Scientiarum Gottingensis editum*. Göttingen: Vandenhoeck & Ruprecht, 1993.

Kelley, *Masorah*
> Kelley, Page H., Daniel S. Mynatt, and Timothy G. Crawford. *The Masorah of Biblia Hebraica Stuttgartensia: Introduction and Annotated Glossary*. Grand Rapids, Michigan: William B. Eerdmans, 1998.

Marcus, "Book of Nehemiah"
> Marcus, David. "Is the Book of Nehemiah a Translation from Aramaic?"

Pages 103–10 in *Boundaries of the Ancient Near Eastern World: A Tribute to Cyrus H. Gordon*. Journal for the Study of the Old Testament. Supplement Series 273. Edited by M. Lubetski, et al. Sheffield: Sheffield Academic Press, 1998.

Marcus, "Aramaic Mnemonics"
  Marcus, David. "Aramaic Mnemonics in Codex Leningradensis." *TC: A Journal of Biblical Textual Criticism* 4, 1999. (http://purl.org/tc).

Myers, *Ezra*
  Myers, Jacob M. *Ezra. Nehemiah*. Anchor Bible 14. Garden City, NY: Doubleday, 1965.

Mynatt, *Sub-Loco Notes*
  Mynatt, Daniel S. *The Sub Loco Notes in the Torah of Biblia Hebraica Stuttgartensia*. N. Richland Hills, Tex: Bibal, 1995.

Naveh and Greenfield, "Hebrew and Aramaic"
  Naveh, Joseph, and Jonas C. Greenfield. "Hebrew and Aramaic in the Persian Period." Pages 115–29 in *Introduction; The Persian Period*. The Cambridge History of Judaism 1. Edited by W. D. Davies and L. Finkelstein. New York: Cambridge University Press, 1984.

Ognibeni, *Tradizioni orali*
  Ognibeni, Bruno. *Tradizioni orali di lettura e testo ebraico della bibbia: studio dei diciassette ketiv לא / qere לו*. Studia Friburgensia; n.s.72. Fribourg: Éditions universitaires, 1989.

Polzin, *Late Biblical Hebrew*
  Polzin, Robert. *Late Biblical Hebrew: Toward an Historical Typology of Biblical Hebrew Prose*. Harvard Semitic Monographs 12. Missoula, Mont: Scholars Press, 1976.

Rosenthal, *Grammar*
  Rosenthal, Franz. *A Grammar of Biblical Aramaic*. Porta linguarum orientalium n.s. 10. Wiesbaden: Otto Harrassowitz, 1961; 2d ed., 1963.

Rudolph, *Esra*
  Rudolph, Wilhelm. *Esra und Nehemia samt 3 Esra*. Handbuch zum Alten Testament 20. Tübingen: J. C. B. Mohr, 1949.

Schenker, "La Relation d'Esdras A'"
  Schenker, Adrian. "La Relation d'Esdras A' au texte massorétique d'Esdras-Néhémie." Pages 218–48 in *"Tradition of the Text: Studies offered to Dominique Barthélemy in Celebration of his 70th Birthday*. Edited by Gerard J. Norton and Stephen Pisano. Orbis biblicus et orientalis 109. Freiburg: Universitätsverlag; Göttingen: Vandenhoeck & Ruprecht, 1991.

van Selms, "The Name Nebuchadnezzar"
  van Selms, Adrianus. "The Name Nebuchadnezzar." Pages 223–29 in *Travels in the World of the Old Testament: Studies Presented to Professor M. A. Beek*. Edited by M. S. H. G. Heerma van Voss, et al. Studia semitica neerlandica 16. Assen-Maastricht: Van Gorcum, 1974.

Talshir, *1 Esdras*
  Talshir, Zipora. *1 Esdras. From Origin to Translation*. Septuagint and Cognate Studies Series 47. Atlanta: Society of Biblical Literature, 1999.

Tov, *Textual Criticism*
  Tov, Emanuel. *Textual Criticism of the Hebrew Bible*. Minneapolis: Fortress; Assen and Maastricht: Van Gorcum, 1992.

Ulrich, "Ezra and Qoheleth"
> Ulrich, Eugene. "Ezra and Qoheleth Manuscripts from Qumran (4QEzra, 4QQoh^{a,b})." Pages 139–57 in *Priests, Prophets, and Scribes: Essays on the Formation and Heritage of Second Temple Judaism in Honour of Joseph Blenkinsopp.* Edited by Eugene Ulrich, John W. Wright, and Robert P. Carroll. Journal for the Study of the Old Testament: Supplement Series 149. Sheffield: JSOT Press, 1992.

Waltke/O'Connor, *Hebrew Syntax*
> Waltke, Bruce K. and Michael P. O'Connor. *An Introduction to Biblical Hebrew Syntax.* Winona Lake, Ind: Eisenbrauns, 1990.

Weber, *Biblia Sacra4*
> Weber, Robert, ed. *Biblia Sacra iuxta vulgatam versionem.* 4th rev. ed. Prepared by Roger Gryson. Stuttgart: Deutsche Bibelgesellschaft, 1994.

Weil
> Weil, Gérard E. *Massorah gedolah iuxta codicem Leningradensem B 19a.* Vol. 1: Catalogi. Rome: Pontifical Biblical Institute, 1971.

Williamson, *Ezra*
> Williamson, H. G. M. *Ezra, Nehemiah.* Word Biblical Commentary 16. Waco, Tex: Word, 1985.

Yeivin, *Tiberian Masorah*
> Yeivin, Israel. *Introduction to the Tiberian Masorah.* Translated and edited by E. J. Revell. Masoretic Studies 5. Missoula, Mont: Scholars Press, 1980.

Zimmermann, *Biblical Books*
> Zimmermann, Frank. *Biblical Books Translated from the Aramaic.* New York: KTAV, 1975.